复旦卓越·商洋系列

经济应用文写作

方有林 娄永毅 主编 李杏保 主审

复旦大学 出版社

总　　序

上海,素有"十里洋场"这一蒙垢之称呼,盖源于殖民经济侵略肇致畸形繁华商埠之故。今天,改革开放的春风持续拂煦,沐浴在21世纪金色阳光下的新上海,作为中国最大的港口城市,喜联五大洲,笑迎四大洋。

上海在长大,上海在长高。在频繁的国际友好交流和互惠的经济交往中,上海作为主体经济城市,获得了无数令人羡慕的商机。上海商业亦不断提升出"海"进取的底气,开阔越"洋"巡天的视野。

"'商'眼向洋看世界"。为了积极探索以"商"为各专业内核的高等教育多元发展新模式和路径,为了在专业基础和学术前沿上努力超越某些固有观念和运营程式的阈限,商业高等教育需要"望洋兴'教'"、"望洋兴'校'",借鉴国内外先进教材的成功经验,高起点、高品位、高创意地开展教材建设,以促进科研水平、教学质量的同步提升。

复旦大学出版社作为全国著名的出版机构,策划、指导并推出了与上海"四个中心"建设相呼应并积极为之服务的"商洋"书系,这映示了全体编著人员广纳同道者的创造性睿智、蔚成洋洋大观书系的阳光宏愿;也记录了复旦大学出版社与商业高等院校诚挚而广泛地合作、放飞于重洋的前进航程。

培育现代"儒商",需要广博的专业结构与深厚的文化素质底蕴。"商洋"书系,突破了"在商言商"的狭隘观念。本书系不仅包括商贸经管类专业教材,还涉及与商贸经管类专业配套的商业文化系列教材,以及适应当代大学生个性和谐发展所需的选修教材和各类自学参考用书。

酝酿本书系时,一个古老而神奇的名称——"商羊",曾映现于策划者脑际。(西汉)刘向《说苑·物辨》云:"其后齐有飞鸟,一足,来下止于殿前,舒翅而跳。齐侯大怪之,又使聘问孔子。孔子曰:'此名商羊,急告民趣治沟渠,天将大雨。'于是如之,天果大雨。"考虑到此典甚僻,未克直接名之书系。于此略志数言,则期冀"商洋"书系中的每一种书都能如同未雨先舞之"商羊",准确预告如何"趣治沟渠"、轻渡"商洋",实亦为本书系之宗旨所在。

参与本书系的教授专家和全体编撰人员以及准备陆续邀约联袂入盟的各路学者,都纷纷如"商羊""舒翅而跳"。但愿在社会各界的鼎力扶持下,"商羊"的翅膀日益坚强,"商羊"的预言更能经受检验,"商洋"书系的前景俱臻璀璨。

上海商学院院长

2006年6月28日

实用文写作教学改革的对策

（代前言）

实用文,是以实际应用为目的,有比较固定的格式,语言平实、规范、典雅,直接用于处理公私事务的文章。实用文也叫应用文,这是一个与文学文相对的概念。

目前,我国从初中、中等学校一直到高等学校都开设了实用文写作课。按理说,经过长时间的严格训练,学生的实用文写作水平应该比较高,至少也是合格的。可事实却不尽如人意。除了"大三学生写申请,百字错了二十八"这个格式、文字俱差的特例外,在高等教育阶段受过专门训练而不能写好实用文的大有人在。以大学生为主体考生的公务员招考中,实用文写作部分大多数得分不理想就是例证。为什么会出现如此严重的高耗低效现象呢？笔者以为原因有二：一是,对实用文写作的价值、地位以及与文学文写作的关系认识不清;二是,偏离了实用文要与阅读对象实现良好沟通的主旨,陷入了单纯的为格式而格式的教学模式。对此,笔者在教学中进行了一些尝试,在解决上述问题中有如下心得。

一、树立应世致用、文明生存的实用文写作教学观,提高学习的主动性和积极性

中学语文教学中,有一种倾向,就是比较注重文学教育而忽视实用文教育。久而久之,学生形成了一种误解：认为文学写作的含"金"量高,而实用写作没有知识含量。这种想法的直接后果是学生对实用文写作课普遍不重视,"一听就会,一放就忘,一考就错"成为实用文写作教学的写照。对此,我从以下三方面着手改造：

一是,帮助学生认清实用文的真正价值,树立应世致用的实用文写作教学观。文学写作和实用写作的价值孰大孰小？ 其实难于分辨。可是在教学中如果不讲清楚这个问题,要想引起学生的重视是不现实的。于是,笔者就对两者进行了一系列的比较和分析,围绕实用写作的社会价值不逊色于文学写作进行阐述。

一方面,在不否认文学作品巨大的社会功能和价值的前提下,让学生充分认识实用文不可低估的社会功能和价值。举例如实用文之一的《论持久战》指导中国的抗日战争取得最后胜利的正例,帮助学生认识实用文写作的巨大价值;由于合同签订失当

引起的纠纷和诉讼逐年增加的反例,引导学生分析由此带来的经济损失、造成的不安定因素等负面影响。另一方面,让学生在课后收集相关的案例,指导学生体会实用文之一的《中英关于香港问题的联合声明》,对社会进步的突出贡献或是深远影响都不逊于伟大的文学作品。此其一。

其二,引导学生算经济账,通过数字直观地感受实用文的经济价值,让他们自己得出结论:实用文的价值也不逊于文学作品,有时甚至是有过之而无不及的。如,洪昭光的《健康一百岁》的普及读物,其如此大的发行量所产生的稿费(版税)收入一项,就让一些文学作品难望其项背了。文学文能够获到如此经济收益的例证也不多见。

其三,通过分析实用文经典名篇,让学生感受到实用文也一样流传千古,毫不逊色于优秀的文学作品。《中英关于香港问题的联合声明》、《中美联合公报》在世界历史进程中发挥过重要作用,影响的深度和广度也一点不弱于文学作品。从影响的人群来衡量,选入中学语文教材中的实用文《在马克思墓前的讲话》、《陋室铭》、《滕王阁序》等经典名篇成为所有中国孩子的精神食粮,其影响之深远很难估算。对此,我还延伸分析实用文成功的奥秘是与文学文强调的"达"和"雅"紧密相连的,为下一步拓展实用文写作教学内容埋下伏笔。

学生在具体可感的对比中,对实用文的社会价值形成了新的、更为深入的认识,开始逐步重视起来。我趁热打铁,对学生进行实用文与文明生存的教育。

二是,帮助学生认识实用文与文明生存的关系,树立文明生存的实用文写作教学观。首先,分析实用文与文学文的不同性质,引导学生认识两者的不同功能。引用刘半农先生对此作的两个比喻:(1)实用文是青菜黄米的家常便饭,文学文是肥鱼大肉;(2)实用文是"无事三十里"的随便走路,文学文是运动会场上大出风头的一英里赛跑。比如一个人,天天不吃饭,专吃肥鱼大肉(当时是缺少的),是一定要患胃病的;小孩子不教他好好走路,一下子强迫他赛跑,一定会跌断四肢,终身残废的。学生认识到不仅要注重吸收"肥鱼大肉"的营养,更要高度关注家常便饭对于生长发育的重要价值。学生们比较认同这个形象的比喻。

其次,请过来人介绍实用文在求职应聘、工作岗位、日常生活中的重要"角色",引导学生认识到实用文在今后"愉快生存"、"文明生存"中的重要作用。已毕业的同学给学弟学妹们现身说法,对学生的触动比较大,重视实用文写作教学的学生比例逐步上升。再辅之以大学生实用写作"拖后退"的实例——大学生为主体考生的公务员招考中实用文写作部分得分的调查数据,以及实用文渗透到人们现实生活和未来生存的方方面面、年年月月的事实,强化了学生对实用文与未来生活直接关联的认识。

对实用文应世致用和文明生存两方面价值一旦形成了共识,学生就会经常关注实用文使用的案例。以下是学生收集的例子。如,律师除了按照标的适当比例来收取诉讼费所产生的可观的经济收益,其中有一部分的收益应该归功于实用文写作外,通过各种法律文书减少诉讼、调解双方、稳定社会在精神文明建设中的价值不可低估。又如,倡议书的励志效应、合同书的共识效应、口号的警示效应、广告的倾向效应、消息通讯的覆盖效应等,在构建和谐社会过程中的正效应越来越受到人们的关注和重视。此外,对打架、斗殴的解决,对交往中出现的误会等采用书函来进行调解、消除误会,其效果大受欢迎,等等。学生们自己收集来的事实,不仅是学生自我教育的好材料,而且促进了学生学习实用文的主动性和积极性。

在帮助学生澄清对实用文写作基本问题认识,有效地调动起了学生的学习热情后,随之要着重解决的是帮助学生找到实用文写作水平提高的抓手。

二、架设"达"、"雅"在文学文和实用文之间的立交桥,激活已有的写作能力迁移

对两种文体的区别性比较,可以帮助学生重视实用文写作教学的目的,但也容易使学生产生一种错觉:实用文写作不需要有多方面的艺术修养,只需要格式训练。对此,我引导学生找两种文体之间的联系,让学生认识到实用文写作与文学文写作一样,都必须有深厚的文化功底和语言功底。

首先,分析两种文体表达方式的差异,带领学生走出实用文写作不需要有多方面艺术修养的误区。因为实用文表达多用叙述、说明、议论,而这三种表达方式与文学文用得最多的描写相比较,无论是用到的辞藻、句式、词汇等都不如文学文丰富。事实上,要在行文简洁、字数较少的实用文中达到更好的沟通目的,实用文留给作者施展的舞台更小,这样势必对写作者在文化、文学、修养方面的要求更高,有时甚至比对语言学家、文学史家、文化专家的要求还要更高。因此,仅仅看到两者的区别是不够的,更要认识到两者不仅没有鸿沟,而且借鉴文学文巧妙运用多种表达方式使艺术形象栩栩如生的长处,更好地为实用文"达"的表述服务。有例为证,中美能按时签署《中美联合公报》就得益于对台湾问题的恰当的、"达"的表述。基辛格找到了"台湾海峡两岸的中国人"这个中美双方都能接受的表述方式,使充分表达中美双方意见的《中美联合公报》得以顺利、如期地签署,打破了中美对峙的坚冰。同学们意识到,当时在场的都堪称专家,对语言的把握和驾驭也是行家里手,为了"达"尚且花了这样大的功夫。自己就更应该注意锤炼自己的语言,加强多方面的修养,文字表达要主动向文学创作者看齐,将文学文表达的长处为我所用。

其次,找出文学文强调的"雅"与实用文之间的联系,激活学生已有写作能力的转化。让学生明白两种文体都可以、也需要进行包括内容、形式、语言的审美,如,倡议书的内容必须倡导美的事物,海报的书写和装饰必须符合审美的要求才能引起阅读的兴趣,广告的语言必须追求高雅的品位,避免粗俗,才能使读者乐于接受,达到较好的传播效果。媚俗的、恶俗的广告只能"风光"一时,只有优雅的广告才能在老百姓的

心中扎根。而优雅的广告表现为艺术性和文学性都比较强的特点。比较两则广告："老庙黄金,给你带来好运气"、"钻石恒久远,一颗永流传"。虽然前者也曾经是一句很有影响力的广告词,但是,如果后者套用前者的广告词"老庙钻石,给你带来好运气",因为广告词缺乏艺术性,没有能够把钻石的特性较好地体现出来,很容易就落入了俗套。即使采用"新"形式进行包装,效果也不可能好。反之,仅仅有好的内容,不注意适度的包装,也不可能收到良好的传播效果。立交桥的架设,使文学文写作能力与实用文写作对接,能有效地帮助学生驶上全面提高实用文写作水平的快车道。

三、发掘实现良好沟通的心理效应机制,改变单纯的为格式而格式的教学模式

实用文教学中掌握格式固然是重要的。可现状却偏离了实用文写作教学的规律,陷入了为格式而格式的教学模式当中。这制约了实用文写作水平的有效提升。一方面,实用文要与阅读对象实现良好沟通的主要矛盾,仅仅靠格式是无法实现的。另一方面,实用文中的格式会随着时代的变迁而发生相应的变化,不掌握其精髓,不能"保值",同样学不好格式。

我试图将眼光越过单纯格式教学的思路,从写作心理学的视角来考察实用写作的思维过程,就发现实用写作中的形式和内容都渗透着一种心理效应。所谓心理效应,就是要求写作者要设身处地地为读者对象着想,尽可能地用敏锐的眼光去洞察读者的心灵,注意到实用文的主旨与读者心灵的呼应。这样写出来的实用文才能打动读者的心,也就是我们期待获得的良好沟通的心理效应。

首先,揣摩、理解格式与心理效应的密切关系,引导学生找到实用文写作实现良好沟通的落脚点。格式中蕴含着心理效应的诸多成分,对其正确的理解有助于学生更好地掌握格式。如,书信的格式与心理效应紧密相联:称呼要求顶格写,表明对收信人至高无上的尊重;若是空两格写称呼,尊重的程度大不如前;还有,"此致"要写在正文结束后的中间偏前的位置,"敬礼"要另起一行顶格写,其格式的心理效应类似于献哈达一样,敬献者先从胸口慢慢地向上举起,举过头顶然后献给对方,这样敬献者的殷勤才能表露无余。格式对表达作者的内心尊敬与内容服务的关系清楚了,学生在写作中对格式的把握就更准了。又如,签订合同要将甲方、乙方并列,显然,双方的主体地位通过格式得到体现。这种讲解可以帮助学生对格式联系心理效应进行形象认知,加深理解实用文格式与心理接受的正效应联系。学生也容易在实用文写作中加以灵活运用。

其次,格式与应用紧密相联,围绕达到实现良好沟通的目的可以有所改变和创新。引导学生理解实用文与阅读对象实现良好沟通的关键,使学生意识到,如果注意与读者对象的心灵呼应,即使格式中有一些"变化",仍然会被认为是一篇好的实用文,从而深化对格式教学的理解。如,通缉令的标题,如果考虑到现代社会的特殊性,

现在一般的信息人们不容易引起关注,我们也可以借鉴海报的形式,采用"悬赏十五万,捉拿在逃犯"作为通缉令的标题。这就是把握了实用文的主旨,在日常生活中,进行某些格式创新的例子。其中的创新和突破,不仅没有减弱传播的效果,甚至传播效果还得到了强化。由此看来,实用文写作中最难的、也是贯穿实用文写作始终的是,包括格式处理在内的预期的心理效应的处理。这个心理效应的准确把握、并通过文字实现了有效的表达,决定着这篇实用文质量的高低和价值的最终实现。如,一个父亲寻找出走女儿的寻人启事,也可以在内容上有所创新,除了写上传统寻人启事的主要内容外,用"女儿,爸爸在找你!"开头,将表达父亲对出走女儿思念的一段抒情的文字放在内容当中,可能有助于女儿的早日"回归"。

总之,不同的实用文种类,有着不同的读者对象,就会产生不同的心理效应。那么,学生怎样如愿地去获得这个心理效应呢?这就需要根据不同实用文种类的各异的读者对象之间不同的心理效应来加以确定。一个基本的倾向是,作者对读者对象的心理了解得越深刻,对对方的根底了解得越开阔、越深,写出来的实用文内容就越深刻、形式越得体,就越容易与对方的心理需求高度契合而实现良好沟通。

主编　方有林

(原载《上海教育科研》杂志,2008年第10期)

目 录

绪 论 ………………………………………………………………………… 1
 第一节 应用文的历史沿革及其现实地位 ……………………………… 1
 第二节 应用文写作要则 …………………………………………………… 6
 第三节 经济应用文范畴及其写作教学体例 …………………………… 12

第一编 经济生活和公关活动中的条据与信函 …………………………… 14
 第一章 条据、短柬和致辞 ……………………………………………… 14
  第一节 事务条据(请假条、留言条、托事条) ………………………… 14
  第二节 钱物条据(收条、领条、借条、欠条) ………………………… 16
  第三节 请柬(开业柬、会庆柬) ………………………………………… 19
  第四节 致辞(迎宾送客致辞、庆典致辞、商务会致辞) ……………… 23
  第五节 导介词与演说词 ………………………………………………… 28
 第二章 私信和公函 …………………………………………………………… 39
  第一节 介绍信与推荐信 ………………………………………………… 39
  第二节 自荐信与应聘信 ………………………………………………… 42
  第三节 感谢信与表扬信 ………………………………………………… 46
  第四节 祝贺信与慰问信 ………………………………………………… 49
  第五节 倡议书与聘请书 ………………………………………………… 53
  第六节 手机短信与电子邮件 …………………………………………… 56
 第三章 经营专用书函 ………………………………………………………… 65
  第一节 经济函件(询价函、确认函、催款函、索赔函) ……………… 65
  第二节 招标书与投标书 ………………………………………………… 72

第三节　预算书与决算书 …………………………………… 82
　　　第四节　申请书 …………………………………………… 88
第二编　经济公务文书 ……………………………………………… 101
　第四章　经济行政公文 …………………………………………… 101
　　　第一节　经济行政公文的特殊要求 ……………………… 101
　　　第二节　通知与通报 ……………………………………… 107
　　　第三节　报告、请示与批复 ……………………………… 121
　　　第四节　意见与会议纪要 ………………………………… 131
第三编　经济管理报告文书 ………………………………………… 144
　第五章　计划和总结 ……………………………………………… 144
　　　第一节　计划 ……………………………………………… 144
　　　第二节　总结 ……………………………………………… 149
　第六章　市场调查报告和市场预测报告 ………………………… 162
　　　第一节　市场调查报告 …………………………………… 162
　　　第二节　市场预测报告 …………………………………… 170
　第七章　可行性研究报告 ………………………………………… 182
　第八章　经济活动分析报告 ……………………………………… 192
　第九章　规章制度 ………………………………………………… 204
第四编　经济活动告示和策划文书 ………………………………… 215
　第十章　经济活动告示文书 ……………………………………… 215
　　　第一节　商品说明书 ……………………………………… 215
　　　第二节　启事与海报 ……………………………………… 218
　　　第三节　简报 ……………………………………………… 222
　　　第四节　企业简介 ………………………………………… 226
　　　第五节　商务广告 ………………………………………… 230
　　　第六节　经济新闻 ………………………………………… 240
　第十一章　经济类策划文书 ……………………………………… 256
　　　第一节　营销策划文书 …………………………………… 256
　　　第二节　广告策划文书 …………………………………… 265

第三节　公共关系策划文书 …………………………………… 275
  第四节　会展策划文书 ………………………………………… 281

第五编　经济协约书和诉讼文书 ……………………………………… 300

第十二章　经济协约书 ………………………………………………… 300
  第一节　经济合同 ……………………………………………… 300
  第二节　意向书 ………………………………………………… 305
  第三节　协议书 ………………………………………………… 308

第十三章　诉讼文书 …………………………………………………… 313
  第一节　民事起诉状 …………………………………………… 313
  第二节　民事上诉状 …………………………………………… 316
  第三节　再审申请书和民事申诉状 …………………………… 321
  第四节　民事答辩状 …………………………………………… 328

第六编　经济论文 ………………………………………………………… 343

第十四章　论文写作的一般要求 ……………………………………… 343
  第一节　论文的层次与基本要求 ……………………………… 343
  第二节　论文写作前的准备与构思 …………………………… 347
  第三节　论文的起草、修改与定稿 …………………………… 352

主要参考书目 ………………………………………………………………… 357
后　记 ………………………………………………………………………… 358

绪　　论

撮要

1. 应用文的发生和自古至今变化：历代佳作迭出，比肩文学作品。
2. 应用文应有的现实地位与意义：文体各领风骚，聚焦提高效率。
3. 应用文写作要则："应对"、"致用"。

第一节　应用文的历史沿革及其现实地位

纵览人类文明发展的历史，伴随着文字及其载体的诞生、演变与发展，同时也就演绎了一部人们在日益拓展的生活领域中不可或缺、不可中断的应用文写作沿革发展史。

当代大学生在当今激烈的才智竞争与和谐的合作共存社会中，没有理由不去认真地构建并完善自身的应用写作能力。

一、应用文历史沿革概述

如果说，语言的诞生让人类具备了交流思想的工具，从而走出了一般的"动物世界"；那么，文字的诞生，就让人类开始迈步走向人所特有的"文化王国"。

（一）我国古代应用文的发生和繁衍

在我国，迄今可以见到的原始形态文字，是殷墟出土的甲骨卜辞。它是商代王室镌刻在龟甲兽骨上的简短占卜记录。这些卜辞记录了当时占卜的内容和结果，多用来卜问国家大事和君王的疑难，可谓上古时期应用文字的历史见证。

其后是商周时期的钟鼎铭文，是用金文，或称吉金文、钟鼎文，铸或刻在钟鼎等青铜器上的文字。这些文字记载主要是实用性的，或标明器主的族氏和祭祀对象，或说明其用途，或表明器物的来历等。

随着冶铁技术的发达、铁刻刀具的使用，石刻文字应运而生。初唐出土的《石鼓文》，属战国时代秦国的石刻文字，从内容看，主要是歌颂秦国政事之明、征战之功、将士之猛、田园之美、游猎之盛等，其实又何尝不是"大事纪要"之类的实用文呢？

但是,篆书、金文、石鼓文直至秦朝李斯的小篆,终究是贵族化的工艺美术字。或是凭依铸雕手段使之美化,或是运笔舒缓迂回增其美感,兼以缺少约定俗成的先决条件,便渐渐失去了它们的使用价值;处于社会中下层的刀笔文吏以及民间通行的文字——如竹简书,才是我国文字演变、应用文书载体沿革的主流所在。

孔子用竹简书编纂的《尚书》,则是我国最早的一部上古时代管理国家事务的文献记载和应用性的文件汇编。其分虞、夏、商和周四部分,包括祝辞、誓词、诰言、法令等;也有用以登记土地和财务的会计文书;还有反映各诸侯国之间关系的盟约文书等,为我国公文写作开了先河。

秦统一中国后,应用文逐步成型化。分类和格式已初步确立,有了上行文和下行文之分。上行文有章、表、奏、议,是臣子给皇帝的文书;下行文有制、诏、策、戒,是皇帝给臣子的文书。民间还有书、启、呈、状等。

两汉时期,在文字书写上完成了篆书向隶书的转变;继而,草书、行书、楷书在这一时期得到了孕育和发展;尤为重要的是,造纸术的发明,将文字文化的发展推向了历史空前的转折点,朝野上下,应用性文字的写作,既十分重要,又相当便捷。三国时期,公务性应用文统称公文,在上下左右乃至国与国之间盛行。魏晋六朝出现了研究应用文文体特点和写作要求的文章,在理论研究上有了新发展。其中,曹丕有首创之功。他在《典论·论文》中把文章分为 4 类 8 科,前 3 类 6 科都是应用文。他还提出了"雅"、"理"、"实"的写作要求,高度强调了文章的实用价值。南朝大文论家刘勰在《文心雕龙》中探讨了 35 种文体的起源、演变及其代表作品和写作特点,其中大部分属于应用文体,对后世应用文的规范化起了很大作用。

唐宋时期,在应用文方面,更是名目繁多。下行文有制、赦、册、令、教、符;上行文有表、状、启、辞、牒等;平行文有关、移、刺等。其中,牒、关、刺为唐代特有。在宋代,公牍体制也有一些变化,如创设了诰命、御札、呈状、申状等体式。

明清时期,应用文体的种类日趋繁杂。清代学者刘熙载正式提出了"应用文"这一名称。但是,日益庞大而腐败的官僚机构、禁锢而僵化的管理体制,致使文牍主义、繁琐哲学越演越剧。"令多扰民",且朝令夕改,应用文随着封建国家的衰败逐渐走向下坡路。

不可否认的是,在我国古代应用文的发展历史上,曾经产生过不少传世佳作。如:秦朝李斯的《谏逐客书》;汉代贾谊的《陈政事疏》,晁错的《论贵粟疏》,司马迁的《货殖列传序》、《报任安书》;三国时期曹操的《收田租令》、《求贤令》,诸葛亮的《(前、后)出师表》;西晋李密的《陈情表》;唐代韩愈的《祭十二郎文》,魏徵的《谏太宗十思疏》,骆宾王的《为徐敬业讨武曌檄》;宋代王安石的《答司马谏议书》,欧阳修的《通商茶法诏》,文天祥的《指南录后序》;明代海瑞的《上世宗疏》;清代林觉民的《与妻书》等。这些优秀的篇章,正如一颗颗璀璨的明珠,也为我国文学史增添了光彩。

纵观千百年来流传至今的我国古代卓越书法珍品,应用性文字作品占了很大比例。现存最早的书法墨迹,西晋陆机(261—303)的《平复帖》,其书体介于章草、今草之间,是陆机当时给友人的信札;书圣王羲之(约321—379)的《兰亭集序》被历代公认为"天下第一行书",已殉葬于唐太宗墓穴,尔后唐虞世南、褚遂良、冯承素的摹本,竟也像甘泉雨露,化育了一代又一代的书法家,此序实乃王羲之与友人于山阴兰亭流觞雅集的一份"实录"或"纪要";其子王献之(344—386)的《鸭头丸》,是行草书代表作,共两行十五字:"鸭头丸,故不佳。明当必集,当与君相见。"一望便知是即兴的便札;唐僧人怀素(725—785)的《苦笋帖》仅十四字:"苦笋及茗异帝佳,乃可迳来。怀素上。"墨气精彩,超妙入神,从内容看,分明是一则向友人索取苦笋茶的便条;其他如唐欧阳询(557—641)的《九成宫醴泉铭》,颜真卿(709—785)的《多宝塔碑》、《祭侄文稿》,柳公权(778—865)的《玄秘塔碑》,宋苏轼(1037—1101)的《答谢民诗论文帖》,黄庭坚(1045—1105)的《雪寒帖》,米芾(1050—1107)的《向太后挽辞》、《拜中岳命帖》等等,都不外是记物、述事、示人之类的应用性文字。

(二) 我国现代应用文的改革与发展

辛亥革命推翻了封建的清王朝,文书的改造主要体现在两个方面。一是规定了新的公文种类,废除了旧的公文名称。1912年,南京临时政府颁布了公文程式条例,规定了新的文种,如:"令"(下行公文,公布法令,任免时用)、"咨"(平行公文,同级官署交往时用)、"呈"(上行公文,向上级陈情报告时用)、"状"(上行公文,百姓向官署陈述时用)等,并废除了历代王朝使用的"制"、"诏"、"旨"、"奏"等名称。二是规定了写作中不准再用"老爷"、"大人"之类的词语。但在当时,公文用的语体仍是文言文。

1934年,国民党政府曾颁布过公文程式条例,将公文规定为9类,即令、训令、指令、布告、任命状(包括特任、简任、荐任、委任)、呈、咨、公函、批等。但是,这些公文从内容到形式依然建立在"上下尊卑"的封建礼法基础上,在体式上逐渐形成了一套繁文缛节,谈不上有什么民主作风,应用效率不高。

中国共产党在建设人民新政权的过程中,逐步对应用文进行根本性的改造,革除了旧公文的封建衙门恶习,给各类应用文都注入了民主的新气息,越来越受到人民大众的欢迎。苏维埃政府、边区政府张贴的布告,红军、中国人民解放军发布的命令,都体现了人民的利益是最高利益,从内容到形式都为老百姓着想。从1951年到1981年的30年中,党和政府先后发布了十多个关于机关公文写作的文件,使我国公文写作逐步走上规范化、科学化、系统化的道路。1987年,国务院办公厅公布了《国家行政机关公文处理办法》,1993年11月对此做了修订,规定国家行政机关的公文为12类13种。经过进一步的完善,2000年8月24日,国务院又发布了新的《国家行政机关公文处理办法》,使应用文写作发展到一个新的阶段,提高到一个新的水平。这主要表现在以下几个方面:(1)具有鲜明的时代特色,反映了为人民服务及为两个文明建设的新内容,体现了人与人之间平等互助的新型关系;(2)在形式上删繁就简,灵活求实,摒弃了形式主义的陈规陋习;(3)在语言上改变了文言连篇、套话泛滥的现象,使用了大量群众所喜闻乐见的新鲜词汇,文风为之一新。

在现代应用文发展的过程中,我国老一辈领导人起了率先垂范的作用。他们在写作实践中,撰写了很多优秀的范文。如:毛泽东的《湖南农民运动考察报告》、《三个月的总结》,朱德的《八路军抗战两年来的经验教训》,陈云的《青浦调查》等等。这些文章不仅有力地推动了革命和建设事业的发展,同时也为应用文体的不断进步奠定了基础。

二、应用文的现实地位与作用

(一)应用文应有的现实地位与意义

应用文在现实生活中的重要意义,应该是有目共睹的。早在五四前夕,我国早期的著名语文学者刘半农先生,就把他在北京大学预科国文改革的经验,以《应用文教授》为题,发表于《新青年杂志》。他精辟地指出:

应用文与白话文,性质全然不同。有两个比喻:(1)应用文是青菜黄米的家常便饭,文学文却是个肥鱼大肉;(2)应用文是"无事三十里"的随便走路,文学文乃是运动会上大出风头的一英里赛跑。

接着,就对"新八股"式的国文教学发问:

第一,现在学校中的生徒是否个个要做文学家?有无例外?第二,与"着围棋""打诗钟"价值相等的"新八股",是否为人人必受之教育?

继之,又言正词严地追问:

第一,现在学校中的生徒,往往有读书数年,能做"今夫""且夫",或"天下者天下人之天下"的滥调文章,而不能写通畅之家信,读普通之杂志文章者,这是谁害他的?是谁造的孽?

第二,现在社会上,有许多似通非通一知半解的学校毕业生,学实业的,往往不能译书;学法政的,往往不能草公事,批案件;学商业的,往往不能订合同写书信;却能做些非诗非马的小说诗词,在报纸上杂志上出丑。此等"谬种而非桐城,妖孽而非选学"的怪物,是谁造就出来的?是谁该入地狱?

对照当前社会与学校的某些不当言论与教育现状,半农先生在上一世纪初期这番大声疾呼的宏论,仍然能启迪我们深思。如果说当年半农先生是从个人普遍发展的意义上论及了应用文与文学文的长短,那么,我们今天就更有必要从"聚精会神搞建设,一心一意谋发展"的高度,来确立并张扬应用文(特别是经济应用文)的现实地位,诠释并开发应用文(特别是经济应用文)写作教学在今天学校教育和社会生活中的现实意义。

(二) 当代应用文的作用和发展趋势

应用文,是与时代和社会联系最为紧密的文体。

20世纪70年代末,党的十一届三中全会,果断地停止使用"以阶级斗争为纲"这个不适用于社会主义社会的口号,作出了把全党工作的着重点和全国人民的注意力转移到社会主义现代化建设上来的战略决策。一切作为阶级斗争工具的所谓应用文种,如大字报、大批判文章、勒令、认罪书等,都一一退出了历史舞台。十四届三中全会以来,以建立社会主义市场经济体制为目标的各项改革不断深化,取得了重大进展;党的十六大又进一步提出,把完善社会主义市场经济体制作为重要任务,以解决国民经济和社会发展中的深层矛盾,促进生产力发展,从制度上保证全面建设小康社会。于是,一系列适应市场经济发展的新应用文种不断地涌现问世。

概而言之,随着时代前进、社会进步、文化昌明、科技发展,当代应用文及其写作呈现了如下发展趋势:

1. 原有应用文体朝着共建和谐公平社会的方向,朝着加强民主和法制建设的方向,朝着巩固并继续推进改革开放的方向,正在并不断地发生着相应变革

(1) 一些不合时宜的应用文种,功能衰退、消失乃至产生负面作用或消极影响,纷纷自行淘汰。如"保证书"、"挑战书"、"讲用稿"等。

(2) 一些与国家行政和司法工作紧密联系的应用文种等,亟须加强科学、合法的管理,提高办事效率,一律由以往个人随意书写改变为强制性的规范化书写。如"民事诉状"等。

(3) 一些曾受到冷遇的文体,重新受到社会重视,有的甚至成了高频率使用的文体。如"遗嘱"、"法庭辩护词"等。

(4) 一些原来表现方式较为一般化的应用文体,开始适当地借用某些艺术化的表现手段、融入相关文体的某些长处,从而产生相得益彰的表现效果。如"广告式说明书"等。

2. 由于世界时代潮流的影响、多元文化的促进、市场经济与人才竞争的推动,不断产生新的应用文体,在当代社会交际中积极地发挥着作用

(1) 国家因势利导而推出的新文种。如:"专利申请书"、"专利说明书"、"权利请求书"等。

(2) 各类市场快速发展而引出的新文种。如:"国际交流意向书"、"商务合作咨询书"、"科技情报"、"市场预测报告"等。

(3) 与引进科学管理体制等配套而衍生的新文种。如:"自荐书"、"述职报告"、"审计报告"、"辞退(聘)文书"等。

3. 进入 e 时代，IT 产业崛起，写作和信息传播手段更新，运用电脑写作，在网络上广泛交流，成了当代应用文写作的发展方向之一

现代科技的迅猛发展，让现代人的生活方式和工作方式加快了节奏，突破了空间。中国人的手机普及率有了惊人的发展。据 2006 年 10 月信息产业部官方网站数据调查，中国手机用户达到 4.43 亿，平均每三个中国人就拥有一部手机，而且还在以每个月 500 万户的速度增长。北京为中国手机普及率最高的城市，人均手机超一部。上海手机普及率达到每百人 88 部，广东全省普及率达到每百人 77 部。过去有急事就连夜赶电信局去打电报、打长途电话的情况，已成了昨日黄花。20 世纪 80 年代高考语文卷中，还有拟电报稿的应用文写作题；如果今天再出这类试题，显然就不合时宜了。

网络在中国的覆盖率也是十分惊人的。截至 2005 年，中国已有 96% 的部委单位拥有网站，81.3% 的地方政府拥有网站，其中省级政府门户网站的拥有率为 90.3%。2006 年 1 月 1 日，中央政府门户网站的正式开通，成为中国电子政务建设的重要里程碑。中国政府网站信息内容日趋丰富，服务功能逐步增强，逐渐成为政府部门发布政务信息、提供办事服务、实现政民互动的主要渠道，从而，推进了相关应用文的改革与规范，极大程度地提高了相关应用文的实效。

当然，进入新时代的应用文写作也会遇到许多新的问题和挑战。当代大学生的语言文字功底、纷繁的社会关系与人际关系的相处与协调能力、公私事务的分析与处理能力、所择专业相关的一定文化底蕴，如是等等，都在经受着未来职业与社会发展的考验。

第二节 应用文写作要则

应用文写作与文学写作在性质上有所不同，因而在表现方法与语言运用上也会有所不同，从而在不同领域、对不同受体产生不同的作用。从总体上看，应用文写作应注重如下要则。

一、应用文写作的"应对"要则

"应用文"说到底是"**应**……**而用**"的文体。这个"**应**"字的内涵便是"**应对**"和"**对应**"的意思。应用文写作必须明确自己**应对**的对象，并由此来确立与对象相**对应**的身份。

在应用文写作的任何环节上，只要对"**应对**的对象"和"**对应**的身份"稍有忽略，就往往可能产生事与愿违或事倍功半的后果。

在日常生活中，亲族师友的关系大致可以分为小辈—长辈、平辈—平辈、长辈—

小辈三个层面。由我国几千年文明史积淀而形成的伦理关系,有时很难简单地以年龄作为区分的依据。这也就往往会给我们日常应用文的写作带来一定的麻烦。忽视既有的伦理关系,就很可能表现为无礼,辱没我们民族的文化与文明。

在日常工作中,所有工作机构及成员都会与上级、平级及下级的部门、单位与个人构成一定的工作关系。与自身工作相关的公文写作,也就相应地形成上行、平行、下行的行文体例。

上行文指下级机关、组织向其所属的上级机关、组织行文,也可以是向有业务指导关系的上级部门行文。上行文的文种有"请示"、"报告"、"意见"。向上级机关报送公文,是一件非常严肃的工作。如果一份上行文陈述不清,请示事项不明确、具体,往往会给上级机关批准、答复带来一定难度。

平行文是指同级机关或没有隶属关系的机关之间往来的各类公文,如工作通知书、协商文书等,一般以"工作联系单"形式出现。内部行文可按业务种类和性质,以部门名义行文。

下行文是指上级机关向所属下级机关发送的各类公文,如命令、决定、决议、布告(公告、通告)、通知、通报、批复及会议纪要等,下发形式有红头文件和网络公告等。

总体上说,我国现有的上行、平行、下行的行文,都打破了"上尊下卑"等级森严的藩篱,体现了民主平等的关系。然而,上行文中"下"对"上"的尊重,平行文中"平"对"平"的互惠,下行文中"上"对"下"的关切,都必须在上述"应对"与"对应"的关系中具体地予以体现。

二、应用文写作的"致用"要则

任何文章和其他形式的文字作品都有其特定功用,但是,应用文的"用"更为直接、及时,能充分体现其写作目标的针对性。

一般认为,应用文的作用表现在如下几个方面:
(1) 宣传策令规章的载体;
(2) 传播、沟通信息的载体;
(3) 工作的重要"帮手";
(4) 成为凭据、档案和契约。

三、应用文的基本写作类型和格式

人们对事物的分类会有不同的依据。上述第一项原则,依据发文者与收文者的关系,将应用文分为三类。上述第二项要则,按照功用将应用文分成了四类。

如果从表达方式看,应用文主要可以分为条据类、信函类、合约类、图表类、文章类等。根据这样的基本分类,各种应用文就会有所归属(有的文种可能会有交叉归属),具有大致相应的基本格式。

"格"与"式"是表达的规格化和范式要求。应用文根据施受双方的关系,必然会有必要的规格要求;而为了有效地达到预期目的,对一系列约定俗成的表达方式也切不可忽视。下面按应用文写作五大类就其基本格式作些概要的说明。

(一) 条据类

条据可分为说明性和凭据性两大类,是各类便条与一般凭据的统称。

便条的特点在于"便":方便,简便。如:留言条、传话条、请假条等。其实,就是最简便的信,连信封也不必开,没有什么特定的格式要求,但必须简明准确,便于及时沟通、及时处理。

凭据性的条据主要是指一般性的凭据。如:收据、借据、欠条、领条、发条等。这类凭据,在涉及施受双方关系的性质、施受所及事物的质与量以及双方制约的关键性要求等处,必须严格无误,明白确认。

(二) 信函类

信函是生活、学习和工作中用得最广泛的一种应用文。它是人们普遍使用的一种交际工具。根据内容和用途的不同,信函类应用文大体上可以分为一般书信和专用书信两类。

一般书信,多为私人书信;专用书信,往往是与专门机关打交道的书信。"信"的主要目的是"告知",所期许的要求是"可信",其灵魂是"真实"。广义而言,公务文书和经营书函等,都是信函类的应用文。

信函类通用的格式一般包括称谓(或称"上款")、问候、正文、结束语具名(或称"下款")、日期、信封随之不同,略有增减而已。

(三) 合约类

合约类应用文是个体与群体、群体与群体之间达成某些共识或促成某些关联行为的约束性文字表现形成。互为信任与互相制约是确立这类应用文格式的前提。为了鲜明地突出合约的必须共同执行的内容,采用条款的格式最为适切。在和谐社会的构建过程中,无论何种合约,都应遵循平等的规格原则,废弃"霸王"条款。

(四) 文章类

计划、总结、调研报告、论文等应用文,大多已不拘一般应用文的格式。归之为文章类的应用文,往往在文章的标题中标示了采用的"文种"。

(五) 图表类

为了便于快捷醒目地传达、处理信息,便于及时分类归档、查阅调用,这类说明性、统计分析性、资料性很强的应用文字越来越多地用格式化的图表来表现。

四、应用文写作的语体文字要求和相关规范

（一）语体文字要求

应用文写作不同于文学创作，它们在语体文字表达上有许多明显不同之处。应用文的语言特别强调：准确、简洁、质朴、得体。

1. 准确

应用写作是一种实用写作，是为了解决社会生活中的各种实际问题而写的，因此对语言准确的要求特别高。

应用写作中使用的语言概念，要求十分准确。例如在一份关于利润核算的通知中有这样一段话：

国营企业收入是国家积累的主要来源。在核算利润时，要检查生产计划（运输计划、商品流转计划）、成本计划（商品流转费用计划）和销售计划是否符合增产指标和降低成本指标的要求以及检查销售价格是否合乎规定的标准。

这里，"生产计划"这个概念一般包括许多项目，但用括号限制为运输计划、商品流转计划，从而缩小了"生产计划"这概念的外延，使各国营企业单位明确了"生产计划"的检查范围。同样，将"成本计划"这概念用括号限制为商品流转费用计划，也使各国营企业单位在核算利润时对"成本计划"的检查项目更加明确。

应用写作语言中的判断，十分讲究分寸感。比如在写总结时，一个单位在某段时间内取得的成绩，是"很大"、"较大"还是"一些"，都要再三斟酌，力求准确反映实际情况。

应用写作语言中运用推理，要合乎事物与事物之间的内在联系，要合乎事物的发展规律，也就是要合乎逻辑。有一篇谈"勤奋"的思想评论中有这样一段话：

李贺作诗的"天才"，司马迁写作的"天才"，爱迪生发明的"天才"，盖叫天表演的"天才"，鲁迅文学创作的"天才"，中国女排球艺的"天才"，以及所有成功者的"天才"，都证明了一条朴素的真理：没有勤奋这个伟大的母亲，成功这个骄子就绝不会诞生在世上。

这里用的是归纳推理。它通过几位天才人物各自的表现和不同的业绩，归纳出他们身上的共同点："没有勤奋这个伟大的母亲，成功这个骄子就绝不会诞生在世上。"这个归纳具有普遍的意义，也是一条真理。

2. 简洁

应用文体的语言，要求文字简短，节约用字，简洁明了。

列宁在给苏维埃最高国民经济委员会供给总局局长的信中要求"给中央委员会委员或全俄中央执行委员会主席团委员写简短的'电报式的'、但明白而确切的报告"。他强调："请写得简短些，采用电报文体，如果必要的话，可以另加附件。写长了

我根本不看,一定不看。""如果有确实可行的建议,可以写在另一张纸上,要像电报那样写得极其简短,并附一份副本给秘书。"(《列宁全集》第35卷,第523页)毛泽东1948年为中央起草的《关于建立报告制度》的指示,要求"综合报告内容要扼要,文字要简练",还规定"报告文字每次一千字左右为限,除特殊情况外,至多不要超过二千字"(《毛泽东选集》一卷本,第1263页)。中共中央在1951年2月发出的《关于纠正电报、报告、指示、决定等文字缺点的指示》中也指出:"必须注意文字的简明扼要","必须以负责的精神,至再至三地分清条理,压缩文字,然后发出,否则应受批评"。2000年8月24日国务院发布的《国家行政机关公文处理办法》也明确要求公文"篇幅力求简短"。

应用文体为了使语言简洁,经常使用一些专用词语与固定的习惯用语,如"业经"、"遵照"、"收悉"、"为要"、"照办"等。

应用文体为了精炼地概括事实或分析认定问题的性质,还常常使用富有概括力的成语或熟语。如江泽民同志2002年5月28日在中国科学院第十一次院士大会和中国工程院第六次院士大会上的讲话中,就用了"辛勤耕耘"、"顽强拼搏"、"开拓创新"、"与时俱进"、"奋力攀登"、"茁壮成长"、"率先垂范"、"实事求是"等数十个成语与熟语,使语言简洁有力。

简洁要以明白为前提,如果只是为了简洁而压缩字句,应该说的话不说,应该用的词不用,弄得语气不连贯,意思不好懂,那是不可取的。

3. 质朴

应用文体是为了解决实际问题而写的,内容必须真实可靠,语言必须平实质朴,一般不需要运用"文学笔法",不必运用描写、抒情的表现方法,不用深奥古僻的词语,力求用人人易懂的普通话词语。质朴的语言应该达到"三易"的要求,那就是易看、易读、易懂。如国务院在2004年2月20日发布的《关于2003年度国家科技奖励的决定》的最后一段:

全国科学技术工作者要向刘东生、王永志同志以及全体获奖者学习,发扬中国载人航天工程中形成的"特别能奉献"的载人航天精神,团结协作,顽强拼搏,奋力攀登,勇于创新,不断加强研究开发,大力推动技术创新,加速科技成果向现实生产力转化,为不断提高我国的综合国力和国际竞争力、加快实现全面建设小康社会的奋斗目标作出更大的贡献。

这里使用语言,都是明明白白的,一点也没有华丽的词藻,一切都显得非常质朴通俗。应用文体所需要的,就是这种语言。

但是,应用文体的语言也并不全是枯燥无味的语言,有些文体的语言,还有着感人的一面。比如有些书信,写得情意真挚,意味深长,感人至深。我国古代南北朝时期丘迟写的《与陈伯之书》,是他以个人的名义写给陈伯之的劝降书,虽然陈伯之是个叛国者,但他在信中并不过多地在大义上责难他,而是体察他的苦衷,分析他的处境,解除他的疑惑,指出他的前途,用循循善诱的语言,引导他冲出思想的迷谷。这封信中促膝谈心式的说理,正是这篇书信最动人的地方。

4. 得体

应用文体一般都有特定的读者对象,其语言还要讲究得体。如给上级的公文,用词要谦恭诚挚;给下级的公文,用词要肯定平和;给平级单位的公文,用词要谦敬温和。公告、通告一类公文,需登报或张贴,语言要深入浅出。如在电台广播或当众宣读的公告、命令、通知等,语言应庄重流畅,便于朗读。总之,应用文体的语言讲什么和怎样讲,往往受到对象、场合的制约,必须准确把握,这就是所谓得体。

(二) 相关规范

1. 标题

应用文写作通常都使用标题,位置在正文上方居中。涉及标题内容主要分如下几类:

(1) 简称标题,只写上该文种的名称即可,如,"请柬"、"申请书"、"求职信"、"招标书"或"民事起诉状"等字样;

(2) 全称标题,将该文的主要内容概括反映在标题中,如,经济公务文书:"关于禁止用白条子报账的通知",经济管理报告文书:"关于建立钛白粉厂的可行性研究报告",经济活动告示和策划文书:"2007年马鞍山出口商品交易会策划方案";

(3) 文章式标题,有主标题和副标题之别,其副标题中常标示"文种"。如《为扭亏转盈而努力奋斗——××工厂引进国外技术实现产业结构改造的三年计划》。

2. 称谓

称谓要求在标题下顶格写,包括称呼或姓名,后加冒号。如"×××先生:"。公文中的上款,大多是对应的群体称谓。

3. 正文

正文,从称谓下一行空两格处写起,可以是一段,也可以是多段。正文内容要求将所要表达的意思或需对方办的事情全部写出来。

4. 结语

结语,内容写完后,接下来的就是结语。应用文写作中的结语不是可有可无的,而是必须根据不同的文种有比较严格的区分。一般不同的文种,有不同的要求。如,凭据类文书,一般比较简略,或者不写。

5. 落款

落款包括署名和写作日期两项。

署名写在正文右下方,署名的方式视与称谓者的关系而定,有比较明确的应对性。以单位名誉写作的应用文,一般同时要求盖公章,以示正式;正式发出的公文文书必须盖章,否则无效;以个人名誉写作的应用文,一般用亲笔签名,也可以盖私章;新闻类的落款一般有特殊的要求,放在消息头的位置。

在署名的下方还要写明具体的成文日期。一般文种,可以用阿拉伯数字书写,时效要求不严格的,甚至还可以用简写,但是经济公务文书只能用汉字书写,并且不得简写。

第三节 经济应用文范畴及其写作教学体例

一、经济应用文范畴

（一）个人经济生活中的一般应用文

个人生活中需要写作的,大多为应用文。经济生活是个人生活的重要组成部分。在平时经济生活中需要个人写作的,就是一般的经济应用文。

（二）经济工作中的特定应用文

学会一般经济应用文的写作,是一个普通公民文化素质的一个侧面;同时,也是学会相关专业特定经济应用文的基础。相关经济专业的特定应用文写作,则是专业性经济应用文。因而它既是公共必修科,同时又不失为是一门专业性的基础学科。在不同的经济专业中,如何探讨这门学科及课程建设的专业特色,则是一个很有现实意义的重要课题。

二、经济应用文写作教学体例

（一）构建由一般到特殊、逻辑关系明晰的教学内容框架

前述五大类应用文,各由相近的若干应用文种所构成。在以往的教学实践中,往往是平行地一个一个文种细大不捐地进行繁琐讲解,不断地重复同类应用文中许多"共性"的内容,未免枯燥而令人生厌。如果先介绍一类应用文的共性要求,而后有重点地阐解其下位文种中的典型特征与要求,效果就会比较好些。

（二）重在明确应用文写作内容与形式的内在联系,组织师生互动的教学过程

应用文本身是一个载体,教学中不可能完全不顾及其所承载的思想内容。然而,开设"应用文写作"课程的主要目的,不在于去深究它们的思想内容。教材中的范例,首先是作为"应用文"读写训练的文本而选用的。师生要在这个课程的根本目的和基本要求上建立共识,构建互动的教学过程,从而切实提高与经济应用文相关的文化素养和相应的读写能力。

（三）统筹各类文种难易繁简的写作要求,探求循序渐进的写作训练体系

《经济应用文写作》,顾名思义,就应该在相当程度上是一门实践性很强的可操作课程。其可操作性无疑应该建筑在科学的训练序列基础之上。在现有的林林总总应

用文教材中,有些固守某种"知识分类"的教材,由于迁就所谓的理论框架,出现了训练失序或乱序的尴尬。我们的这套教材,对此有了一定的防范思想准备。但,构建整部教材循序渐进的科学序列,依然还有不少力不从心的欠缺及失误,诚挚地希望在教学实践中不断予以总结、予以完善,并冀盼关爱本书的所有人士给予坦率的批评与帮助。

 实践练习

1. 简述应用文的历史沿革,举出5篇以上古代应用文的佳作。
2. 试述应用文的现实地位及其作用。
3. 如何理解应用文写作中的"应对"和"致用"原则。
4. 应用文写作中的语体文字有哪些要求。
5. 体会本书对应用文分成五大类的思路,及与教和学之间的联系。

第一编 经济生活和公关活动中的条据与信函

第一章 条据、短柬和致辞

第一节 事务条据(请假条、留言条、托事条)

 撮要

1. 事务条据虽是简易文书,但制作时不能随意,以体现作者立身处世的良好素质。

2. 事务条据内容一般是一条一事,与此无关的事情不须提及。

3. 事务条据要尽可能言语简洁,篇幅短小,但必须将所说的事写清楚,尤其是涉及时间、地点等关键信息时,务必准确,使他人一看便知。

一、事务条据扫描

事务条据,也叫说明性条据,是人们在日常生活和经济交往活动中经常接触和使用的一些应用文,它和我们的生活、学习和工作的关系最为密切。虽然事务条据涉及的是一些小事,却一点也马虎不得,轻者伤害感情,重者贻误工作,严重的时候,还会引起诉讼纠纷。日常应酬写作,反映一个人立身处世的基本素质,是一种最基本的生活能力。

事务条据是一种以传递信息、介绍情况、表达意愿为主的简明信函。在日常生活中,如果我们有什么事情要告诉另一方,或委托他人办什么事时,在不能面谈的时候,可使用这种形式进行联系。

常见的事务条据,有以下几种:

第一,写给单位或者有关组织负责人的便条。如"请假条"。

第二,有事情要告诉对方而又不能面谈时写的条据。如"留言条"。

第三,委托他人办事而又不能当面交代时写的便条。如"托事条"。

二、事务条据写作指要

1. 事务条据内容一般很简单,只就某一件事情而行文,所以通常都是一条一事,不像书信则一般较长,而且可以写到许多件事。

比如写托事条,只需把托别人办什么事交代清楚就可以,与此无关的事情不需提及。

2. 事务条据要将所说的事写清楚,使他人一看便知,所以要尽可能言语简洁,篇幅短小,切忌长篇大论。

比如写请假条,只需要写清什么人,因为什么(因事或因病)请假,请多长时间就可以,不需要详细描述事情经过或病情状况。

三、事务条据的结构和写法

事务条据的写作格式同一般书信大致一样。通常由标题、称谓、正文、落款四部分组成。

1. 标题

事务条据的标题通常是省略的。如果使用标题,即在正文上方中间写上"请假条"、"留言条"或"托事条"等字样。

2. 称谓

称谓要求在标题下顶格写上收条人的称呼或姓名,后加冒号。如"×××先生:"。

3. 正文

正文从称谓下一行空两格处写起。正文内容要求将所要表达的意思、需对方办的事情全部写出来。内容写完后,结尾问候语可视情况而定,写下"谢谢"、"敬礼"、"特此拜托"等礼貌性的话语,也可不写。

4. 落款

事务条据的落款包括署名和写作日期两项。署名写在正文右下方,署名的方式视与收条人的关系而定。在署名的下方还要写明具体的成文日期。

四、实用示例

☞【例文一】

<pre>
              请 假 条

李主任:
    本人因参加注册会计师考试,须请假一天(5月12日),请批准。
    此致
敬礼!

                                  职工:张力
                                2007年5月10日
</pre>

【简析】因事因病不能按时上班,要给有关负责人写请假条,说明原因和请假时间。

☞【例文二】

> **留 言 条**
>
> 小张:
>
> 　　来家找你未见,听说你在写一篇关于市场经济方面的论文,我们单位邀请著名经济学家××明天上午九点在二楼报告厅作市场分析报告,可能对你有帮助,希望你来听听。
>
> 小莉
2007 年 6 月 8 日

【简析】这则留言条将来访目的交代得非常清楚,简洁明确。

☞【例文三】

> **托 事 条**
>
> 小刘:
>
> 　　我因要去总厂开会,请你将已经做好的 2007 年度固定资产登记表,今天上午一定交给财务处张会计,拜托。
>
> 四车间保管:×××
××年×月×日

【简析】这则托事条将所托事项和完成的时间交代得很清楚,符合托事条的要求。

由于事务条据使用起来极其方便,因此在人们的日常生活中扮演了重要角色,也形成了品种丰富的便条形式。这里所选的三则例文,提供了便条写作的基本样子,读者可以比照着写出不同内容的便条来。

第二节　钱物条据(收条、领条、借条、欠条)

 撮要

1. 书写钱物条据要字迹工整、清楚、容易辨认。要用钢笔或毛笔书写,不能用铅笔或圆珠笔书写,以防变色或涂改。

2. 钱物条据中涉及的款项金额、物品数量,要用大写,款项金额后要加个"整"字。

3. 钱物条据写成后，不得涂改。确实须涂改时，出据单位或个人要在改动处盖章，以示负责。

一、钱物条据扫描

钱物条据，也叫凭证式条据，是人们在社会交往中，要办理某些事情或发生经济往来时所写的一种简便文体。它一般包括：收条、领条、借条、欠条等。

二、钱物条据写作指要

收条是收到钱物时写给被收方的；领条是领取钱物时写给被领方的；借条是借用他人或单位钱物时写给被借方的凭证；欠条是拖欠他人或单位钱物时写给被欠方的。各种钱物条据，目的不同，写法各异，不能混用。

这些条据有的是个人之间的凭证，有的是个人与单位之间的凭证，有的是单位与单位之间的凭证，因涉及经济利益，稍有不慎，很容易引起矛盾纠纷。因此，写作时要特别注意：

1. 字迹清楚，用语明白，不要含糊其辞，模棱两可。
2. 用钢笔或碳素笔书写，不要随意涂改，如有改动要加盖印章，不要代签名。
3. 钱款写明币种，数字一律要大写，后面写上量词，再加"整"字，为保险起见，钱数大的要把双方所在单位的地址或经手人身份证号写上；物品要写明名称、种类、数量和型号。后面可写上"此据"，以防添加内容。
4. 涉及集体的，单位名称必须是全称，而且要有具体经手人的签名。
5. 日期要用汉字，写全具体日期。
6. 借条和欠条要写明归还的日期。
7. 条据的语言要做到简洁准确。

三、钱物条据的结构和写法

1. 标题，表明条据性质。有两种写法：
（1）第一行中间写上"领条"、"收条"、"借条"、"欠条"等字样。
（2）第一行中间写上"今领到"、"今收到"、"今借到"、"今暂欠"等字样。
2. 正文，写明条据内容。
（1）第一种标题形式下，第二行空两格写正文。
（2）第二种标题形式下，第二行顶格写正文。
3. 落款，在条据的右下方写清单位名称和经手人姓名，并加盖印章。
4. 日期，要具体准确，写在经手人的下方。

四、实用示例

☞【例文一】

收　条

　　今收到金胜乡小井峪大队刘保田、牛富贵二同志送来的蔬菜大篷技术承包合同资金人民币叁仟圆整。此据。

××市农业科学研究所(章)

经手人：董明学

二〇〇八年三月五日

【简析】此例标题标明了条据的性质,正文部分写明了收到何单位、何人的多少资金,用于什么,言简意赅,表述明确。

☞【例文二】

今　领　到

办公室新发办公用品钢笔伍支、拖把两把、打印纸两包、蓝墨水拾瓶。

计财科：张红霞

二〇〇八年七月四日

【简析】此例采用第二种标题方法,其实这是一种省去标题的借据的写法。因而正文部分顶格写起,所领物品的名称、数量交代得很清楚,注意了数字的大写要求。

☞【例文三】

今　借　到

刘红梅同学的《小说月报》(2007年第一、二期)贰本,一月后送还。此据。

借书人：李娜

二〇〇七年六月十一日

【简析】本例采用第二种标题的写法,在第一行正中写上"今借到",而正文的其他内容放在下一行顶格写,正文部分不仅写清了所借杂志的名称,而且写明了期号、数量和归还日期,简洁、明白。因为是熟悉的同学,所以落款比较简单。

☞ 【例文四】

> 借　据
>
> 今向财务处借到人民币叁仟元整,用于购买办公用品,购回后按规定报销。此据。
>
> 后勤处　张××(经手)
××年×月×日

【简析】本文直接由文种名构成,即在第一行中间写上"借条"或"借据"字样,是第一种标题的写法。正文部分另起一行空两格,写明向何部门、借到什么币种、多少数量、用途和归还方法,详细准确,让人一看就很清楚。落款因为是一个单位的不同部门,故不需写单位全称。

需要注意的是:借据(条)是人们在日常生活中常用的一种凭证,借钱物一方在写好借条时,务必要认真清点好所借东西的数量,以避免一些不必要的麻烦。

☞ 【例文五】

> 欠　条
>
> 原借三益电子公司人民币叁佰万圆整,现已还壹佰伍拾万圆整,尚欠壹佰伍拾万圆整,两个月内还清。此据。
>
> 红光电子仪表厂(章)
经手人:牛玉喜
××年×月×日

【简析】这则欠条的特殊之处在于所借钱款未全部还清,只给剩余部分打欠条,故要写清楚原借多少,已还多少,还欠多少,何时还清。落款部分也特别注意写上单位全称和经手人的姓名。

第三节　请柬(开业柬、会庆柬)

撮要

1. 请柬的语言要求清楚明白,措辞讲究。
2. 请柬要使用敬语,以体现恭敬热情的态度。
3. 请柬的制作宜精美大方,以示对邀请者的尊重。

一、请柬扫描

请柬,也称请帖,是指企事业单位、社会团体或个人为邀请他人参加某种会议、宴席、庆典、聚会等活动时所使用的一种礼仪类应用文。简而言之,就是为请客而发出的通知书。采用请柬方式邀请,显示举办者或主人的郑重态度。

我国乃文明古国,礼仪之邦,官方和民间交际应酬有着悠久的历史和优良的传统。随着社会的文明进步,人们的礼尚往来活动越来越频繁,请柬的应用也越来越多。

在经济活动当中,一般开业柬和会庆柬使用较多。

二、请柬写作指要

请柬作为较庄重、正式的一种礼仪文体,在写作上是很讲究的。它主要具有三个特点。

1. 严谨、准确

请柬作为一种为请客而发出的通知书,具有告知性,要通知被邀请者参加活动的时间、地点、内容,所以不能有任何差错。

2. 庄重、礼貌

请柬虽属于书信类文书,但主要是表明对被邀请者的尊敬,同时也表明邀请者对此事的郑重态度,所以比一般书信更显庄重,用于较重要的事情或庄重的场合。即便邀请双方近在咫尺,也必须送请柬,切忌随便口头招呼。同时作为一种礼仪类文书,要根据具体的场合、内容、对象、时间,做到措辞礼貌得体,字体工整规范。

3. 简洁明白、优美畅达

请柬是一种简短的信札,文字容量有限,所以务必做到简洁明确,不要堆砌辞藻或长篇大论。请柬又是礼仪交往的媒介,要讲究文字美,并尽量用口语,做到文雅大方、热情恭敬,要摒弃那些繁冗造作或干瘪乏味的语言。整体布局要匀称美观。

须注意的是请柬与邀请信的区别。邀请信是一种比较复杂的请柬。同请柬一样,邀请信也具有邀请的功能,可以直接送达,可以间接传递,可以作为入场券和报到的凭证,要讲究礼仪。但它没有请柬的庄重严肃,更朴实一些,用语上比请柬随意,但却也礼仪周到,受到人们普遍的喜爱;邀请信要求有较详细的邀约内容,除活动内容、时间、地点、参加人员外,还可以有行车路线、携带钱物、食宿安排、预先要做的准备等。

三、请柬的结构和写法

请柬从形式上有横式写法和竖式写法两种。竖式写法从右边向左边写。横式写法与一般书信相同,但从内容上看,又有其特殊的格式要求。

请柬一般有标题、称呼、正文、结尾、落款五部分构成。

1. 标题

在第一行的正中写"请柬"（请帖）二字,若在封面上写,一般要做一些艺术加工,可用美术体的文字,文字的色彩可以烫金,可以有图案装饰等。需说明的是,通常请柬已按照书信格式印制好,发文者只需填写正文而已。封面也已直接印上了名称"请柬"或"请帖"字样。

2. 称呼

要顶格写出被邀请者（单位或个人）的姓名和身份。如"某某先生"、"某某单位"等。称呼后加上冒号。

3. 正文

要写清活动内容,如参加宴请、会议、各种庆典、剪彩仪式、生日派对、婚礼、寿诞等。写明时间、地点、方式。如果是有入场券还应将入场券附上。若有其他要求也需注明,如"请准备发言"、"请准备节目"等。

4. 结尾

要写上礼节性问候语,如"致以——敬礼"、"顺致——崇高的敬意"、"敬请光临"等,在古代这叫做"具礼"。

5. 落款

署上邀请者（单位或个人）的名称。发出请柬的时间,要用汉字,并写全年月日。

四、实用示例

☞【例文一】

开 业 请 柬

××先生：

　　我店定于五月一日上午八时正式开业,三楼客厅同时接待业务洽谈。届时敬请光临赐教。

　　致以

敬礼

　　地址：（略）

　　电话：（略）

××服装商店
二〇〇八年四月十九日

【简析】开业请柬专用于邀请宾客参加企业、公司、厂、店开业仪式的请柬。它除了按请柬款式要求书写外,最主要的是交代清楚开业、开幕的内容、地点、时间和邀请单位或个人。

本请柬采用了横式写法。

☞【例文二】

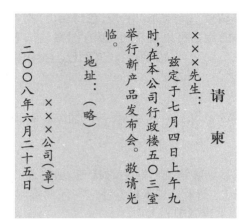

【简析】这是用竖式写法的请柬。按我国传统习惯自右至左书写。时间、地点和具体内容清楚,简洁明确。

☞【例文三】

邀 请 信

××集团公司:

　　根据省委宣传部关于今年重大活动宣传的统一部署,我厅将举办"五月的鲜花——纪念'五·四'运动八十周年大型歌咏会"。由××电视台等单位负责承办。本活动时间拟定于五月二日下午,在××工业大学室外演出并电视直播。因演出活动的需要,经编导与贵单位领导初步协商落实,今正式向贵单位发出参加活动邀请书。请将回执单填好传真给××电视台节目编导组。因本次演出纪念活动为全省电视直播,恳请贵单位认真抓好节目的整体质量。节目审查时间为四月二十日左右。具体事宜请与编导组联系。

　　联系电话(传真)8077××—33××。联系人:王×、周××、陈×。

　　另外,请贵单位领队及导演于本月二十三日(星期二)下午2:00到××电视台四楼会议室参加节目协调会。

　　此致

敬礼

　　交通:(略)

××广播电视厅(章)
××年三月十九日

【简析】这是一封邀请某集团公司参加电视台大型歌咏会的邀请信,活动的主题和内容非常清楚,活动的时间、地点、对参会者的要求等,表述明确详细,语言平实得体。还有交通方面的提示,显得周到。

第四节 致辞(迎宾送客致辞、庆典致辞、商务会致辞)

撮要

1. 致辞要根据关系亲疏添加适当的称呼修饰语。
2. 致辞要特别注重语言表述的分寸:礼貌适宜,真诚感人,语言简洁。
3. 根据时间、地点、对象不同,撰写出与场合相宜的致辞。

一、致辞扫描

致辞是行政机关、企事业单位、社会团体或个人对宾客表示欢迎、欢送,或在举行某种庆典和商务活动时表示祝贺的言辞。喜庆性是致辞的基本特点,多用褒扬、赞美、激励之词。

致辞从表达内容上看有欢迎辞、欢送辞、庆典致辞、商务会致辞等,以及与之相对应的答谢辞。

二、致辞写作指要

1. 看对象说话

致辞多用于各社会组织的对外交往活动,所面对的宾客可能是多方面的,如上级领导、考察团、外国友人、合作者等。活动的目的不同,致辞的情由也应不同,因此要有针对性,根据不同的对象说话,表达不同的情谊。

2. 看场合说话

致辞的场合、仪式也是多种多样的,有隆重的欢迎大会、酒会、宴会、记者招待会;有一般的座谈会、展销会、订货会等,所以要看场合说话,该严肃则严肃,该轻松则轻松。

3. 热情而不失分寸

致辞应出于真心实意,热情、谦逊、有礼。语言亲切,饱含真情。注意分寸,不亢不卑。

三、致辞的结构和写法

致辞通常由标题、称呼、正文和落款四部分组成。
正文的写作是重点,一般由三项内容构成。

1. 开头

通常应说明现场举行的是何种仪式,发言者代表什么人向哪些来宾表示欢迎。如向受辞方致意,要说明自己代表何人或何种组织向受辞方及其何项仪式或活动祝福贺喜。

2. 中段

说明致辞的情由,可概括评价受辞方已取得的成就;可叙述彼此的交往、情谊,说明交往的意义;对初次来访者,可多介绍本组织的情况。

3. 结尾

用敬语表示祝愿;展望未来美好前景;再次向受辞方表示衷心的祝贺。

四、实用示例

☞【例文一】

欢 迎 词

女士们、先生们:

值此×××厂30周年厂庆之际,请允许我代表×××厂,并以我个人的名义,向远道而来的贵宾们表示热烈的欢迎。

朋友们不顾路途遥远专程前来贺喜并洽谈贸易合作事宜,为我厂30周年厂庆更添了一份热烈和祥和,我由衷地感到高兴,并对朋友们为增进双方友好关系作出努力的行动,表示诚挚的谢意!

今天在座的各位来宾中,有许多是我们的老朋友,我们之间有着良好的合作关系。我厂建厂30年能取得今天的成绩,离不开老朋友们的真诚合作和大力支持。对此,我们表示由衷的钦佩和感谢。同时,我们也为能有幸结识来自全国各地的新朋友感到十分高兴。在此,我谨再次向新朋友们表示热烈欢迎,并希望能与新朋友们密切协作,发展相互间的友好合作关系,发展相互间的友好合作关系。

"有朋自远方来,不亦乐乎"。在此新朋老友相会之际,我提议:

为今后我们之间的进一步合作,

为我们之间日益增进的友谊,

为朋友们的健康幸福,

干杯!

×××厂厂长××
二○○×年×月×日

【简析】全文充满热情与真挚,标题写清文种。称呼使用了礼貌性用语。正文首先表示欢迎。主体部分,致词者面对的是参加厂庆活动的合作伙伴,所以侧重赞美双方的友谊和合作。结束语恰到好处地引用了名言名句,增添了文采,增强了表达力度,同时也增加了欢迎词的感情色彩。

☞【例文二】

欢 送 词

同志们、朋友们:

刚好在两个星期以前,我们愉快地在这里欢聚一堂热烈欢迎×××博士。今天,在×××博士访问了我国的许多地方之后。我们再次欢聚一起,感到特别亲切、高兴。×××博士将于明天回国。

×××博士的访问虽然短暂,然而是极其成功的。在北京期间,他会晤了有关方面的领导同志,参观了工厂、农村、学校,与各界人士进行了谈话,并认真研究了我国的政治、经济、文化和教育。

在向×××博士告别之际,我们真诚地希望×××博士给我们提出宝贵的指导意见,以便我们改进工作。同时,我们想借此机会请他转达我们对××国人民的深厚友谊,请他转达我们对他们的亲切问候和敬意。

祝×××博士回国途中一路平安,身体健康!

【简析】这篇欢送词突出了三方面的内容:一是写与客人欢聚及欢送的原因;二是写客人访问我国的行程情况和收获;最后是写主人的希望、祝愿。全文感情诚恳,语言精练,分寸适当地表达了主人热情、友好的态度。

☞【例文三】

保险公司开业致辞

尊敬的各位领导、各位来宾、各位朋友:

上午好!

今天,是一个喜庆的日子:在你们的大力支持下,经过全体伙伴数月的紧张筹备,经中国保监会批准,太平人寿张家港支公司正式开业了!

首先,请允许我代表太平人寿保险有限公司苏州分公司总经理室,对各位领导、各位来宾、各位朋友光临张家港支公司开业庆典表示最热烈的欢迎!向张家港市政府、苏州保险行业协会、张家港各大银行以及社会各界对太平人寿及张家港支公司的支持和厚爱表示诚挚的感谢!同时我也向参与张家港支公司筹备的全体伙伴说一声:你们辛苦了,太平人寿感谢您!

张家港,这座位于长江下游南岸的港口工业城市,近年来,以经济、社会和谐发展的特色为世人瞩目。2004年,全市人均GDP超过8 000美元,财政收入85

亿元。在经济快速发展的同时,张家港市锲而不舍地打造最适宜人居的城乡环境,并成为首批国家卫生城市、全国环保模范城市,2004年又成为"国家园林城市"、"全国环境综合整治优秀城市",并获得中国人居环境范例奖、全国生态示范区等荣誉称号,初步实现了经济与社会、资源与环境、人与自然相和谐的发展目标。进军张家港保险市场、服务张家港经济发展、造福张家港人民,是太平人寿保险有限公司苏州分公司机构发展战略的重要组成部分。太平人寿保险有限公司张家港支公司从今天起将正式担负起这一光荣而艰巨的使命。

太平人寿历史悠久,1929年始创于上海,1956年移师海外专营寿险业务,是中国近现代史上实力最强、规模最大、市场份额最多的民族保险企业。

2001年11月,太平人寿全面恢复经营国内人身保险业务。公司注册资本金23.3亿元人民币,总部设在上海,目前已在全国16个省、直辖市开设22家分公司和两百余家三、四级机构。

太平人寿以中国保险(控股)有限公司、中保国际控股有限公司和富通国际股份有限公司为股东。复业以来,太平人寿规范经营,持续创新,连续三年实现跨越式发展,总资产过百亿元,赢得了业界和社会各界的广泛赞誉。2003年和2004年国际权威评级机构惠誉国际(Fitch)连续两次为太平人寿做出BBB评级,这是国际著名评级机构首次为中国保险企业做出的最高评级。2004年12月,由太平人寿作为主要发起人申请设立的太平养老保险股份有限公司获准开业,"太平人寿"品牌,在新的历史时期,获得了新的内涵,并得以延伸。2005年1月,太平人寿品牌荣获全球华人竞争力品牌大会评选的"2004年度中国最具影响力保险行业十佳品牌"称号。

自2004年12月29日太平人寿苏州分公司开业以来,一直以社会公众利益为己任,热心公益事业。截至目前,太平人寿苏州分公司已累计完成保费近亿元。

我衷心希望,张家港支公司全体同仁能把开业作为创造辉煌业绩的新起点,继续弘扬"用心经营、真诚服务"的公司理念,以"为人们的生活增添祥和与安宁"为己任,在现代化港口城市树立起太平人寿品牌,为太平人寿保险有限公司的发展壮大、为张家港市保险市场的繁荣昌盛、为张家港市的改革开放和现代化建设事业做出应有的贡献!同时我也恳请张家港市的各级领导和有关部门能一如既往地关心和支持太平人寿保险有限公司在张家港的起步和发展,我们有信心、有能力,与张家港市社会各界和广大人民一道,共同创造更加美好的明天!

凝七十年之专业精神,创新世纪之太平盛世。请允许我用八个字来结束我今天的发言:愿"盛世中国,四海太平"!

最后,祝张家港支公司开业大吉!

> 祝张家港支公司的全体员工们马到成功!
> 祝各位领导、各位来宾和朋友们身体健康、工作顺利!
> 谢谢大家!

【简析】 本文在开场中首先表明了这是太平人寿张家港支公司正式开业的仪式,并代表苏州分公司总经理室向到场领导和来宾、朋友表示感谢,向支持太平人寿张家港支公司工作的各界人士表示感谢,向太平人寿张家港支公司的建设者表示感谢。中段介绍了张家港的概况和太平人寿的历史,鼓励张家港支公司全体同仁弘扬公司理念,以社会公众利益为己任,为公司的发展壮大,为张家港市的改革开放和现代化建设事业做出应有的贡献,并恳请各级领导和有关部门继续支持张家港支公司的工作,最后用"盛世中国,四海太平"八个字结束发言。尾部表达对公司、员工、各位来宾的良好祝愿。全文层次清楚,结构合理,针对现场人员的具体情况,采用了热情真切、礼貌得体的语言,符合致辞要求。

☞【例文四】

在"俄罗斯年"开幕式上的致辞
(2006年3月21日)
中华人民共和国主席　胡锦涛

尊敬的普京总统:

女士们,先生们,朋友们:

今天是中国农历春分。在这个充满春天气息的美好夜晚,我很高兴同普京总统一起出席"俄罗斯年"开幕式。这是中俄两国人民的共同节日。首先,我谨代表中国政府和中国人民,向普京总统,向俄罗斯代表团全体成员,向参加今晚演出的俄罗斯艺术家们,表示最热烈的欢迎!向伟大的俄罗斯人民,致以最诚挚的祝福!

中俄是山水相连的友好邻邦,中俄两国人民的友谊源远流长。在漫长的岁月里,我们两国人民相互理解、相互支持,结下了深厚的友谊。我们尤其不会忘记,在中国人民抗击日本军国主义侵略的伟大斗争中,许多英勇的俄罗斯儿女在中国的土地上献出了宝贵生命。我们尤其不会忘记,在新中国成立之初,俄罗斯人民伸出友谊之手,为中国人民建设新国家提供了多方援助。这种用鲜血和真诚凝结的友谊,牢牢铭记在两国人民心中,成为中俄关系发展的重要力量源泉。

10年前,中俄两国根据冷战结束后国际形势的深刻变化和两国关系发展的战略需要,高瞻远瞩,决定建立战略协作伙伴关系,揭开了中俄关系发展的新篇章。10年来,我们两国本着相互尊重、平等互利、密切协作、相互支持的精神,签署了《中俄睦邻友好合作条约》,提出了"世代友好,永不为敌"的和平思想,加强各领域的务实合作,密切在国际事务中的相互配合,为两国人民带来了实实在在的利益,为促进世界的和平、稳定、繁荣作出了重要贡献。

中国和俄罗斯都有着悠久的历史和灿烂的文化,都正在大力发展经济、改善人民生活,都肩负着维护世界和平、促进共同发展的重大责任。加强中俄两个伟大民族的交流,加强两国各领域的合作,有利于增进两国人民的相互了解和传统友谊,有利于促进两国关系全面发展。中俄互办"国家年"活动,是我们双方为推动两国关系不断发展和两国人民世代友好而采取的重大步骤,目的是深化友谊、密切合作,推动中俄战略协作伙伴关系迈上新台阶。今晚的开幕式之后,丰富多彩的"俄罗斯年"活动将在中国全面展开。我相信,在两国政府大力支持和两国各界广泛参与下,"俄罗斯年"活动一定能够取得圆满成功。

俄罗斯伟大作家列夫·托尔斯泰曾经说过,朋友是永久的财富。我和普京总统都认为,中俄应该永做好邻居、好伙伴、好朋友。让我们共同努力,推动中俄友好事业不断向前发展,造福两国人民,为人类和平与发展的崇高事业做出新的更大的贡献。

谢谢大家。

【简析】本文重点阐述和回顾了中俄两国之间的交往和深厚的友谊,特别是在抗日战争时期和建国初期对中国人民作出的贡献。改革开放后,中俄又揭开了发展的新篇章,在共同的领域、共同的立场、观点、目标、原则下,指出互办"国家年"活动的意义。结尾引用俄罗斯作家列夫·托尔斯泰的话指出中俄友好事业光辉的前景。感情真挚,语言精练,不落俗套。

第五节　导介词与演说词

撮要

1. 导介词要实现给观众视听上的补充作用,对事物进行准确的描述和解说时,要突出使观众了解事物的性质、产品的特点、事件的来龙去脉等要素。

2. 高水平的导介词写作要适当顾及到不同年龄、职业、文化程度等观众因素,方便讲解员临场时能尽量灵活机动地调整出繁简不一、深浅有别的讲解词来。

3. 演说词要根据听众的年龄、接受习惯和判断标准来调整所要演讲的内容和表达方式,以取得良好的效果。

4. 演说词最终通过人们的听觉体现它的优劣,因此,演说词要注意书面语与口头语的不同,如同音字词在表达上的处理。

一、导介词与演说词扫描

　　导介词就是把陈列的物品、展销的产品或旅游的景点、影视新闻记录片的画面、人物生平事迹等向来宾做介绍的一种文稿,它也是经济活动中一种应用很广泛的文体。它通过对事物的准确描述、词语的渲染,来感染观众或听众,使其了解事物的来龙去脉和意义,收到宣传的效果。

　　导介词有补充视觉和听觉的作用,可帮助观众观看实物和形象的过程中,让其在发挥视觉作用的同时,也发挥听觉的作用。

　　在公众面前表示自己对某一问题的主张或阐说某一事理、抒发某种情感的活动称为演讲,它是一种书面与口头艺术的结合体。演说词是为演讲而准备的书面文稿,出色的演说词是演讲的依据,也是演讲成功的前提。在社会经济活动中,常见的是岗位竞聘演讲、商务礼仪活动演讲等。

二、导介词与演说词写作指要

(一)导介词的写作要求

　　导介词的写作形式多样,方法灵活,可用平实的语言,也可用文学的语言;可用散文形式,也可用韵文形式。无论何种形式,都具有以下四个特点。

1. 注重针对性

　　要有意识地引导受众群体留意到某个事物的性质、特点,并有重点地予以介绍,起到给观众视听上的补充作用,使他们对所听到或看到的事物有更深入的了解。要针对观众的不同年龄、职业、文化程度调整出繁简不一、内容深浅不同的讲解词来。

2. 把握跳跃性

　　导介词是按照实物陈列或画面推移的顺序编写的,陈列的物品和画面有相对的独立性,反映在导介词里,就使导介词的叙述、说明具有跳跃式的特点,呈现出节段分明的特点。每一个画面和每一件实物都有一节或一段文字说明,以实物或形象为写作依据而起承转合,因而,全篇结构不苛求严谨紧凑。

3. 体现生动性

　　导介词是配合实物和画面而作的文字说明,既要便于讲解,又要吸引观众,所以不是干巴巴的说明和说教,而是通过形象的语言对实物和形象进行描绘,文艺性很强。从某种角度上看,它是说明和诗词的结合。一篇好的解说词,就是一首感人的诗词。

4. 突出口语化

　　导介词是供群众听的,是通过语言的表达来宣传和教育群众的,为此要求读起来上口、听起来顺耳。语言简洁利索,生动形象,用不多的文字把实物介绍给观众,使观众在观看实物或图画时,借助于简明的文字介绍,对实物或图画获得深刻的认识。

(二)演说词的写作要求

1. 有明确、新颖的主题

演说词要从头到尾贯穿一条主线,所选材料要有较强的针对性,有时代感,有新意,才能使演说集中、新颖并"言之有物",比较容易抓住人心,引起共鸣,产生比较好的演讲效果。通常,演讲的主题用一个判断句表达,可以反复强调,对听众产生听觉上的冲击力,在心理上产生认同感。

2. 掌握听众的心理

演讲者的一切行为都是围绕听众进行的,所以,要了解听众,注意听众的组成,掌握他们的性格、年龄、受教育程度,分析他们的观点、态度、希望和要求,从而确定演讲方式和演讲内容,达到吸引听众、说服听众、感染听众的目的。

3. 动之以情,晓之以理

"感人心者,莫先乎情。"只有在感染人、打动人的基础上,才能起到教育鼓舞人的作用。有情还要有理,既要有热情的鼓动,更要有冷静的分析,抒情和说理有机结合,才能真正体现演说词的鼓动性。

4. 语言通俗易懂、生动流畅

演说词主要是用来口头表达的,要"上口"、"入耳",口语化突出,应多用短句和双音节词,才能达到通俗易懂的目的;为力求语言生动感人,要多用比喻、排比、拟人、夸张等手段,把抽象的道理具体化,把概念的东西形象化,以幽默、风趣的风格,增强演说词的表现力。

三、导介词与演说词的结构和写法

导介词与演说词的结构基本相同,都包括标题、称谓和正文三部分。

(一)导介词

标题可根据导介的内容来确定。如:"天龙山旅游景点导介词","好山好水出奇石"。在实际解说时,导介标题可以省略。

称谓根据现场听众情况确定。

正文是导介词的重点,写作时一般有三部分。

1. 前言

前言可用简短的语言表示对光临者的欢迎。"欢迎光临××××会展中心,对××公司的产品进行指导。""希望这次旅行给你带来乐趣。"也可以对所展示物品或举行活动的意义、价值、背景作概括介绍。

2. 主体

主体是内容的具体解说。要把最能体现客观事物本质特征的内容介绍出来,把观众最需要了解、最感兴趣的内容介绍出来,努力做到知识性、趣味性相结合,增强导介的效果。

3. 结语

结语可以总结对解说事物的总的感受,也可以归纳主题,提出要求、号召等。如某生物馆导介词的结尾:"在这个世界上,人与动物、植物应该是和睦相处的好邻居,而不应该成为弱肉强食的天敌。假如有一天人类将地球上的生物斩尽杀绝了,那么地球的互相依存的生物链也就断了,人类也就走到了尽头。"

(二) 演说词

1. 标题

标题可以标明性质和文种,也可以揭示主题、用象征手法、比喻手法、设问手法、名言警句等,好的标题要有感召力、鼓动性,能引起听众注意,抓住听众心理。

2. 称谓

称谓应自然、亲切、得体。本着先外(外宾)后内(国内朋友),先高后低(职务或职称),先女后男,先疏后亲的顺序。

3. 正文

正文一般分为开头、主体、结尾三部分。

(1) 开头。"好的开头是文章成功的一半。"主要有点明主旨,自然领起下文,引起听众关注的作用。常见的开头方法有:情景入题法,即结合演讲当时的气氛和情景,发表感想,拉近与听众的距离;事例衔接法,从个人经历、新闻事件等与演讲主题相关的事例导入正文;设问入题法,提出问题,设置悬念,启发听众,导入正文;引用入题法,引用诗歌、谚语、名言警句等切入正题;开门见山法,先直截了当揭示主题,给听众留下深刻印象,再逐步引导听众接受、消化后面的论证。

开头的方法很多,要增强演讲效果,一定要因人、因地、因事而异,没有固定不变的程式。

(2) 主体。这一部分是演讲内容的核心所在,要针对演讲主题从多方面去阐明和印证主题,使听众得到一个明晰深刻的印象。首先,在选材上要注意代表性和说服力,选能够表现事物深度的典型事例,才能说清讲透,突出中心。其次,安排好层次和段落,尽可能做到张弛有度,起伏有变。可采用递进式,步步推进,层层深入;也可采用并列式,从不同角度、不同侧面论证主题;还可采用复合式,横向纵向分析综合运用。

无论采用何种结构方式,切忌平铺直叙,要通过深刻的分析、多种修辞手段的运用、感人事迹的叙述等,增强语言的生动性,体现演讲的鼓动性。

(3) 结尾。这是演讲词最重要精彩的部分,可进一步调动现场情绪,强化现场反映的作用。结尾有总结式、号召式、启发式、抒情式等,要做到简洁明快,恰到好处,激励人心,令人回味。

四、实用示例

☞【例文一】

省"一法三卡"现场会参观导介词(煤矿)(节选)

各位领导、各位来宾:

大家好!

首先我代表葛店矿全体员工欢迎你们的到来!对于你们从百忙中抽出时间来我矿指导工作表示衷心的感谢!非常荣幸,我能有这样一个机会为大家解说,愿我的解说能给大家留下良好的印象。望各位领导专家能对我矿工作多提宝贵意见。

这里就是被誉为"豫东第一矿"的葛店煤矿,46年前,有一群不畏艰辛,勇于进取的开拓者,在这里开始了光荣的创业,经过几代人的不懈努力,我矿已由原来的十几万吨的生产能力发展成为今天年产九十万吨的国家中型矿井。我矿现有职工2 933人,年赢利3 000多万元。

各位领导现在看到的这块牌版是我矿的生产调度日报表。我们职工上下班时可以通过这个表及时了解到当日生产任务的完成情况。

这是省级文明单位标准。我矿于2001年荣获河南省省级文明单位光荣称号。放这块牌板的目的是把保持省级文明单位的目标变成职工的自觉行为。

这里是我们神火人的企业精神——"团结奋进、创业发展、技高质优、务实争先"。多年来,我矿深入贯彻落实党的"安全第一、预防为主"的安全生产方针。有效的发挥了职工群众在安全生产的主体地位。在职工中广泛普及安全生产知识,取得了精神文明建设和物质文明建设的协调发展,连续十年保持了"国家行业级质量标准化矿井"的称号。先后荣获了"全国模范职工之家"、"全国安康杯竞赛优胜企业"、"省文明单位"、"省治安模范单位"、"省民主管理优胜企业"、"省厂务公开先进单位"、"省五一劳动奖状"、"市花园式单位"等荣誉。

这里是我矿的综合办公楼。这里面有安全生产调控中心,安全生产培训中心以及机电、生产、地测等管理科室。

请各位领导先到我们的电教化教室。

我们的电教化教室采用先进的微电脑调控的教材演示系统,完全实现了无需粉笔手写板书,结束了粉末飞扬的历史。今天大家在电教室里不仅可以看到我们制作的专题宣传片,而且我矿党委书记张凤旺同志将为大家作精彩的汇报。

各位领导听过我们张书记的汇报,相信你对我矿已有了更进一步的了解了。下面请随我参观一下我们的安全教育展室,我们矿领导把安全工作放在各项工作的重要位置,在经费比较紧缺的情况,抽出数十万元筹建了安全教育展室,为广大职工学习安全知识营造了良好的环境。

这里就是我们的安全教育展室,各位领导首先看到的是各级领导对煤炭事业的关怀,这说明我们煤炭事业是项光荣的事业。

这里是展室的第二部分:安全生产基本常识。可以让我们的职工了解井下的五大自然灾害的成因,加深对井下环境的认识。

这里是展室的第三部分:事故预防及应急处理。由于井下生产的特殊环境,事故发生在所难免,但发生事故后如何把损失减小到最低,这一部分进行了详细的介绍。

这里是展室的第四部分:事故案例。我们为让广大职工时刻绷紧安全弦,自揭伤疤,把曾经发生在我矿的伤亡事故摆出来让职工时刻警醒,引以为戒。这里面的当事人有的是现在职工的同事,有的就是自己的父辈。这是我们在长期安全生产中积累的宝贵经验,也是在实践中摸索出的一些降低事故的方法!

这两块牌板是我矿的危险源点分布图,分井上井下。我们于2003年10月份经上级领导的安排,借鉴外地的成功经验,结合我矿的实际,在全矿范围内开展了"一法三卡"的推广工作。在排查评估的基础上我们确认了51个危险源点,并对其重点监控。其中井上14个,井下40个。这样我们职工在工作中时时有人查,处处有提醒,检查的针对性更强了,咱们工会的监督检查更有实效了,体现了专管与群防的统一。截止到今天,我们已实现安全生产1 182天。

"一法三卡"工作对于我们来说还有许多努力的空间。相信在上级领导和上级工会组织的关怀和指导下,我矿的"一法三卡"工作能取得更明显的效果。

……

通过我的讲解,相信各位领导对我矿一定有了一些了解,欢迎你们提出宝贵意见。我们将继续发扬煤矿工人特别能战斗的优良作风,务实拼搏,开拓进取,在以后的工作中再接再厉,努力把葛店煤矿建设的更加美好。谢谢大家!

(注:"一法"即事故隐患和职业危害监控法,"三卡"指《危险源(点)警示卡》、《安全检查提示卡》、《化学有毒有害化学物质信息卡》)

【简析】本文是一篇现场会参观的导介词,面向对象是检查工作的领导和参观的来宾。前言以对来参观指导工作的领导表示欢迎开始,平实简单有礼貌。主体部分按参观顺序依次进行介绍,用"这是……"、"这里是……"等进行衔接,没有刻意的过渡。先是葛店煤矿的概况介绍,随后是生产调度日报表、省级文明单位标准、神火人的企业精神三块宣传排版的介绍,初显管理的严谨,重点介绍内容是安全教育展室,这也是煤矿工作的重中之重,符合现场会的主题。结尾部分照应开头,恳请参观领导提出宝贵意见,并表示了今后努力的方向。全篇针对性强,节段分明,语气恰当。

☞【例文二】

我们用数字写诗篇

尊敬的各位领导、各位评委、各位同行:

骏马驮来新世纪第二个火热的夏天,朝阳擎起统计人最喜庆的节日,当新中国政府统计机构成立50周年纪念日来临之际,在全市统计人(代表)欢聚一堂的隆重场合,首先,请允许我这个来自基层的年轻统计工作者,向为了统计事业辛勤工作、无私奉献的所有老领导、老专家、老同事表达我深深的敬意,向义无反顾加入统计战线的同龄人以及刚加入统计战线的新兵表示我由衷的赞佩。

因为我选择了统计,统计也选择了我,所以,我衷心地热爱自己的职业,也衷心地热爱所有志合道合的人们;所以,我更要为我们曾经彷徨过、正在热爱着、还要更执着的统计事业献上最深情的赞歌!

说句实在话,我是在不经意间走进咱们统计门槛的。少不更事的多梦时节,和所有同龄人一样,我对未来有许许多多与统计不相干的憧憬。闲暇的时候,我伏在自家青石板的窗台上,两手支着下颏,望着天上忽忽飞过的大鹰和悠悠的白云,痴痴地想着;上了高中以后,我最浪漫的理想是做一个无拘无束的女诗人,背上行囊,浪迹天涯,纵情地感受阳光雨露,陶醉于湖光山色的秀美,洋洋洒洒,写出一行行、一首首、一本本催人泪下、流芳千古的诗篇。十二年前,当我脑子里装着这梦想,衣袋里揣着大学文凭、跨出校门走进我们统计机关之后,我忽然发现,现实与梦想形成巨大的反差,我们从事的工作与当初的向往几乎没有丝毫的联系。手里,"没有钱,没有物,只有几个干巴数";眼前,没有鲜花,没有令人心醉的闪光灯,只有枯燥的表格;耳旁,没有雷鸣一样的掌声,没有海潮一样的欢声,只有时钟磨蚀的嘀嘀嗒嗒声;心里,没有荣耀感,没有成就感,只有委屈的失落感。然而,随着工作的不断深入和投入,在领导的开导下,在同事们的熏陶下,我对统计工作和统计人有了全新的认识,渐渐产生了喜欢,产生了深深的爱。手下的键盘不再是冷冰冰的工具,屏幕上的数据不再是没有灵性的抽象符号,飞来飞去的鼠标甚至唤起昔日诗情的灵感。我从内心深处感觉到:我们统计人正是醮着心血和汗水,在书写着感动自己、感动社会的优美诗篇!

我们不是政治家,更没有设计整个国家建设和发展蓝图的宏大气魄,但是,我们统计人以求实的精神、严谨的作风,用准确的数据记录着经济建设、文化建设的得与失,记载着人民生活水平的起伏与变化,为决策者提供着深化改革的科学依据,新中国迅猛发展激情澎湃的政治抒情诗中,有我们饱含真情的笔墨!

我们不是工人，不是农民，不能亲自去车间挥汗，不能亲身在田野耕耘，但是，我们统计人通过一笔笔数字，同样体验着增产与丰收的快乐。一排排数据，就是一箱箱上市的成品；一串串数字，就是一担担金澄澄的粮食。我们统计人用数字写出一首又一首的田园诗！

我们不能像谢灵运一样，遍访江南塞北的名山大川、青灯古刹，写出空灵优雅的名句力作，但是，我们统计人通过翔实的数据，了解到祖国丰富的宝藏、富饶的物产、传世的名胜，还有谢灵运忽略的河流污染、水土流失！我们用数字抒发着对秀美山河的挚爱，创造着别开生面的山水诗！

我们没有与日俱增的天文数字存款，也没有一步一个台阶直至高高在上的升迁，当然，我们也不会遭遇一旦破产、人为财死的厄运，也不会受到因贪污而银铛入狱、因渎职而一夜人仰马翻的惩罚。我们统计人过着平平常常、普普通通的日子。房子不大，足以遮风避雨，骑车、步行上班，可以沐浴阳光、承接雨露。安安静静地工作，和和睦睦地生活。夫妻互相理解，亲子温情融洽。还记得去年人口普查的那些紧张日子，我的爱人为了支持咱们的工作，减轻我繁重的工作压力，把全家的家务琐事独自承担起来，使我在紧张工作的同时，深深体味了家的温暖、爱的温馨，还有生活的美好！有时，为了搞准一个统计数字，我们不辞辛苦深入到厂矿、车间、乡村、地头；为了写出一份有价值的统计分析，我们查阅资料，夜以继日，笔耕不辍。当领导用统计数字在大会上总结工作成果的辉煌时，我们统计人感到无比自豪；当领导用统计数字实施决策时，我们统计人深感肩上的担子沉重。我们统计人用平凡的劳动、普通的情感，谱写了人生隽永的情诗！

中国已经加入了世贸，经济已经与国际接轨，世界已进入新世纪，进入全新的高科技时代！严密、准确的数字统计，将在科学的宏观决策和微观调控中，发挥越来越重要的作用。民族振兴、人类进步的宏伟诗篇，还要咱们统计人辛勤奉献。谢谢大家！

【简析】本文的标题紧扣演讲内容，贴切生动；正文开头既以对称的语句指出演讲时间和场景，表达对参会者和统计战线同行的敬意，趁势引入演讲主题。主体部分叙述自己进入统计行业的经历，在工作中看到现实与理想的反差，以及在领导帮助、同事影响下自己对所从事工作的全新认识和热爱，阐述了统计工作的意义和统计工作者的艰辛、平凡，真切自然，层层推进。表达上多处排比句、排比段落、记叙、抒情、议论等多种手法的运用，生动形象，加强了语言的气势。结尾简洁明快，有激励人心的作用，易于与听众取得感情的共鸣。

实践练习

1. 晚上要开班会,同宿舍的周浩同学突然生病胃疼,不能参加,请你代他给班主任写张请假条。

2. 你的妹妹在家乡某中学上高中,你在省城为她购买了一些高考复习资料,想托老乡高峰带回去,但去高峰家送书时,他恰好不在,请写张条子,告知所托事项。

3. 周日朋友来邀约一起去爬山,恰好父母不在家,为了不让家长担心,写张留言条,告知自己的去向和回来的时间。

4. 评改下列条据。

借　条

今向财务处借到现金五佰元整。

×××
××年×月×日

收　条

今收到捐助的图书二千册,人民币二万元,此据。

××××××学校
××年×月×日

领　条

因为下周要参加园林专业植物课实习,所以特向实训中心领取实习用品,需要标本夹十个,五人一组,每组一个,修枝剪20把,每组两把,水壶五十个,每人一个,工作服五十套,每人一套。实习回来后一起归还。

园林系5310班　郭志强
××年×月×日

5. 某班级参加义务劳动,生活委员要到后勤处领取劳动工具,铁锹30把,镐头5把,平车3辆,请用两种方式各写一张领条。

6. 学校开运动会,作为班长的你要从小卖部给运动员买水,暂时未付现金,写张欠条,待运动会结束后,一并结算。

7. 每人收集请柬若干份,集中交流一次,重点体会请柬的格式和语言特点。

8. 根据下面的内容,写一封请柬。

××高职学院将于2007年9月29日举行"迎国庆"歌咏比赛,邀请××电视台记者进行采访和报道。

9. 评改下面的请柬。

（1）

> 小徐：
> 　　兹定于十一月十日上午举行信工系班级辩论赛。敬请光临指导。
> 　　致
> 敬礼
>
> 　　　　　　　　　　　　　　　　　××学院信工系团总支
> 　　　　　　　　　　　　　　　　　　　××年十一月十日

（2）

请　柬

> 全院教职工：
> 　　兹定于1月20日上午8:30,在院多功能厅举行迎春团拜会,届时请务必光临,勿误。
> 　　　　　　　　　　　　　　　　　　　　××学院办公室
> 　　　　　　　　　　　　　　　　　　　　××年1月18日

（3）

邀　请　书

> ×××先生：
> 　　听闻您对生态循环农业问题研究颇深,我公司拟于2006年9月20日上午举办公司及下属各单位全体干部群众参加的专题报告会,特邀请您到会做报告,恳请您务必准时。
> 　　　　　　　　　　　　　　　　　　　　××市××局（公章）
> 　　　　　　　　　　　　　　　　　　　　2006年9月3日

10. 某厂30周年厂庆,除本厂职工参加外,还有多年合作的生意伙伴,有洽谈贸易的新朋友,请以厂长的名义写一篇欢迎词,表示对大家的感谢和欢迎之情。

11. 请你以学院的名义,为2007届毕业生写篇欢送词。

12. 写一篇向新生介绍校园环境的导介词。

13. 以本地区的某个旅游景点为对象,收集资料,写一篇导介词。

14. 学生会要竞选主席,请根据自身情况,写一篇竞选演说词。

15. 学校要举办消夏晚会,你作为校学生会文艺部的负责人,是晚会的组织者,

（1）你需要邀请校领导出席消夏晚会,请你写一份请柬。

（2）你需要到后勤处借一套音响设备,请你写张借条。

（3）你分配文艺部干事张丽去学校的小卖部购买了一些晚会用的小礼品,因所带现金不够,还差150元,故іно以张丽的名义写欠条。

（4）张丽将买好的礼品交给你,请你清点后,写张收条。

（5）学生会干部崔鹏因踢球扭伤了脚,不能参加晚会,请你代他写张请假条。

（6）因有部分家长和外校贵宾参加,请代校长写一篇简短的欢迎词在晚会上宣读。

（7）为了帮助家长更好地了解本校,你分配给社联部干事陈红收集了校园若干图片并制作了电子演示文档,请你就此写一篇介绍校园环境的导介词。

第二章　私信和公函

第一节　介绍信与推荐信

 撮要

1. 凭据作用是介绍信的突出功能,收信者从介绍信里就可以了解来者何人、任何职务、办理何事、有何具体的要求等。

2. 推荐信有很强的针对性,表现为:写信人针对求职者的自身条件和用人单位的岗位需求予以推荐。

3. 推荐信是推荐人基于对被推荐人的充分了解,向用人单位推荐,对被推荐人的基本情况、工作能力如实陈述,具有一定的担保作用。

一、介绍信与推荐信扫描

（一）介绍信

介绍信,是机关团体、企事业单位介绍、派遣相关人员前往其他单位、部门去联系工作、商洽办理事情、参观学习、出席会议等所写的一种公务信函。它具有介绍和证明的双重作用。持信人可以证明自己的身份、表明事由;收信单位可以知道来者的姓名、身份、人数以及需要办理的相关事宜。

介绍信通常有固定的模本和规范的格式,只要将具体内容填入即可。固定模本的介绍信一般有介绍信和存根两联,存根上有该联介绍信的基本信息,比如姓名、人数、事宜、时间、前往的地点等,存根在发信单位保留,以备查询时用。

（二）推荐信

推荐信,是一种向用人单位荐举人才的书信,常用于求学、求职、入党、工作事务往来等场合。推荐信要有一定的权威性和可信度,一般是由学校、有关单位或者具有推荐资格的个人撰写的。

推荐信要比介绍信写得更具体、完整,要写出被推荐者的才能和优点,但应针对用人单位的需要,突出重点。推荐信具有建议性、针对性、担保性等特点,在现代工作和学习生活中,推荐信使用频率还是比较高的。

二、介绍信与推荐信写作指要

（一）介绍信

1. 任何介绍信的开具,必须事先经主管领导批准。重要的介绍信要经领导过目,并在存根上签字,以示负责。

2. 如实写清派遣人的姓名和身份。一封介绍信只能写给一个单位,严禁开"××、××等单位"、"各有关部门"之类的介绍信。内容要简明,所联系办理的事情必须填写具体,以防介绍信被滥用。

3. 向对方提出要求时语气要谦和,一般使用"请接洽"、"请予协助"等,不能使用命令式的口吻。

4. 书写工整,一般不能随意涂改。如果发生书写错误,必须在涂改处加盖更改章或单位公章,以示有效。介绍信禁止使用铅笔或红色的墨水笔书写。

（二）推荐信

1. 推荐信必须如实反映被推荐人的真实情况,不能杜撰成绩、奖项,以欺骗的方式博得对方的好感。

2. 要写清楚推荐的理由,对被推荐人的业绩评价要适当,切勿夸大其词。

3. 推荐的态度要诚恳、谦虚,不能用强制的口吻,甚至是以势压人。

三、介绍信与推荐信的结构和写法

（一）介绍信

1. 标题。标题位于首行正中,印（写）明"介绍信"三字,字体可以比正文大一号。

2. 称呼。在信件开端处顶格书写对方单位的名称或相关负责人、接待者的姓名和职务,后面加冒号。

3. 正文。另起一行空两格写具体内容,通常用"兹"、"今"、"现"开头。然后写明被介绍人姓名、身份、人数以及具体办理的事项和要求。所写内容必须核实无误,以防他人假冒顶替,损害单位名誉和利益。

4. 结语。结语一般是表示祝愿、敬意、感谢的语言。如"请予接洽,谢谢配合"、"此致敬礼"、"请予以协助办理"、"顺致敬礼"等。

5. 署名、日期。结语下方署上开具介绍信的单位全称、加盖公章。署名的下一行书写日期,一般具体到年、月、日。如果是模本式的印刷的介绍信还要填写存根联和有效期。天数一般用汉字大写数字,因为阿拉伯数字笔画简单,易于涂改,没有安全性。

(二) 推荐信

推荐信包括标题、称呼、正文、祝语、署名和日期。其中标题、称呼、署名和日期等项可参照介绍信的写法。下面重点介绍正文的写法。

正文部分是推荐信的主体部分,必须把推荐的理由写充分,理由越充分推荐成功的可能性就越大。具体可写明如下内容:

1. 先作自我介绍,说明与被推荐人的关系等,以增强可信度。
2. 介绍被推荐者的基本情况,包括姓名、性别、年龄、政治面貌、学历、职称、职务等。
3. 阐述值得推荐的理由和事实,包括被推荐者的工作经历、工作作风、工作能力、业务专长、工作业绩等。
4. 提出推荐的职业岗位或希望对方考察、录用的意见等。

除了文章形式的推荐信外,另一种是表格形式,按要求填写即可。

四、实用示例

☞【例文一】

介 绍 信

××公司负责同志:

  兹介绍我所高级工程师×××同志前往贵公司洽谈有关合作的具体事宜,请予接洽。

  此致

敬礼

  (有效期　天)

               ××技术研究所(盖公章)

               ××年×月×日

【简析】这是常用的书信式介绍信的格式。本例将派遣人的真实姓名、身份、所联系办理的事情交代得清楚简洁。这是一份写得十分规范的介绍信。

☞【例文二】

推 荐 信

×××文学研究所:

  欣闻贵所最近要招收一批学以致用的年轻研究人员,我谨推荐高峰同学到贵所工作。

  高峰同学××年毕业于××大学中文系古典文学专业。在校期间各科成绩

> 优良。毕业后在××大学任教，于××年考入本校中文系古典文学专业攻读博士学位，跟从×××教授专攻秦汉文学。在校期间，学习刻苦，成绩优良，发表论文共11篇，计21万字。其中《×××××》曾引起学术界很大重视。
> 　　高峰同学对中国古典文学尤其是秦汉文学有较深的理解，具备一定的研究能力，富有刻苦钻研精神，最近刚通过博士论文答辩。高峰同学有志于中国古典文学的研究，希望能学以致用。恳请贵所能采纳我的推荐意见，招收他为贵所研究人员。
> 　　顺致
> 研安
>
> 　　　　　　　　　　　　　　　　　　　××大学校长：×××
> 　　　　　　　　　　　　　　　　　　　　　××年×月×日

【简析】本例的推荐人就求职者的学习态度、学业成绩、研究能力等向用人单位作了详细介绍，针对性很强。行文语气谦和，格式规范。落款突出了推荐人的权威性，给用人单位可靠、可信的印象。

第二节　自荐信与应聘信

撮要

1. 分清自荐信与应聘信之间的差别，为突出写作的针对性作知识准备。
2. 分析第一读者的考察心理，明确岗位能力要求的几个主要方面。
3. 选择好介绍内容的侧重点构思，写作时注意语言简明与阅读者的心理期待。

一、自荐信与应聘信扫描

求职信函，是求职者向用人单位或雇主介绍自己，并求取某一职位的信函。针对性强是求职信最重要的特性。

为了增加求职的成功几率，要区分自荐信和应聘信两类求职信的不同侧重点。

（一）自荐信

自荐信是无明确单位的求职信函。因为写信时无确定的求职单位或岗位，只能根据自己的求职意向、个人专长和技能等，根据一般用人单位通常的用人标准和要求来进行针对性写作。

（二）应聘信

应聘信是有明确单位的求职信函。求职者获得了用人单位和具体岗位的确定信息，意欲在此用人单位谋取该职位。应聘者侧重根据该单位的用人情况和要求，明确地介绍自己的优势和专长，在满足用人单位岗位条件要求的同时，还可以适当地展示自己的其他相关优势，争取获得该职位。

二、自荐信与应聘信写作指要

（一）定位准确，既不好高骛远，也不随意降低要求

寻求理想的职业特别需要注意择业策略。定位准确，是首要的一点。尤其是写自荐信时，要针对自身所寻求的工作目标，结合自身的优劣条件，根据自己的文化程度、专业能力、个性等因素做到定位准确，既不好高骛远，也不随意降低要求。这可能不是一个具体的写作问题，但是不可否认，定位问题是个事关求职能否成功的首要问题。

（二）要充分了解用人单位和岗位的信息，做到知己知彼

首先要对用人单位有所了解；其次是对所应聘的职位有所了解；再次要对自己有所了解。求职者要从用人单位的特点、招聘岗位的要求、自身条件等方面进行具体的分析和归纳，认真、客观分析自己的优势和劣势，突出重点，有的放矢地加以表达，强调自己所具备的相关资历，并分析所谋求职位的要求，投其所好。与求职无关的话，坚决删除。

（三）要注意选择好内容的侧重点，突出针对性

一是要针对所求的职位。例如，所求的职位是编辑，就要围绕编辑写：学过什么有关的专业、课程，经过什么样的编辑培训，有过什么编辑工作的经历等等。二是要针对用人单位的第一读者来写。用人单位的第一读者往往是该单位的人事干部。他们一般握有最初的淘汰权，为了获得面试机会，求职信函要在结构、语言等方面充分考虑第一读者的阅读特点和阅读习惯。

（四）情文并茂，语言简明

求职信函的情，一是内容上的真情，二是语言上的表情。内容上的真情，就是如实写出求职者想从事某项工作所具备的条件以及选择该职位的原因，语言上要简洁明了，措辞要得体，用语不卑不亢。求职信函的读者是用人单位的领导，因为公务繁忙，求职者众多，所写的信要达到最大限度的简明，使对方能充分了解求职者的意图和情况。但简洁不是简单、不是草草了事，求职信函是通过语言来表达的，所以措辞要特别讲究，整个求职信函的语言始终要准确、坦诚，同时也充满自信，不浮言巧语。

三、自荐信与应聘信的结构和写法

求职信函的格式与一般书信相同,包括称呼、问候语、正文、敬语、落款以及附件六部分。但求职信函一般会加标题,而且附件的提示不可少。

这里主要介绍"正文"和"附件"的写法。

(一) 正文

正文是求职信函的主体,一般包括以下三个方面。

1. 连接语。用来说清写信的缘由,写明所要申请的工作、职位以及自己是如何获知该招聘信息的。

2. 主体。主体可从三个方面来写。

(1) 概括介绍自己,即写一份自传,介绍自己的姓名、性别、出生年月日、所学专业、最高学历,读书、工作的几个阶段和性格特点特长等内容。有时因为附件中有详细的介绍,也可略写或不写,以利于信函的简洁和主要信息的突出。

(2) 重点详细介绍自己的能力,说明并阐述自己将如何满足对方的要求。对刚毕业的学生来说,重点介绍在校期间最突出的、能代表自己水平的专业及成绩,尤其是与招聘单位对口或接近的专业成绩,介绍自己学习的深度及广度。若是已参加工作者,侧重介绍自己的工作经历,在本岗位上的突出贡献,如参加过什么项目,研制过什么产品,解决过什么难题等。重点介绍的另一内容是自己的特点、爱好、擅长。比如,自己身体健康、高大,酷爱体育运动,参加过篮球、排球、乒乓球比赛;或擅长文艺演出;或有组织策划大型活动的经验;或喜欢书画艺术等等。社会非常需要业余爱好广泛而精通的人才,人无我有,人有我优,这样比较容易使自己在众多应聘者中脱颖而出。

(3) 表示自己想获得这份工作的愿望。说明自己对本工作的喜爱和迫切心情,并谈谈入选后的想法、打算或计划,使主管人仿佛看到新鲜血液在汩汩流淌,增强他录用的信心。

3. 结束语。求职信常用的结束语有"如蒙赐复,不胜感谢","若认为本人条件尚可,请惠予面试,本人将准时赴试","敬盼佳音","若被招聘,将十分荣幸"等等。

(二) 附件

附件是求职信函的附属部分,主要是个人简历,包括个人基本资料、教育背景、工作经验和其他方面。个人简历无固定写法,主要是能充分显示自己的优势。个人简历后通常附上有关证件、学历证明、单位证明及各种获奖证书的复印件等。如有推荐人还要附上推荐人的姓名、身份,以此加深用人单位的印象。

附件的作用有时比求职信的正文所起的作用更大,千万不可忽略。尤其是在设计和排版中要多动脑筋,以方便第一读者获取主要信息。

四、实用示例

☞ 【例文一】

自 荐 信

××总经理:

　　打扰了!

　　我是广州××大学中文系即将毕业的涉外企业秘书专业学生。贵厂是闻名遐迩的中外合资企业,总经理知人善用,我慕名已久。最近听亲友说,贵厂因扩大业务经营而需要增加文职人员。我现在向您自荐,渴望能为贵厂效劳。

　　本人在校期间,注重思想品德的修养,严格要求自己,积极参加社会实践活动,努力提高思想政治水平,两次获得优秀学生奖学金。两年来,我系统学了秘书学、管理学、应用文写作、公共关系学和外语等20多门专业课程,熟悉文章写作和公文处理知识,曾获学校征文比赛三等奖。还较熟练地掌握了中英文打字和电脑操作技术,能适应现代化办公室的工作要求。

　　本人性格开朗,热情真诚,通晓普通话、广州话,会听一些潮州话、客家话。日常英语的听力和口语也较好。曾代表中文系参加学校的中文演讲比赛。我的爱好广泛,课余特别喜欢文娱、体育活动。多次参加文艺演出,曾获学校第二届卡拉OK歌唱大赛第三名,还多次代表系参加篮球比赛。本人历任班长、系学生会宣传部长,工作热情肯干,交际较广。曾利用寒假搞社会调查,并连续两年在本市××公司做暑假工,积累了一些实际工作经验。

　　我喜欢做秘书、公关或宣传工作。如能录用,一定为公司竭尽全力工作。请给我一次机会。谨候回音。

　　祝
生意兴隆!

自荐人:××敬上
××年×月×日

附:
1. 通讯地址、电话、邮政编码
2. 本人简历表及近照一张
3. 各科成绩登记表

【简析】这是一封自荐求职信。第一行正中写标题,文种清晰。称呼顶格写。正文部分主要针对文秘人员的素质要求,介绍了自己所学的专业知识、实际能力和个性特长,以加深用人单位对自己的了解。最后呼应前文,再一次表达对工作岗位的渴望。全文语气诚恳自信,格式完整规范,语言简洁,是一篇值得借鉴的自荐信。

☞【例文二】

应 聘 信

尊敬的××经理:

　　您好!

　　我很高兴在招聘网站得知你们的招聘广告,并申请应聘贵公司招聘的经理助理职位。我一直期望能有机会加盟贵公司。

　　本人于两年前毕业于××经济贸易大学国际贸易专业,在校期间学到了许多专业知识,如国际贸易、国际贸易实务、国际商务谈判、国际贸易法、外经贸英语等课程。在大学期间,我多次获得各项奖学金,而且发表过多篇论文。我还担任过班长、团支书,具有较强的组织和协调能力。

　　毕业后,我就职于一家外贸公司,从事市场助理工作,主要协助经理制订工作计划、一些外联工作,以及文件、档案的管理工作。本人具备一定的管理和策划能力,熟悉各种办公软件的操作,英语熟练,略懂日语。我深信可以胜任贵公司经理助理之职。

　　我迫切希望能尽快收到面试通知,我的联系电话:13900000000

　　现附上我的个人简历表及身份证、毕业证书、获奖证书、论文等相关资料复印件,请察照。

　　敬送

安祺!

应聘人:×××
××年××月×日

【简析】这是一位历届大学毕业生的应聘信。称呼得体,礼貌用语规范。文章开宗明义写出了求取的职位。接着阐述了自己胜任这个职位所具备的知识、能力方面的条件,特别是大量相关的实践活动,这是很有竞争力的。应聘信字里行间充满热情和自信。正文末了附上相关资料和证件的复印件,十分必要。

第三节　感谢信与表扬信

撮要

1. 普发性感谢信内容要求概括,使之适合所有的感谢对象;专用感谢信内容应写得具体些,使之适合个别感谢对象。

2. 感谢的事项必须真实。字里行间所流露出的感激之情应是由衷的、真挚的,切忌虚伪、应付、客套。

3. 表扬信侧重对对方高尚、突出的举动的赞扬,侧重在表彰,不同于感谢信适合于可大可小的平常之举、礼仪惯例。

一、感谢信与表扬信扫描

（一）感谢信

感谢信是个人或单位因受到对方某种关心、帮助、支持或恩惠,而表达感恩之情的信函。如受到邀请、接待、慰问,收到礼品及得到帮助之后。

感谢信是一种礼仪文书,一方受惠于另一方,应及时地表达谢忱,使对方在付出劳动后得到心理上的收获,它是一种不可少的公关手段。感谢信分为两种:一种是用大纸书写公开张贴的,另一种是用信笺写上寄给对方的。感谢信的内容如具有新闻价值和宣传意义,也可以在报刊上登载。

（二）表扬信

表扬信是褒扬某些单位、集体、个人的先进思想、风格、事迹的书信。

表扬信主要有两种类型:一种以领导机关或群众团体的名义表彰其所属的单位、集体个人,这种表扬信可以在授奖大会上由负责同志宣读,也可以登报、广播;另一种是群众之间的互相表扬,这种表扬信不仅赞颂对方的好品德、好风格,也有感谢的意思。如果双方互相熟悉,可直接寄给本人或所在的单位。如双方并不熟悉,可以将表扬信寄给报社,请编辑同志帮助转寄或刊登在报纸上。

二、感谢信与表扬信写作指要

感谢信和表扬信有某些共同的特征:一是对象明确,不管是感谢信还是表扬信都必须写明确切对象,不能空泛无所指;二是感情真挚,感谢和表扬都必发出自内心,由衷地表达谢意;三是事实具体,感谢和表扬都必须通过对事实的陈述来表达,如果不把具体事实说清楚,读者就无法去判断对方行为的价值和意义。但从使用范围来看,感谢信使用的范围更广,重在表达谢意,其事件可大可小;表扬信则是对对方高尚、突出的举动的赞扬,侧重在表彰,而感谢信可以是针对平常之举、礼仪惯例。

（一）感谢信

1. 对收信人为自己或单位做的好事了然于心,不要忘了什么,要把对方给你带来的好处都写清楚,不要含糊其辞。

2. 字里行间所流露的感激之情应是真挚的,必须出自真心、真情,既要突出"谢"字,同时也要强化"感"字,有感而发,由衷地表达谢意。

3. 表达谢意的行动或允诺对方什么,要说到做到,切实可行。

4. 注意语气不应过于卑屈。

（二）表扬信

1. 要实事求是，叙述表扬的缘由要突出重点。

2. 语言要真诚得体，感情要自然而然。文字也要相对精练，长短适宜。措辞不能太主观，要避免过分文学化的倾向。

3. 应表达作者的心愿、态度，使被表扬者受到鼓舞，使更多人受到教育。如果是写给被表扬者所在单位或领导的，可提出建议，"在×××中加以表扬"、"×××同志的优秀品德值得大家学习，建议予以表扬"等。如果是直接写给本人的，则要适当谈些"深受感动"、"值得我学习"等方面的内容。

三、感谢信与表扬信的结构和写法

如前文所述，感谢信和表扬信在性质上比较接近，因而结构和写法上大体相同。感谢信与表扬信一般包括标题、称呼、正文、结语、落款五部分。这里主要介绍正文部分的写法。

正文一般应包括下列内容：

1. 交代感谢或表扬的事由，即为什么而感谢或表扬。一般需要交代感谢或表扬事宜发生的时间、地点、原因、经过、结果，重点叙述对方所给予的关心、帮助、配合等。要让事实说话，少讲空道理。

2. 在叙述的基础上，可加上适当的议论、评价，给予当事者热情的赞扬，并表示要向当事者学习的意愿。但不要夸大人物或事件的影响和意义，评价要恰如其分。

四、实用示例

☞【例文一】

感　谢　信

江苏××电缆有限公司于××年××月×日在南京举行隆重开业典礼。此间收到全国各地许多同行、用户以及外国公司的贺电、贺函和贺礼。上级机关及全国各地单位的领导、世界各地的贵宾、国内最著名的电缆线路专家等亲临参加庆典，寄予我公司极大的希望，谨此一并致谢，并愿一如既往与各方加强联系，进行更广泛、更友好的合作。

江苏××电缆有限公司

董事长：×××

总经理：×××

××年×月×日

【简析】这是一封商务活动中的普发性感谢信。为了适合所有的感谢对象,全篇内容概括,中心突出,语言得体,格式规范,值得借鉴。

☞【例文二】

表 扬 信

××招待所:

　　本人因公至贵县,投宿你所。×月×日晚×时左右,我突然患病,浑身发凉,冷汗不止。幸亏×××同志闻讯赶到,立即用车把我送医院急诊。经医生诊断是胃出血。如不及时抢救,后果不堪设想。事后,×××同志不仅来医院照顾我,关怀我,而且还把我的脏衣服洗干净了。病愈时,她还亲自来接我出院。

　　不是亲人胜似亲人,×××同志这种助人为乐的精神真是令人感动。今特意写此信请领导对她的可贵精神进行表扬和宣传。

　　此致
敬礼

××市××局职工×××
××年×月×日

【简析】这份表扬信写得比较朴实。首先概括地说明为何写表扬信,然后对这件事作了发自内心的真挚评价——"不是亲人胜似亲人",简洁地揭示了对方的崇高精神,最后是写此信的目的。结构完整,层次清晰,给人以教育和鼓舞。

第四节　祝贺信与慰问信

 撮要

1. 祝贺信的用语多为正面褒义,传达的情感要真挚、不能客套话连篇,切忌华而不实。
2. 祝贺信在现代社会中,扮演着沟通、传情、礼仪的作用。措辞适宜、时机适宜的祝贺信能让对方感到快乐,受到鼓舞。
3. 情感性与励志性是慰问信的重要特征。写信者要富有情感,富有感召力,充满真诚的关怀和体恤。要表达真正的感激和问候,或希望对方再接再厉,或鼓励对方摆脱困境,或表达诚挚的祝愿。

一、祝贺信与慰问信扫描

(一) 祝贺信

祝贺信是用来表示庆贺的书信的总称,通常是对个人或单位取得某项成绩、获得晋升或重大发展、工程竣工、会议开幕、企业成立、重要人物的寿辰、诞辰等的书面祝贺,可以是书信的形式,也可以用电报的形式,即贺电。

祝贺信在现代社会生活中,扮演着沟通、传情、礼仪的作用。措辞适宜、时机适宜的祝贺信能让对方感到快乐,受到鼓舞。

(二)慰问信

慰问信是以组织、群众或个人的名义在他人处于特殊的情况下(如战争、自然灾害、事故),或在重大节假日来临之际,向对方表示问候、慰藉、鼓励和关心的应用文书。它能体现组织的关怀和人与人之间的温暖,给人以安慰和鼓舞。慰问信一般有三种类型:一是重大节日的慰问;二是对作出贡献的单位或个人表示慰问;三是向由于某种原因而遭到重大损失或巨大困难的单位或个人表示慰问。

慰问信的特点:一是亲切性,慰问信用语亲切、以情动人才能传达出给予对方的关怀、抚慰;二是鼓舞性,慰问信以安慰、鼓励、问候对方为目的,既让对方感到亲切,也让对方受到感染、鼓舞。

二、祝贺信与慰问信写作指要

(一)祝贺信

1. 祝贺信应该喜庆饱满,用语多为正面褒义。传达的情感要真挚、浓烈,给人以鼓舞。不能客套话连篇,华而不实。

2. 给对方的评价要适当而有新意,避免陈词滥调,不言过其实。

3. 祝贺信的语言要简练、朴素。不堆砌华丽辞藻或空喊口号。同时,要注意称谓合体,行文规范。

(二)慰问信

1. 写慰问信首先要明确慰问的对象。要根据不同的对象确定慰问的内容。如果慰问对象是有重大贡献的集体或个人,内容应侧重于赞颂他们的成绩和精神。如果慰问对象是遇到困难的集体或个人,那内容就应侧重于向他们表示关怀和慰问。

2. 感情真挚诚恳是写好慰问信的另一要诀。感人心者,莫先乎情。无论是赞颂、慰勉、安抚或者是同情,感情表达一定要流露真情,给收信人以精神的鼓舞和情感的打动。

3. 慰问信的语言要亲切生动,可以适当运用抒情的表达方式。

三、祝贺信与慰问信的结构和写法

(一)祝贺信

祝贺信一般包括标题、称呼、正文、结语、署名和日期,要求文字凝练,篇幅短小。这里主要介绍正文、结语部分的写法。

1. 正文

一般包括：对方取得的成绩和重大意义；表示热烈的祝贺和殷切的希望。如系会议，要指出它的重要性；如系同级单位，除表示祝贺外，还应提出向对方学习的内容；如系下级单位给领导机关的贺信，除表示祝贺外，还应表示自己的决心和态度；如系给个人的贺信，应着重写明有供群众学习的品德和意义。

2. 结语

以祝愿词结尾，如"谨祝取得新的、更大的胜利"、"祝愿贵公司来年再创佳绩"等。假如正文中"希望"的内容写得很详细具体，也可不用祝愿词结尾。

（二）慰问信

慰问信由标题、称谓、正文、结束语、落款五个部分组成。这里主要介绍标题和正文部分的写法。

1. 标题

慰问信标题可以有三种形式：

（1）第一行居中写上大字"慰问信"，一般大于正文字体。

（2）"致"加受文单位（或个人姓名），如"致××部队"。

（3）发文单位名加"致"，加受文单位（或个人姓名），再加文种。如"××市人民政府致××部队的慰问信"。

2. 正文

一般包括三个方面：一是开门见山地说明写慰问信的背景和缘由；二是概略地叙述对方所做的工作和贡献，或在灾难与困难中抗争的事迹，不怕困难、不怕牺牲、舍己为人的高贵品质，并向对方表示亲切的慰问和鼓励；三是向对方表示共同的愿望。

四、实用示例

☞【例文一】

致新乐计算机厂建厂 20 周年的贺信

新乐计算机厂全体同志：

喜闻 9 月 5 日为贵厂建厂 20 周年纪念日，谨此向你们表示热烈祝贺！

20 年来，贵厂在党的领导下，发扬了自力更生、艰苦奋斗的精神，为开创我国的计算机事业做出了重大贡献。特别是在经济体制改革以来，贵厂锐意改革，积极引进国外先进技术，结合我国实际情况，研制了一批具有中国特点的居于国内先进水平的新型电子计算机，为现代化经济建设事业作出了新的贡献。贵厂在对内搞活、对外开放，提高经济效益，实行厂长责任制和各种生产责任制等方面，都走在同行业的前面，并提供了可供借鉴的宝贵经验。我们为你们取得的重大成绩,再一次表示衷心的祝贺!

我们两厂之间有着传统友谊。我们自建厂初期,就得到了贵厂在人力、物力尤其是在技术人才方面的大力支援。令人难忘的是,去年上半年,由于我厂领导班子更换频繁,管理不善,信息不灵,产品质量不过硬,一度处于十分困难的境地。在此危难关头,贵厂派出了强有力的管理干部和高水平的技术人员,无私地给予我们真诚的、兄弟般的援助,使我厂终于摆脱了困境,一举跨进先进行列。我们深知,我厂的兴旺发展,是与贵厂的支持、帮助分不开的。在此向你表示由衷的感谢!

最后,祝贵厂在研制名优产品方面更上一层楼!在四化建设中再立新功!

此致

敬礼!

新兴计算机厂
××年×月×日

【简析】这是一篇写得较规范的祝贺信。正文包含三层意思,一是写致贺的事由和致贺;二是热情赞扬对方在多方面取得的成就;三是叙述两厂友谊,感谢对方的支持,同时预祝对方再创辉煌。

☞【例文二】

春节慰问信

第一客运公司全体员工同志们:

在我国人民的传统节日春节即将来临之际,我们向辛勤工作在客运战线上的同志们表示亲切的慰问并致以崇高的敬意。

过去的一年,在以江泽民同志为核心的党中央领导下,我国社会主义事业蓬勃发展,经济建设成就辉煌,客运建设得到全面加强。我们第一客运公司,在上级部门和各级首长的领导帮助下,圆满完成了各项工作任务,公司党支部的建设又迈上了新的台阶,被全国客运系统评为安全运营先进单位;党支部也被上级部门评为先进党支部。这些成绩的取得与你们——全体员工的共同努力是分不开的,你们为公司的建设跨入先进行列作出了积极的贡献。当然,这些成绩中,也包含着每位员工家人的支持和贡献。为此,我们再一次向各位尊敬的员工家属同志们表示诚挚的感谢。同时,也希望大家继续共同努力,再创工作新佳绩。

最后,祝全体员工身体健康,家庭和睦,春节愉快!

第一客运公司党支部
××年×月×日

【简析】这封春节慰问信写得条理清楚,感情真挚,语言精练,格式规范。标题表明了慰问信的种类;正文开头阐述了慰问信的主旨——向对方表示慰问和敬意;主体部分通过回顾总结成绩,最后提出希望和祝愿。

第五节 倡议书与聘请书

撮要

1. 公开是倡议书的显著特点。倡议的目的是让更多的人知晓、参与,从而有助于工作的开展,往往通过媒体或公开张贴的形式向公众传播。

2. 倡议是提出合理化的建议和措施,希望公众或某些部门能够响应。因为面向人群的广泛性,无法强制让公众和社会接受,因而具有较弱的约束力。

3. 聘请的对象、担任的职务、承担的工作、基本要求、聘请期限等,这些聘请书中的重要元素不能含糊其辞,模棱两可。

一、倡议书与聘请书扫描

(一)倡议书

倡议书,是由个人或集体带头提出建议,发动、鼓励大家完成某项任务或开展某项公益活动而使用的书信。倡议的事项一般都是健康并有积极意义的,它有助于营造一个良性有序、和谐发展的社会。比如《八荣八耻倡议书》、《环保倡议书》、《保护动物倡议书》、《节约用水倡议书》等。

倡议书具有公开性和广泛性的显著特点。它面向一个部门、一个系统、一条战线、一个地区,甚至全国,具有广泛发动群众,调动大多数人积极性,团结互助,群策群力,共同奋斗的作用。它往往通过报纸、杂志等媒体公开张贴的形式向公众传播。使用倡议书,是传达贯彻上级组织和有关领导指示精神的一种有效途径。

(二)聘请书

聘请书简称聘书,聘,是聘请的意思,是用于聘请某些有专业特长或有名望、有权威的人完成某项任务或担任某种职务时所使用的书信体文书。聘请方以此作为向被聘请者担任某项工作而出具的凭证。同时,聘书能增强被聘任者的责任感和荣誉感。

聘请书的特点:一是慎重性。聘与被聘双方都是经过慎重考虑达成协议的。发给聘书,表示聘任单位的郑重;接受聘书,表示被聘者的承诺。二是凭证性。通常,聘书是受聘者能力、水平或威望的一种证明,因此,聘书有凭据性。用人单位可以从聘书中了解受聘者的学术水平、业务能力等情况,作为录用人才的参考依据。

二、倡议书与聘请书写作指要

（一）倡议书
1. 倡议内容一般要具有全局性，有实践指导意义。
2. 倡议书要提出合理化的建议或措施。

（二）聘请书
1. 聘请书的内容要完整、清晰。

聘请谁，为什么聘请，聘任何职，一定要说清楚。否则被聘者无法应聘，即使接受聘书，也只能是盲目应聘，影响责任感。

2. 聘请书的文字要庄重、简洁。

聘书是对应聘者的敬重，行文要庄重礼貌。一般专用书信要求具体详尽，交代周全。而聘书只需简要说明聘请的理由和职责即可。

3. 聘请书必须加盖公章。

聘书是以单位的名义发给受聘者的，加盖公章后方能生效。

三、倡议书与聘请书的结构和写法

（一）倡议书
倡议书一般由标题、称呼、正文、结尾、落款五个部分组成。

1. 标题，可以居中标明"倡议书"三个字，也可在"倡议书"三个字前概括倡议的内容，如"讲文明迎世博倡议书"。称呼，可以根据受倡议对象选用不同的称谓，也有的不另起行写受倡议对象，而是在正文指明。

2. 正文，先总述倡议的根据、原因、目的和意义。然后，分条开列倡议的具体内容。

（二）聘请书
聘请书一般有封面和内芯。封面多采用印制"聘书"字样，制作美观、大方、醒目的聘书。内芯由标题、正文、结尾、落款四部分组成。

1. 印制好的聘书，有标题和聘书编号。
2. 正文，一般采用直陈式写法或书信式写法。

（1）直陈式写法：第一行顶格写，写聘请人姓名、称呼，如"×××先生"、"××同志"等；接着写被聘请者担任什么职务，承担什么工作，期限多久。有的还须注明待遇等。

（2）书信式写法：第一行空两格写"兹聘请××同志"。接着写被聘请者担任什么职务，承担什么工作，期限多久。有的还须注明待遇等。

3. 结尾，写"此聘"。有的写表示致谢、祝愿的礼貌用语，也有的不写任何内容。

4. 落款,聘任单位一般写全称、签发日期,并加盖公章。

四、实用示例

☞【例文一】

节约用水倡议书

广大市民朋友:

今天是第13个"世界水日",3月22—28日是第18届"中国水周"。今年的"世界水日"和"中国水周"的主题分别是"生命之水"、"保障饮水安全,维护生命健康"。1993年第47届联合国大会通过决议,将每年的3月22日确定为"世界水日",旨在唤起全世界人民对全球水危机的关注。

水是生命之源,是人类赖以生存和发展的最重要的物质基础和环境要素,水资源是经济社会发展的基础性自然资源和战略性经济资源。历史上,温州是一个美丽的江南水乡,境内河网密布,水资源总量相对丰富。但是,随着经济社会的快速发展和城镇化、工业化以及人口的急剧增加,加上全社会在水资源节约、保护方面的滞后,温州水资源紧缺逐步显现。据统计,全市人均水资源为2 000吨,相当于全省人均的五分之四,世界人均的四分之一。2003—2004年上半年我市遭遇了历史罕见的特大干旱、长旱,全市多数地区遭遇水危机。目前,我市缺水的主要表现:一是资源性缺水;二是水质性缺水;三是工程性缺水。据预测,全市到2010年,将缺水7亿吨。因此,把节水工作作为一项战略方针长期坚持,全面推进节水型社会建设显得十分紧迫和重要。为此,我们向全市人民倡议:每人每天节约3公斤水,全年节约1吨水,全市常住人口和外来人口每年将节约1 000万吨水。这笔水账的概念换算是:国家将减少投入1亿元,少建1个中型水库;全市每年节约制水成本2 000万元;全市每年减少污水排放1 000万吨,节约污水治理费用1 000万元;更为重要的是,通过节水将增加生态环境用水1 000万吨,相当于增加约100个九山湖公园水量。

敬爱的市民朋友们,你的不经意间的点滴节约用水行为,将能够产生如此巨大的经济、社会和环境效益。为了实现这一目标,我们建议在全社会推广节水器具和节水技术,人人从早到晚在生活用水的每一个细节,都能够做到节约用水。如在洗脸的时候注意水的二次利用,洗碗、洗菜改冲洗为盆洗,尽量少用洗衣机,洗澡的时候避免水龙头持续不停出水,一天少用一次抽水马桶(二次用水替代)。我们相信,只要全社会增强节水意识,人人参与节约用水,家家坚持节约用水,打造温州节水型社会的目标将能够实现,也必将能够以水资源的可持续利用保障温州经济社会的可持续发展。

市民朋友们,让我们赶快行动起来吧!

温州市水利局、温州市总工会、共青团温州市委
温州市妇女联合会、温州晚报社、温州市节水办公室
2005年3月22日

【简析】本文针对"节约用水"的社会热点问题,让数据、事实说话,分析了"水危机"的现状和原因,提出了操作性很强的建议,向全市人民发出倡议,具有很强的时代紧迫感,令人深思。全文主题突出,条理清楚,格式规范,堪称倡议书的典范之作。

☞【例文二】

聘 请 书

尊敬的李××教授:

为了提高我校的健美操教学质量,本校成立了大学生健美操教学研究会。特聘请您为该研究会第一任会长,指导本校的大学生健美操教学工作和科研工作。

此聘

××职业技术学院(公章)
××年×月×日

【简析】该聘请书以书信式的写法,将聘任的职务、任期、职责等方面,明确表示。这是一种较为常见的写作方法。文章格式正确,书写规范。

第六节 手机短信与电子邮件

 撮要

1. 手机短信和电子邮件同纸质信函一样具有凭据作用,写作时不能忽视语言表达的准确,应用时不能忽视使用场合的恰当和适宜。

2. 手机短信和电子邮件只是应用文写作、传输的"电子"手段和方式,涉及的任何一种应用文文种的内在特点和要求"仍然有效"。

一、手机短信与电子邮件扫描

(一)手机短信

手机短信,是通过手机发送短小信息(包括文字、图片等)达到告知、实现沟通目

的的写作方式之一。手机短信的快速发展与其特点密切相关：（1）"短、平、快"，传递信息快捷；（2）内容广泛，有鲜明的时代感；（3）作者大众化，非常时尚，颇得年轻人的青睐；（4）易于接受与传播，影响面广；（5）语言优美，有创意的短信具有韵律美，兼有文学性；（6）使用成本低廉。

（二）电子邮件

电子邮件（E-mail），是指通过一定的通讯网络（Internet、局域网）在两台或两台以上计算机或终端之间进行电子文本信息传输与交换的一种技术。电子邮件传输速度快，即写即发，不用贴邮票、跑邮局；使用费用较低；开放性广，即使是一些非 Internet 用户也可以通过一些称为网关（Gateway）的计算机与 Internet 上的用户进行电子邮件的收发。

与传统信函相比，电子邮件文本的写作体现出下列特点：

1. 行款格式的简约化。

由于传统信件中的许多成分如寄信人、收信人、写信时间等都可以由电子邮件系统自动完成，我们写电子邮件就不必像传统信件一样要有强烈的行款格式的意识。收发双方其实达成了一个共识，即不用像传统信件一样去计较严格的格式。双方看重的是文本的内容，甚至只是看重那个附件。所以，即使文本部分没有一个字，收信人也不会太在意，只要附件传来了就行。

2. 附加信息的多元化。

虽然目前免费电子邮件的服务系统一般只提供 4M—10M 的附件长度，但人们已经可以利用这 4M—10M 空间传递许多信息，文字、图片、声音都可以跻身其中。而付费用户就能利用更多空间了。随着服务的完善与收费制度的普及，电子邮件所能加载的信息容量与品种越来越多。

3. 文本内容的个性化。

电子邮件文本的写作可以说完全体现了"自由"这一特点。你可以长篇大论（一般来说，较长的文字或专门的文稿以附件形式发送比较好），也可以寥寥数语，甚至只当写个便条。在表达上，可以是比较正式的书面语，也可以是很随便的口语，甚至是隐语、悄悄话。但是，我们还应该看到，这种电子邮件所带来的联系快捷的功能正在逐渐受到手机短信的挑战（虽然目前一条短信一般只支持 70 个左右的汉字）。

电子邮件可分为公务类、商务类、私密类、垃圾类、病毒类等。

二、手机短信与电子邮件写作指要

（一）手机短信

手机短信写作的基本要求是：

1. 语言要精练、明白、通俗、风趣。

2. 一般要有标点,否则会产生歧义。内容特别短小的,也可不用标点或用空格代替标点。

（二）电子邮件

发送电子邮件时要注意以下几点：

1. 电子邮件语气相对一般文件语言可以更为随意些。

2. 不要发送虚假和欺骗的信息。不要发送垃圾信息,净化邮箱,不给他人增加不必要的麻烦。

3. 电子邮件要适合对方的计算机系统。若是先在 word 文档中写作编辑信函文稿,再拷贝到电子邮件中发送,要注意页面格式。

4. 回信时,可以部分或全部保留对方的来信,但保留的原文应在回信之后。

5. 电子邮件宜简短。如果需要长篇大论,可以事先以其他形式编辑好,用"附件"形式粘贴、发送。

6. 电子邮件和其他任何形式的文件一样都可以成为法律诉讼中的证据,因此,一定要持慎重态度。

7. 所有信函的写作原则和方法均适用于电子邮件的写作。

三、手机短信与电子邮件的结构和写法

（一）手机短信

手机短信因其便捷而写法各异,主要有下述不同。

1. 问候类

问候类短信多用于日常工作、生活中,需要经常和朋友、师长、客户、兄弟单位等进行联络,互通有无,传达友好感情,保持联系。如,向对方送去节日、生日等的祝福;在节假日、庆典日等特殊日子送上真挚祝福等。

2. 慰问类

措辞适当、时间适宜、长短适中成为慰问类短信的主要要求。这类短信在表达对接受方的慰问之情时,要注意及时发送慰问短信,慰问措辞要体现一定的个性和适切程度。以补发送电报所需时间较长的弱时间性;以补拨打固定电话或手机交谈时语气、场合等细节体现的场合因素;语言要根据接受方与自己关系的亲疏、熟悉程度选择不同侧面和重点体现个性和特殊性等。

3. 日常联系类

手机短信方便、快捷,比通话节约时间、降低费用,因此,上下级之间、同事之间、亲人之间、朋友之间,以及业务单位之间都选用短信的方式完成。这类联络根据不同的对象、事项、场合有不同的写法要求,一般以满足需要、提高效率为基本原则,并根据具体要求灵活处理。如提示性告知的短信:"各位员工,新的工资卡换卡工作已经

开始,请于14日上午九点至15日下午三点之间到办公室办理。届时请携带旧卡和本人身份证。"可以群发给所有员工,提高传播速度和工作效率。"××局长:您所需要的2006年度创新奖的候选人名单已放至3号文件柜,敬请查收。"不影响、中断领导开会、办公等工作。

4. 参与类

在现场直播的文艺节目、体育比赛中,手机短信以鼓励表演者、比赛者,或发表看法评价,或以竞猜的方式出现。如,央视"幸运52"、"非常6+1"、"星光大道"、"足球之夜"等节目,都有手机短信互动活动,主要写法要符合对方提出的具体要求。

5. 宣传类

向公众或某一特殊群体发送时效性、指导性很强的信息。例如,新闻短报、股市行情、交通信息、天气预报等。

(二) 电子邮件

下面以WWW.26xmail.com为例子说明电子邮件的使用方法。

1. 登录

(1) 过点击"开始"——"程序"——"Internet Explorer",或者点击桌面图标,打开浏览器,在地址栏输入服务器网址,如:www.26xmail.com,回车。

(2) "登录域名"窗口填入公司用做企业邮件的域名,如:TTS.263.net,点击"确定"。

(3) 进入页面,输入"用户名"和"密码"。注意,这里输入的用户名,是用户的邮件地址@前的部分。例如,用户邮件地址为:guest@prnddem04.263.net,那么只要输入"guest"即可。

(4) 完成输入,点击"登录"按钮,进入邮箱。

完成以上步骤后,我们看到,登录进入的主界面分为左右两部分,左边红色部分是功能区,列表显示用户可以使用的各项功能;右边显示相应功能的操作窗口。功能区中:点击"收邮件",将命令邮件服务器显示收到的所有邮件;点击"发邮件",将进入"撰写邮件"的功能;点击"地址本"可以编辑修改地址本;"文件夹"表示邮件分类存放的位置,其中"收件箱"表示收到的邮件,"发件箱"表示已经发出的邮件,"垃圾箱"表示删除不用的邮件,"草稿箱"表示保存的邮件草稿;点击"配置",可以看到一些功能设置,包括修改密码、修改个人资料、设置过滤器查看、设置签名档、设置邮件转发、设置邮件自动回复、设置邮件显示格式等。

2. 阅读邮件

(1) 点击"收件箱"。主界面分为三个部分,上面是广告区、左下方是功能列表区,右下方是邮件列表区。功能列表区列出了主要功能清单,点击相应的链接,可以进入相应的功能界面;右边是邮件列表显示,显示每个文件夹中邮件的数量,是否已经阅读,所占用的存储空间等信息。

(2)点击某个邮件的主题。这时可以看到该邮件的详细信息,正文、附件等,也可以选择使用不同的汉字编码标准来显示邮件,这样可以兼容简体、繁体中文(电脑需要安装繁体中文字库)。须注意的是,显示正文区上端有个"加入地址本"链接和一个"拒收"链接,一个是将发件人地址加入本人的地址本,另一个是将发件人地址列入拒收列表。此外,功能条可以进行回复、全部回复、转发、删除、永久删除、保存等操作。

3. 撰写发送邮件

(1)点击功能区的"发邮件",则进入下面的窗口。

(2)根据界面的提示,可以填入收件人的邮件地址,在多个收件人的邮件地址中间可以用逗号分隔;也可以点击收件人输入框右边的地址本链接,进入地址本窗口,并选择收件人。如果需要附件,则点击附件,选择"浏览","粘贴",完成文件的上传,点击"完成"后回到本页面。信件内容完成后,点击立即发送,完成信件发送。

(3)本编辑方式。可选"纯文本"和"HTML格式"。

(4)HTML格式,是指对文字进行剪切、复制、粘贴以及进行段落设置、字体设置、文字位置、插入图片、文字颜色设置等。

4. 地址本

(1)邮箱页面,点击"地址本",进入地址本页面。

(2)从地址页面上,我们可以看到,地址本分个人地址本和团体地址本两类,左侧默认的是个人地址本,右侧为团体地址本。点击增加,进入个人地址本编辑。按照页面提示,添加个人地址本资料,如"姓名"、"电子邮箱地址"等。完成后,点击页面下方的"确定",即成功添加一个地址。

(3)团体地址本的建立步骤与上述类似。在地址本页面,点击右侧的"团体地址本",进入团体地址本编辑页面。点击页,面左侧的"添加",进入下列界面:在"团体名称"栏输入名称,如"销售部";在"说明"栏简单填写说明,如"公司内部";在"电子邮箱地址"中输入地址名单,可以一次输入多个,注意地址用","号隔开。输入完成后,点击"确定",完成团体地址本"销售部"的建立。

 实践练习

1. 学校的广播台即将成立,请以全班同学的名义,写一封推荐信,推荐×××同学为广播台台长。

2. 根据下列材料,写一份介绍信。

假如你是某高校实习处主任,现要安排一部分学生去某实习基地实习,请你写一份带存根的介绍信,让实习学生带去。介绍信要说清楚对象、人数、时间和需要接洽的事项及有效期限等。

3. 阅读下列求职信,并回答信后问题。

求 职 信

××公司总经理:
　　您好!
　　从某某日报招聘启事上,看到贵公司急需几名通信工程方面的人员,我非常高兴,真心希望能成为贵公司的一员,尽自己的微薄之力。
　　我叫某某,男,1982年4月6日出生,是某某邮电学院电信工程系06级毕业生。
　　我学习的专业是"通信工程",与贵公司专业对口。附表是我所学的课程及成绩,希望贵公司满意。
　　为了拓宽自身的知识面,弥补专业的局限性,我自学了邻近专业和相关学科的一些课程。主要有《数字信号处理(二)》、《随机过程》、《数值分析(一)(二)》、《移动通信》、《数字图像处理技术》、《纠错码》等课程,并广泛涉猎了《锁相同步理论》、《编码调制课论》、《综合业务网》、《卫星通信》等多方面的指示,使自己能够适应现代技术的发展,为从事不同方面的工作打下一个良好的基础。
　　在技术实践方面,除了圆满完成学校所规定的实习和设计课程外,还参加了学校科技协会。作为一名科技协会的会员和负责人,我组织参加了协会的各项科技活动,如电子小制作竞赛、校外无线电维修等。曾经亲自设计和制作过数字报时钟、抢答器、电子门锁、无线对讲机等多种电路,在实践中积累了较多的经验。在参加"全国第一届电子设计大赛"的活动中,我有幸获得了"某某生赛区三等奖"证书。
　　我的业余爱好比较广泛,尤其喜好体育运动及书法艺术。踢足球和打篮球是我的专长。自上高中起我便多次获得校、市书法大赛的一等奖和特等奖,作品曾在市里展出。大学期间曾任电信系《点新绿歌》的责任编辑,该报在校内受到广大师生的好评。
　　希望以上资料能引起归单位的兴趣并得到回复。企盼佳音。
　　谨祝
顺达

　　　　　　　　　　　　　　　　　　　　　　　　　　　　　　　王某某
　　　　　　　　　　　　　　　　　　　　　　　　　　　　　　　××年×月×日
联系地址:×××邮电学院男生公寓315室
电话:××××××
附表:在校四年学科及成绩一览表

问题:
(1) 从格式上讲,本求职信由_____、_____、_____、_____、_____、_____、_____;从内容上讲,体现了求职信的_____性、_____性和_____性。
(2) 这封求职信正文的连接语是_____。
(3) 此求职信主要写了哪几方面的内容?

（4）简述这封求职信语言上的特点。

（5）有人说："求职信不一定要包装得多么精美，而是要注意许多细节"，对这句话你如何理解？

4. 刘先生由江苏淮安来沪探望即将毕业的小刘，在××路招了一辆××出租汽车公司的出租车去火车站，车到目的地，他忘了拿发票就匆匆离去，没走出多远，他猛然发觉随身携带的皮包不见了踪影，里面装有8万元现金和一份价值不菲的工程承包合同，无奈，他只能心事重重地返回淮安。不料，刘先生刚到家中，××出租汽车公司的一个电话，解了他的燃眉之急。原来司机在清理车厢时发现了皮包，立即交到公司，经过仔细清点，工作人员找到在某校住宿的发票。于是他们根据上面的电话号码，四处联络。几天后，终于找到了失主。刘先生接到电话后，立即赶到上海，从出租汽车公司领取这只皮包。他十分感激，向公司员工连连道谢，并决定给报社写一封表扬信，表扬这位出租车司机拾金不昧的高风亮节和公司为乘客排忧解难的优良服务态度。小刘同学实习在外，请你为刘先生起草这封表扬信。

5. ××地区暴雨成灾，大部分地区被淹，交通受阻，许多人的生命和财产受到威胁和损失。毕业班T班不能前去抗涝救灾，决定捐些钱和衣物寄去。在寄钱和衣物的同时，还准备寄去一封慰问信。请代为起草这封慰问信。

6. 运用所学知识，试比较下列两篇感谢信的优劣。

（1）

感 谢 信

××民政局：

　　我院秘书系×××等四名学员，前不久在贵局毕业实习两个多月，得到了贵局领导和办公室人员政治上的热情关怀，业务上的耐心指导，生活上的悉心照顾。实习的时间虽然不长，他们却取得了很大的成绩，达到了预期的实习目的。为此，我们特向贵局表示衷心的感谢！

　　此致

敬礼！

××××学院
××年×月×日

（2）

感 谢 信

××部队全体指战员：

　　我县上月遇到了特大洪涝灾害，许多地区被淹，人民生命、国家财产受到了严重的威胁。在这危难之际，你部全体干部、战士连夜赶赴我县，投入到紧张的抗洪抢险之中。十几个日日夜夜，你们发扬"不怕牺牲，排除万难"的献身精神，始终冒雨战斗在抗洪抢险的第一线，谱写了许多可歌可泣的动人事迹。你们的奋力救援，有力地保住了我县人民的生命和财产，使我县上万亩良田和几百座房屋免于洪水冲毁，使我县最后战胜了洪涝灾害，赢得了抗洪斗争的胜利。

你们这种急他人所急、助人为乐、无私奉献的精神值得赞扬和学习。为此,特向你们表示衷心的感谢!

我们决心向你们学习,在党的领导下,积极恢复生产,重建家园,以实际行动报答你们的关怀和帮助。

此致

敬礼!

××县人民政府

××年×月×日

7. 请根据下述情况,代刘××写一封感谢信。

××省××县××镇刘××,××年×月患甲状腺动脉瘤,在天津市某医院做了切除手术,于今年6月感到浑身不适、咳嗽。到县医院检查,县医院让其到××医院进行治疗。刘××及其家属又到天津某医院检查,结果是甲状腺动脉瘤转移为肺癌,无药可治,并婉转告诉刘××家属最多能活一年,于是其家属只好带刘××回家。后病情加重,又经过多方打听到北京有一家医院专治肿瘤,于是刘××就赶到此医院就诊。该医院的李大夫为其详细检查并开出药方,结果刘××在服药两个月后,病情大有好转,4个月后症状基本消失。刘××及其家人都非常高兴,同时,也特别感谢北京××肿瘤医院和李大夫。

8. 下列慰问信有多处错误,请找出,并加以改正。

给春节期间坚守工作岗位的全体职工及其家属的慰问信

全体职工及其家属同志们:

值此新春佳节之际,向你们致以节日的问候和崇高的敬礼!春节是中华民族的传统节日,历来受到人们的高度重视。在此期间,千家万户陶醉在节日的欢乐气氛之中。可是你们——全体职工同志,为了抢时间,主动提出春节期间不休息,仍然坚强战斗在生产第一线;还有你们——我厂职工家属同志们,放弃节日休息,不仅没有怨言,有人还把饺子亲自送到车间,并帮助工厂做些力所能及的工作……所有这些,都充分显示了中国工人阶级的胸怀和崇高境界!虽然你们没能休息,没能同家人很好地团聚,但你们的春节却是过得最有意义的!

此致

敬祝春节好!

××厂

××年××月××日

9. 实习期间,实习同学以切身体验感受到说普通话、写规范字的重要性和必要性。校语言文字周报主编获悉后希望实习同学就此事在全校加以倡导,此时恰逢校周报第×期出版,请M同学就此写一封倡议书。

10. M同学在某校就业指导中心实习,经常需要写作不同类型的应用文,请你根据所提供的若干事实代笔。

(1) Y班10位学生要去某报社实习,请你代写一份带存根的介绍信,让实习学生带去。介绍信要说清楚人物、人数、时间和要接洽的事情及有效期限。

（2）A公司在某报登载招聘启事，拟招聘通信工程岗位人员若干名，请结合W班张三同学的情况，写一份符合要求的求职信。字数控制在500字左右。

（3）为了增加G班李四同学应聘的成功率，应李四同学的请求，请你为远在外地指导实习的班主任代写一封推荐信，推荐李四同学应聘。

（4）B公司对指导本校学生实习尽心尽力，使实习的20名同学的实际操作能力得到快速提高，实习归来的同学请M同学以中心名义写一份感谢信以表谢意。

（5）人事处闻讯后，征得校长同意，决定聘请该公司H、F两技师担任兼职教师。请M同学代为制作两份聘书。

第三章 经营专用书函

第一节 经济函件(询价函、确认函、催款函、索赔函)

 撮要

1. 询价函要求语言简洁、切题。开门见山、清楚、具体地写出你想了解的问题,语气要体现诚恳,但无须过分客气。

2. 确认函采用惯用格式便于提高效率,语言准确、无歧义,当涉及数据或者具体的信息时,要精确。

3. 优秀的催款函要兼顾既达到收回欠款的目的,又仍然能够保持与客户的合作与信誉。

4. 索赔函写作:一要将事实交代清楚;二要提供有效的证据;三要既坚持原则,又灵活巧妙。争取达到既尽量减少损失,又有利于今后业务开展的目的。

一、询价函

(一) 询价函扫描

询价函,是指交易一方预购买或出售某种商品,向对方发出的探寻买卖该商品及有关交易条件的一种信函。按询价内容不同,询价函一般可分为两类:(1) 一般询价函,是买方仅仅为了了解情况向卖方索要商品目录、价目单、样本等等的信函。(2) 具体询价函,是买方有做买卖的要求,指定商品要求卖方报价时而写的信函。

询价函的目的是请对方报价,因此询价函对交易双方都没有法律上的约束力。

(二) 询价函写作指要

1. 信函内容明确。写询价函的目的是为了了解情况,而其收信者又需马上了解信函的内容,因此,要把询问的问题和要求写清楚、写具体。

2. 结构简单、篇幅不长。询价函正文部分的结构明晰紧凑,层次分明,便于受函者阅读和理解。

3. 语言表达简洁。询价函在语言上要求以简洁和切题为原则,最好在信的开头就写出你想问的问题。切忌用语繁琐和词不达意。

4. 平等交易,语气诚恳。询价函通常由买方发出,询价只表示一个意愿,没有必须购买的义务;卖方也没有必须回答的义务,但一般卖方应尽快答复,以免错失机会。询价函对买卖双方都不具有法律约束力,询问双方是平等交易的主体。因此,询价函也无须写得过分客气,但语气要诚恳。

(三)询价函的结构与写法

询价函的结构与写法和各种商函的写法大同小异,包括标题、称呼、正文、结束语和落款等几项。这里主要介绍正文部分的写法。

正文,是询价函的主体,一般由四个部分组成:

1. 表明自己对对方产品的兴趣;
2. 表达订货意向;
3. 向对方询问价格;
4. 提出一些其他要求,比如要对方开列所需货物的品质、规格、款式、型号、单价、数量、样品、产品说明书、交货日期、结算方式等。

须提出你所需信息日期的下限以便对方及时回复的,可以在结束语中写明。

(四)实用示例

询 价 函

××××出版公司:

我们为出版商提供编辑与排版服务,我们大部分的工作是在 MNO 型文字处理机上或者 MNO 个人计算机上用 UP 型专门文字处理软件完成。通常我们用通行的排字代码编制最终版本,然后把书送到排字机上最终照排。

请将你们的页码组织软件的有关材料寄来,我们需要了解它对 MNO 设备是否适合,需要花多少代价,最重要的是它能给我们创造什么。我特别感兴趣的是连字符连接程序、整版程序如何与各种排版系统配合使用。我意识到不同卖主的同一类型的活字不尽相同,你们的系统如何处理我公司因使用几家卖主的不一致的产品而产生的问题。

如果你们已经解决了这些问题,欢迎来做个示范。下个月我们要上几个大项目,在这些项目开工前(本月底),我期望得到这些信息。

×××××
××年×月×日

【简析】这是德国一封为商家使用的询价函。首先,撰写者向对方交代了本方的服务范围。接着,以极简洁的语言向对方提出了明确的要求。最后,撰写者还为对方提供信息的日期作了限定,并说明了这样做的原因。如此,撰写者既表明了自己的要求,又不会得罪对方。

在这封询价函中,撰写者并没有单纯的询问商品价格,而是根据需要向对方打听很多自己想知道的信息,这样对对方了解得越多,就越可能在以后的交往中掌握主动权。

另外,撰写者在信函中一再强调这封信只是征求的意思,而没有轻易许下订货诺言,这样,不管结果如何,都不会对双方以后的正常交易形成障碍。

比较而言,我们国内商家通用的询价函处理问题比较直接,一发函,即向对方询价,表达订货欲望。若是因故而不能购买对方的产品,这就会造成往后交易中的障碍。而国外商家通用的询价函则不是轻易地许下订货诺言,而是注重借助询价函征求信息,信息越多,对商品和服务了解得越全面,到真正订货的时候才会越少麻烦。

二、确认函

(一) 确认函扫描

确认函,是指在商品经营活动中,当买方收到对方寄来的有关价格、样品、规格等,或是卖方收到对方的报价、还价、订购单,必须回复确认时所写的信函。通常,随函告诉货物的办理程序、货款的支付方式、是否有其他要求等有关事项。

(二) 确认函写作指要

确认函讲求实效,要简洁朴实,应开门见山、简洁明了的直接说明要点,要写得简明扼要,短小精悍,切中要点,读起来简单清楚,容易理解。确认函写作应遵循正确、清晰、简明、完整和礼貌的原则,具体应注意以下几点:

1. 目的要明确,内容要具体。确认函的目的是为了对对方的来函加以确认,使对方了解知道发函方的意图,从而使双方建立业务关系,因此,必须具体明确,切中要点,简单、清楚,便于理解,不能含糊其辞。

2. 格式规范,结构完整,层次清晰。确认函一般采用惯用、规范格式,惯用格式可以有效保证层次清晰,明白易懂;结构完整,便于对所要确认的事情表达清楚、准确。凡不符合主题或对函的目的不能产生利益的内容,则坚决删去。

3. 语言准确、简洁、平实、得体、典雅、自然,符合商函的语体风格。要求采用书面用语,礼貌用语。语言准确、无歧义,所提供的实物、数据准确,当涉及数据或者具体的信息时,比如时间、地点、价格、货号等等,要做到精确。这样才会使交流的内容更加清楚,更有助于推进商务合作的进程。

4. 态度诚恳,谦恭有礼。态度要真诚,要体现一种为他人考虑,多体谅对方的心情和处境的态度。讲求礼貌,便于对方接受,从而达成交易。不要过于谦卑;语言注意礼节性,但不需要像私人书信那样寒暄、叙旧以及客套。只需对确认的事情表达清楚即可,有时为赢得客户或很希望与对方合作,可用一些比较委婉的词语,语句表达,显得客气与诚恳,如"我们盼望能成为贵公司的……供应商"、"我们确认向贵方购买……随函附上订单确认书共参照"等。

5. 回复及时。如果回复不及时,就可能因为抢不到先机而丧失商机。

(三) 确认函的结构与写法

确认函由于针对性强,结构也比较简单,其写法也比较明确,一般包括标题、称呼、正文、结束语、落款等。这里主要介绍正文的写法。

正文内容包括收到对方信函的时间、对方需要反馈的信息等。如,"你方4月20日600台电动车的订单已收悉"等。若是确认订购的信函,还应告诉对方货物即将发出,请对方注意查收。同时,要告知对方货款如何支付等等。

(四) 实用示例

确认订购函

×××先生:

  非常高兴收到贵方5月5日第23号100台打印机的订单。我方即速予办理,货物将在贵方要求日期内运抵指定地点。

  根据商业汇票的规定,我方通过××银行开出以贵方为付款人的银行承兑汇票,面额为×××万元,承兑期限为三个月。我们相信此汇票必得承兑。

  贵方对此货还有何要求,请即函告。

  感谢贵方的惠顾,希望我们能保持经常的贸易联系。

×××公司
××年×月×日

【简析】 此函标题内容正确,是关于订购的确认函。正文书写规范、工整,语言表达清楚明确,将收到对方订单的时间、将要办理的事情都写得很具体,而且把银行账号、承兑期限都交代得很明白。"我们相信此汇票必得承兑"一句,表达得恰到好处,使受函者容易接受从而顺利的汇款。本函的另一个特点是语气诚恳委婉,结尾写明若对方还有何要求,可来函告知,并感谢对方的订货,不失礼貌而又保持了双方的友好关系。落款处署名和日期写的完整规范,是一篇典型的确认函的例文。

三、催款函

(一) 催款函扫描

催款函,是催款单位对超过规定期限尚未交款的单位(或个人)进行查询和催交现款的一种专用文书,是只限于发生拖欠款项,并且是超过规定期限的拖欠款项现象时才可使用的专用信函。

催款函的催收功能显而易见,此外,还有其他两方面的功能:(1)查询作用,及时了解对方单位拖欠款项的原因,沟通双方信息,以便于采取相应的对策和措施,协调双方的关系;(2)凭证作用,当催款单位在向有关方面提出追查对方的经济损失时,催款函则可以作为一种有力的凭证。

(二) 催款函写作指要

催款函是写作难度较高的文种之一。难度在于必须同时达到两个目的:(1)要收回欠款;(2)仍能保持与客户的良好关系。既要能够收回欠款,又要尽可能少刺痛对方,但又不能过于宽宏大量,还要不因为催讨频繁而流失客户,损害公司良好声誉。

催款函有不同的分类,写作时要区别对待,区分处理。便函式写作难度大,针对性强容易收效;表格式写作方便,个性特点稍弱影响效果。非正式催款函侧重提醒;正式催款函强调略施压力,并询问欠款原因,帮助和督促对方承担义务。

1. 标题简明、清楚。催款函标题要能概括出信函的主要内容,并且简单明了,如"催交房租通知单"、"某某公司逾期贷款催款函"等。

2. 结构简单、写法灵活。催款函不同于一般经济应用文,它结构简单,一般不分段,直接写欠款原因、欠款数额、欠款凭证、还款期限、处理意见等内容即可。同时为使其发挥应有的作用在写法上要注重灵活性,或晓之以理,或动之以情;或告诉对方自己的困境,使对方了解自己催款的苦衷;或是提醒对方欠款的时间很长,使对方理解自己催款的举动。总要以灵活的写法,既起到催款的效果,又不致弄僵双方关系。

3. 内容具体、清楚。明确告知对方或提醒对方,哪些权利已经或将要超越己方的权限,哪些是其必须立刻要做的,这些都应严格对照以往的约定或有关法律法规,在达到目的同时也保护自己的权益。

4. 所列事实确凿,处理意见切中要害,切实可行。既应有催促作用,又要符合国家有关的财经政策,做到合情、合理、合法。即在催款函的写作过程中,列举罗列商务活动中的具体事实,一定注意所列事实的确凿和真实,一旦出现捕风捉影的所谓事实,由此得出的任何结论、要求都是不成立的。

5. 行文庄重、严肃。催款函采用信函向别人传递信息进行催款是非常正式的,因此其行文要严肃,明确给欠款方一个合理的期限,郑重地告诉对方按双方约定的时间付款。因此,催款函不必像私函那样有谦恭的语言,而是要庄重严肃地行文。

6. 语气坚决,措辞严谨。催款函时写作态度要不卑不亢,恰到好处,口气绵里藏针,软硬适中,太硬容易造成对方的逆反心理,但也不要过多地使用"很抱歉"、"在您百忙之中打扰您"等语言,而是语气坚决,有说服力,做到公正有力,同时又不失礼貌、亲切。语言准确，不使用模糊语言，含糊其辞，以免引起歧义。文中所涉及的数字、证据、日期、账号等要准确无误，万无一失，以免引起不必要的争端。

（三）催款函的结构与写法

不论是便函式还是表格式的催款函，一般都应包括：标题、称呼、催款单位的名称及账号、催款内容、处理意见、结束语以及落款等。这里主要介绍正文部分的写法。

正文，即催款内容，这是催款函的主体部分。正文一般包括三个部分：摆明事实，要求付款和催促付款。一定要交代清楚买卖双方交易的日期、交易商品名称、买方发票号码、欠款金额、拖欠货款情况、催款单位的银行账号及地址、联系人姓名等。

另外，在正文还要写明催款方的意见，一般是再确定一个付款期限，希望对方从速交付。同时还可以把再次逾期将要采取的做法、措施告知对方，如继续拖欠，将收取一定比例的逾期罚金或诉讼仲裁等，以加强催款函的分量和效果。

（四）实用示例

催 款 函

×××先生：

这是我们第三次向您催收您欠我方的 6 500 美元款项。这笔欠款是 19××年×月×日发往贵方的那批货物的款项。

我们认为如果我们曾在运输或财会方面有什么错误的话，到此时为止我们也该收到您的回音了。因此，我们只能认为运输情况良好，我们的财会记录正确。

那么，您能否让您的会计给我们一张 6 500 美元的支票或将款项直接汇入我们的银行账号上来结算这张账单。为您回信方便，我们随函附寄上一个印有我们地址的信封。我们的开户银行及账号如后。开户银行：建行某某市支行，账号：12345678。

×××单位
××年×月×日

【简析】此函是由标题、称呼、正文、落款等组成，省略了结束语。最明显的特点有两点：一是简明，所欠款数额，到底是哪一笔款项都写得很明确，文字简洁，内容清晰；二是委婉，此催款函虽要求对方归还欠款，但口气十分委婉，没有以命令的口气强硬索取，而以商讨的语气与对方商谈，这样一来，无疑会获取对方的好感，从而使此函充满人情味，既起到催促对方的作用，又不会影响双方的关系。

四、索赔函

（一）索赔函扫描

索赔函，就是指买卖中的任何一方，以双方签订的合同条款为依据，具体指出对方违反合同的事实，提出要求赔偿损失或其他权利，同时又为妥善解决问题所写的信函。

索赔函明确给欠款方一个合理的赔偿要求，郑重地告诉对方按有关条款予以赔偿。索赔函不像私函那样有谦恭的语言，更强调庄重严肃。

（二）索赔函写作指要

索赔函是正规的经济信函，写作要求比较严格，主要注意以下几点：

1. 依据事实，说理充分。撰写索赔函，一要叙事清楚，将事实交代清楚；二是提供有效的证据；三是要坚持说理，分清是非。写索赔函的一个重要原则是实事求是，要重事实，重证据。在掌握充分事实、理论依据的基础上，充分说理，分清是非，明确责任。

2. 庄重行文，注意策略。写索赔函，不仅要尊重事实，充分说明，还要注意策略，行文要庄重。要认真分析有利与不利等因素，考虑到双方的利益，信函措辞要灵活巧妙，既要尽量减少损失，又要有利于今后业务的开展。

3. 态度严肃，坚持原则。索赔函要体现出据理力争，争取合法权益的严肃性、公正性。对于违约方给己方造成的损失必须坚持原则，据理力争，及时提出索赔。在写索赔要求时，要将各项损失分别具体列出，不能笼统地说"赔偿我利息、仓租、保险费等损失"。

（三）索赔函的结构与写法

索赔函一般由标题、称呼、正文、附件、结束语和落款等部分组成。这里主要介绍正文和附件两方面的写法。

1. 正文

索赔函的正文由缘起、索赔理由、索赔要求和意见等组成。要写明索赔条款，主要包括索赔的依据、期限、赔偿损失的办法和金额等内容。

（1）缘起。正文的开头，为引据部分。一般简述事由和陈述违约事实。这部分的写法要求简明扼要，为主体部分的要求或分析辩驳引路，开好头。

（2）索赔理由。正文主体部分，在开头引路的基础上，陈述对方给自己造成的损失，并具体指出其合同项目的违约事实。

（3）索赔要求。根据合同及有关的商法、条例，向违约一方提出索赔要求。

2. 附件

为有效和顺利解决争议，提供有关的说明材料、证明材料作为附件，附在索赔函正文后，以增强说服力。

（四）实用示例

索 赔 函

×××建筑材料公司：

随函附上××市×检验所的检验报告[××]×号一份。报告证明贵方出售的楼房建筑材料，有三分之一的质量与样品不符，针对这一情况，我厂要求凡不符合标准的货物，一律按原成交价的30%折扣。

特此函告，候复

×××厂采购部经理×××

××年×月×日

【简析】例文标题采用简略式，整篇索赔函就主要的索赔依据、索赔标准作出清楚的表述。以"特此函告，候复"作为结束语，自然明了。全文井然有序，语言简明、准确。

第二节 招标书与投标书

摄要

1. 招标项目、要求、条件以及完成时间和招标时间等都要表述得具体、清晰，以便投标者了解投标项目具体的内容和招标的时限要求。

2. 投标书要针对招标单位所提出的条件来"应答"：报价、工期、质量等内容应具体明确，而且撰写必须非常务实，突出可操作性。

一、招标书

（一）招标书扫描

所谓招标是招标者为承包建设项目，购买大宗商品或合作经营某项业务，承包或租赁企业等，事先对外公布标准和条件，提出价格等待投标者前来投标承建、承包或承办，从中择优选取投标者的行为。招标书是指在招标过程中使用的书面材料。

一般将招标广告和招标文件都成为招标书。有时，招标书也单独指招标文件。

招标广告，是招标单位在承包某项目任务或购买大宗商品或合作经营某项业务前，通过报刊、广播、电视等公共传媒，用发布广告的形式吸引投标者前来竞标的公开周知性文件。招标广告也称招标公告、招标通告或招标启事等。

招标文件，是指招标单位编制的对外出售的招标书。

（二）招标书写作指要

1. 要熟悉招标程序

要写好招标书，首先要熟悉招标的一般程序，了解招标的全过程，弄清招标的来龙去脉。招标的一般程序是:(1)招标单位组织有关人员编制招标文件并报请有关部门审批;(2)公开发布招标公告或送发招标邀请通知书;(3)进行投标人前期资格预审,必要时,还可发售资格预审文,对愿意参加投标的公司进行资格预审;(4)发售招标文件;(5)投标者递交投标书,密函报价,并交纳投标保证金;(6)开标;(7)评标,确定中标人,并发出中标通知书;(8)双方签订合同,中标人交纳履约保证金;(9)履约合同。

2. 招标方案应切实可行

在编写招标文件之前,必须经过大量的市场调查研究,掌握充分的信息资料,制定出公正、合理的数据、指标,以保证招标方案的切实可行。

在招标书中要明确具体地写明招标的目的及基本情况、招标内容及要求、招标程序、投标须知等内容。这些内容是保证招标单位目标得以实现的基础,是投标者填制投标文件的依据,切不可抽象笼统或含糊其辞,模棱两可,以确保招标的顺利进行和招标单位目标的有效实现。

3. 表达必须准确无误

招标文件是投标者填制投标文件和编写答辩词的依据,是双方签订合同的基准。因此,招标文件的内容要明确具体,其表达一定要准确无误,能量化的尽量用数字量化。招标书中关于技术规格的说明是非常重要的部分,如果投标单位在规定的时间内提供的物资或工程项目等,其技术规格与招标文件的说明不符,则应承担相应的法律责任和商务赔偿。因此,招标文件关于技术规格等的说明必须准确,如果规格数据等允许有误差,也应写明误差的上下幅度,而不应写"近似"或"大约"等模糊词语,避免产生歧义,发生误解,引起不必要的纠纷。

4. 内容要合法合规、真实可靠

编写招标文件必须认真贯彻国家的有关政策、法律、法规、维护国家和公共利益。不能弄虚作假,欺骗投标者,内容要真实可靠。

(三)招标书的格式与写法

招标书中的招标广告和招标文件,都由标题、正文、落款三部分构成。本部分侧重介绍标题和正文。

1. 招标广告

(1)标题。

一般由三个部分构成,即"招标单位名称+招标内容+文种",如《××酒店招标选聘经理通告》;有的可由"招标单位+文种"或"事由+文种"构成,如《××公司招标中心公告》、《××工程施工招标广告》;也可以只写文种"招标启事"等。

(2)正文。

正文由前言和主体组成。

① 前言。包括招标缘由和根据,工程名称或产品名称,工程的面积或产品的数量等。

② 主体。这是招标广告的重点部分。首先写清招标项目,如项目名称、地址、各项技术指标、总工程量或物资产品名称、数量、质量、时间要求等。接着写明招标范围、招标方法步骤、招标时限、招标地点、标书的售价以及投标方法与要求,并注明开标与评标的时间地点和具体办法等。如果是国际招标公告,还应在招标范围中,写明哪些国家,用什么货币,付款办法等。

(3) 落款。

写明招标单位名称、地址、发文日期、邮政编码、电话号码、传真号及联系人等。

2. 招标文件,一般由标题、正文、落款三部分构成

(1) 标题。

招标文件的标题有四种表现形式。

① 三要素式——招标单位+招标内容+文书名称。如《××集团公司经营管理招标书》。

② 二要素式——招标单位+文书名称。如《××公司招标书》。

③ 简明性标题——只写文书名称"招标书"即可。

④ 广告性标题——在标题中,除写明招标项目、招标形式等内容外,还加入一些广告性字样,如《请您经营××集团公司——招标书》。

招标文件的内容很多,一般都要装订成册,并把标题写在封面上。

(2) 正文。

一般由前言、主体两部分构成。

① 前言部分,用简练的语言写明招标目的、依据及招标项目名称等内容。

② 主体部分,是招标书的中心,详细写明招标项目、条件、要求及有关事项,构成招标文件。不同类型的招标,招标文件的构成也有所不同。

大宗商品交易类招标文件主要由投标须知、需求表、技术规格、合同条款及格式、附件等内容构成。

招聘企业经营者类招标文件主要由招标范围、招标程序、企业基本情况、合格投标者标准、承包期限、承包内容及指标、中标人的权责、中标人的收入、合同变更中止的原则等内容构成。

工程项目类招标文件主要由投标须知、招标工程项目介绍、工程技术质量要求、包工包料情况、合同条款、合同格式及附件等内容构成。

科技项目类招标文件由项目名称、任务由来、研究开发目标、研究开发内容、经济技术指标、研究开发的进度要求、研究开发成果要求、研究开发经费要求、承包单位的条件及要求、投标截止时间等内容构成。

(3) 落款。

写明招标单位名称、发文时间、地址、电话号码、传真、邮政编码及联系人姓名等。

(四) 实用示例

☞【例文一】

×××大桥工程施工招标广告

　　为加快我省公路工程建设速度,降低工程造价,缩短工期,确保工程质量,提高经济效益,促进公路建设管理体制的改革,决定对×××大桥,实行施工招标,要求如下:

　　一、工程地点。本工程位于××——×××。

　　二、工程规模与工程结构。大桥上部为普通钢筋混凝土T型支架,跨径20米、计7孔,桥面行车道宽9米,两侧各设1米宽人行道;下部结构为钢筋混凝土钻孔灌注桩基础,双柱式桥墩,框架式桥台;桥梁全长144米。此外尚有截水坝等防护工程(详见施工设计)。

　　三、工程开竣日期。××年×月份开工,当年12月竣工。

　　四、工程建设实行五包。即包工程数量、包工程造价、包工程质量、包工期、包工程材料。

　　五、凡省内交通系统驻××××内的各施工企业以及几年来参加交通系统公路桥梁建设水利三、四工程处或市政一、二公司等单位,欢迎参加投标。

　　六、参加投标者,请携带本单位介绍信于××年×月×日上午9时到省交通厅办公室报名登记,领取招标文件及施工图,收工本费500元。逾期不予办理。定于××年×月×日上午9时在××地点当众开标。

××省交通厅办公室(招标办)
××年××月××日

【简析】这份招标广告,标题由事由+文种构成。前言主要写招标目的和招标工程名称,一至四条是招标项目内容,即地点、技术指标、开工、竣工日期,"五包"要求。第五条是招标范围,第六条是招标步骤。此文的不足是落款部分,只写了招标单位和发文日期,遗漏了单位地址、电话号码、联系人等重要内容。

☞【例文二】

×××学院教材招标书

　　为加强学院教材的采购管理,经学院决定,现对××年秋季学生教材采购进行招标。为确保采购教材的质量和及时供应,维护招、投标双方的合法权益,特制定此标书。

一、招标项目

××年秋季所用全部教材。具体招标种类、版本、数量见所附《××年秋季教材征订一览表》。

二、招标方式

××省内公开招标。

三、投标人资质条件及证明

1. 投标人必须具有一般纳税人的企业资格；具有从事大中专教材经营权及相关教材代理权（国家有规定的按照国家规定），须直接由出版社购进者，无中间环节；遵纪守法，无经营盗版教材、劣质教材及偷漏税等不良记录的，且具有良好服务信誉；且具有较大的经营规模，具备承担投标项目的能力；同时符合国家有关规定的资格条件。

2. 投标人必须提供下列证明材料：营业执照、图书经营许可证、法人代表证明、税务登记证、代理商具有的出版社授权证明或委托书、投标方参与人身份证；其他有关的资信证明（复印件需加盖红章）。包含投标人单位性质、供货能力、经营特色、服务保障人员及主要业绩等的投标人简介（A4幅面）。投标人在送达标书时，应提供以上材料的原件或复印件壹份（原件备查）。法人因故不能亲自参加投标而委托他人的，需有法人委托证明。

3. 投标人具备提供最新教材目录和教材发展动态的能力，主要包括新华书店总店编的《全国大中专教学用书汇编》、《高校教材图书征订目录》及高教、经济科学、东北财大、中国对外贸易、西安电子科技大、北京师大、机工、电子、财经、人大、清华、上海外教等国家大型出版社的当季的各类目录。目录套数按需方要求而定。

四、评标标准

在符合投标条件的情况下，强调价格优势、投标人资信优势和服务优势。

五、供货时间及方式

购方最迟至××年×月×日前发出订单，订单中标明各种类、版本的订购数量。

供货方接到订单后必须及时组织落实书源，若有不明或不确定之处，应尽快电话联系，中标者为拖延时间而假托出版社临时无货者，每种教材罚款1 000元。供货方自中标之日起至××年×月×日，所订教材分批到货。所有教材由供货方免费及时地送货到需方指定的库房，并在包装上分类标明教材名称，经需方查验无误后，由供货方负责搬放到指定的书架，由需方在两联单上签字确认。

六、价格条件

各种教材价格不高于出版社定价的80%。

七、中标方须做到

1. 投标人不得相互串通招标报价,不得排挤其他投标人的公平竞争,损害招标人或其他投标人的合法权益。

2. 中标人必须保证教材的质量。如果教材有质量问题,由中标人负责解决;中标人必须保证所供教材为正版优质教材,否则,由此引起的一切法律后果由中标人承担,并加倍赔偿由此造成的经济损失。中标人按招标人指定的书目提供,不得擅自夹带盗版书、劣质书和非招标方预订书。

3. 所供教材如发现版本有误、装订、印刷、污渍等质量问题,保证在10个工作日内退换完毕;因招生数量变动、学生专业调整等因素造成的教材种类数量的变化,中标人要按变动后的教材订单执行;必须保证对近一年所定教材中多余及残缺教材及时退换,不得以任何理由推诿。

4. 由于中标人漏订、迟订等原因影响教学的,由中标人赔偿需方所订教材书款三倍的罚金,并解除供货合同。

5. 按招标人提供的订单,到书率须达98%以上。中标人供书发货差错率低于2‰。

6. 中标人送书到招标人指定地点,并附有微机打印准确(含订单的所有项目)的一式两联的送书清单。

7. 中标人应当按照合同约定完成中标项目,不得向他人转让中标项目,也不得将中标项目分包他人。

8. 中标人不履行合同时,每涉及一种教材扣应付教材款1 000元,以此累加,且合同保证金不予退还。造成损失的按有关规定处理。

9. 采购实行信用一票否决制。招标人有下列情况之一的,一经招标人或相关业务主管部门发现,该投标单位参加投标的,投标无效;中标的,招标人有权立即终止与其签订的合同,并要求其赔偿因此造成的一切损失和费用;给招标人造成损害的,应承担相应经济责任与法律责任。且今后不得参加我院此类项目的招标。

(1) 提供虚假材料的;

(2) 采用不正当手段诋毁、排挤其他投标人的;

(3) 与其他投标人恶意串通的;

(4) 中标后,无正当理由不与招标方签订合同的;

(5) 其他违反法律法规给招标方造成损害的;

(6) 中标后在履约过程中没有严格按照招标文件、合同等要求保证质量的;
(7) 中标后转包项目的;
(8) 提供的教材有较大规模质量问题的;
(9) 违反国家法律法规其他规定的。

八、开标

投标人应在××年×月×日上午9:00时前,将投标书密封、并加盖单位印章交招标办公室,同时缴纳投标保证金叁万元整(¥30 000.00)。定于××年×月×日上午9:00时在××年×月×日上午9:00时××地点开标。未中标者保证金原数退还;中标者保证金转为合同保证金。

九、本招标书解释权归教务处。

××学院教务处
××年×月×日

地址:××××××

电话:××××××

传真:××××××

邮政编码:××××××

联系人:×××

附:×××学院××年秋季教材征订表

【简析】这是某院校教材招标文件(招标书)。标题采用三要素式——招标单位+招标内容+文种名称。正文由前言、主体组成。前言写明招标的目的、依据及招标项目名称等内容。主体部分分别写明招标项目、招标方式、投标人资质条件及证明、评标标准、供货时间及方式、价格条件、对中标方的要求、开标时间及相关事项等。落款写明招标单位名称、发文时间、地址、电话号码、传真、邮政编码、联系人等。本招标书的格式规范,内容具体明确,语言表达简洁而准确。

二、投标书

(一)投标书扫描

投标书,是投标者根据招标单位提出的招标条件,对自身的投标条件进行自我审核后,向招标单位提出自己的投标意向的书面材料。

投标书与招标书相对应,投标书的编制是否合适,直接关系到投标者能否中标。

投标书具有以下特点:

1. 真实性。投标者通过投标书真实、客观地反映自己的基本情况。中标的标书具有法律效力。

2. 基础性。投标书是投标招标双方签订合同的基础,是投标者在中标后履行职责的依据。招标书中的规定只是框架和格式,而合同内容还是要依据双方认可的投标书来写。

3. 竞争性。投标书是投标者战胜竞争对手,成为中标人的有力武器,充满竞争性。

4. 针对性。投标书是针对招标条件而有的放矢,是根据招标文件要求来填制投标文件和编写答辩词等。

（二）投标书的种类

1. 按投标项目分,有建筑工程投标书、大宗商品交易投标书、招聘经营者投标书、企业承包投标书、企业租赁投标书等。

2. 按投标方身份划分,可分为以下几种：（1）个人投标书,招聘企业经营者、承包企业的投标书一般属个人投标书；（2）合伙投标书,指两人或两人以上合伙参加投标时使用的标书；（3）法人投标书,指投标者是法人资格。大宗商品交易招标或工程招标一般要求投标方必须有法人资格；（4）联合投标书,指几个法人组织联合投标时所用的标书。

3. 按形式分,有投标申请书、招标答辩书、投标书等。

（三）投标书写作指要

1. 熟知招标程序

投标一般程序为：（1）及时掌握招标信息,必要时可与业主或用户取得联系,了解招标项目、工作进度、设备选型和采购倾向等情况；（2）向招标单位递交投标申请书,介绍自己情况,通过招标单位的前期资格预审；（3）购买招标文件并认真研究,根据自己的技术经济实力,决定投标项目和投标方案；（4）填制投标文件,编制答辩词；（5）按规定期限递交投标书；（6）派人参加开标会；（7）参加澄清会,回答业主提出的各种问题；（8）若中标,持中标通知书按期与招标单位签订合同,并交纳履约保证金或开保函,数额一般为合同价的10%；（9）中标者执行合同,组织生产或施工,按期交货或交工。

2. 用语要准确无误,不可使用模糊词语,避免产生歧义和误解。

3. 要体现出自身优势,重点突出"我有他无,他有我强"的竞争能力。

4. 要在规定的有效期内递交投标书。

（四）投标书的格式与写法

投标书一般由标题、招标单位称呼、正文、落款、附件五部分构成。

1. 标题

由投标方名称、投标项目和文种构成。如《××公司承包×××工程投标书》；也可由投标方名称和文种构成或由投标项目和文种构成,如《××公司投标书》、《租赁××企业的投标书》；有的只写文种名称"投标书"等。

招标单位称呼：顶格写明招标单位。

2. 正文

正文包括前言和主体两部分。

（1）前言。主要写明投标的目的、依据，点明投标的项目和内容。

（2）主体。投标项目不同，投标书的内容也不相同。

① 建筑工程投标书的主要内容：工程总报价及分项费用标价；保证达到的工程质量；工程项目开工、竣工日期；施工技术组织措施；工程进度安排；附件等。

② 大宗商品交易投标书的主要内容：商品总报价及分项报价；投标方如何组织生产招标方要求的商品；商品规格、型号及质量等要求；交货方式、交货时间、交货地点；对交纳银行担保书和履约保证金的承诺；附件。附件包括投标报价表、技术规格、技术差异修订表、制造商资格声明、投标保证金保函及履约保证金保函等。

③ 招聘企业经营者投标书的主要内容：经营管理方案，主要说明要达到的技术经济指标及其实现的依据、步骤及措施等；个人简历，包括学习、工作履历；业务经验及证明材料；学历及其他证明材料；其他。

④ 企业租赁投标书主要写明在租赁期间如何达到招标方的各项要求。

⑤ 企业承包投标书主要写明投标方在承包期内希望达到的技术经济指标及实现的步骤、措施等内容。

投标书内容各有不同，但不管哪一类投标书在编写中，都要按照招标文件中的有关规定和要求写清以下内容：（1）投标的具体指标，这是标书的关键内容，是招标单位评定、定标的重要依据。这部分一般内容很多，且通常以表格形式出现，一般把其中的表格部分放在投标书的后面，作为附件问题处理，而在前面只说明投标总报价等总体性指标。（2）若为大宗货物贸易投标，写明投标方对应履行责任义务做出的承诺；如为建筑工程项目投标则写明项目开工、竣工日期。（3）说明此投标书的有效期限。（4）说明投标方将按招标文件要求交纳银行担保书和履约保证金。（5）最后说明对招标单位不一定接受最低价和可能接受任何投标书表示理解。

3. 落款

写明投标单位名称、地址、授权代表人姓名、电话号码、传真号、邮政编码等内容，便于双方联系。其中，单位名称和授权代表人要分别盖章签名。最后还须注明投标日期。

4. 附件

其内容主要包括：（1）投标报价表；（2）货物清单；（3）技术差异修订表；（4）资格审查文件；（5）开户银行开具的投标保证金保函；（6）开户银行开具的履约保证金保函等。

附件中的表格和文书都必须按招标单位的招标文件中规定的要求和格式认真编制、填写。

（五）实用示例

×××公司投标书

××进出口总公司招标公司
诸位先生：

经研究×××号招标文件后，我公司决定参加××桥梁工程项目所需货物的投标，并授权下述代表人×××、×××，代表我公司提交下列投标文件，其中正本一份，副本五份。

投标报价表。
货物清单。
技术规格。
技术差异修订表。
投标资格审查文件。
××银行开具的金额为×××万元的投标保函。
××银行开具的金额为×××万元的履约保证金保函。
开标一览表。
签名代表人兹宣布同意下列各点：

1. 投标保价表列拟的供货物的投标总报价为×××万元。
2. 投标人将根据招标文件的规定履行合同的责任和义务。
3. 投标人已详细审查了全部招标文件的内容，包括修改条款和所有供参阅的资料及附件，投标人放弃要求对招标文件做进一步解释的权利。
4. 投标书自开标之日起两个月内有效。
5. 如果在开标之后的投标有效期内撤标，贵公司可以没收投标人的投标保证金。
6. 如果中标后，我方未能忠实地履行所有的合同文件或随意对合同文件作出修改、变动，贵公司可以没收我方许诺的履约保证金。
7. 我们理解贵方并不限于只接收最低价，同时也理解你们可以接受任何标书。

投标单位：中国×××桥梁公司（公章）
××年×月×日

地址：××××××××
电话：×××××××
传真：×××××××
投标者姓名：×××（签章）
投标代表人姓名：××（签章）

附件：
1. 投标报价表(略)。
2. 技术规格(略)。
3. 技术差异修订表(略)。
4. 投标资格审查文件(略)。
5. 投标保证金保函(略)。
6. 履约保证金保函(略)。
7. 开标一览表(略)。

【简析】这是中国××桥梁公司的一份投标书,是根据进出口总公司招标公司为××桥梁工程项目所需货物向社会发出招标书而写的投标书。题目由投标单位名称和文种构成,顶格写上招标单位的全称,以示尊敬。称号一般用敬称,不宜直呼其名,在国际性招标活动中尤应注意。前言写明投标的依据,点明投标的项目和内容。主体部分按招标文件一一列写,表明态度,保证事项。落款写明投标单位名称、地址、授权代表人姓名、电话号码、传真号、邮政编码、投标日期等。共有7个附件,该投标书能紧扣要求进行编写,格式规范。

第三节 预算书与决算书

撮要

1. 财务预算书和决算书的实质是单位财务方面的计划和总结。
2. 充分发挥财务预算和决算报告的管理、调节功能,可以对单位内部的资金进行有效的优化配置,有针对性地改进单位的财务工作。
3. 预算书与决算书一般采用分条列项或条款式两种形式拟写。

一、预决算书扫描

预算决算文书都是经济独立核算的企事业单位、团体和组织,基于一定的管理需要,定期拟定的财政、财务方面的预期计划或者决算总结的书面文件。预决算书一般向财务主管部门呈交或者以资该单位管理层进行参考和规划。

预决算书与预决算报告既有区别,也有联系。预决算报告是经济独立核算的企事业单位、团体、组织或法人向财经主管部门、股东大会(股份制企业)或者代表大会(团体、组织或者政府机构)所作的书面形式报告。所以预决算报告是公开的书面报告,具有报告的一般结构形式,标题后须有称谓,而预决算书是一般的财务方面的文书材料。

预算书与计划、决算书与总结有区别。计划是机关、团体、企事业单位和个人对将要进行的工作和活动所作的设计与安排的书面材料;总结则是回顾和检查前一阶段的工作完成情况,进行分析研究,得出经验教训,在此基础上形成的书面材料。所以计划和总结涉及面比较广泛。预算书是对财务方面未来的预期计划,也是针对未来进行的设计与安排;决算书是对过去一段时间的财物收支情况所作的分析和总结,并为今后的预算安排提供参照。虽然预决算书具有一定的计划和总结的功能,但应用范围就小得多,内容也比较特定。

(一)预决算书的特点

1. 约束性。机关部门的预决算书需要根据有关法规依法编订并执行,以《中华人民共和国预算法》以及《中华人民共和国预算法实施条例》为依据。而企事业单位的预决算书也应符合预决算文书基本的规范,并按照一定的流程进行编制,主体部分的内容各不相同,但结构形式有规律可循。

2. 应用性。预决算书是为了让经济独立核算的单位能够正常运转,财政收支平衡,收支项目更为合理,最终提高效益而加以编制的。所以无论对企事业单位或团体,还是对机关部门或组织而言,具有非常实际的价值和意义。因此非常强调实际的应用性。

3. 综合性。一般而言,预决算书都以年度为计算单位,对该年度本单位的各项经济活动的情况都要考虑周全,避免疏漏。因此,预决算书的全面性综合化程度比较高。企业预决算书涉及生产、流动、销售环节的支出和收益各个方面;财政机关部门的预决算书则要考虑到基本建设、农林、城市维护、环保、科教、卫生等社会生活的各个方面。

(二)预决算书的种类

预决算书根据主体内容的不同,可分为如下两种类型。

1. 单位预决算书。这是经济独立核算的活动单位的预决算书,主体内容是该单位定期的财务收支情况的综合规划和总结。可以是企事业单位,也可以是机关部门。这种预决算书的内容一般比较多,涉及的面比较广,综合性程度高,没有特殊情况的话,形式较为固定。

2. 单项经济活动预决算书。这类预决算书针对一些相对比较重要的或重大的项目。由于规模大,资金投入多,绩效分析也要考虑多方面的原因,所以要专门制订预决算书。重要的单项经济活动预决算书一般经股东大会或代表大会讨论,并须获得有关部门的审批。

二、预决算书写作指要

1. 数据翔实。预算书应以客观情况为依据,制定切实可行的预算方案,而决算书也基于实际数据和现实情况和预算书加以比对。严忌弄虚作假,性质不同的预决算收支的内容要严格分开,避免混淆。

2. 语言严谨。预决算书需要参照充足的数据材料,所以语言要有紧凑感,以免影响客观材料和数据的表述。同时,也须注意用词的分寸感,尤其是决算书中对整个预决算工作的总结分析部分,要言之有物,切实可行,忌假话、套话。

3. 阐述有条理。预决算书多采用叙述和说明,涉及面较广,所以内容安排须有条理,按照一定的逻辑顺序进行具体表述。

三、预决算书的格式与写法

预算书和决算书一般由标题、正文、落款构成。

（一）标题

标题的写法比较固定,一般采用公文式的标题。在标题中标明时间、单位、内容、文种等信息。如《国家高技术研究发展计划课题 2006 年预算书》、《××公司 2004 年度财务工作决算书》。

（二）正文

1. 预算书

预算书的正文基本上可分为三个部分：

（1）表述预算安排及与此相关的内容。这部分内容是整个预算书的重点内容,一般可按照实际情况分别表述。企业的预算可分为：上年度的预算工作总结；本年度预算工作的组织情况；本年度预算编制的基础；预算年度内生产经营的指标情况；主要预算指标的分析说明等几个部分。

这部分内容比较详细,通常需要制订预算表格附在文末。

（2）提出拟采取的措施和要求以保证预算任务的完成。要求和措施大多比较偏于原则性,多见于机关部门的预算文书。这部分内容的篇幅不长,涉及的一些措施和要求只需简单说明,有时也可以省略。

（3）需要说明的问题和情况。这是对可能影响预算指标的事项加以说明,有时也补充一些需要特别指出的问题。预算书是对未来的收支情况的财务计划,总有一些不确定因素影响预算的执行效果,所以需要在此说明,以免特殊情况影响决算时的评价。

2. 决算书

决算书的情况和预算书相似,正文也可分为三个部分：

（1）表述决算情况及预算的执行效果。决算情况以年度为基准,在预算的基础上进行决算分析,所以一般和预算相比较,大多分为收入和支出（或者收益和成本）两大方面阐述数据的增减,分析原因,表述预算的执行情况。

（2）总结整个预决算工作。比对预决算书之后,对单位的整个预决算工作进行总结和评述,肯定成绩,指出不足,为以后的预决算提供经验和教训。

(三) 落款

落款包括署名和日期。如标题中已出现单位名称,落款可以标注具体责任部门的名称,日期可注明具体的成文日期。

四、实用示例

☞【例文一】

广东省2004年预算执行情况和2005年预算草案的报告(摘要)

广东省财政厅厅长　刘昆

各位代表:

一、2004年预算执行情况(略)

二、2005年预算草案

(一) 2005年全省一般预算草案。

2005年我省财政收支预算安排的指导思想是:以邓小平理论和"三个代表"重要思想为指导,全面贯彻党的十六大、十六届三中、十六届四中全会、中央经济工作会议精神,以及省委九届五次、六次全会要求,牢固树立、全面落实科学发展观,继续深化财政改革,进一步健全公共财政体制框架。坚持依法治税理财,做到"生财有道、聚财有方、用财有规";坚持"两个务必",大力增收节支;坚持量入为出,确保收支平衡。继续推行激励型财政机制及其配套措施,缓解县乡财政困难,努力促进财政增收与经济增长速度相协调,提高财政收入质量;优化财政支出结构,增强财政调控能力,坚持保运转、保重点、保稳定、促发展,促进全省经济社会各项事业全面发展。

(二) 2005年省级一般预算草案。

1. 2005年省级财政收入。(略)

2. 2005年省级财政支出。

2005年省级财政支出安排的具体情况如下:

(1) 逐步加大支农力度,支持农业和农村经济发展,增加农民收入。安排农业投入47.59亿元。

(2) 保证社会保障投入,完善社会保障体系,安排资金33.69亿元。

(3) 保证教育投入,建设教育强省,安排资金63.06亿元。

(4) 保证科技投入,提高科技竞争力和自主创新能力,安排资金13.79亿元。

(5) 保证文化投入,建设文化大省,安排9.4亿元。

（6）加大计生投入，确保国家计划生育政策的落实，安排资金2.34亿元。

（7）保证卫生投入，建立健全公共卫生体系，安排资金18.6亿元。

（8）加大环境资源保护投入，推进循环经济，建设"绿色广东"，安排资金10.7亿元。

（9）加大转移支付力度，推进区域协调发展，安排转移支付资金80.62亿元（不含农村税费改革转移支付补助），增加13.54亿元。

（10）保证行政政法部门（含省垂直管理系统）正常运转支出，安排71.96亿元。其中，安排公检法（含监狱、劳教）支出28.83亿元。

（11）预备费安排5亿元。

（12）防范化解金融风险准备金安排23亿元，其中农村信用社改革扶持及化解金融风险准备金4亿元。

（三）2005年省级政府性基金预算草案。（略）

（四）2005年省级部门预算草案。（略）

三、认清形势，坚定信心，努力完成全年财政预算任务

2005年是"十五"计划的最后一年，也是进一步巩固和发展宏观调控成果、保持经济社会发展良好势头的关键一年。做好2005年的经济财政工作，圆满完成2005年预算任务，对于全面实现"十五"计划目标，为"十一五"期间经济社会发展奠定坚实基础，具有十分重要的意义。全省各级财政部门要以邓小平理论和"三个代表"重要思想为指导，全面贯彻落实党的十六大和十六届三中、四中全会精神，按照省委第九次党代会的部署和省委九届四次、五次、六次全会提出的要求，紧紧围绕全省中心工作，认清形势，统一思想，坚定信心，切实做好如下几方面的工作：

（一）坚持发展是执政兴国的第一要务，充分发挥财政职能作用，促进经济社会协调发展。

（二）坚持以科学发展观为指导，强化收入管理，确保财政收入增长与经济增长相协调。

（三）坚持集中财力办大事，调整优化财政支出结构，确保重点支出需要。

（四）坚决落实科技、教育、人才发展战略，不断增强全省综合竞争力。

（五）坚持改革创新，继续深化各项财政改革。

（六）加快制度建设，进一步加强财政监督。

各位代表：新的一年，我们将高举邓小平理论的伟大旗帜，以"三个代表"重要思想为指导，全面贯彻十六大和十六届三中、四中全会、中央经济工作会议精神，以及省委九届四次、五次、六次全会要求，在中共广东省委的正确领导下，在省

人大的监督支持下,与时俱进,开拓创新,规范管理,扎实工作,圆满完成全年财政预算任务,为我省加快发展、率先发展、协调发展和当好排头兵作出新的更大的贡献!

(录自http://www.gdczt.gov.cn,本书收入时有改动。)

【简析】预算报告部分首先阐明预算安排的指导思想。指导思想的阐述从国家大政方针、本省工作要求、财政体制框架、具体工作方法等多个方面层层展开,提纲挈领,要言不烦。

预算报告第二部分具体陈述本年度省级财政收支的安排计划。这是预算报告的主体部分,因篇幅原因,此处仅保留了原文的基本框架,删去了具体的预算内容。

完成预算任务的措施是预算报告的重要内容,本文将其单独列为一部分详加陈述。同样由于篇幅的原因,我们对原文作了许多删节,但特意保留了本部分首段和尾段的内容。这两段中的不少文字和前面指导思想部分中的文字是相同的,行文方式既起到了首尾呼应的作用,更体现了预算、决算报告对原则问题用墨如泼的特点。

☞【例文二】

××公司××年度财务决算书

××年度,我公司生产经营和财务状况好于上年。由于产品销售收入和利润增长幅度较大,成本费用得到了有效的控制,企业经济效益已呈现由低转高的势头。现对本年财务决算情况和有关内容说明如下:

一、生产经营和主要财务指标的实现情况

××年,由于我公司在完成技术改造的基础上,生产出新型的××产品等,工业总产值达到××万元,比上年(××万元)增长××%;产品销售收入达××万元,比上年(××万元)增加××%;实现纯利润××万元,比上年(××万元)增加××倍;可比产品成本比上年降低××%。

二、利润指标实现情况

××年,我公司利润计划为××万元,实际完成××万元,超过计划××%,销售收入利润率达到××%,利润增加的主要因素是:

1. 因改型的××产品在国内各地打开销路,销量增加,比上年增利××万元。

2. 在我公司技术改造和产品改型之后,物耗减少,从而使成本降低××万元。

3. 外协加工部件一律改为自行加工,增利×万元。

4. 营业外收入增加××万元。

以上4项共比上年增利××万元。扣除因销量增多、税率提高形成的税金增加和部分原材料价格调整、煤水电运费提价、各种补贴标准提高等减利因素××万元,实现净利润××万元。

三、成本费用情况

××年度全部商品总成本为××万元,可比产品成本为××万元,按上年平均单位成本计算为××万元,下降××%。

四、固定资产与流动资产的增减情况

1. 固定资产

年末企业固定资产原值××万元,净值为××万元。百元固定资产(原值)利润率为××%;百元固定资产(原值)利税率为××%。均比上年高出较多。

2. 流动资产

本公司流动资产年末占用额为××万元,比年初(××万元)增加××万元。周转天数为××天,比上年(××天)加快××天,比原计划的××天多××天。但从总体上看,资金占用过多、周转期过长的状况,仍未很好解决。

五、其他需要说明的问题

××年企业经济效益虽好于上年,但公司过去遗留的滞销积压产品过多的问题,并未彻底解决,经过清仓压库以后,必将抵消一部分利润。由于这部分亏损尚不能列入决算,故本年决算中,不包括这笔数字。

××公司
××年×月×日

【简析】这是××公司的一份决算书的范文样式。采用公文式标题,标明单位、时间和文种。正文内容比较详尽。除了比对预算指标的实现情况之外,还对利润实现、成本费用和资产增减三方面加以说明。文末交代了特别需要说明的问题,结构严谨,叙述有条不紊,便于他人在很短的时间内了解该公司的决算情况。

第四节 申请书

 撮要

1. 申请书在日常生活中使用非常广泛,在经济活动中也大量使用。
2. 申请书写作强调申请理由要充分,申请的事项要明确,语言表达简洁流畅。

一、申请书扫描

申请书是个人或单位因某种愿望、要求,需要向有关部门、组织提出书面请求时使用的一种文书。

申请书的使用极其广泛,个人如入党、入团、入会、参军、转学、开业、调动、住房、出国探亲或留学等,企事业单位向上级机关要求增加经费、添派干部和专门技术人员等,均可以申请书的形式,向上级提出。在经济活动中,也大量使用申请书,如商务贷款申请书、企业所得税减免申请书、仲裁申请书、专利申请书、再审申请书等等。

二、申请书写作指要

1. 申请事项要一事一书。申请时不要将几件事情写进同一份申请书里,以便接受申请书的组织、领导批准。

2. 申请理由要实事求是。申请理由不能虚夸或杜撰。讲理由,要充分、具体、全面。特别是最有说服力的理由,更要讲清楚。

3. 语言文字要准确朴实。申请书切忌浮夸冗长、东拉西扯、故弄玄虚和故意渲染。语言要准确,文字要朴实,交代要简洁明了。

三、申请书的结构和写法

申请书使用广泛,特别是经济活动中申请书大量使用,不少部门印制了有固定格式的申请书,只需要按照相关的要求加以填写就行了。本节只对"非格式化"申请书加以介绍。

申请书的结构比较固定,通常由标题、称呼、正文、结尾、署名和日期五个部分构成。

1. 标题

页前第一行居中写上名称:申请书。常用的有两种形式,一是只写"申请书"三字;二是在"申请书"的前面标明"事由",如"开业申请书"、"专利申请书"。

2. 称呼

称呼又称为"抬头"。即在标题下空一行顶格处写上接受申请书的组织、机关、团体、单位的名称或有关负责人的姓名。称呼后用冒号。

3. 正文

正文是申请书的主要内容,要写明申请的事情和理由。申请能否达到目的,主要看这一部分写得怎么样,因此一定要下工夫写好。正文的内容应该写清楚如下四点。

（1）要先交代申请人的基本情况。

（2）要写清楚申请的理由。理由是提出申请的重要依据,理由写得清楚充分,便于组织或领导了解和把握申请者的意愿和动机。

（3）要把申请的事情写明白。

（4）最后还要写出保证或承诺。

4. 结尾

申请书的结尾一般写感谢、祝颂的言辞,常见的是写"此致"、"敬礼"之类表示敬意的话。

四、实用示例

开业申请书

市工商局：

　　我是待业青年,二〇〇三年七月高中毕业后没考上大学,一直在家闲居。我不甘心过悠闲无聊的生活,就抓紧时间刻苦钻研家用电器知识,并拜有技术专长的老工人为师,学习家用电器修理技术。现在我已掌握了国产和进口家用电器的修理技术。为了减轻家庭负担,改变依靠父母养活的状况,也为了给社会作点贡献,我申请开办个体家用电器修理门市部。请考核我的技术,审查我的资格。

　　开业后,我保证严格遵守国家的政策、法令,自觉维护市场秩序;服务热情周到,价格公平合理,让顾客满意,并按章交纳税金。

　　此致

敬礼

申请人：×××
二〇〇六年三月六日

【简析】这是一份较为典范的申请书。除了格式规范外,内容精练、感情真挚是其突出特点。申请书的正文部分,先简明扼要地介绍了申请人的基本情况,申请书用"我是待业青年,二〇〇三年七月高中毕业后没考上大学,一直在家闲居"一句话,就把申请人的身份交代得清清楚楚,并且传达出这样一个信息：待业青年经济上无着落,属于社会的弱势群体,是就业政策应该照顾的对象。这就从感情上获得了工商局领导的同情与支持。接着叙述申请的理由,从"我不甘心过悠闲无聊的生活"谈起,讲述了学习家用电器知识和修理技术的情况,然后又说明了自己具有的技术能力,最后强调了申请的意愿和动机。理由写得真切、充分而有条理。

入党申请书

敬爱的党组织：

　　我时常在想中国共产党为什么可以总站在正确一方呢？通过学习我明白了正是因为中国共产党坚持马克思辩证唯物主义和历史唯物主义，并把它作为自己认识世界和改造世界的强大思想武器、作为推进建设有中国特色社会主义伟大事业的根本指南、作为自己的精神支柱和立党立国的根本。因此中国共产党才能够保持较高的科学性和先进性，才能够领导广大人民群众破除愚昧迷信，走向文明幸福。

　　我加入中国共产党的愿望由来已久。这种愿望不是一时冲动，而是发自内心深处的一种执著与崇高的信念。因为从小我就认为只有共产党员才是最应敬重的人，在革命战争年代无数革命英烈为了保卫党和人民的利益甘愿抛头颅洒热血，在和平建设时期有着像焦裕禄、孔繁森等这样的好干部，我发现他们以及身边许多深受我尊敬的人都有一个共同的名字——共产党员；我发现在最危急的关头总能听到一句话——"我是共产党员，跟我来"。因此，一个声音不断在我中心呼唤："我要像他们那样，我要成为一名共产党员！"

　　我决心用自己的实际行动接受党对我的考验，我郑重地向党提出申请：我志愿加入中国共产党，拥护党的纲领，遵守党的章程，履行党员义务，执行党的决定，严守党的纪律，保守党的秘密，对党忠诚，积极工作，为共产主义奋斗终身，随时准备为党和人民牺牲一切，永不叛党。

　　我深知按党的要求，自己的差距还很大，还有许多缺点和不足，比如我的政治理论水平还不是很高、在工作中有时处理问题还不够成熟等。希望党组织从严要求，以使我更快进步。我将用党员的标准严格要求自己，自觉地接受领导和群众的帮助与监督，努力克服自己的缺点，弥补不足。争取早日在思想上，进而在组织上入党。

　　请党组织在实践中考验我！

　　此致

敬礼

申请人：×××
××年××月××日

【简析】本申请书的正文部分，从自己的思想出发，通过思考，逐步加深了对中国共产党的认识，并在此基础上萌生出加入这一组织的迫切愿望。从身边的共产党人平凡而伟大的言与行中得到教益、获得启迪，思想认识的转变有说服力。表明自己加入中国共产党组织的坚强决心,有比较,明差距,求进步。

本入党申请书虽然在开头部分未对自己的情况作介绍,但因为提交申请者与同级组织的密切关系,有时从略也可。

 实践练习

1. 阅读并分析下面询价函,回答问题。

询 价 函

×××先生:

  我方在《经济时报》上看到贵公司的广告,对贵公司的皮箱和各类皮鞋,甚感兴趣。

  请贵方将附表内各货品货价来函告知,并请贵公司将产品详细情况、最快交货日期及经常订购的折扣告诉本公司。

  本公司对各类皮革日用杂货需求量甚大,请贵方惠赠一份目录及详细说明书。

×××公司
××年×月×日

问题:

(1) 此询价函由(　　)、(　　)、(　　)、(　　)、(　　)等几部分组成。

(2) 询价函按询价内容分为(　　)和(　　),本文属于(　　)。

(3) 本询价函语气委婉诚恳,主要体现在(　　),内容上要求明确,语言简洁,主要体现在(　　)。

(4) 在主体正文中,撰写者一共询问了(　　)、(　　)、(　　)、(　　)等几项内容。

2. 阅读下面询价函,判断是否正确完整,找出其病因。

询 价 函

××××:

  我们从九龙商厦获悉,贵公司日前用上好的原料生产了一种供出口的手工制鞋。这种类型的高档商品,工艺精美,颜色也相当鲜艳。我方十分需要。今请贵方给我们寄份资料。

  盼赐复

××年×月×日

错误及改正:

(1) _____

(2) _____

(3) _____

3. A公司向新加坡客户G公司发出一份订货单:童装兔毛衫200打,货号CM034,每打CIF新加坡100美元,8月份装运,即期信用证付款,25日货到有效。G公司表示愿意为A公司供货,并及时发一封确认订购函给A公司。

根据以上情况,假设你是A公司代理负责人,请你写一份确认函,要求格式规范,内容完整。

4. 确认函作为一种商业信函,与一般书信相比较有什么不同?

5. 找出下列函件的错误,并予以改正。

催 款 函

××××百货公司:

    贵方于××年×月×日向我厂订购真丝衬衫60件,货款金额计××万元,发票编号为×××。可能由于贵方业务过于繁忙,以致忽略承付。故特致函提醒,请即解行结算,逾期按银行规定加收百分之零点二的罚金,如有特殊情况,请予我厂财务科联系。

    特此函告

                                                         ××年×月×日

---

6. 分析下列信函,回答问题。

×××信托投资有限公司逾期借款催款函

×××钢铁公司:

    你单位1994年7月20日向我公司借款400万元,根据贷款合同规定,借款期限为一个月,于1994年8月20日到期。现已逾期两天,你单位尚欠逾期本金400万元,利息55万元。接到本通知后,请于1994年9月1日前来我公司办清还款手续。如到期仍未还款,我公司将主动从你单位存款账户中扣收,并对逾期借款按规定加收利息,依照合同规定及法律约定处理担保(抵押)书,收回贷款本息或由担保人偿还本息。

    请积极筹措资金,抓紧予以归还。否则我公司将按《经济合同法》和《借款合同条例》及有关规定进行处理。

    我公司地址:××区××路××号

    开户银行:中国银行××支行

    账号:×××××××××

    经办人:×××××

                                      ×××信托投资有限公司

                                          ××年××月××日

问题:

(1) 催款函按形式分可以分为(　　　　)和(　　　　)两种,本文属于(　　　　)催款函。

(2) 催款函主要组成部分有(　　　)(　　　)(　　　)(　　　)(　　　)。

(3) 本函中简要地说明了借款单位的借款时间、数额和预订的还款期限,体现了催款函的(　　　　)性质。

7. 假定你是B建材公司的经办人,请依据下述事实给A公司写一份催款函。

2004年5月3日,A公司从B建材公司订购一批建筑材料,双方达成协议后,B建材公司于一周后发货给A公司。A公司查无质量问题并签收,并承诺按合同约定于5月17日前将购货款汇入B建材公司银行账户,现在已是5月20日了,A公司仍未向B建材公司交付货款。

8. 请从结构、内容、语言上分析下面这份函件的写作特点。

ACROPLIS轮磷酸盐短量索赔函

×ב化工出口公司:

第×号合同磷酸盐第一批货已由"ACROPLIS"轮于3月16日运抵青岛。结算发票重量为21 540.175公吨,根据青岛商品检验局鉴定,实际重量为21 468.5公吨,短重35.675公吨。另抽样化验水分为1.75%,高于结算发票中所注的水分1.515%。由于水分增高而发生的短重为49.145公吨。共计短重84.82公吨。根据合同规定向你方提出索赔,你方应赔偿我方损失金额如下:

(1) 货价(按每公吨12美元计算):1 017.84美元
(2) 运费:2 377.50美元
(3) 保险费:535美元
(4) 检验费:538.29美元
共计:3 938.98美元

随函寄去青岛商品检验局第73/1205号检验证明书正本一份及水分鉴定记录一份,请接受此项索赔,速汇款结账。

特此函告

附件:
(1) 检验证明书正本一份
(2) 水分鉴定记录一份

×××化工进出口公司
××年×月×日

9. 分析下列案例,然后回答问题。

镀锌铁皮品质索赔函

××××国××公司:

3EERXXXD镀锌铁皮由"斯帕马多利海员"轮装运,于××年×月×日运抵大连港,计×××吨。我商品检验局从中抽检20件,逐件进行检查,发现每张镀锌铁皮板的底面,顺着轧制方向,有贯通整张版面的划痕10—20条,断续划痕50—60条,深度2—6微米。有的还有穿孔、露铁、破边和锌块黏结(见照片)。

从检查结果看,该批镀锌铁皮的缺陷,实系生产因素造成和发货前造成的,其品质与合同规定的标准不符。应贬值15%,合×××××,商检费×××,共计应赔偿×××××。

附商检证书连(21)第5号正副本名一份。请迅速处理,候复。
附件:
  商检证书连(21)第5号正副本名一份

中国×进出总公司
××年×月×日

问题:
(1) 此索赔函的标题是由(　　　)和(　　　)组成,属于全称写法。
(2) 此索赔函在索赔要求中提出了索赔的(　　　)、(　　　)、(　　　)等。
(3) 为充分说明对方货物对我方造成的损失,文中随函附了(　　　)和(　　　)加以说明。
(4) 索赔函写作的一般步骤包括(　　　)、(　　　)、(　　　)、(　　　)、(　　　)、(　　　)。

10. 阅读下列文字,然后回答文后问题。

建筑安装工程招标书

为了提高建筑安装工程的建设速度,提高经济效益,经_____(建设主管部门)批准,_____(建设单位)对_____建筑安装工程的全部工程(或单位工程、专业工程)进行招标。

一、招标工程的准备条件
本工程的以下招标条件已经具备:
1. 本工程已列入国家(或部、委,或省、市、自治区)年度计划;
2. 已有经国家批准的设计单位出的施工图和概算;
3. 建设用地已经征用,障碍物全部拆迁;现场施工的水、电、路和通讯条件已经落实;
4. 资金、材料、设备分配计划和协作配套条件均已分别落实,能够保证供应,使拟建工程能在预定的建设工期内连续施工;
5. 已有当地建设主管部门颁发的建筑许可证;
6. 本工程的标底已报建设主管部门和建设银行复核。

二、工程内容、范围、工程量、工期、地质勘察单位和工程设计单位:
_____。

三、工程可供使用的场地、水、电、道路等情况:
_____。

四、工程质量等级、技术要求、对工程材料和投标单位的特殊要求、工程验收标准:
_____。

五、工程供料方式和主要材料价格、工程价款结算办法:
_____。

六、组织投标单位进行工程现场勘察、说明和招标文件交底的时间、地点:

七、报名、投标日期、招标文件发送方式：

报名日期：____年____月____日；

投标期限：____年____月____日起至____年____月____日止。

招标文件发送方式：

_____。

八、开标、评标时间及方式，中标依据和通知：

开标时间：____年____月____日（发出招标文件至开标日期，一般不得超过两个月）。

评标结束时间：____年____月____日（从开标之日起至评标结束，一般不得超过一个月）。

开标、评标方式：建设单位邀请建设主管部门，建设银行和公证处（或工商行政管理部门）参加公开开标，审查证书，采取集体评议方式进行评标，定标工作。

中标依据及通知：本工程评定中标单位的依据是工程质量优良，工期适当，标价合理，社会信誉好，最低标价的投标单位不一定中标。所有投标企业的标价都高于标底时，如属标底计算错误，应按实予以调整；如标底无误，通过评标剔除不合理的部分，确定合理标价和中标企业。评定结束后五日内，招标单位通过邮寄（或专人送达）方式将中标通知书送发给中标单位，并与中标单位在一月（最多不超过两月）内与中标单位签订_____建筑安装工程承包合同。

九、其他：

_____。

本招标方承诺，本招标书一经发出，不得改变原定招标文件内容，否则，将赔偿由此给投标单位造成的损失。投标单位按照招标文件的要求，自费参加投标准备工作和投标，投标书（即标函）应按规定的格式填写，字迹必须清楚，必须加盖单位和代表人的印鉴。投标书必须密封，不得逾期寄达。投标书一经发出，不得以任何理由要求收回或更改。

在招标过程中发生争议，如双方自行协商不成，由负责招标管理工作的部门调解仲裁，对仲裁不服，可诉诸法院。

建设单位（即招标单位）：_____

地址：_____

联系人：_____

电话：_____

____年____月____日

问题：

（1）这篇招标书属何种类型？其标题属（　　）式标题。

（2）前言写明哪些内容？

（3）主体由哪几部分构成？

（4）落款分别包括哪几项？

11. 阅读下列投标书，然后回答问题。

投标申请书

×××公司：

根据贵公司的招标要求和本人的自身条件，我决定参加承包××宾馆经理的投标，并保证遵守招标文件的各项有关规定。

一、我的设想（完成指标）

1. 床位综合利用率：68%

其中，客房利用率：70%

会议室利用率：40%

2. 营业收入（年）：130万元

3. 上缴费用：

(1) 折旧费；(2) 企管费；(3) 工资附加费；(4) 营业外支出；(5) 其他有关费用；(6) 各种税金。

二、承包方案

……

三、我的措施

（一）请智囊团

……

（二）改革分配方案

……

（三）改革用人制度

……

（四）推行目标管理

（五）加强培训，提高人员素质（略）

（六）重视民主管理（略）

特此申请。

投标人：×××
××年×月×日

问题：

这是一封针对某公司招聘承包宾馆经理而撰写的投标书。

(1) 本投标书的标题属(　　　)式标题。

(2) 前言概述了(　　　)。

(3) 主体分别写了哪几大方面？

(4) 落款部分遗漏了哪些内容？

12. 根据自己的实际情况，从公共传媒上找一份招标书，针对招标书，写一份投标申请书。

13. 阅读下文，然后回答问题。

宾馆自 2004 年 10 月至 2005 年 4 月装修停业,故本年度营业时段为 5—12 月份,共计 8 个月。

一、费用预算:本年度费用预计 1 866 793 元,具体情况如下:

(一)客房费用:791 378 元

客房费用预算表

序号	项目	金额	备注
1	水电气费用	128 000	
2	办公费	3 000	
3	洗涤费	35 000	1—6 栏项目变化幅度不大,其数值取其近几年均值。
4	地下室房租	15 000	
5	差旅费	17 000	
6	维修费	25 000	只估计基本维修项目(电梯、空调、供电、燃气及下水管道等)。
7	客房低耗品	55 000	装修后客房数减少 10 间,但所用低耗品成本有所提高。
8	人员工资	513 378	详细情况见工资预算表(略)。
合计		791 378.00	

(二)车队费用:330 415 元

1. 车辆费用:

车辆费用预算表

序号	项目	金额
1	停车过路费	21 000
2	车辆修理费	90 000
3	养路费、保险费	15 000
4	车辆燃油费	80 000
合计		206 000.00

2. 司机工资福利:124 415.00 元

详见司机工资福利预算表(略)。

(三)接待费用:预计本年接待费用 430 000 元

(四)还停业期间办事处借款:共计 315 000 元

二、收入

1. 客房收入

说明：装修后宾馆房间共计27间，其中3间为接待领导用房，预计不对外出售（可售房间为24间比装修前减少14间）。装修后房间价格，按照以前类似标准间价格适当予以适当增加估算（估算价格为实际房价）。套间（2间）580元——相当于装修前商务套间原价。大标准间、两人间、三人间、单人间（共22间）380元——相当于装修前的标准套房的实际住房价。

客房收入情况预计表　　　　　　　　　　　　　　　单位：元

房间类型	数量（间）	估算单价	运营天数	预计年收入100%	预计年收入80%
套　间	2	580	245	284 200	227 360
大标间	2	380	245	186 200	148 960
两人间	10	380	245	931 000	744 800
三人间	2	380	245	186 200	148 960
单人间	8	380	245	744 800	595 840
合　计	24	380	245	2 332 400	1 865 920

2. 餐厅承包费40万元
3. 理发室承包费4万元
4. 商品部承包费6.7万元，年总收入约为237.3万元

三、税金：147 213元

　　　237.3万×5.5% + 50.6万×33% = 130 515元 + 16 698元 = 147 213元

四、利润：35.89万元

问题：

（1）这是一份预算书还是决算书？

（2）请为该文书加上一个合适的标题。

（3）表述上该文书有哪些特点？

（4）宾馆支出和收益拟得比较粗略，你能再说出几个项目支出或收益吗？请试着补充，使这份预决算书更为完善。

14. 东临市江川区副区长周亦群将代表区人民政府在区第五届人民代表大会第一次会议上作区2005年财政决算报告。会议召开的日期是2006年1月20日。请根据以下材料代拟该决算报告。

2005年，我区的财务工作在党的方针政策指引下，坚持"统一领导"、"分级管理"的原则，在管好区财务经费方面做了大量的工作。

年初，我们根据实际情况及各方面收入的预算情况，遵照上级有关规定，做到统筹安排、合理使用、量入为出、留有余地。一年当中，对财务工作中的重大问题和重大开支项目，都经过集体讨论决

定。坚持严格的经费审查、审批制度，保证了我区财务工作正常而有秩序地进行。下面我汇报一下各项经费的收支情况。

一、收入情况

2005年资金的来源主要有：市府增拨的专项资金，我区2004年专项资金结转到2005年继续使用的，2004年能源、交通重点建设基金超收分成，集中使用的企业上缴折旧基金，以及排污费、水资源费、城市维护建设税金等资金。

二、支出情况

2005年，我区经费总共支出×××× 万元。主要用于以下几个方面：

1. 用于基本建设方面×××万元。
2. 用于农林水事业和支援农村生产×××万元。
3. 用于城市维护和环保治理×××万元。
4. 用于科学、文教、卫生等事业费×××万元。
5. 用于行政管理×××元。
6. 用于行政事业单位工资改革和价格补贴×××万元。

以上各项，全年决算总支出为×××× 万元，比预算节约×××万元。

第二编　经济公务文书

第四章　经济行政公文

第一节　经济行政公文的特殊要求

撮要

1. 了解经济行政公文的特性，明确经济行政公文与一般文章的区别。
2. 掌握经济行政公文的格式，树立公文行文的规范意识。
3. 领会经济行政公文的写作要求，为写作合格公文做好准备。

行政机关的公文，是行政机关在行政管理过程中形成的具有法定效力和规范体式的公务文书，是传达贯彻党和国家的方针、政策，发布行政法规和规章，施行行政措施，请示和答复问题，指导、布置和商洽工作，报告情况，交流经验的重要工具。通知、通报、报告、请示、批复、意见和会议纪要等是在经济领域中应用广泛的公文，因而可称之为经济行政公文。

经济行政公文不仅为行政机关所用，也为依法成立的企事业单位、社团组织所用。经济行政公文的收发也由专门的文秘部门（如办公厅、秘书处、办公室等）负责办理。经济行政公文与一般文章有很大的区别，下面分别从文种特性、特殊格式、语言风格和写作要求四方面阐述经济行政公文的特殊要求。

一、经济行政公文的特性

（一）鲜明的政治性

经济行政公文是国家进行经济建设和管理的一种重要工具。在我国，经济行政公文具有传达党和国家有关经济工作的方针政策、处理单位公务的重要职能，它的内容与党和国家的政治、政策密切相关。各级政府和各有关单位通过公文执行、贯彻党和国家的方针、政策,维护和体现国家和人民的利益。显然,经济行政公文具有鲜明的政治色彩。

(二)高度的权威性

经济行政公文的制作者和一般文章的作者身份有所不同,必须是依法成立的机构组织及其代表人,非法定的组织或个人均不能制作印发公文。因此,经济行政公文具有高度的权威性和行政约束力。有关政策、法规一经制定并发布,受文单位及相关人员都必须严格遵守,做到有令必行,有禁即止,不得违反。

(三)严格的程式性

经济行政公文有统一的格式和行文规则等。每种公文只适用于一定的范围,表达一定的内容,使用一定的格式,不能任意混用。如经济行政公文的格式(下文将详细述及),每一部分的写法都有一定的要求,任何单位、任何个人在撰写时都必须严格遵守。另外,它还有严格的使用范围和特定的处理程序。

(四)明显的时效性

任何一份经济行政公文都具有一定的时效,一般公文都以"成文日期"为生效时间,也有的则另注明生效、实施日期。公文的时效有长有短,短则数周、数月,如一些请示、批复、会议通知等;长则一年、数年,如一些法规性的文件。显见的时效,有利于相关单位或人员在有效期内执行、遵守或办理、解决有关事项,以达到行文的目的。

二、经济行政公文的特殊格式

经济行政公文的格式,是指经济行政公文的各组成部分在文面上所占的位置、相互关系及排列的规定。经济行政公文的格式,包括结构格式和外观形式两部分。

结构格式指的是经济行政公文的各个组成部分。一般由秘密等级和保密期限、紧急程度、发文机关标识、发文字号、上行签发人、标题、主送机关、正文、附件说明、成文日期、印章、附注、附件、主题词、抄送报机关、印发机关和时间等部分组成。下面分文头、主体、文尾三大部分,对经济行政公文各组成要素作一简介。

(一)文头部分

文头又叫眉首,由文件名称、发文字号、秘密等级、紧急程度、文件份数号码等内容构成。

1. 文件名称

经济行政公文的首页上方一般都印有发文机关的名称,它是公文制发机关单位的标识。发文机关名称应当写全称或规范化的简称。联合行文,主办机关应排列在前。发文机关名称通常用大号红字,下行文的发文机关名称后常加"文件"两字,如"××公司文件"。

2. 发文字号

即发文单位的代号和文件的登记编号,又称发文号。发文字号由"机关代字"、

"年份"、"序号"三部分组成。机关代字是发文机关的代称,年份是发文的年度,序号是发文的顺序号,如"沪府办发[2007]1号",其中"沪府办"即"上海市人民政府办公厅"的代称。发文字号置于公文名称之下正中位置。

3. 秘密等级

对于保密性强的经济行政公文应当在首页右上角标明秘密等级。秘密等级分为三等：绝密、机密和秘密。绝密性的公文,是指具有国家核心秘密内容的文件,如泄密,将会严重损害国家的安全和利益。机密性的公文,是指具有国家重要秘密内容的文件,如泄密,将会使国家的安全和利益受到较大的损害。秘密性的公文,是指具有国家一般性秘密内容的文件,如泄密,会使国家的安全和利益受到一定程度的损害。绝密、机密公文的制发,还应当标明份数和序号。

4. 紧急程度

对一些急须处理的经济行政公文,应当在首页的右下角(秘密等级之下)标明紧急程度。紧急程度分"特急"和"急件"两种。其中,电报应当分别标明"特急"、"加急"、"急件"、"平急",有的则在公文的标题中加以表示,如"××市关于严禁××××的紧急通知"。

5. 文件份号

这是指同一文稿印制出来的若干份正本,一份一份地编排出来的顺序号码,也叫"编号"。如果一个文件印发1 000份,份号就是从1号到1 000号。其目的是便于发文和查对。份号位为文头的左上角,一般的写法是："编号: 00028"或"No: 00028"。

6. 上行签发人

上行签发人是指在核准公文文稿后同意发文的机关单位负责人的签名。上行文应当注明签发人姓名,签发人姓名印在发文字号的同行右端。

(二) 主体部分

主体部分是公文的核心部分,由公文的标题、主送机关、正文、附件、发文机关、印章、发文日期、发文范围等内容构成。

1. 标题

公文的标题一般由发文机关、发文事由及文种三部分组成,如《国务院办公厅关于印发全国打击传销专项行动方案的通知》(国办发[2006]60号)。其中,"国务院办公厅"是发文机关,"关于印发全国打击传销专项行动方案"是发文的事由,"通知"是文种。发文事由一般由介词"关于"引出,并应当准确、简要地概括公文的内容。标题中除法规、规章名称加书名号以及并列的几个机关名称之间可加顿号外,一般不用标点符号。

2. 主送机关

主送机关是指公文的主要受理机关,应当使用全称或者规范的简称、统称。又称受文机关,也称文件的"抬头"、"上款"。上行文和非普发性的下行文一般只写一个主送机关。而普发性的下行文,如通知、通报等则可写若干个主送单位。主送机关的名称通常置于标题之下正文之上,顶格写。

3. 正文

正文是经济行政公文的主要部分,它叙述文件的内容,表达发文机关的意图。一般由三部分组成:一是发文缘由,即因何而发,或者是强调目的,或者是引用依据,或者是说明原委,或者是概述情况等;二是发文的事项,即这份公文主要解决什么问题,或是提出请求,或是提出建议,或是交代布置任务,或是直陈意见、要求,或是商洽有关事情等;三是结尾部分,不同的文种有不同的结束用语,如请示常用"当否,请批示"、"妥否,请批准"等,通知常用"特此通知"、"请遵照执行"等,也有的公文直接在正文最后一段收结,不另写结束用语。

4. 附件

附件是随主文一起附送的文件材料,是整个公文的重要组成部分。附件有两种:一种是用于补充说明或证实正文的文件材料,包括一些图表、凭据及有关资料;另一种是随通知等发布、批转或转发、印发的文件材料。公文如有附件,应当在正文之下(间隔一行,空两格)、成文日期之上标明附件的顺序和名称,或在正文相关处用括号注明"见附件"等字样。如正文标题中已标明所批转、转发、印发、发布的文件的,则在正文之下不加附件说明,文中也不用标注"见附件"等字样。

5. 发文机关

发文机关也称"落款"、"下款",其名称位置在正文的右下方,日期上方。发文机关落款时当写全称或规范简称。以领导人名义行文的落款要注明其职务和姓名。有些下行文件可不写发文机关名称,而盖以发文机关的公章取代。

6. 发文日期

发文日期是经济行政文件的生效日期。发文日期以领导人签发日期为准;会议通过的决定、决议等以会议通过日期为准;法规性文件则以文件批准日期为准;联合行文的,以最后签发机关领导人的签发日期为准。成文日期位于发文机关名称之下,并应用汉字书写,如"二〇〇七年五月九日",不能写成"2007年5月9日",也不能简写成"〇七·五·九"。

7. 印章

经济行政公文上的印章是经济行政公文生效的一种标志。公文上的印章有两种:一种是发文机关的印章,亦称公章;另一种是机关单位负责人的印章,亦称签名章。公文中除会议纪要和以电报发出的文件以外,都须加盖印章。用印应当端正、清晰,要做到骑年压月,上大下小。

8. 发文范围

一般用来确定文件的发送范围和阅读对象,如"此件发至县团级"、"此件可登报"等。位置一般在文件末成文日期之下,主题词之上,加括号注明。

(三) 文尾部分

文尾部分是文件附加部分,对文件印发情况加以说明,包括主题词、抄送机关、印发机关、印发日期、印发份数等项的内容;函件只包括主题词、抄报送机关、份数等项;会议纪要要用"分送",以示不分机关大小和职务高低。

1. 主题词

经济行政公文的主题词是指从文件中抽象出来,能够概括文件基本内容并经过规范化处理的名词或名词性的词组。公文的主题词是为适应办公室自动化的需要及方便文件检索归类的需要而设立的。主题词置于公文末页抄送栏之上,词目之间应当有一个字的空格。上报的经济行政公文应当按规定的主题词表标注主题词。一件公文所标注的主题词一般为三至五个,最多不超过七个。主题词的标引顺序为先标类别词,再标类属词,最后标上该份公文的文种词。如《上海市人民政府办公厅关于调整上海市公积金管理委员会组成人员的通知》,其主题词为"机构 任免 通知"。其中"机构"为类别词;"任免"为类属词;"通知"是文种词。类属词可有若干个,范围由大到小。

2. 抄送机关

抄送机关是指除主送机关以外须执行的或知晓公文的其他机关,应使用全称或规范的简称、统称,如向下级机关的重要行文,应同时抄送给主管上级。抄送机关一般只了解公文的内容而不负责答复和办理。抄送机关名称置于主题词栏之下。

3. 印发机关和印发日期

印发机关是指负责印发文件的机关,一般是发文机关的办公部门,例如,市政府的文件印发机关是市政府办公室。印发日期指办公部门接稿后送往印刷的时间。印发机关栏置于抄送栏下,左端署公文印发机关的全称,右端署印发日期。如"二〇〇七年三月十八日印发"。翻印文件在印发机关栏下署名翻印机关名称和翻印日期,用横线与原印发机关及日期栏隔开。

4. 印刷份数

印刷份数是指该份文件的总印数,置于印发机关及日期栏横线右下一行。如,"共印××份"。翻印文件份数置于翻印机关日期栏横线右下一行。函件、会议纪要的共印份数放抄送、分送栏右下一行,不用横线隔开。

公文的外观形式,包括公文的纸张尺寸、规格、书写形式和公文各组成部分的排列顺序、区域划分、字体字号等。各机关单位都应按照国家统一标准制发公文,不得任意改变。

(1) 公文用纸一般用 16 开型,长 260 mm、宽 184 mm、左侧装订。也可使用长 297 mm、宽 210 mm 的国际标准 A4 型纸张。

（2）公文的文头、正文和文尾三大部分，每一部分的项目内容和区域位置，都必须按规定的标准安排。机关正式文件用固定的套红版头，标明机关的全称或通用简称，后面加上"文件"二字，并用间隙红线（有的在红线中间加五角星）将文头与正文部分隔开。

（3）文字从左至右横写、横排。少数民族文字按其习惯书写、排版。公文印刷时，各部分项目选用固定的不同型号的字体印刷。公文标题使用二号宋体，小标题使用三号宋体。正文一般用三号或四号仿宋体字。

三、经济行政公文的语言风格

经济行政公文有其语言材料和表述方法的特殊要求，形成了独特的语言风格。

经济行政公文的表达方式以记叙为基础、议论为手段、说明为目的，三者综合运用。其语言要求周密规范，简明扼要，符合逻辑，能准确地表达公文的政策性和思想性，更好地传达政策法令和办理公文。

（一）庄重得体的语言要求

经济行政公文写作要以规范的书面语言为基础，一般不用口语、方言、俗语俚词。语词的概念要清楚，概括性要强，词义准确，理解划一。经济行政公文一般不用描绘性、比喻性语词，不追求辞藻华丽、声调节律。同时，要十分注意准确使用标点符号。

（二）约定俗成的习惯用语

由于经济行政公文的写作必须开门见山，鲜明突出，所以在用语上形成了若干固定的习惯用语。如公文标题的事由部分一般都用介词"关于"和表达中心内容的动宾短语或偏正短语组成介词结构作公文文种名称的定语。又如，在不少文件的开头常用"根据"、"为了"、"鉴于"、"现将"等习惯用语。经济行政公文中适当运用专用语词，可以使公文显得严谨平实。如敬语：请、承蒙、谨遵；雅语：妥否、欣悉、业经；强调语：须即、应当、要、务必，等等。

（三）体现特色的专业术语

经济行政公文涉及的面很广，如财政、金融、保险、税务、外贸等领域，这些领域各有其专用术语。比如资金、净资产、利润、负债、损益、信托、抵押、索赔、免税、预算、投资、费用等。只有熟悉、掌握本系统范围内的专业用语，才能更好地反映本行业情况，写好经济行政公文。

（四）言简意赅的文言词语

经济行政公文为实用而写，讲求时效，注重语言的简洁、典雅，这在客观上使它保留了某些文言词语。如"业经、兹将、顷奉、谨悉、惠鉴、接洽、定夺、稽迟、函达、此复、尚希、恕不、查照、洽商"等词语。经济行政公文中适当使用一些文言词语，可以起到白话文不能起到的语言效果。

四、经济行政公文的写作要求

根据国务院 2000 年 8 月 24 日发布、2001 年 1 月 1 日施行的《国家行政机关公文处理办法》第五章第二十五条规定,草拟经济行政公文应当做到如下事项:

1. 符合国家的法律、法规和方针、政策及有关规定。如提出新的政策规定,要切实可行,并加以说明。

2. 情况属实,观点明确,表达准确,结构严谨,条理清楚,直述缘由,字词规范,标点准确,篇幅力求简短。

3. 人名、地名、数字、引文准确。引用公文应当先引标题,后引发文字号。日期应当写具体的年、月、日。

4. 结构层次序数,第一层为"一",第二层为"(一)",第三层为"1",第四层为"(1)"。

5. 必须使用国家法定的计量单位。

6. 用词用字准确、规范。文内使用非规范化的简称,应当先用全称并注明简称。使用国际组织外文名称或其缩写形式,应当在第一次出现时注明准确的中文译名。

7. 公文中的数字,除成文时间、部分结构层次序数和词、词组、惯用语、缩略语、具有修辞色彩语句中作为词素的数字必须使用汉字外,其余均应使用阿拉伯数字。

第二节 通 知 与 通 报

 撮要

1. 通知是各类公文中使用频率最高的公文文种,适用范围宽,涉及内容广,类型较多。

2. 通知是时间性最强的公文,告知的事项或要求办理的事情,一定要用语准确,绝不可模糊。

3. 通报兼用叙述、说明、议论等,措辞要注意分寸,充分估计可能产生的"副作用"。

一、通知与通报扫描

(一)通知

通知是机关单位向特定的受文对象告知有关事项的晓谕性公文。它适用于批转下级机关的公文,转发上级机关和不相隶属机关的公文,传达要求下级机关办理和有关单位应周知或者执行的事项,任免人员。

通知是各级党政机关、人民团体、企事业单位在经济活动中使用极为频繁的公文。其主要特点：一是适用范围广泛。它不受发文机关级别高低的限制，且事项无论大小，均可用通知行文；二是晓谕功用明显。通知有所告晓，有所要求，即包括"晓"和"谕"两重功用；三是时效要求突出。在所有的公文中，通知的时间性最强，告知事项或要求办理的事情，往往有很强的时间要求，一般都要求立即办理、执行或知晓；四是种类繁多（详见下文）；五是使用频率很高。由于通知的适用范围宽，涉及内容广，种类又多，因而它是目前各类公文中使用频率最高的公文文种，一般要占各级机关收发文总量的一半以上。

根据通知的内容与作用，大致可分为以下几种类型：

1. 指示性通知。它主要用于上级机关根据工作需要和本机关的权限范围，传达要求下级机关办理或与有关单位共同执行的事项。有关行政法规和规章、办法、措施，不宜用命令（令）发布的，也可使用这种通知行文。如《中共中央办公厅、国务院办公厅关于严禁在公务活动中接受和赠送礼金、有价证券的通知》。

2. 批示性通知。用于发布某些行政法规、转发上级、同级或不相隶属机关的公文，以及批转下级机关的公文。这类通知包括批转性和转发性两种。批转性通知，适用于上级机关对下级部门的文件加批语下发，批转性通知须在标题中加"批转"两字；转发性通知是"转发"非下级机关的有关文件的通知，亦须在标题中注明"转发"字样。前者如《国务院批转〈人民银行关于调整银行存款贷款利率报告〉的通知》，后者如《上海市人民政府转发〈国务院关于在全国进行消费基金检查的通知〉的通知》。

3. 发布性通知。这是用于发布或印发法规、规章或其他规范性文件的一种通知。如果是发布重要的法规或规章，发文事由用"颁布"或"发布"；如果是发布一般性的规章，则可用"印发"。被发布的法规、规章应当用书名号括上。例如《国务院关于发布〈工商企业登记管理条例〉的通知》。

4. 周知性通知。即用于告知某一事项或某些信息的通知，诸如庆祝某节日，成立、调整、合并、撤销某个机构，启用新印章，更改电话，更正文件差错等，都可用这种通知行文。如《××公司关于年终财产清查的通知》、《国务院关于成立物价小组的通知》。

5. 会议通知。当召开比较重大的会议而不宜用电话或其他形式通知时，可用"会议通知"。这类通知，在行文时不仅要明确会议名称、会议内容、开会的时间、地点、参加会议的范围，而且要把会议的目的、要求、会议安排等各项工作交代清楚。如《上海市教育委员会关于召开普通高校毕业生就业工作会议的通知》。

6. 任免与聘用通知。即告知有关单位或个人有关人事任免事项的通知。此类通知只需写明何机构（会议、领导人）决定，任命（聘任）何人担任何职务或免去何人何职务即可，不必说明原因。如《上海市人民政府关于吉××同志免职的通知》。

（二）通报

通报是经济工作中广泛使用的下行公文，它适用于表彰先进，批评错误，传达重要精神和情况。通报的特点有三：一是真实性。真实是通报的生命。通报的任何情况、事实都必须真实，不能有差错，更不能编造假情况。对正反方面的事实要认真核实，做到准确无误，没有水分。二是晓谕性。表彰先进的通报，行文目的是告晓有关单位或人员受表彰的情况；批评性通报的目的则是让人们知道错误，吸取教训；交流情况的通报，是让人们了解通报的事项。三是典型性。通报的事情，无论是正面的还是反面的，或是一般的，都要求有一定的典型意义，能产生较大的影响。通报可以起到弘扬正气，总结经验，吸取教训，推动工作的积极作用。根据通报的作用和适用范围，可将通报分为以下三类：

1. 表彰通报。用来表彰先进的个人和单位，宣传先进事迹，总结成功经验，树立典型及学习榜样，做好本职工作。正文一般由通报事由、总结出来的经验以及表彰决定等部分组成。

2. 批评通报。用来批评错误，通报事故或反面典型，归纳教训，以此教育广大干群，引以为戒，改进工作，加强管理，防止类似的事件再度发生。此类通报事项的具体叙述较略，内容以议论为主，突出结论和对受文者的要求。

3. 情况通报。主要用来在一定的范围内，就当前政治、经济、社会治安等方面的重要情况或动态，及时传达，沟通消息、互通情报，提请所属单位或有关部门关注重视，使之更好地开展工作。情况通报的目的主要是传递情况，掌握动态。

通报和通知的共同点是两者都具告知性。但两者也有许多不同之处，为了正确使用这两种公文，要清楚两者的区别。一是行文目的不同。通知是要告知受文单位什么事，做什么，怎样做，何时去做，做到什么程度等等；而通报的重点是要告知受文单位是什么事，上级对这件事是什么态度以及怎样评价的。从行文目的来看，前者对受文单位的要求重在执行，而后者重在教育。二是涉及的内容不同。通知所涉及的内容通常为两部分：做什么事，怎样做，受文单位能理解，能认真执行通知的要求就可以了。而通报在涉及告知事项的同时，还要分析其实质、产生的原因及其意义（或危害），但一般不提出非常具体的工作要求和实施意见。三是表达方式不同。通知的表达方式主要是叙述，而通报兼用叙述、说明、议论等，有一定的感情色彩。

二、通知与通报写作指要

（一）通知

1. 规范选用通知种类

通知使用范围广泛，种类较多，功能不同，使用时不可混淆。如使用转发、批转类通知,可以让一些具有指导性、规范性的公文发布生效,也可以借此扩大公文的影响力,使其在更大范围内发生效用。但要注意,批转类通知所批转的文件只能是下级机关来文,与转发类通知有严格分工,不可混用。又如发布性的通知不能等同于批转或转发性的通知。即使在发布性的通知中,也有发布与印发两种形式。再如对不相隶属的机关只能发知晓性的通知,而不可以提出带有"指示"性的要求。

2. 通知内容要有针对性

通知的写作无论是发布规章,还是传达上级的指示,或是阐释方针政策、部署工作等,都是为了回答和解决一些工作、生产中的实际问题。因此,撰写通知必须从实际出发,使内容具有针对性。首先,要针对特定的受文对象制发通知,要切实解决受文对象需要解决的实际问题,提要求要符合受文对象的实际。其次,要针对客观存在的问题和实际情况下发通知,反映的情况既符合实际,又带有普遍性,提出的意见要实事求是,解释与回答要合法、合理又合情。

3. 通知事项要明确具体

通知的事项,除周知性通知只须受文者了解外,通常都须接受单位和有关人员认真办理。为了便于受文者迅速准确领会其精神,按照要求办理好通知的事项,通知事项的阐述不得有半点含糊。在写作形式上,事项较多的,宜采用分条列项的写法,并注意条款排列的内在逻辑,力求有条有理而又表述周全。

4. 行文措辞要准确得体

通知的种类繁多,写法各异,对语言的要求也不相同。如政策法规性通知,措词要严密;指示工作的通知,用语要明确;知照事项的通知,文字要简练。批转转发的通知,其语言的表述与措辞更要注意因文而异。如上级机关批转下级机关的公文,使用"批准"或"同意"等词表明其肯定的态度,如果下级机关转发上级机关文件,则既不能表态,也不能评价。执行要求用语也同文而异。发布规章,转发上级公文,印发本单位的工作计划、规章制度等,其结尾用语通常用"遵照执行"、"贯彻执行"、"照此办理"等,语气坚决、肯定,显示出法规政策和上级机关的权威性。批转下级公文,如果批转的文件是政府职能部门请求批转的所辖区域内部门、单位贯彻执行的有关事项的文件,其结尾要求用语也多用"贯彻执行"之类的肯定性词语,表态坚决。如果被批转的文件是向上级上报的经验、情况调查等,其执行要求用语,则一般写"参照执行"、"研究试行"等不完全肯定的用语。

(二) 通报

1. 通报所反映的情况必须是真实的。通报中所涉及的事例,必须是客观存在的,绝对可靠的,不允许捏造和虚构。同时,情况的反映要准确,不能夸大或缩小,要实事求是。通报在结尾提出的希望和号召,也必须切合实际,有一定的针对性,使读者能够接受或受到启示。

2. 要选准、选好典型事例。不能事无巨细都发通报，要选择对工作有普遍指导意义的事项来发通报。先进的典型要能反映事物的本质特征，能揭示时代的本质，体现时代的精神。反面的典型，应有一定的代表性，能体现鉴戒的作用。所以，只有选准、选好典型，通报才有普遍意义，才能起到激励教育、推动工作或批评警戒的作用。

3. 要注重通报的时效性。制发通报要抓住时机，及时将先进典型和经验向社会宣传推广，对反面典型予以揭露，对某些重大事项和重要情况要及时反映。否则，时过境迁，就会减弱教育意义，失去行文的价值。

4. 通报的措辞应注意把握分寸。要充分估计通报可能产生的"副作用"，尤其是写批评性通报时，自始至终要牢牢把握"惩前毖后，治病救人"的原则，提希望、指方向时，也应切合实际。

三、通知与通报的结构和写法

（一）通知

通知一般由标题、主送单位、正文、署名和日期几部分组成。以下重点介绍标题和各类通知正文的一般写法。

1. 标题。

通知的标题有完全式和省略式两种，完全式是"发文机关＋事由＋文种"三者齐全的标题。省略式则是根据需要省去除文种之外其中的一项或两项。省略式标题有如下三种情况：

（1）省略发文单位。如果标题太长，可省略发文机关。如《转发教育部等部门关于进一步深化高等学校毕业生就业制度改革有关问题意见的通知》，这个标题便省略了发文单位"国务院办公厅"。省略发文机关的通知标题很常见，但文尾部分应署上发文机关的全称或规范简称。如果是两个单位以上联合发文，则发文机关不能省略。

（2）省略多余的"关于"和"通知"字眼。发布性和批转性通知的标题由"发文机关＋发布（批转、转发）＋被发布文件标题＋通知"构成。如被发布、批转、转发公文为法规、规章时，一般应加上书名号。有时由于被批转、转发公文标题中已有"关于"和"通知"字眼，或者被批转、转发的公文标题比较长，这时，通知的标题一般可保留末次发布（批转、转发）文件机关和始发文件机关，省略多余的"关于"和"……通知"字眼。否则，就会出现一个标题中有多个"关于"和"……的通知的通知"的现象，标题显得很长，读起来也拗口。如：××县人民政府关于转发《××市人民政府关于转发〈××省人民政府关于转发人事部关于×××同志恢复名誉后享受××级待遇的通知〉的通知》。这个标题有四个层次，用了三个"关于转发"，两个"的通知"，很不顺口。可把这个标题简化为"××县人民政府转发人事部关于×××同志恢复名誉后享受××级待遇的通知"。至于被省、地区等转发过的内容,可在转发意见中交代清楚。

(3) 省略发文机关和事由。如果通知发文范围很小,内容简单,甚至张贴都可以,这样的通知标题便可以省略发文机关和事由,只写文种"通知"二字。

2. 正文。

通知的正文主要包括缘由、事项、要求三部分。主体在事项部分。下面分别介绍几种通知正文的写法。

(1) 指示性通知的写法。指示性通知的正文,一般文字较多,需要从实际出发,力求高视点,有预见性、针对性。先写发文的缘由、背景、依据,在事项部分,或写发布行政法规、规章制度、办法、措施等,或写带有强制性、指挥性、决策性的原则(或指示性意见)、具体工作要求、措施(常用条文式写法)等。内容要具体明确,措词不能含糊、模棱两可,否则下级无法贯彻执行。结尾常用"特此通知"、"请遵照执行"、"上述各条,望认真贯彻执行"等习惯用语。

指示性通知的事项,一般具有影响面较大、比较紧急和有较强政策性的特点。

(2) 批示性通知的写法。批转与转发性通知正文写法大体相同。可以把这两种通知称为"批语",把被批转、转发的文件看做是通知的主体内容。批语的内容主要有如下三个方面:① 说明批转的目的或陈述转发的理由;② 对受文单位提出贯彻执行的具体要求;③ 根据具体情况作出补充性的规定。

批转、转发性通知正文应准确写明被批转或转发公文的全称(加书名号)和文号(加括号),根据不同情况用"现转发给你们,请遵照办理"、"希研究执行"、"请认真贯彻执行"、"望参照执行"或"供参阅"等词语。有些批转、转发性通知在此之后还可根据本地、本单位的具体情况,说明下发的目的,提出进一步的要求或贯彻文件精神的具体方法、步骤、措施等。

(3) 发布性通知的写法。发布性通知的正文很简短,写明被发布公文的全称(加书名号)和什么时间由什么机关或会议通过,提出执行要求。必要时可强调该法规的重要性,提出认真贯彻执行的要求,请受文单位予以重视。文字要简短、不必长篇大论。

(4) 周知性通知的写法。周知性通知的正文应写明告知事项、背景或依据,写明事项的内容,提出要求。表达应准确,通知中涉及的时间、地点、单位名称、人名和活动内容清楚无误。

(5) 会议通知的写法。会议通知的正文主要写清楚会议名称、主持单位、会议内容、起止时间、会议地点、参加人员、报到地点、携带材料以及其他有关事宜,通常采用条文式写法。为了安排会务工作,有的会议通知还附有"回执",要求与会单位或个人提前报告参加会议人员的名单(包括姓名、职务、性别等)、乘坐的交通工具、到达时间及是否要预订回程票等情况。写好会议通知的正文关键是仔细、周全,不产生歧义。

(二) 通报

通报一般由标题、受文机关、正文、落款等四部分组成。

1. 标题。

通报的标题通常由发文机关、事由和文种三个要素构成,有时可省略发文机关。通报标题的关键在于概括好事由,要力求做到文字简洁而意思明确。通报的签署和时间可以放在标题下方,这样则不再落款。

2. 受文机关。

通报一般带有普发性,因此,受文的下级机关往往很多,要注意排列的顺序。用于张贴或登报的通报,可以不写受文机关。

3. 正文。

(1) 表彰性通报的正文一般写三部分内容:第一部分概述发通报的背景、原因、目的或依据,需具体地把先进事迹(包括时间、地点、人物、事迹、怎么做及结果)叙述清楚;第二部分对先进集体或先进个人的主要事迹进行分析、评议,并作出具体的表彰、奖励的决定;第三部分对各单位提出希望和要求,或者发出学习的号召等。如果是转发式的表彰通报,正文部分应先对下级机关所发的材料进行评价,加上批语,再发出号召或提出要求。以上三部分内容可以分段写,也可以"篇段合一"全部内容用一个自然段一气呵成。

(2) 批评性通报正文一般由四部分组成:第一部分写错误事实。对错误事实,应真实、准确、简要、重点突出,要言不烦。第二部分写对错误事实的评议。对错误事实要进行分析、评议,指出其性质的严重性和后果的危害性,使被批评者口服心服。第三部分写处理决定。对犯错误的单位或个人要作出恰当的处分。如果处分决定不是一项的,可以分条开列。第四部分写警戒要求。对各受文机关、单位和干部群众提出引以为戒的要求。

(3) 情况通报是基于对情况掌握得确实、全面和充分。它的正文包括两个部分:第一部分主要是通报情况。如果是通报工作情况的,应该首先肯定已经取得的成绩,表扬成绩突出的单位,说明取得成绩的原因,使受文单位受到鼓舞和促进。如果是通报错误情况的,应指出工作中存在的问题和不足,批评一些问题严重的单位,说明产生问题的原因,以引起受文单位的重视,促使这些单位努力去解决问题。如果是通报突发事件、事故的,应该首先把事件、事故发生的时间、地点、当事人、事情经过和造成的严重后果交代清楚。其次要分析事件、事故发生的原因和造成的影响,使受文单位清楚了解情况。第二部分主要是提出要求。针对工作中存在的问题和不足,或者突发事件、事故的原因,对受文各单位提出改进工作的要求或应注意的事项。要求不止一点的,可以分条开列,以便于执行。

4. 署名和日期。主要是发文机关、印章和成文日期。

四、实用示例

☞【例文一】

**国务院关于严格控制财政支出和
社会集团购买力过快增长的通知（摘要）**

国发[××××]××号

各省、自治区、直辖市人民政府，国务院各部委、各直属机构：

目前，国家财政支出增长较快，行政事业费支出增势很猛，社会集团消费呈现明显的膨胀势头，特别是八种专控商品的支出增幅更大，其中小轿车和无线通讯设备等商品的支出成倍增长。与此同时，部分地方财政已出现不能正常发放工资的情况，支援农业生产和新产品试制费等重点项目的支出低于预算要求的增长幅度，有的还比去年同期下降。出现这种情况，除了政策性的增支因素外，主要是一些地区和部门放松了财经管理，预算约束软化，财经纪律松弛。财政支出，特别是社会集团消费的过快增长，不仅会导致国家财政赤字扩大，而且不利于发扬勤俭节约的优良传统，不利于国家集中资金保证重点建设的需要。为严格控制财政支出和社会集团购买力过快增长，保证今年国家预算任务的完成，特作如下通知：

一、严格预算管理，地方财政不准打赤字

凡今年预算已安排了赤字或留有支出缺口的地区，要按照《国家预算管理条例》的要求，调整预算，确保收支平衡。

二、严格控制社会集团购买力的过快增长

要严格控购指标的管理，设备购置要严格执行国家下达的控购指标，不得突破。凡超过指标的，除相应扣减下年度指标外，还要追究直接责任者和有关领导人的责任。逃避控购的企业和单位，要按照国家规定认真清查，严肃处理。

三、严格控制会议费支出

各地区、各部门的会议经费要在预算基础上压缩20%，各级财政都要按调整后的会议费预算办理拨款。

四、严格控制出国活动

要严格出国团组的审批工作；力戒重复考察，并尽量缩小出国团组的规模。

五、严格控制各种招商办展活动

从现在起，境内招商办展活动要由省政府统一管理。无论境内境外招商办展，都必须注重实效，贯彻勤俭节约的原则，力戒过多过滥。

六、控制消费基金的过快增长,禁止滥发补贴、实物和代币购物券

控制财政支出和社会集团消费,是一件难度很大的工作,各级人民政府必须切实加强领导,认真做好组织、宣传和动员工作。各级财政、审计部门要恪尽职守,加强监督检查,把工作做深做细。各新闻单位要配合有关部门,宣传本通知精神,在全社会提倡勤俭节约的作风。对严重违反通知要求的主要领导人和责任者,要在调查核实后严肃处理并予以公布。

国务院
××年×月×日

【简析】这是一篇指示性通知,主旨是国务院决定严格控制财政支出和社会集团购买力过快增长。全文结构完整,三大部分条理清楚。开头一段交代发通知的缘由、目的;主体部分是有关控制财政支出和社会集团购买力过快增长的六条具体规定;末段是对收文单位的要求。全文语言表达庄重严密,行文语气肯定,多处用全称肯定判断句或带有禁止语气的祈使句,强调了规定的事项,体现了指示性通知的严肃性。在表达方式上,采用了正反对照手法,以强调解决问题的必要。如开头一段,一方面说明财政支出增长过快,"其中小轿车和无线电通讯设备等商品的支出成倍增长";另一方面讲"与此同时,部分地方财政已出现不能正常发放工资的情况",对照鲜明,发人深省,有很强的说服力。

☞【例文二】

××市财政局转发××省财政厅
关于修订《××省国家机关、企业、事业单位
工作人员差旅费开支规定》的通知

各县、区人民政府,市各委、办、局,市各直属单位:

现将××省财政厅关于修订《××省国家机关、企业、事业单位工作人员差旅费开支规定》的通知转发给你们,并作如下补充,请一并遵照执行。

一、在县境内出差,不足1天的,可按餐计发补助费,补助标准:中、晚餐××元,早餐××元。

二、工作人员在毗邻乡(镇)之间出差,当天返回的不发出差伙食补助费,因路远或工作需要必须在外就餐的,可实行误餐补助的办法,补助标准:中、晚餐各××元,早餐不补。

××市财政局(公章)
××年×月×日

【简析】上述通知正文首先说明转发的文件,其次写补充的具体要求。全文条理

清楚,要求具体,语言简洁,格式规范,可操作性强。这份通知实际上以转发性通知为主,同时含有指示性通知的内容。这种写法在经济工作中常用,值得借鉴。

☞【例文三】

关于召开商业体制改革座谈会的通知

各县商业局、局直属各公司:

  为交流和总结商业体制改革和扭亏增盈的情况及经验,市局决定近期召开商业体制改革座谈会,现将有关事项通知如下:

  一、会议内容:① 交流今年以来落实企业自主权、经理任期目标责任制、分等划细健全内部承包责任制以及小型企业租赁等方面的做法、经验和效果;② 交流今年以来"双增双节"、扭亏增盈的做法、经验和效果。

  二、参加会议人员:各县商业局及局直属各公司主管体制改革工作的局长、经理和办公室负责人各1人。

  三、会议时间:六月三日至四日两天,六月二日到市局招待所报到。

  四、会议地点:局第8会议室。

  请各单位准备好会议材料,按时出席。

××市商业局(公章)
××年×月×日

【简析】会议通知有繁简之分。在本单位、本地召开的时间较短的会议,有的用电话、广播或口头通知即可,如要显昼庄重正规,则应以书面通知的形式行文。对于一些会期较长、规模较大、内容比较重要的会议,如工作会议、代表会议、学术会议,写作内容则应周全而具体,一般内容应包括会议的名称、目的、主要议题、会议的起止时间、报到时间、地点、与会对象及人数、应携带之物(资料、证件及其他)、交通路线等。该例文包括了会议通知应包括的一般内容,条理清楚,事项明确。

☞【例文四】

山东省人民政府关于表彰全省矿业秩序
治理整顿工作先进单位的通报

各市人民政府,各县(市、区)人民政府,省政府各部门、各直属机构,各大企业,各高等院校:

  近年来,各级政府认真贯彻实施《矿产资源法》等国土资源法律法规,按照国务院和省政府的部署和要求,依法整顿矿业秩序,取得了显著成绩。到2000年底,全省17个市矿业秩序达到了国家和省规定的根本好转的8条标准,顺利通过了省政府和国土资源部的检查验收。通过治理整顿矿业秩序,广大干部群众的国土资源法制观念和矿产资源国家所有观念大大增强,促进了社会稳定和矿业经济的持续健康发展。为表彰先进,进一步推动工作,省政府决定,对在实现矿业秩序根本好转工作中作出突出贡献的济南等10个市人民政府和章丘等17个县(市、区)人民政府予以通报表彰。

希望受到表彰的市、县(市、区)人民政府珍惜荣誉,再接再厉,进一步维护和巩固好矿业秩序治理整顿成果。各级人民政府要深入贯彻实施《矿产资源法》等国土资源法律法规,坚持"在保护中开发,在开发中保护"的总原则,依法严格管理矿产等国土资源,促进其合理开发与有效保护,提高国土资源综合利用水平,为我省经济、社会的持续健康发展作出更大贡献。

附件:全省矿业秩序治理整顿工作先进单位名单(略)

山东省人民政府
二○○一年二月八日

【简析】这是一份内容较完整的表彰通报。正文先概括叙述发文的背景、成绩以及所产生的意义,此为发文的原因,目的句之后,写受表彰通报对象和嘉奖的形式,最后对受表彰单位提出希望,对各级政府提出要求。先进单位名单用附件的形式表现,不但可以节约篇幅,还可以使单位名单更集中、醒目,值得借鉴。

☞【例文五】

关于广东省梅州市兴宁市大兴煤矿"8·7"透水事故的通报

安监总办字[2005]88号

各省、自治区、直辖市及新疆生产建设兵团安全生产监督管理局、煤矿安全监管部门、煤炭行业管理部门,各省级煤矿安全监察机构,神华集团公司,中国中煤能源集团公司:

2005年8月7日13时30分,广东省梅州市兴宁市黄槐镇大兴煤矿发生透水事故,123名矿工被困井下,事故正在抢救中。大兴煤矿原为地方国有煤矿,1999年破产改制为民营股份制企业,由于开采30年,该矿上部老采空区存在大量积水。改制后经有关部门设计留设条带隔水煤柱,对深部煤层进行开采,设计能力3万吨/年。初步判定该矿没有取得采矿许可证和工商营业执照,属非法开采;7月14日广东省梅州市兴宁市罗岗镇福胜煤矿透水事故后,省政府决定煤矿停产整顿,但该矿没有执行,属违法违规开采;初步了解该矿上半年采煤5万吨,严重超能力超强度开采,事故前井下作业人员多达127人,属严重违规违章;事故后不报案,矿主和主要责任人逃匿,属违法行为。

事故发生后,胡锦涛总书记、温家宝总理等中央领导同志作出了重要批示。

广东省委、省政府领导同志立即赶赴现场组织抢救被困矿工。国家安全监管总局、国家煤矿安监局、监察部、全国总工会负责同志在现场协调指导事故抢救。目前,事故矿井已开始排水,逃匿的责任人员已全部缉拿归案,国务院已成立事故调查领导小组,展开事故调查工作。

在不到一个月的时间内,广东省梅州市发生了两起特大透水事故,充分暴露出工作上的漏洞,说明对事故查处不严、整顿不力,对安全生产执法不严、工作不实、监管不力,教训极为深刻。

7月1日到8月8日,全国煤矿发生一次死亡3人以上的重特大事故46起,其中有27起是应关闭取缔或已责令停产整顿矿井违法生产造成的,约占60%。这表明应关闭的煤矿特别是小煤矿的停产整顿工作没有严格落到实处。广东省梅州市大兴煤矿"8·7"透水事故再次暴露了停产整顿矿井擅自违法组织生产的问题,后果极其严重。

据统计,7月13日申办安全生产许可证的期限到期时,全国责令停产整顿的煤矿为5 290家;已受理经审核不予颁发安全生产许可证的煤矿又有近2 000家,目前这些必须停产整顿的7 000多家煤矿,相当部分并未真正停产整顿,或假停真开、明停暗开,如不采取有力措施,将成为引发事故吞噬生命的陷阱,就难以有效遏制煤矿重特大事故多发的状况。为此提出以下要求:

一、认真落实煤矿企业安全生产主体责任。各煤矿企业要认真吸取广东省梅州市兴宁市大兴煤矿"8·7"事故教训,全面开展一次隐患排查,对本企业存在的安全隐患做到心中有数,制定并实施整改方案。重大项目纳入技术改造,并报当地人民政府和煤矿监管、监察部门,明确责任,认真组织落实。决不能怀有侥幸心理,忽视安全,违法、违章组织生产。各级煤矿安全监管部门、监察机构,对辖区内煤矿存在的重大隐患要分别加强日常监管、开展重点监察,有力推进煤矿企业各项安全工作的落实。

二、对停产整顿的煤矿要及时下达指令,明确期限,加强监管、监察。(略)

三、对整顿无望、停而不整、违法生产的矿井依法予以关闭。(略)

四、落实联合执法,依法打击违法生产行为。(略)

五、严肃查处违法生产造成的事故,依法严惩责任人员。(略)

六、严格依法行政,加强执法监督。(略)

七、主动取得各级地方党委和政府的领导和支持,进一步加强煤矿安全监管。各级煤矿安全监察机构和监管部门要积极主动向当地党委和政府汇报,在地方党委和政府的领导下,进一步落实煤矿安全生产责任制和责任追究制度,明确地方政府各有关部门在打击煤矿非法开采活动和对停产整顿矿井监管的责任,组织联合执法。要求各市(地)政府向重点产煤县(市)派驻安全督导组,各县区、乡镇政府对所有停产整顿的小煤矿派驻安全监管人员,加强安全生产监管。

各省级安全监督管理局接到此通报后,要及时转发到辖区内各类煤矿;建议各省、自治区、直辖市人民政府转发至有关部门、产煤市(地)、县(市)、乡镇政府。

国家安全生产监督管理总局
二〇〇五年八月十日

【简析】这是一则典型的批评性通报。标题由事由和文种构成。受文机关较多,排列有序。本文所通报的广东省大兴煤矿的透水重大事故,发文时尚在进行抢救中,事故的有关调查只是初步的,且事件比较单一,故本文开头并未单设概由,而直接交代基本情况,包括对事故所作出的及时反应和紧急处理的结果。鉴于全国煤矿安全生产所面临的严峻形势,该事故具有重大的警示作用,所以该通报对事故原因分析并未局限在大兴煤矿这一个案上,而是借此深入分析了全国煤矿事故频发的原因所在。最后,为了遏制煤矿重特大事故多发的状况,提出了七项要求。全文结构严谨,措辞庄重,措施及时、有力,能起到很好的教育作用。

☞【例文六】

国务院办公厅关于水利专项资金审计情况的通报

国办发[1999]11号

各省、自治区、直辖市人民政府,国务院各部委、各直属机构:

1998年,审计署组织对全国31个省、自治区、直辖市的2 130个地(市)、县水利部门,以及水利部长江、淮河等6个流域水利委员会1996年至1997年度水利专项资金的筹集、管理和使用情况进行了审计。在国家财力十分紧张的情况下,1996年、1997年中央和地方财政预算内水利资金的投入继续保持了一定的增长,同时,国家建立了水利建设基金,专项用于水利基础设施建设,这对于加快水利建设,保障大江大河的安全等发挥了重要作用。但从审计结果看,当前水利专项资金在筹集、管理和使用中存在一些突出问题,有的还相当严重。根据国务院领导的指示精神,现将有关审计情况通报如下:

一、国务院关于建立水利建设基金的决定在一些地方尚未落实。为加快水利建设步伐,提高大江大河防洪抗旱能力,缓解水资源供需矛盾,国务院决定从1997年1月1日起,建立中央和地方水利建设基金,专项用于水利建设。根据这一决定,1997年,中央财政足额筹集了水利建设基金26.99亿元。但大多数地方没有按照国务院的决定予以落实到位,其中,北京、上海、天津、辽宁、内蒙古、宁夏、新疆、青海、西藏、云南、贵州和广东12个省（自治区、直辖市）没有按照国务院的决定建立水利建设基金；其余19个省（自治区、直辖市）虽已建立水利建设基金，但仅筹集16.03亿元，占应筹集51.74亿元的30.98%。

二、挤占挪用水利专项资金用于平衡预算、弥补行政经费、建房和购买小汽车等问题严重。（略）

三、采取虚报冒领和乱摊派等手法挖挤国家水利建设资金。（略）

四、主管部门滞留、欠拨水利专项资金，地方配套资金不到位问题突出。（略）

五、擅自改变项目投资计划，违规将水利投资实行有偿使用。1996年，长江水利委员会自行调减湖北荆江大堤工程投资计划1500万元，并将其中的500万元用于本委的职工宿舍建设。松辽、珠江、海河水利委员会未经国家有关部门批准，擅自将国家下拨的水利基本建设投资2.13亿元实行有偿使用。1990年以来，松辽水利委员会将无偿改为有偿使用的水利项目共19个，金额1.13亿元，至1997年底，已收取资金占用费670万元，其中，继续用于有偿使用项目的仅159万元，其余511万元全部用于自身的管理费开支和下属公司的开办费等。

水利是农业的命脉和国民经济的基础产业。今年长江、嫩江和松花江流域的特大洪水再一次警示我们，必须高度重视并切实搞好水利建设，决不能有丝毫懈怠。水利专项资金审计中发现的上述问题，必须予以高度重视，采取切实有效措施加以解决：

（一）各级政府及审计、监察等部门对这次审计查出的水利专项资金筹集、管理和使用中存在的问题，必须逐一依法严肃查处，决不能姑息迁就。（略）

（二）各级政府及有关部门要认真贯彻国务院关于建立水利建设基金的决定，积极做好基金的筹集和管理工作。（略）

（三）各级财政、水利主管部门要切实加强对水利专项资金的管理和监督，特别要针对这次审计发现的问题，举一反三，认真汲取教训，决不允许再出现挤占挪用水利专项资金的问题。水利部要带头加强对流域机构的管理和监督，认真执行国家有关法规和水利建设计划，确保国家水利资金的合理有效使用。

中华人民共和国国务院办公厅
一九九九年一月二十二日

主题词：水利　资金　审计　通报

【简析】这是一则情况通报。例文开头写发文的背景、来由，强调指出"当前水利专项资金在筹集、管理和使用中存在一些突出问题，有的还相当严重"。文种承启语后，通报了五个方面存在的"负面"情况。各情况的写法，均采用段旨句概括、领起情况,继而举出例证,予以说明。有观点有材料,相辅相成。接着,例文强调了水利在农业和国民经济中的重要性,警示对水利建设,不能有丝毫懈怠。最后,例文对如何针对发现的问题,采取切实有效的措施,提出了三方面的指导意见和要求。例文有理有据,态度严正,语言庄重、精练,思路清晰,层次分明,是一篇写得很好的情况通报。

第三节 报告、请示与批复

撮要

1. 请示须事前行文,且说一文一事,批准后方可实施。
2. 报告:事前、事中、事后行文均可,一文几事不限,与批复关联小。
3. 批复与请示有正相关,"所答"与"所请"一致,不可答非所请。

一、报告、请示与批复扫描

(一) 报告

报告是下级向上级机关汇报工作,反映情况,答复上级机关的询问时使用频率很高的上行公文。汇报情况是报告的主要功能,因此在行文表达上以陈述为主要方式。

根据报告的性质,可分为以下五类。

1. 工作报告。指汇报工作的报告。如,下级机关向上级机关汇报某一阶段工作的进展、成绩、经验、存在问题及打算,汇报上级交办事项的结果,汇报对某一指示传达贯彻的情况等等。

2. 情况报告。指向上级机关反映工作或社会生活中出现的新情况、新动态、新问题的报告。例如本地区、本单位发生的重大事件,在一定范围内带有倾向性的情况,包括有关会议的情况等等。

3. 建议报告。指汇报或提出工作建议、措施的报告。下级机关或主管部门向上级领导机关提出工作意见,或贯彻某文件、指示的意见,或解决问题的措施、工作方案等。有的建议报告只要求上级机关认可,这类报告可称为呈报性建议报告。有的建议报告要求上级机关批准转发给下级机关执行,这类报告则可称为呈转性建议报告。

4. 答复报告。指答复上级查询事项的报告。例如,上级领导对群众来信来访中反映的问题或文件材料中反映的问题,批示下级机关查办,或询问有关情况,下级机关办理完毕,须用书面形式答复上级机关,此时使用的公文就是答复报告。

5. 报送报告。指向上级机关报送物件或有关材料的报告。这种报告的正文内容比较简单,所报送的文件都是报告的附件。

（二）请示

请示是下级机关就自身无法解决、无权决定或无力办理的事项，请求上级给予指示、批准的上行公文，使用频率也很高。特别是在把握重大政策法规、处理无章可循的新情况以及一些上级明确规定必须请示的事项出现时，下级机关都必须事先行文请示，绝不能"先斩后奏"或"边斩边奏"。但在自己职权范围内能够处理的事项，就不应再请示。

请示主要有三种类型。一是请求指示，即请示上级对自己难以把握的事项给予明确指导、阐释，多涉及政策上、认识上的问题，请求上级明示，如《××省高级人民法院关于交通肇事是否给予被害者家属抚恤问题的请示》。二是请求批准。适用于按规定必须请示的事项，多涉及人事、资产、机构等方面的具体问题，如《××建筑工程有限责任公司关于申请对外承包劳务经营权资格的请示》。三是请求批转。对一些虽属自己工作范围但涉及全局性的事项，由于受隶属关系所限无法直接向有关单位行文，须上级批转给有关部门执行。如国家旅游局给国务院写的《国家旅游局关于加强旅游行业管理若干问题的请示》。此类请示的正文常用"以上意见如无不妥，请批转各地区、各有关部门贯彻执行"等语作结。

请示与报告是两种容易用错的公文。它们均属上行文，写作格式基本相同，都应当注明签发人。但毕竟是两个不同的文种，其主要区别有以下几个方面：

（1）行文目的不同。请示是为解决工作中的具体问题，请求上级指示和批准而写的；报告是为让上级了解下情，沟通和加强上下级之间的联系而写的。请示必须要求上级表明态度，作出明确答复；而报告则只是"告知"，一般是不要求上级表态和答复的。请示重在呈请，报告重在呈报。

（2）行文时机不同。请示必须事前行文，上级批准之后才可以实施；而报告在事前、事中、事后均可行文。

（3）行文内容不同。报告可以是一文一事，作专题性报告；也可以一文数事，作综合性报告。而请示必须一文一事，便于上级机关及时审批。如果在一份请示中写了几件事项，上级机关在审核时可能会因为有些事项尚需研究而不能立即批复，从而延误了有关事项的办理。

（4）处理方式不同。请示属办件，收文机关必须及时研究、批复。而报告多属阅件，除须批转的建议报告外，在一定范围内传阅后，即可立卷归档，不必行文回复。

（5）行文重心不同。报告是陈述性公文，重点在汇报工作情况，故以叙事为主。而请示是祈请性公文，所陈述的情况只是作为请示的原因，故以说理为主。

（三）批复

批复专用于答复下级机关的请示事项，与请示相对应，属于下行公文。批复具有被动性、权威性和针对性三个特点。以批复的内容为根据，大致可以将批复分为指示性批复和审批性批复两大类。

1. 指示性批复：对下级机关请示所涉及政策上、认识上的问题，作出指示性答复。

2. 审批性批复：对下级机关请示涉及人事、财物、机构等方面的具体问题，作出批准或不批准，或不完全批准等审批性答复。

二、报告、请示与批复写作指要

（一）报告

报告写作一般要求在充分掌握材料的基础上，进行综合分析，提炼出正确的主题和新颖的观点，然后用简洁的语言来表述，具体要求如下：

1. 内容要真实、具体。

向上级汇报情况一定要实事求是，有喜报喜，有忧报忧，不夸大，也不缩小。对有关材料要反复核实，去伪存真，绝不能有丝毫的虚假。材料要尽量具体，既有概括性的材料，也有典型的具体事例，以利上级指导或决策。

2. 要突出重点，详略得当。

有些报告内容较多，写作时不能一应俱全，面面俱到。要有针对性地选择主要的事实材料，然后进行合理安排和组织，做到点面结合、重点突出、主次分明、有详有略、条理清晰。

3. 不能夹带请示事项。

对于报告，受文单位不用答复，如果夹带请示事项，不但不便处理，甚至还会贻误工作。因此，如有请示事项，需另用"请示"行文。

4. 报告要及时。

报告只有及时才能使上级机关迅速掌握情况，及时给予指导，以利工作。否则，将贻误时机，使报告失去意义。

（二）请示

1. 坚持一文一事。一份请示只能写一件事，而且请示的事项必须明确、具体、可行。如果性质相同的几件事确须写在一份请示中，也必须是同一机关可以批复的。

2. 不要多头或越级请示。一份请示，只送一个上级领导机关，不能同时主送两个或两个以上机关。如有需要，对有关的单位可用抄送的形式。除特殊情况或紧急事项外，必须逐级请示。请示一般不直接送领导个人。

3. 不得抄送下级机关。请示是上行公文，不得同时抄送下级机关，更不能要求下级机关执行上级机关未批准的事项。

4. 语气必须谦恭。在写请示事项时，可以提出发文机关的意见建议，供领导定夺，但只能写"拟"怎么办，而不能写"决定"怎么办。

（三）批复

1. 批复前要调查核实请示事项的真实性，还要研究请示事项的可行性。请示事项若涉及其他部门，起草批复时应同有关部门商量，取得一致意见后再行文答复。

2. 批复的内容必须针对下级来文（请示）的请示事项，"所答"与"所请"要一致。

3. 对下级提出的请示事项态度要鲜明，是可行、不可行、还是缓行、部分可行，均应明确表态，切不可以含糊不清，也不能避而不答。对下级的希望与要求应切合实际，有较强的可操作性，不宜泛泛而谈。

4. 批复应及时，议而不决，拖着不办，会给下级机关的工作造成不利影响。

三、报告、请示与批复的结构和写法

（一）报告

1. 标题。报告的标题由报告机关的名称、报告的事由和文种名称三部分构成。例如《××市商业局关于××百货大楼重大火灾事故的情况报告》。

2. 正文。报告的正文由以下几部分构成：

（1）前言。前言概括介绍报告的基本内容或报告的主旨，统领全文。

（2）基本情况。基本情况是报告的核心，不论是汇报工作、反映情况，还是提出建议，均应实事求是地将具体情况交代清楚，以便于上级了解下情。

（3）存在问题或具体意见。呈报报告中写出存在问题，以使上级了解工作进展情况及须解决的问题。具体意见是指根据基本情况提出报告制发机关的处理意见或解决办法，以供上级领导参考。

（4）对今后工作的设想。报告中可简述今后工作的思路，让上级对下级今后工作的动向有大概的了解。

3. 结束语。另起一行空两格，常用"特此报告"、"专此报告"等语作结。根据报告种类的不同，还可采用"以上报告，请审阅"（用于例行工作报告），或"以上报告，如无不妥，请批转××××参照执行"（用于呈转性报告）等语。

上述写作方法主要是针对常用的工作汇报类或部分情况反映类报告而言。建议报告的内容一般比较集中，它的正文可分为情况分析和意见措施两部分。情况分析部分或者介绍情况，分析问题；或者肯定成绩，指出不足，总结经验教训；或者说明提出意见、建议的目的、原因和依据。这部分一般写得比较简明扼要。其后常以"特提出如下意见（或建议）"、"拟采取如下措施"等语领起下文。意见措施部分是在前一部分的基础上切合实际地提出做好某项工作的意见、措施、建议，这是这类报告的重点部分，也是建议报告在写法上有别于情况报告、工作报告的地方。意见措施部分往往采取条文式的写法。至于答复报告，内容虽然单一，但要体现针对性，有问必答，答其所问，以示负责。报送报告最简单，写明报送的物件即可，无须作任何说明。

4. 落款。正文右下方写明发文机关与发文时间。发文机关要写全称或规范化简称,发文时间也要写完全。年月日的数字必须用汉字书写。

(二) 请示

请示的写法与报告基本相同,也包括标题、正文、结束语、落款四部分。

1. 标题。请示标题内容包括发文机关、事由和文种,如《中国农业银行××省分行关于解决救灾贷款规模和救灾资金的紧急请示》。发文机关有时可以省略。写标题要注意,不能将"请示"写成"报告"、"请示报告"、"申请报告"之类。

2. 正文。请示的正文主要包括请示缘由、请示事项、意见建议三部分。

(1) 请示缘由。即请示事项的理由、背景及依据,要写在正文的开头。请示的缘由是写作请示的关键,直接关系到请示事项能否成立。理由充分,有说服力,符合实际情况,就容易得到上级的批准或同意。在写作时,适当引用有关文件,列举必要的事实、数据,有助于增强请示的力度。

(2) 请示事项。指请求上级机关批准、帮助、解答的具体事项。请示的事项,要符合国家法律、法规,符合实际,具有可行性和可操作性。因此,事项要写得具体、明确,并作出具体的分析。如果请示的事项内容比较复杂,则要分清主次,一条一条地写。

(3) 意见建议。请求上级审批的请示在说明请示理由和请示事项的基础上,应该陈述自己的看法,提出解决请示事项的建议,以供领导参考。意见和建议内容上应符合政策,切合实际;语气上要留有余地。

3. 结束语。实际上是发文机关的请求,常用"特此请示"、"妥否,请批复"、"以上意见如无不当,请批转××执行"等语收束。

4. 落款。主要包括署名和日期。

(三) 批复

批复虽然篇幅比较简短,但有自身独特的结构要求,同时,对语言的准确、明晰性要求较高。批复包括标题、正文、结束语、落款四部分。

1. 标题

批复的标题主要有三种形式:一是发文机关+批复事项+行文对象+文种,如《国务院办公厅关于深圳特区私人建房问题给广东省人民政府办公厅并福建省人民政府办公厅的批复》;二是发文机关+事由+文种,如《国务院关于同意设立鄂尔多斯海关的批复》;三是发文机关+原件标题+文种,如《××进出口公司对〈关于申请增加超计划出口指标的请示〉的批复》。有的标题还包含了批复的意见。

2. 正文

批复的正文一般包括批复引语、批复内容和结束语三个部分。

(1) 批复引语(引叙来文)。《国家行政机关公文处理办法》规定,引用公文,应当先引标题,后引发文字号。如"你公司《关于……的请示》(××[200×]×号)收悉。"引叙来文是为了说明批复根据,点出批复对象,使请示机关一看批复的开头,就明确批复的针对性。引语结尾一般写上"经研究,现批复如下"等语,过渡下文。

（2）批复的内容。即针对请示中提出的问题,给予明确具体的答复,一般包括批复表态和批复说明两方面内容。如果完全同意的,就写上肯定性意见。一般要求复述原请示主要内容后才表态,不能只笼统写上"同意你们的意见"。如果有的同意,有的不同意,就要写明同意的内容及不同意的理由(同意的不用写理由)。如果不予批准,一定要在否定性意见后面写明理由。

3. 结束语

以"此复"、"特此批复"、"专此批复"等收束用语作结,也可省略不写。

4. 落款

主要包括署名和日期。

四、实用示例

☞**【例文一】**

××省人民政府
关于我省清理整顿公司工作的报告

×府[××××]××号

国务院：

我省自××年××月清理整顿公司以来,坚持既坚决又稳妥的方针,抓紧清理整顿方案的拟订和实施,积极查处了公司违法违纪案件,努力加强公司的建设和管理,基本完成了党中央、国务院赋予我们的任务,达到了预期的目的,现将这项工作情况报告如下：

一、撤并了一批流通领域的公司,解决了公司过多过滥的问题。(略)

二、查处了公司违法违纪案件,整顿了公司的经营秩序。(略)

三、认真做好撤并公司的各项善后工作。(略)

四、加强了公司管理和法规、制度建设。(略)

××省人民政府(公章)
××年×月×日

【简析】这是一篇工作报告,原文2 000多字,此为节选稿。标题由机关名称、事由和文种三部分构成,事由概括准确。正文前言简要介绍了清理整顿公司的基本做法和效果,然后用"现将……情况报告如下"过渡,从四个方面全面报告了清理整顿公司的工作情况。全文写作规范,逻辑性强。

【例文二】

××州人民政府
关于连续遭受大暴雨、泥石流灾害的情况报告

×州府[××××]××号

省人民政府：

我州继会理等县遭受特大暴雨、泥石流灾害之后（已向省政府专题报告），6月以来，又连续发生了3次大暴雨、洪涝灾害。特别是6月29日至30日，全州17个县市均降大暴雨，山洪暴发，河水猛涨，泥石流倾泻，造成大面积农田、房屋、水利工程、防洪设施损毁，人民生命财产损失十分惨重。

（一）

6月份17个县市总降雨量均大大超过多年平均值，全州17个县市均遭危害，尤以越西、冕宁、雷波、普格、甘洛危害最烈，受灾最重。越西县6月28日22时到29日9时，总降雨量达到161.1 mm。其中29日凌晨两小时内总降雨量达到100 mm。冕宁县从6月29日12时到30日1点50分，一个半小时降雨量达到84 mm。据3个水文站实测，30日上午7时到10时，冕宁县境内的安宁桥、深水关和漫水湾等处，洪峰流量分别达到每秒383立方米、640立方米和1 550立方米，均超过了历史最高水位。

（二）

据初步统计，全州17个县市中有356个乡、1 674个村、6 588个社（或组）、15.17万户、75.6万人受灾。其受灾情况是：

1. 粮食作物和农田水毁严重。受灾粮食作物面积达63 733公顷。其中：成灾面积28 400公顷；无收须重种、改种的面积10 400公顷；被冲成乱石滩，短期内难以复耕的面积5 133万公顷。预计减收粮食6 000万公斤，加上低温损失粮食7 000万公斤，全州因灾损失粮食达1.3亿公斤以上。

2. 经济作物和林木损失严重。烤烟、甘蔗等经济作物受灾面积5 867公顷，其中有2 333公顷烤烟田和1 000公顷甘蔗田被洪水泥石流冲成河滩和遭泥沙严重淤积。经济林木花椒、桑苗、苹果、核桃等受灾达250多万株，干、鲜果产量损失200多万公斤。

3. 人畜伤亡、房屋倒塌严重。洪水、泥石流今年共冲死54人、伤77人；冲死各种牲畜2 500头、家禽3 200只；住房倒塌1 754间、504户（2 800人）；造成危房4 159间，使350户、1 700多人无家可归；畜圈倒塌560间、危险圈舍385间，影响牲畜3 000多头；学校受灾2所，教室及住房垮塌20间；冲走农户家中种子、口粮220万公斤，造成1 920户、7 460人现无口粮。

4. 水利设施破坏严重。(略)

5. 公路被毁、交通中断。(略)

三次大暴雨、洪水、泥石流灾害造成的损失十分严重,初步测算,以上5项造成经济损失达1亿元以上。

(三)

灾情发生后,州、县、市党委、政府十分重视,立即召集有关部门开会研究,部署救灾工作,制定抗灾救灾措施,尽量减少灾害造成的损失。(略)

(四)

今年我州自然灾害发生早、次数多、来势猛、面积大、范围广,损失惨重。6月25日前,我州已多次大范围、大面积遭受了阴雨、低温、冰雹、洪水、泥石流灾害,造成了严重损失。为了抗灾自救,已耗尽了州、县财力、物力。6月25日以来,全州又连续几次遭受暴雨、洪水、泥石流灾害。目前,灾区人民纷纷要求党和政府给予扶持,切实解决抗灾救灾中的实际困难。州、县虽尽最大努力解决了一些问题,但远远不能解决灾区人民实际存在的困难。我们将另文请示省政府派出工作组察看灾情,帮助解决亟待解决的困难。

特此报告。

××州人民政府
××年×月×日

【简析】这是一篇反映遭受严重自然灾害的情况报告。该文通过真实、具体的数据,实事求是地向上级政府反映了灾情与损失情况,明确表达了"帮助解决亟待解决的困难"的要求。全文内容集中单一,重点突出,条理清晰,语言朴实,没有空话、套话。

☞【例文三】

××市工商行政管理局关于××房地产发展有限公司发布房地产广告有关问题的请示

×工商[2004]11号

国家工商行政管理总局:

2003年12月我局接到消费者投诉,称×××房地产发展有限公司发布虚假房地产广告。经调查,×××房地产发展有限公司于2000年1月27日至9月28日先后7次在《××青年报》发布其开发的"新世界××家园"广告。广告中称"正南正北 户户朝阳"。同时在其2001年印刷散发的楼书、邮寄的印刷品《××在线》中也有"正南正北、户型设计完美"、"双主卧、大起居室朝向正南"等文字内容。消费者在实地看房时,由于该小区房屋走向一致,没有参照物进行比较。消费者购房后,在2002年2月至2003年6月先后取得××市国土资源和房屋管理局核发的《房屋产权证》,领取《房屋产权证》后才发现所购房屋向西南倾斜。根据中国建筑设计研究院提供的证据,"该项目与城市坐标网×轴成约11度夹角"。

围绕广告定性问题,我局和案件主办分局多次讨论,但未达成一致意见。为了妥善处理此事,我局又邀请民法、广告法和建筑学方面的专家进行了论证。目前对本案的认定有以下三种意见:

一、广告存在虚假内容

广告内容明确表述为"正南正北",但实际偏差11度,只要与正北0度坐标有偏差,即可认定为广告存在虚假问题。

二、表述不清楚、不准确

由于对"正南正北"没有权威的解释,应认定"正南正北"广告词表述不清楚、不准确,但尚不构成虚假。

三、没有依据,不能认定为违法

因为"正南正北"没有标准、范围,即使房屋角度有偏差,也不能认定为广告违法。

该投诉涉及9名业主,其牵头人已就此事在中央媒体做过专题节目,并称要联合××家园的有关业主(475人)上街游行,不接受与开发商的调解。

因此案定性关系重大,特请示总局,请批示。

××市工商行政管理局(印章)
二〇〇四年三月四日

【简析】在执行政策时遇有重大疑难问题或对某事项认识不统一而无法办理时,切不可擅作主张,应使用请求指示类公文,以求得上级机关的指导帮助。本文中所谈广告定性问题确属关系重大,须领导做主。该文紧扣问题的症结,逐一陈列各方看法,关于纠纷的来龙去脉及可能产生的严重后果都阐述得很清楚,便于上级领导据此作出判断。全文请示事项具体,表述清晰,格式符合要求。

☞【例文四】

××建工集团公司第×建筑工程有限责任公司
关于申请对外承包劳务经营权资格的请示
××××[2002]××号

中国××××集团公司:

我公司是经国家建设部核定的工业与民用建筑工程施工一级资质公司,成立于19××年×月。公司注册资本×××万元,现有职工×××多人,其中高级职称××人,中级职称××人,机械设备1 000多台,总功率2.2万千瓦。公司在区内外设有土建、设计、装饰、机械施工、设备水电安装、房地产、建筑工程监理、电脑软件开发等10多个分公司。在几内亚、冈比亚等国家设有经理部和合资企业。20世纪90年代以来,公司生产经营实现跨越式发展,主要经济技术指标位居××省同行业前列,被评为我省最大经营规模建筑企业十强第一名、中国500家最大规模和最佳经济效益施工企业,连续9年被评为"省重合同守信用企业",荣获"全国先进建筑施工企业"、"全国施工技术进步先进企业"、"全国工程质量管理先进单位"、"全国建筑系统精神文明建设先进单位"等称号,两次荣获中国建筑工程质量最高奖"鲁班奖"。公司现年施工能力可完成工作量××亿元,竣工面积××多万平方米。

　　1998年,我公司通过了ISO9002国际质量体系认证,取得了走向国内外市场质量保证的通行证,企业管理与国际接轨。为拓展经营渠道,搞活国有企业,提高国有资产增值率,我公司现申请对外承包劳务经营权资格,申请对外经营范围为:

　　1. 承包境外工业与民用建筑工程及境内国际招标工程。
　　2. 建筑材料(产品)设备出口。
　　3. 对外派遣实施境外工程需要的劳务人员。

　　妥否,请予批复。

××建工集团公司第×建筑工程有限责任公司(章)

二〇〇二年十月二十五日

【简析】这是一份请求批准的请示。写这类请示的关键是要把理由和依据陈述清楚,让上级机关能充分理解自己的请求,尽快批复。本文在详细叙述公司的基本情况和取得的业绩之后最终落实到"申请对外承包劳务经营权资格"这个主旨上,之后又明确了拟申请对外经营的范围,具有可行性和可操作性。结语使用请示习惯用语。落款完整规范。

☞【例文五】

国务院关于同意设立鄂尔多斯海关的批复

国函[2003]99号

内蒙古自治区人民政府:

　　你区《关于设立鄂尔多斯海关的请示》(内政发[2002]42号)收悉。现批复如下:

　　一、同意设立鄂尔多斯海关(正处级),隶属呼和浩特海关。

二、核定鄂尔多斯海关人员编制 30 名,在海关系统编制内调剂解决。所需人员从地方党政机关现有人员及应届大学毕业生、军队转业干部中选调,不从社会上招收。

三、鄂尔多斯海关所需办公、生活用房和开办费、交通工具、通讯设备由你区负责解决,检查检验设备由海关总署负责配备。

有关具体事宜,请与海关总署商办。

国务院
二〇〇三年九月十六日

【简析】这是一份规范的审批类批复。在标题中以表态动词"同意"明确表明肯定态度。引语部分引述来文作为审批的依据。正文文字不多,但就设立新海关的关键事项——级别、编制、设备、费用等都一一限定,简洁明确。

第四节　意见与会议纪要

 撮要

1. 意见涉及上行与下行的层次差异,撰写时要注意行文得体。
2. 会议纪要抓住会议主题和要点,理出头绪,整理纲要,反映会议结论性意见。

一、意见与会议纪要扫描

（一）意见

意见适用于对重要问题提出见解和处理的办法。意见在以往的行政工作中多有使用,一般视之为很正规的文件。采用意见来传达发文机关的看法、意图、做法,语气比较婉转,且为行文的双方都留下了较大的回旋余地和发挥空间,更能适合复杂多变的实际工作的需要,因此使用频繁。意见既可以作为下行文,传达上级机关的指示和要求;又可以作为平行文,提出意见供对方参考;还可以作为上行文,向上级机关提出建议和请求。

按照性质和用途的不同,可将意见分为三类:

1. 指导性意见。用于领导机关向下布置工作,它对下级有一定的规范作用和行政约束力。有时部署工作不宜以决定、命令、通知等文种行文时,便多以意见行文,以阐明工作的原则、方法,提出要求。这类意见要注重原则性和灵活性的结合,为下级办文留有一定灵活处理的余地。

2. 建议性意见。这是向上级提出工作建议、设想的上行文。它又可分为供领导决策参考的呈报性建议意见和要求批转更大范围的有关方面执行的呈转性建议意见。

3. 评估性意见。可分为两种：一是鉴定性意见，即为加强决策的科学性，对某项工作的成果、某项决策的可行性进行调查、论证、评估、鉴定后而写出的意见；二是批评性意见，是对某项工作作出评价、评议，指出不足和错误，同时提出改进方案的意见。

(二) 会议纪要

会议纪要是一种记载、传达会议情况和议定事项的正式公文，具有客观性、指导性、概括性的特点。一些重要的或有影响的会议，如工作会议、研讨会、座谈会等，须将会议过程、主要精神、商定的事项、研讨的问题等如实记载下来，以便传达交流或贯彻执行。但是，并非所有冠以"会议纪要"的文体都是正式公文。一些学术性研讨会、收集情况性座谈会，记载的主要是个人观点和意见，并不代表机关、单位，体式也比较自由，因而会议所形成的纪要不具有法定效力。

会议纪要不同于会议记录。"纪"有理出头绪、整理纲要的意思。会议记录是对会议情况的忠实记录，内容详尽、具体，而会议纪要则是在会议记录及与会议有关的其他材料的基础上进行分析、归纳、整理形成的，要求抓住会议主题和要点，反映会议结论性的意见。

会议纪要主要有两种类型：一是办公会议纪要，主要用于传达机关、团体、企事业单位定期或不定期召开的研究日常工作的办公会议精神，要求有关单位和人员共同遵守、执行；二是专题会议纪要，主要是围绕某个特定事项召开的各种名目的专门性会议所作的记载。

二、意见与会议纪要写作指要

(一) 意见

1. 指导性意见因机关层次的不同而有不同要求。不同层次的领导机关使用这类意见时，内容的侧重点也不同。高层领导机关发布的意见比较原则，理论性较强；下层领导机关的意见则比较具体，操作性比较强。

2. 建议性意见一定要具体明确、切实可行。正文中提出的建议、意见主要不是针对上级，而是对下级和有关方面而提出的，因此撰写时尤其要注意行文的得体。

3. 评估性意见要体现科学性、公正性。这类意见作出评价、鉴定一定要科学、公正。要用事实和数据说明情况；提出的结论要实事求是，恰如其分。尤其是批评性意见一定要有理有据，不但要批评不足与错误，也要尽可能提出改进意见。

4. 措辞要平和,避免使用强制性甚至命令性语言。

(二) 会议纪要

1. 要充分占有会议材料。要弄清楚会议的目的、任务,掌握会议的所有文件材料,参加会议的全过程,并认真做好记录,特别要注意阅读会议的主体文件和材料、领导同志的发言等。

2. 要突出主旨。写会议纪要不能面面俱到,照搬会议记录,而应该围绕会议主题,抓住要点,突出重点,把会议的主要精神简明扼要地反映出来。特别是有创新意识、有价值的观点或意见要着力反映。

3. 要客观真实。会议记录是会议情况的如实记录,会议纪要应以会议记录为基础和依据,不能断章取义,添枝加叶,更不允许虚构掺假。

4. 文字简洁明快。写作会议纪要应根据会议内容确定写法和篇幅,要简明扼要。在语言表达上,尽可能语句简短、通俗,切忌长篇大论,应以叙述为主;在层次结构、段落安排上,要条理清楚,篇幅一般不宜过长。

5. 要注意条理。对会议的内容要适当地分条或分层次进行反映,做到条理清晰,主次分明,详略得当。

另外,会议纪要时间性很强,应及时撰写、传达,以利于贯彻执行。

三、意见与会议纪要的结构和写法

(一) 意见

1. 标题

一般由发文机关、事由和文种组成,也有的省略发文机关,结构一般采用"关于……的意见"、"对……的几点意见"的形式。

2. 正文

(1) 开头。一般在开头申明行文的目的,复杂一些的还要先简要说明背景、根据。这部分的文字不应太长,主要是为展开下文做好铺垫。然后以"为了……,现提出如下意见"、"现对……,提出如下鉴定意见"等句式作为过渡语。

(2) 主体。分述目标、任务、实施要求、措施办法,或者建议事项、意见等。为了清晰,宜根据内容的多少,在每部分前用小标题或段旨句锁定,以便区分不同内容。这部分内容常采用条文形式。

(3) 结尾。不同类型的意见,采用不同的结束语。如:指导性意见常用"上述意见,请结合实际情况贯彻执行"作结;呈报性建议意见常用"以上意见是否可行,仅供领导决策参考"作结;呈报性建议意见常用"以上意见如无不妥,请予转发有关部门执行"作结。

3. 落款。写明发文机关和成文时间,位于正文右下方。

（二）会议纪要

会议纪要主要由标题和正文组成。在结构格式上与其他公文不同的是，会议纪要不用主送单位和落款，成文时间多写在标题下方。会议纪要可以不盖公章。

1. 标题。会议纪要的标题通常有如下几种写法：（1）会议名称＋文种，如《国务院三峡工程建设委员会第七次会议纪要》；（2）主办单位＋会议名称＋文种，如《×××公司人事工作会议纪要》；（3）开会地点＋文种，如《黄山会议纪要》；（4）由正标题和副标题构成，如《搞好国企改革 推动新一轮发展——"加快发展建设上海工业新高地"座谈会纪要》。

2. 正文。会议纪要的正文由导语、主体和结尾三部分组成。

（1）导语。导语部分主要对会议基本情况作概述，如会议的名称、目的、内容、议程、规模、与会者、主要发言人、会议效果等。导言要简明扼要。

（2）主体。主体是会议纪要的核心部分，传达会议议定的事项和主要精神。它根据会议的中心议题，按主次、有重点地写出会议的情况和成果，包括对工作的评价，对问题的分析，会议议定的事项，提出的要求，等等。主体的写法一般有三种：

一是条项式，就是把主体内容包括讨论的问题和议定的事项，按主次一条条列出，使其条理化，一目了然。

二是综合式，就是把会议的内容或议定事项，进行综合概括，分成若干个部分。这是一种比较普遍的写法，它有利于突出主要内容，分清主次，一般把主要的、重要的放在前面，而且尽量写得详细、具体一些，次要的和一般的内容放在后面写，可简略一些。用于批转的会议纪要，多用这种写法。

三是摘要式，就是把与会者的具有典型性代表性的发言要点摘录出来，按发言顺序或按内容性质先后写出。这种写法的好处是，可尽量保留发言人谈话内容的风格，避免一般化和千篇一律，比较客观、具体。

在写作中，应以"会议"为主词，即常用"会议认为"、"会议提出"、"会议讨论"、"会议强调"、"会议决定"等习惯用语，领起各段内容。

（3）结尾。结尾一般写对与会者的希望和要求，也可以对会议作概括性的总结。有的会议纪要直接在主体部分结束，不专门写结束语。

四、实用示例

☞【例文一】

关于加快本市高速公路网建设的若干政策意见

为加快上海高速公路网建设步伐，根据本市高速公路网建设投融资体制改革方案的总体要求，现提出如下若干政策意见：

一、财税政策

1. 项目公司注册和税收征管。2010年以前,凡取得"153060"高速公路建设运营收费经营权的项目公司(以下简称"项目公司"),其工商注册登记集中于市工商局,税收统一由市财税直属分局征管和托管。

2. 项目公司再投资的税收征管。项目公司再投资设立的从事生产、经营的独立核算以及公路出入口延伸出去的房地产开发等其他公司法人,工商注册登记和税收征管仍按现行办法执行,市财税部门仍按"投资比例最大优先原则"和"注册地属地其次原则"来划分税收户管。

3. 财政收入的再分配。项目公司实施统一征管后,所交纳的各类地方税收均入市级金库,通过预算列支主要用于支持高速公路基础设施建设的用地补贴、贷款贴息、资本金投入以及设立发展基金,具体办法由市计委、市财政局会同有关部门另行制定。

4. 建设期缓征建安营业税。对列入市重大市政工程项目计划的高速公路项目,给予比照享受原市重大市政工程项目有关税收优惠政策。

5. 所得税优惠。(略)

6. "五免五减半"政策。凡涉及浦东新区高速公路建设的外商投资项目公司,可享受从获利年度起按"五免五减半"征收企业所得税的优惠。

7. 外商投资所得税优惠。外商投资的项目公司从事本市高速公路项目,其经营收益可享受减按15%的税率征收企业所得税的优惠。

8. 以税还贷。(略)

9. 配套设施财税政策。对高速公路封闭区域内按统一规划设立的加油站,以及与之配套的餐饮业,凡属地方性项目的,其上缴的税收在纳入预算以后,由市财政通过预算列支安排给有关职能部门(招商人)或有关区县,作为增加投资回报。

二、用地政策

10. 区县负责用地的有关工作。按照市政府印发的《关于进一步完善"两级政府、三级管理"体制的若干意见》(沪府发[2000]16号文)精神,在高速公路网项目建设用地方面,市、区县的分工原则不变,由市里统一组织实施项目,区县负责用地工作和相关费用,及时落实施工交地工作,支持项目公司组织建设高速公路和建成后的运营管理。同时,要妥善安置农民,保证农民的应得补偿落实到位,做好社会稳定工作。

11. 采取土地使用权合作方式。由被用地的集体经济组织以土地使用权参与项目合作,被用地农民身份不变。参照当地从事农业生产平均收入水平,由项目公司每年支付土地合作回报。

12. 市里对区县承担前期动拆迁给予支持。市里对区县承担前期拆迁费用困难的,根据具体项目,采取不同方式,适当给予一次性资金支持。

13. 明确用地政策适用范围。本用地政策仅适用于尚未正式实施的高速公路项目建设,已与区县谈妥条件的项目征地,以及已实施的项目征地,仍按已确定的责任落实。

三、其他有关政策

14. 对效益较差道路项目给予政策倾斜。市政府按照统筹平衡、调节收益的原则,根据不同道路投资额、流量、收费标准等因素而产生的收益差别进行调整,对效益较差的道路项目酌情给予支持。

15. 及时对政策变化等因素进行处理。项目经营期间,若项目适用的法律、法规、规章变动或发生不可抗力事件,对项目公司的权利和义务产生重大影响的,项目公司可书面申请延长经营期或调整合同条款,市有关职能部门应及时提出相应处理意见和补偿办法,并报市政府审定。

16. 严格收费价格管理。项目经营收费的立项、收费标准的确定和调整,由市计委(物价部门)按照有关规定审批。

17. 统一收费结算体系。成立收费结算中心,逐步形成总体规划、统一收费、集中结算的动作新机制。

四、对外招商工作

18. 统一对外招商。经市政府授权,由市市政局在本意见范围内,代表市政府具体负责全市经批准的高速公路网项目的统一对外招商工作。凡超出市政府授权范围的其他承诺事项,由市市政局与市有关职能部门协调解决;涉及重大承诺事项,报市政府审定。

19. 搞好政府部门工作分工。由市计委会同有关职能部门负责项目计划、价格和综合性政策等方面的事项,以及日常协调工作;市财政局会同有关部门负责财税政策等方面的事项;市建委、市市政局等有关部门负责项目节点进度、用地动拆迁、施工、监管等方面的事项;市市政局负责项目对外招商、洽谈、签约等事项;市政府法制办负责法律方面的事项。各有关部门遇到重大政策问题,要及时向市政府请示、报告。

有关部门可以根据上述政策意见,制订具体实施细则。

××××××(印章)

××年×月×日

【简析】意见大多用于上级机关部署任务、指导下级工作。本文是一篇政策性指导意见。开头用简洁的语言阐述了行文目的,通过"现提出如下若干政策意见"一句过渡,从财税政策、用地政策、其他有关政策和对外招商工作 4 个方面提出了 19 条具体政策意见。本文目的明确,思路清晰,内容具体,格式规范,值得借鉴。

☞【例文二】

××市农业委员会
关于发展我市观光旅游农业的意见

××市人民政府:

随着我市农业产业结构调整步伐的加快和人民生活水平的不断提高,发展观光旅游农业已经成为农村经济新的增长点。为科学有效地开发利用农业资源,促进农村经济发展,现就发展我市观光旅游农业的有关问题,提出如下意见:

一、指导思想、任务目标与原则

(一)指导思想。(略)

(二)任务目标。(略)

(三)遵循原则。(略)

二、区域布局与重点项目

(略)

三、几项政策措施

(一)观光旅游农业享受农业税收的有关政策。(略)

(二)加大对观光旅游农业建设项目的投入。(略)

(三)搞好观光旅游农业的服务设施建设。(略)

以上意见如无不当,请批转各县、区及市各部门执行。

××市农业委员会(印章)

二〇〇三年×月×日

【简析】这是一份建议性意见。本文从寻求农村经济新的增长点的角度,就发展观光旅游农业问题,向上级机关表明了自己的看法,建议制定相应政策,采取相应措施。该意见具有前瞻性和可操作性,一旦被上级批准认可,并批转到各有关部门去执行,则变成了上级(市政府)对下级(市政府下属部门)的指导性意见。

☞【例文三】

《高等学校档案工作规范》试行研讨会纪要
(××年×月×日)

省教委五月二十一日至二十四日在内江市教委招待所召开了《高等学校档案工作规范》(以下简称《规范》)试行研讨会。32 所院校 54 名代表出席了会议。

会议由省教委办公室负责人主持,内江市委宣传部、内江市教委、内江市档案局、内江师专的负责同志到会并讲了话。四川师院、建材学院、石油学院、省教育学院、西南师大、建工学院、自贡师专、重庆师院的代表在大会上汇报了本院校试行《规范》的情况,对《规范》的可行性进行了论证,提出了修改建议。

省教委办公室负责人、《规范》编委会主任在会上说,这是一次高层次的学术讨论会,也是一次重要的工作会议,因为这个会议是在《规范》试行一年的基础上召开的,实践是最好的检验、估价。他指出,各校试行的情况总的说来是良好的,从提交会议的"试行报告"可以看得出来。四川高校档案工作××年以来,经历了恢复、整顿、巩固、提高、深入的阶段,业务建设的深入是以试行《规范》为标志的。实践证明,《规范》从整体讲,是有它的针对性、科学性和可行性的,大家在大的方面的认识和评价也是一致的。但是《规范》也不是十全十美的,这次会上大家在类目粗细、档号编制、声像档案的摆法等问题上,提出一些意见,编委会将在充分考虑大家意见的基础上,按国家标准进行修改。

会议期间,代表们对各校带来的各门类 100 多个标准卷进行了观摩、评议,参观了实际上是按《规范》要求进行的档案工作的先进单位内江师专,实际感受到了《规范》的科学性和生命力。

会议决定,按国家教委指示,加速《规范》修改和鉴定进程,力争八月份在省科委主持,国家教委、省教委参加的专家鉴定会上通过,上报发布施行。

【简析】这是一篇专题会议纪要。标题由会议名称和文种组成。开头部分概括介绍了会议的基本情况,包括时间、地点、出席单位、人员、主要议题等。主体部分围绕《高等学校档案工作规范》试行情况进行了回顾、评价并介绍了观摩、参观活动的收效。最后,以"会议决定"作结。全文主旨明确,条理清楚,格式符合要求。

 实践练习

1. 经济行政公文的特性主要有哪些?
2. 经济行政公文的成文时间应如何确定?
3. 试指出下列各发文字号的毛病,并予改正。

×府办发[2007]八号　　　　×府办字(2007)14 号　　　　×府办[07]12 号
×府办发[二〇〇六]9 号　　[2007]×府办字18 号　　　　×府办[2007]—8

4. 试指出下列成文时间写法的毛病,并予改正。
(1) 2006 年 10 月 13 日
(2) 2007 年五月十三日

(3) 06年拾月13日
5. 指出下列公文在写作中存在的问题。

××市××区会议通知
(06)××字第8号

各委办局、各街道办事处：

　　区政府定于本月12日至16日在×××会议中心召开全区经济工作会议及传达市政府有关文件,现将有关事项通知如下：

　　(内容略)

××区政府(章)
06年11月8日

6. 公文有一定的格式,请根据下列内容撰写公文,并设计出文件的版面,把撰写的公文写入其中。

　　最近,××省推广普通话工作委员会召开全体委员会议,研究如何进一步加快本省推广普通话工作,讨论制定了《××省20××年至20××年推广普通话工作要点》。这个《工作要点》,经省委和省人民政府同意,于20××年9月28日,由省委办公厅和省政府办公厅联合转发给各市、县、自治县委、人民政府、省直各单位。

7. 简答题
(1) 通知的常见类型有哪些?
(2) 通知的特点有哪些?
(3) 批转、转发性通知的标题可作何种格式化省略?
(4) 通报的适用范围在哪些方面?
(5) 通报的写作应注意哪些问题?

8. 判断题(下列事项,哪些可以用通知行文?可以的请在括号内画√,不可以的画×)
(1) ××省人大常委会拟颁布一项地方经济法规。(　　)
(2) ××市水电局将召开经济建设工作会议,需告知各县、区水电部门事先做好准备。(　　)
(3) ××县纪委拟批评××局干部×××玩忽职守、造成国家经济损失的错误。(　　)
(4) ××市政府拟批转市卫生局《关于做好灾后防疫病工作的意见》。(　　)
(5) ××县县委拟向所属各级党组织布置学习胡锦涛重要讲话的有关事宜。(　　)

9. 请指出下列标题存在的问题并予以改正。
(1) 国务院转发国家医药管理局关于进一步治理整顿医药市场意见的通知。
(2) 国务院办公厅批转关于国家旅游局进一步清理整顿旅行社意见的通知。
(3) ××乡人民政府关于印发××县人民政府[2001]10号文件的通知。
(4) ××厂关于转发×分厂《关于建立安全岗位责任制经验总结》的通知。
(5) 国家旅游局关于批转国务院《旅行社管理暂行条例》的通知。
(6) 转发省劳动局、省人事局、省财政厅、省总工会"关于转发劳动部、人事部、财政部、国家总工会《关于发给离退休人员生活补贴费》的通知"的通知。
(7) 关于批转财政局《转发"财政部关于重申不得将国家资金转入银行储蓄的通知"的通知》的

通知。

10. 病文评析题

试指出下面两份通知中存在的问题,并提出修改意见。

(1)

> ×× 县卫生局《会议通知》
> (××)××卫字第 10 号
>
> 全县各食品加工业:
>
> 根据上级要求,对全县食品加工行业的卫生状况进行一次全面大检查,我们拟召开食品加工行业负责人会议,现将有关事项通知如下:
>
> 一、会议时间:××年×月××日在县第三招待所报到,会期二天。
>
> 二、参加会议人员:全县国营、集体食品加工业及县个体劳协各来一名负责人,各乡、镇派一名代表列席会议,不得缺席,否则一切后果自负。
>
> 三、食宿等一切费用完全由个人自理。
>
> ×× 县卫生局
> ×× 年 × 月 ×× 日

(2)

> ×× 市财政纪律检查组关于禁止用白条子报账的通知
> ×字[××××]×号
>
> ×××:
>
> 在财务,大检查中,我们发现一些单位,特别是集体建筑企业中,用白条报账的现象极为严重,其中大都是经各单位领导同志签字批准的,这些白条子少则几元,多则几百元,甚至上千元。这种作法不符合会计手续,是一种严重违反财经纪律的现象,必须杜绝。
>
> 特此通知
>
> ×× 市财经纪律检查组(章)
> ×× 年 × 月 × 日

11. 根据以下材料,写一则批评性的通报。

学校××年级××系××班×××同学,平时学习不认真,经常旷课,缺交作业,上课与人讲话,或者打瞌睡。在×月××日"财务会计"的期末考试中作弊。当时情况如下:该同学将事先准备好的字条放入铅笔盒中,乘打开铅笔盒时偷看。其不断地打开关闭铅笔盒的情况引起监考老师的注意。当老师要检查他的铅笔盒时,他执意不肯交出,后又迅速将字条揉成一团塞进口袋,并称老师无权搜身,不肯承认自己作弊行为,态度极为恶劣,还影响了其他同学的考试。根据学校有关规定,对考试作弊的同学,取消其该门课的考试成绩,并不得参加正常补考。如果态度恶劣,还可给予行政记过处分或开除处分。以上材料,如有所缺内容,可自己根据情况给以补上。也可根据本校一些真实的考试作弊事实写批评性的通报。

12. 阅读下面两份公文,指出不当之处,并提出修改思路。

(1)

关于修建××工商所的报告

地区工商局：我县××区有六个乡，是全县边远山区之一，是××县、××县、××县、××县的必经之路，也是我县原煤、硫铁矿区。原该所住房是向财政局租借的，去年经县安办鉴定为危险建筑，于今年7月9日垮塌，该所干部办公、住宿不能解决，需及时修建该所，计划建筑面积1 800平方米，需资金500万元，特此请示，请予批准。

××年×月×日

(2)

×××省进出口分公司关于请求
允许本公司购买卡车的报告

总公司：

目前，我们公司只有卡车一辆，我们出口任务十分繁重，不能完成上级交给的任务。

几年来，在党的对外开放政策的正确指引下，经过本公司的齐心协力，我们的出口任务完成很好，基本落实了计划，公司形势像春天越来越喜人。但是发展外贸，扩大出口，没有卡车不能保证出口任务完成。为此请求增加两辆卡车。

上述意见如无不当，请批示。

××进出口公司
××年×月×日

13. 下面这份请示写作上存在较多问题，请一一指出，并从"不再给予免税照顾"和"拟同意继续给予免税照顾"两个不同的角度进行改写。

××县税务局关于转发××面粉厂要求免税的请示
(2003)×税字第1号

××市税务局：

据我们了解，该厂2003年计划利润40万—45万元，如征税企业尚有一定盈利，是否还给予免税照顾，请市局权衡审定。

现将该面粉厂关于免征2003年国家税金的请示转发给市局。

该面粉厂2000年投入面粉生产以来到2002年底均享受免征工商税照顾，免征税款7.7万元。这个厂的广大干部职工在2002年中艰苦奋斗，提高了产量，降低了消耗，2002年实际产量比2002年计划产量增长了30%，但全年计算尚亏损六万元。

以上可否，请批示。

××县税务局
（公章）
二〇〇三年一月三日

14. 从格式、条理、用语及内容等方面修改下文。

××市税务局
关于××县电线厂等企业实行减税目标管理的答复

××县税务局：

　　前不久收到了你们的来信，报上来你县电线厂、罐头厂实行减税目标管理的方案，我们几位领导同志看了比较满意，并商量了一下，决定报省税务局，现在省局发来（××）×一字第294号批复，内容如下：

　　同意对××县电线厂××年内实行减免税目标管理，把该厂产品税基数定在64万元左右，超过基数部分的税款，就要按不同的档次面按比例减征税。减免税的工作是项严肃的工作，必须慎重进行，至于档次多大，比例多少，你们局看情况决定，但最高一档的减税比例不得超过60%，另外请你们把这个厂子的产值、成本、利润、纳税等情况再仔细查一查，看财务管理有无问题，申报的情况有没有出入，我们要充分运用税收这个经济杠杆，促进企业的生产发展，请你们马上按照上述规定的精神，与企业签订合同，并抄报市局和省局。

××年×月×日

15. 试指出下文的毛病，并加以修改。

关于要求拨给抢修校舍专款请示的批复
××教[××××]8号

××镇教育办：

　　你们的请示收悉。这次强台风的破坏，使你镇校舍损失惨重，造成许多班级无教室上课。经研究，可考虑拨专款15万元以给你镇抢修教室，不足部分请自筹解决。

　　此复

××县教育局
××年七月三日

16. 根据下面提供的材料，请以××市商业局的名义向××省商业厅起草一份报告。

（1）××年2月20日上午9点20分，××市××百货大楼发生重大火灾事故。

（2）事故后果：未造成人员伤亡，但烧毁三层楼房一幢及大部分商品，直接经济损失792万元。

（3）施救情况：事故发生后，市消防队出动15辆消防车，经4个小时扑救，大火被扑灭。

（4）事故原因：直接原因是电焊×××违章作业，在一楼铁窗架电焊火花溅到易燃货品上引起火灾，但也与××××百货公司管理部门及员工安全思想模糊，公司安全制度不落实，许多安全隐患长期得不到解决有关。

（5）善后处理：市商业局副局长带领有关人员赶到现场调查处理；市人民政府召开紧急会议；市委、市政府对有关人员视情节轻重，做了相应处理。

17. 根据下述材料，拟写一份请示。

××省外资局拟于××年12月10日派组(局长×××等5人)到美国纽约市××设备公司检验引进设备。此事须向省政府请示。该局曾与对方签订过引进设备的合同,最近对方又来电邀请前去考察。在美考察时间需20天,所需外汇由该局自行解决。各项预费用预算,可列详表。

18. 本书的"报告"实例《××州人民政府关于连续遭受大暴雨、泥石流灾害的情况报告》的结尾称:"我们将另文请示省政府派工作组察看灾情,帮助解决亟待解决的困难。"请根据报告的内容,以××州人民政府的名义,给省政府写一份请示。

第三编 经济管理报告文书

第五章 计划和总结

第一节 计 划

 撮要

1. 计划的目标、措施、步骤、要求、责任者和时间安排等都要写得具体、明确、实在,便于执行和检查,发现问题,也便于修订和补充。
2. 要充分考虑计划的可行性,做到反复论证,从多种计划方案中择优,实事求是地确定计划的目标和任务,并适当留有余地。
3. 规划、纲要、安排、打算、设想、要点、意见、方案等都是计划的不同呈现形式,要区分它们之间的差别灵活行文。

一、计划扫描

计划是党政机关、企事业单位、人民团体和个人对一定时期内要进行的工作或要完成的任务预先作出安排时使用的一种事务性文书。有了计划,就可以明确奋斗目标,合理地安排人力、财力和物力,减少盲目性,增强自觉性,发挥各级人员的积极性。它对学习、工作和生产有重要的指导、推动和保证作用。针对性、预见性、可行性是计划的主要特点。

计划虽然不是正式公文,但在计划制订的单位、部门管辖的范围内,具有一定的权威性,它要求所属人员必须执行。如果计划经过法定的会议或通过法定代表人的批准,就具有正式文件的效力,故亦可称之为准公文。

计划是一个统称,常见的还有规划、纲要、安排、打算、设想、要点、意见、方案等名称。在选择使用时,要考虑它们在范围大小、时间长短、内容详略以及成熟度等方面的差异。一般地说,预定在短时间、小范围内要做一些具体的事情,可用"安排",而对其中的指标或措施等考虑得还不很周全的则可用"打算"。"规划"、"纲要"是比较全面的长远的发展计划,内容比较概括。"设想"是初步的,提供参考的未成型计划。"方案"、"要点"、"意见"往往是领导机关向所属单位布置一定时期的工作,交代政策,提供工作方法时使用,侧重于原则性指导。其中,"方案"对某项工作,从目的要求到方法步骤都要作出全面的安排。

从写作上看,计划有条文式、表格式、图画式、混合式等形式。

二、计划写作指要

(一) 要服从大局

我们制订计划的目的,是为了更好地贯彻和执行党和政府的有关方针政策,把上级政策与本单位、本部门的实际结合起来,圆满完成各项任务。因此,在制订计划时必须贯彻下级服从上级、局部服从全局的原则,自觉地把本单位、本部门的小计划纳入国家和上级机构的大计划之中,正确处理好局部与整体、当前与长远、个人与集体的关系。这样,计划符合正确方向,就能充分发挥积极作用。

(二) 要实事求是

制订计划,一定要从本单位、本部门的实际出发,既要尽力而为,又要量力而行。因此,编制计划前一定要做好调查研究,认真分析现状及各相关因素,根据现有的人力、物力、财力来考虑问题。切忌采用"倒口袋"的方法,照搬照抄上级主管部门的计划,致使计划严重脱离实际。由于计划是事前订的,随着客观情况的变化,可能要进行修改、调整和补充,所以制订时要有一定的灵活性,必须留有余地。

(三) 要具体明确

计划的目标、措施、步骤、要求、责任者和时间安排等都要写得具体、明确、实在,这样才便于执行和检查,发现问题,也便于修订和补充。有的工作任务还须按层次分出大小项目,每一项都要写清楚需要做哪些具体事情、完成的时限、具体分工等。当然,每一时期只能有一个中心工作,因此计划写作时要注意突出每一时期的重点,避免报流水账似的泛泛而谈。

(四) 要有开拓精神

社会在进步,时代在发展,任何一份好的计划都应对未来具有挑战性,有助于不断开创新局面。计划是对未来工作的安排,反映了预测和决策的结果,因此,必须具有符合时代、符合社会发展状况的前瞻性、想像力和开拓进取精神。

(五) 要简明扼要

计划一般都分条列项来写,以叙述和说明为主,语言要简练明确,切忌琐碎空洞。行文上要力求条理清楚,朴素自然,讲求实用,不能铺陈花哨。

三、计划的结构和写法

一般的日常计划,在写作上比较灵活、自由,但以文件形式下发或上报的计划,则在写作格式上有一定的要求。不论采用何种写作形式的计划,一般都由标题、正文、结尾这三部分组成。

(一) 标题

计划的标题即计划的名称,应居于首行正中,字体可大一些。它通常由制订计划的单位名称、计划的时限、计划的内容和计划的种类四部分组成。如《××药材有限公司 2007 年度新产品开发计划》、《××大学 2007—2008 学年第一学期教学工作安排》。若发文纸上已印有单位名称,或计划结尾处写上单位名称,则标题中的单位名称可以省略。如果计划还未经正式讨论通过,是征求意见稿或讨论稿,就应在标题后用括号注明"草案"、"初稿"、"供讨论用"等字样。

(二) 正文

正文是计划的内容,也是计划的主体,从第二行空两格写起。这部分要围绕"做什么"、"为什么做"、"怎样做"、"做多久"进行表述,要求具体明确,主次分明,条理清晰,简明扼要。

1. 前言

前言是计划的灵魂和总纲,主要说明制订计划的依据或目的,即说明为什么要制订这个计划。它包括上级指示、指导思想以及今后总的工作任务等等。文字要求十分简练。例如:"遵照上级指示,今年我厂要发动全厂职工深入、广泛地开展增产节约运动,努力增加产量,不断提高质量,降低消耗,增加积累,用最少的物化劳动为社会主义多作贡献。我们的奋斗目标是:全年变压器比去年增产 28% 以上,费用节约××万元。"这段前言,简要地说明了制订计划的依据和奋斗目标。有的前言是在对本单位目前基本状况简要介绍后,就如何做好下一步工作作概要的说明。前言部分的末尾常用"现制订计划如下"、"为此,本年度要抓好以下几项工作"等句过渡到下文的计划事项。

2. 任务和目标

这是计划的主要内容。任何一份计划都要根据需要和可能,提出一定时期的具体任务和目标,也就是明确规定"做什么"。计划的任务、目标要写得具体、明确,突出重点。计划中表示数量、质量、工作步骤、时间进程等内容,切忌模棱两可,责任不清。"大概"、"左右"、"尽量"、"有所"、"可能的情况下"等等模糊语言尽量不用。否则,任务和目标的弹性太大,计划就不易落到实处。对那些不能用具体数字表达的工作任务,如精神文明建设、素质教育等,也要有具体、明确的要求,比如主要抓哪几方面的工作,应达到什么程度等。

3. 步骤和措施

任务和目标确定之后，就要解决"怎样做"的问题，也就是要根据实际条件，确定工作方法和步骤，采取必要的措施，以保证计划任务的完成。计划的步骤安排要科学、合理。要确定先做什么，后做什么，主要抓什么，次要抓什么，一项工作分成几个阶段来开展，以及在何时完成各项任务，各阶段如何衔接等。有了时间和程序上的安排，还必须采取切实有力的措施。比如，组织领导的加强，有关部门的配合，人员、制度的保证，人力、财力、物力的合理配置等等。

4. 有关事项

计划正文假如还须写入相关的内容，如检查、评比、修改办法等，可以放入"有关事项"中加以明确。

（三）结尾

结尾的内容一般包括在执行计划时应注意的事项，有关说明，或者提出要求、希望、号召等。最后写明制订计划的单位或部门的名称及日期。如果已在标题中写明，则可省去。

四、实用示例

☞【例文一】

××××厂
××年度核定流动资金定额的工作计划

根据上级关于核定流动资金定额的通知精神，现提出我厂核定××年度流动资金定额工作的计划如下：

一、目的和要求

在去年核资的基础上，结合增产节约运动中揭露的问题，发动群众挖掘资金潜力，按照正常生产最低需要的原则，以及加速资金周转的要求，从紧核定资金定额。通过核资，认真建立健全制度，进一步提高企业管理水平。

二、措施和方法

这次核资采取分级归口、自查自核，专业部门协助的办法进行。具体做法是：

1. 定额的计算，以第一季度生产计划为依据。

2. 一切不参加正常周转的呆滞、积压物资和供、产、销各个环节不正常因素所需的额外资金，不包括在核定范围之内。

3. 凡是原材料供应方式、地点、价格发生变动，产品生产周期和存放期限变化，或者销售条件和结算方式的改变，均据实予以调整。

  4. 供应正常,可以保证供应或有其他代用品的原材料物料,一律不计算保险日数。

  5. 各项定额均需分项计算,并计算系数。如:纸张应分品种计算;油墨应分书版墨、色墨、一般墨及高档墨计算;一般原材料和辅助材料应分小类计算。

  三、时间安排和步骤

  总的时间为一个月,自即日起到×月×日止。分三步进行:第一步,各部门自查自核,财务科配合协助;第二步,全厂平衡,汇总上报;第三步,建立健全制度,深入动员,做好执行定额的思想准备。具体安排如下:

  1. ×月×日至×月×日各部门准备资料,发动有关群众讨论,自查自核。

  2. ×月×日至×月×日财务科内部测算,开始拟订资金归口管理办法。

  3. ×月×日至×月×日财务科综合平衡,上报方案,各部门酝酿讨论资金归口办法,开会听取汇报。

  4. ×月×日至×月×日向上级办理资金交拨,公布资金归口办法。

××××厂
××年×月×日

  【简析】本例是一份常见的条文式专题计划,内容是关于核定流动资金定额。标题完整地包括了单位名称、计划时限、计划内容和文种名称四项。计划开头以简洁的文字交代了制订计划的依据和内容,接着依次写了该计划的目的和要求、措施和具体做法、具体步骤和时间安排。全文主旨明确,条理清晰,语言简洁,写法很具典型性。

☞【例文二】

××公关学会公共关系培训班面授辅导安排

时间	辅导课程	主讲人	其他事项
10.29 下午 1:30—5:00	公关学概论	×××	发第一期教材
11.12 下午 1:30—5:00	公关应用文	×××	
11.26 下午 1:30—5:00	公关实例分析	×××	发第二期教材
12.10 下午 1:30—5:00	商业谈判导论	×××	
12.24 下午 1:30—5:00	企业文化	×××	发第三期教材

说明:

上课地点均在××商学院三楼301教室。

培训班教务联系电话:教务问题:51266643-108 51268320 ×××

         教学问题:51266643-415 51268328 ×××

【简析】这是一篇表格式加说明的计划。该计划标题完整,事由概括准确。正文部分由于事情比较简单,采用了表格形式。使用表格式计划,清楚、醒目、实用,而且可以节省许多连贯、过渡性的文字。说明部分表述细致、准确,可操作性强。

第二节 总 结

撮要

1. 总结既是对已经完成的工作进行全面回顾、分析、评价、研究,又是希望从这个过程中找出规律性认识的书面文体。

2. 找出规律性的认识是写总结的难点和重点,关键在于认真分析实践活动中的主要矛盾和矛盾的主要方面。

一、总结扫描

所谓总结,就是对过去一定时期内的实践活动或某一方面工作进行回顾、分析、评价。它可以帮助人们减少失误,少走弯路,正确认识经济发展规律,也有利于有关部门和领导提高决策过程的科学性。总结具有阶段性、实践性、理论性和概括性的特点。

作为日常应用文书,人们常常把总结与报告联系在一起使用。其实,两者的区别还是十分明显的。首先,报告属于公文的一种,而总结仅是一般的事务文书。其次,报告对做过的工作一般只叙述(即"做了什么"),而不作议论评价;总结则必须进行讨论,作出评价(即"做得怎样","为什么会这样")。再次,报告在反映情况的基础上可用较大篇幅来写建议或意见;而总结则不能这样写,但总结有介绍经验的功能。当然,报告与总结在汇报工作这一点上,功能是一致的,而且表达方法也基本相同。

总结也是一个统称。在日常工作、学习中还有"小结"、"情况"、"体会"、"回顾"等名称。从总结的实际要求和内容看,一般可分成综合性总结、专题性总结和个人总结三种。

(一)综合性总结

综合性总结也叫全面总结,是单位、部门或个人对一定时期内各项工作的全面回顾。如《××市2006年国民经济和社会发展计划执行情况》、《××学院2006—2007学年第二学期工作总结》等。写这类总结,既要顾及全面,又要注意突出重点。这种总结往往要求作者掌握较全面的情况,并具有较高的分析问题和判断问题的能力。

(二)专题性总结

专题性总结就是对在一定时期内完成的某一项工作或针对某一具体问题作出评

价、结论,对所取得的典型经验进行专门总结,故亦称为经验总结。这种总结内容集中、单一,特色鲜明,要求概括出规律性的东西,使之对其他单位、个人能起到指导、启迪、借鉴、参考的作用。如《从落实责任制入手 加强企业管理基础工作》、《租赁经营责任制试点工作总结》等。

（三）个人总结

个人总结着重总结个人在某段时期的思想、工作或学习情况。个人总结,贵在写实。肯定成绩要具体,选材要典型,分析要深刻,尤其要写出取得成绩的基本做法、经验、体会等。对于缺点和不足之处,也应实事求是地举例说明并找出原因,以便吸取教训,有效地克服缺点,取得更大的进步。

二、总结写作指要

写总结,应注意以下四点。

（一）要广泛收集材料

总结要靠大量的材料特别是事实材料来支撑。因此,写好总结的关键在于掌握实践活动的全过程,占有可靠、有说服力的材料。比如,各种具体事例、有关统计数字、报表以及有关会议记录、简报、经验介绍等。材料占有充足,才能使总结写得全面、客观、公正。

（二）要实事求是

一是要以客观事实为依据,用"一分为二"的观点来分析实践活动。要全面地看问题,既要充分肯定成绩,又要看到存在的不足,既看到现象,又揭示本质。一切从客观实际出发,如实反映事实情况,绝不能报喜不报忧。要恰如其分地评价成绩。一就是一,二就是二,既不夸大,也不缩小。要注意防止将经验"拔高"或绝对化,更不允许"移花接木",弄虚作假。

（三）要突出重点

总结具有很强的针对性。要紧扣实践活动,在系统、全面的回顾分析中,突出重点,抓住关键问题深入分析研究,找出成败原因,揭示客观规律,写出"自我"的个性特点。切忌主次不分,面面俱到,浮光掠影。要认真分析研究实践活动中的主要矛盾和矛盾的主要方面,取得的主要成绩和存在的主要问题,力求引导人们从理论高度来认识过去的实践活动。

（四）要学会摄要

摄要,就是概括、归纳要点。写总结,要注意使用篇首摄要和段首摄要。篇首摄要是全文的纲领,要用准确、简练的语言勾勒出总结的概貌。段首摄要是每一段的要点的体现,也必须用心提炼。

此外,在语言的运用上要做到质朴、简明、准确,措辞要有分寸,力求恰如其分。

要尽量避免使用"原则上"、"大体是"、"一定程度上"、"可能"、"一般地"等模糊语言。

三、总结的结构和写法

一篇完整的总结一般包括标题、正文和落款三部分。

（一）标题

标题，即总结的名称，大致有三种写法。

1. 公文式标题

它类似于行政公文的标题，主要由单位名称、时间期限、内容范围、总结种类四部分构成。这种标题通常用于工作总结，如《××公司2007年第一季度财务管理工作总结》、《2006年××省商业工作情况》。根据实际情况，标题中的单位名称或时间或内容有时可以省略，如《建国以来经济改革的回顾》、《财政部关于会计干部技术职称评定工作的检查总结》、《全国统计执法大检查总结》等。

2. 文章式标题

这种标题多用于经验总结。标题的拟制比较灵活，大都无"总结"两字，而以"怎样"、"回顾"、"经验介绍"等字眼来提示总结的文体，如《我们是怎样打开市场销路的》、《试办工商联合企业回顾》等。有的用短语或句子直接揭示总结的主旨，如《加强金融监督 防范金融风险》、《坚持向财务管理要效益》、《食品卫生工作要做到经常化》。

3. 新闻式标题

这种类似新闻标题的写法分正标题和副标题。正标题概括总结的主要内容，副标题则显示文体特点，如《严肃党纪国法，推进反腐倡廉——外经贸党委专项整风总结》、《薄利多销 保质保量——××市为民饮食店先进经验介绍》、《摸准脉搏 提高实效——加强和改进企业思想政治工作中的一些探索》。

（二）正文

总结的正文，一般包括前言、主体、结尾三个部分。

1. 前言

前言，即正文的开头部分，主要是通过对所总结对象基本情况的概述，让人先有一个总体的印象，引起兴趣，得其要领。如："荣获国务院嘉奖的全国先进单位、××市××百货商店，是一个只有20名职工、150平方米营业面积、经营2 000多种普通商品的小型商店。商店虽小，贡献却大，他们在增产节约运动中，既注意研究市场的供求规律，力求把生意做活，又讲求经济效益，重视点滴节约，增加盈利，做出了显著成绩。"这段前言介绍了××百货商店的一般情况，又突出了它取得的成绩经验，产生了开门见山、夺人眼球的良好效果。

前言常采用以下五种写法。

（1）概括式。简要介绍基本情况，但要注意突出中心。

（2）提问式。针对总结的内容提出问题，引起人们的注意。

（3）结论式。开篇就摆出总结的结论，重点介绍经验或概括工作成绩。

（4）对比式。将前后情况进行对比，突出成绩，引出下文。

（5）提示式。只对工作内容、范围等作提示性、概括性的介绍。如："今年以来，我们按照上级对干部进行警示教育的要求，在搞好本部门干部警示教育工作方面，做了以下几项工作。"

2. 主体

主体部分是总结的核心，要对前言所述的基本情况具体展开，主要包括成绩、经验、体会、问题、教训等内容。不管什么类型的总结，主体部分都要做到主旨鲜明，内容充实，材料典型，层次清楚，语言通俗、流畅。力求条理清晰，观点突出。在表达方式上，一般多采用设小标题或分条设项的写法。篇幅较短的总结，可不设题分条，但也应尽量采用段首撮要的办法。

（1）取得的成绩。所谓成绩，是指在工作实践中所取得的物质成果和精神成果。成绩要写得具体、实在，要用准确无误的事实材料和必要的统计数字加以说明。

这部分的内容，在写作上可分条叙述，也可以放在一节中，但应注意分层交代。一般来说，偏重情况汇报的总结，取得的成绩可写得详细些、具体些，而偏重经验介绍的总结则可以写得简略些、概括些。

（2）主要经验。这部分具体介绍做法或经验，分析取得成绩的原因，从中引出规律性的认识。在写作时，一要突出个性特点；二要注意经验的"可操作性"，即要把采取的措施、方法、步骤、应当解决的重点难点问题、应该注意的关键环节等介绍清楚。

（3）问题或教训。所谓问题，是指在实践活动中应该做到而未做好，或未做完的工作，或尚待解决的问题。所谓教训，是指由于种种原因产生过失、错误，造成损失而得出的反面经验。这部分内容虽然不是总结的重点，但也不应忽视。对工作或学习中存在的问题，实事求是地加以分析，有利于今后避免或改进。当然，这部分的文字，一般不宜过长。

3. 结尾

总结怎样收尾，要根据总结的类型、内容、发文对象与场合而定。有的是自然收尾，主体部分写完就此搁笔；有的是总结前文，点明主旨，展示未来，以资鼓励；有的则是用一分为二的方法，肯定成绩，正视不足，扬鞭自励。如《实行目标成本管理 不断提高经济效益》的结尾部分："我厂在实行目标成本管理以来，做了一些工作，也取得了一些成绩。但对照上级领导对我们的要求，与先进单位相比，还有一定差距。我们决心不断克服自己的弱点，虚心学习，进一步强化管理，全面完成各项技术经济指标，为国家现代化建设多作贡献。"

在结构安排上,正文的写作大致有如下几种形式:

一是横式结构,就是按逻辑关系将有关内容分成并列的几个方面,相互间既有相对的独立性,又有密切的联系,它们同时阐述经验体会。例如,《××大学积极有效推进基层党建工作》一文,着重总结了××大学党委以机制创新为先导,以教学、科研为中心,以党建主题活动为抓手,保证和提高基层党建工作有效性的四点经验:(1)突破基层支部建设难点,做好"围绕"、"渗透"文章;(2)重点抓好学生支部建设,加强"示范"、"辐射"作用;(3)开展组织创新探索,拓宽"教育"、"荐优"渠道;(4)抓住制度建设根本,落实"建制"、"责任"措施。全文围绕中心,从不同的角度进行有事例、有数字、有分析的阐释,给人以较大的启迪。

二是纵式结构,即按照事物的发展过程,层层递进地介绍经验体会或具体做法。用这种结构方法安排材料,一般要把整个工作或活动过程分成几个阶段,然后对每一个阶段的情况进行分析总结,从中提炼出经验或体会。

三是纵横交叉式结构,这种安排材料的方法是,既考虑事物的发展过程,又注意内容的性质和逻辑关系,做到纵横交织,事理结合。比如,在横式结构中,就并列中的某一方面的工作,可按事物发展的过程进行总结。同样,在纵式结构中,也可以将其中某一阶段的几项工作分别展开总结。具体采用何种写法,应视总结内容的表达需要而定。

(三)落款

落款包括署名和日期两部分。署名须用单位全称,可以署在文后右下方,但通常置于标题之下。如果在标题中已体现总结的单位,则末尾可不具名。个人总结在标题中一般不予体现,可在正文末尾的右下方具名。日期一般都标于文后右下方,但也有置于标题之下(用括号括起来)的。

四、实用示例

☞【例文一】

从落实责任制入手加强企业管理的基础工作

××钢铁公司

前几年,我们公司建立了工人岗位责任制和干部职务责任制,对于克服职责不清和无人负责的现象,起到了较好的作用。但是,没有明确每项工作要干到什么程度,达到什么标准,结果衡量没尺度,考核没有依据,往往是责任制写在纸上,贴在墙上,执行不执行一个样。工人们反映,这样的责任制好像"橡皮尺子",可长可短,不好衡量,容易流于形式。事实说明,生产水平越高,越要落实责任制,把基础工作搞扎实。

制订岗位考核标准

我们对全公司劳动管理和岗位责任制的现状进行调查,摸清情况,然后根据各厂赶超国内外先进水平的目标和多快好省的要求,制定了工人的岗位考核标准和干部的办事细则,要求做到"全、细、严"的要求。所谓"全",就是工人的标准要有七项内容:产量、质量消耗指标;技术操作指标;事故控制标准;设备维护标准;文明生产标准;限额领料金额和劳动纪律规定。干部办事细则必须有四个方面:分管的指标必须完成;分管的基础工作必须健全;专业分析必须及时、准确;业务工作必须取得成效。所谓"细",就是:按工人岗位确定标准,每个岗位都要订出几条标准;每个干部都要把所承担的业务,一项一项地订出办事程序、协作关系、时限与完成程度。所谓"严",就是制定岗位标准与办事细则,不能迁就现状,而是要按照创水平,攀高峰的要求来制订,不仅要有"定向"的要求,而且要有明确的数量、质量、时间的要求,要能够据以考核。

严格按标准进行考核

制定出岗位考核标准后,我们坚持从严考核,用一整套的定额、计量、原始记录和统计,精确地计算每个岗位的生产效果,科学地分析每项技术操作,使各项经济活动和生产技术操作规格化、标准化、最佳化。各厂矿对工人普遍实行了班统计,日公布,周分析,月总结的制度;干部按人建立考核手册,按日登记办事细则完成情况,按周由上一级领导签字记分,按月用百分制进行计算。这样使考核的过程,变成技术分析的过程,班组经济核算的过程、竞赛评比的过程。有了这套考核办法,既可以有节奏地组织生产,又做到了好坏分明、功过有别,为实行奖惩和升级提供了可靠依据。

通过坚持按标准的严格考核,每一干部、工人都自觉地各尽其责,使企业管理和生产建设都出现了新气象。去年三十项可比指标,全部超过历史水平。其中,六项指标进入世界先进行列,十六项指标夺得国内同行业冠军。

根据考核结果实行奖惩

在严格考核的基础上,我们把考核同奖惩紧密结合起来,根据考核结果,做到赏罚分明。

我们在发放利润提成奖时,根据在赶超先进水平,实现优质、低耗方面是否有成绩;在降低成本,完成订货合同、实现内部利润等方面经济效果是否显著;在企业管理基础工作是否扎实等三个方面,为每个厂矿评定分数,按得分多少把厂矿分为贡献突出单位、成绩较好单位、完成任务单位、工作较差单位四类,并分别按四种标准领取奖金。各厂矿在把奖金分到人时,还要根据平时考核,按贡献大小、能力高低、劳动态度三个方面,对每个职工评定分数,按分计奖。工人们说过:

过去发奖,"不是一人一勺汤",就是领导凭印象。现在是奖多奖少看贡献,贡献大小有考核,有赏有罚心明眼亮。过去有事大家"推着转",现在人人抢着干,出满勤、干满点的越来越多,泡病假、混日子的越来越少。过去许多单位争着要人,现在变成争着减人。

实践说明,制定岗位考核标准,严格按标准进行考核和根据考核结果实行奖惩三位一体,是落实岗位责任制,把企业各项管理基础工作进一步扎根基层的行之有效的办法。

××年×月×日

【简析】这是一篇介绍落实责任制经验的专题总结。全文分两部分:第一部分情况概述,用简明的文字交代建立责任制这项工作的背景,指出落实责任制,搞好管理基础工作的重要性。第二部分经验体会,分成三个小标题详加叙述,每一段既有做法,又有效果,条理井然,给人以明晰的印象。

本篇总结在写法上颇有特点。一是结构安排紧紧围绕主题,体现了事物的内部联系。主体部分三个层次环环扣紧,符合落实责任制这项工作的全过程。二是介绍经验、做法,先后有序,明确集中,重点突出。如先要制定考核标准,对"全、细、严"的要求作了详细解释;再讲从严进行考核,介绍了具体做法;最后总结实行奖惩制度,赏罚分明,效果明显。这样介绍,便于学习、借鉴。三是语言简洁、明快,没有空话,还注意适当运用工人群众的生动语言。

☞【例文二】

我的年度工作总结

沈××

××年,我在××县税务局××税务所担任税务专管员期间,主要负责所辖12户集体企业的税收征收管理工作。在所长的正确领导和税务所其他同志的帮助支持下,超额完成了税务所分配给我的税收任务,同时在思想、业务能力等方面也都有了一定的提高。现将主要情况总结如下:

一、一年来的主要工作和成绩

一年来,围绕做好税收工作,我主要做了以下几项工作:

(一)认真学习税法,熟悉税收管理制度,虚心向老税务工作者学习征管方法,业务水平和工作能力有了较大提高。

我是去年从××商学院毕业后参加工作的。通过一年多的工作实践,我深感自己的业务水平和工作能力与实际工作需要很不适应。今年年初,我就有针对性地制定了尽快提高自己业务水平和工作能力的计划。一年来,我利用业余时间,结合工作实际,系统地学习了国家规定的有关税收法规、征收管理制度以及工业会计、商业会计等,使自己依法办税的能力有了较快较大的提高。目前,我已能熟练、准确地对企业进行纳税辅导,审核企业申报的《纳税鉴定申报表》、《纳税申报表》等,正确指导和帮助企业执行税法和履行各项税收管理制度。针对部分企业办税员由于办税水平低、填报《纳税申报表》问题较多,我专门对这些办税员进行了如何填写《纳税申报表》的辅导。同时,针对一些企业财会人员业务水平低,企业财会制度不健全的问题,我采取分别辅导和帮助的办法,帮助存有问题的企业的财会人员提高了业务水平,协助一些企业健全了财会制度。通过上述工作,我所管辖的12户集体企业的纳税工作有了显著改变。在年底县局组织的检查中,发现存有问题的企业只有2户,受到了县局的好评;我个人的业务水平也有较快提高,在10月份县局组织的税收专管员业务竞赛中,获得二等奖。

另外,我还非常注意虚心向老税务工作者学习。凡在工作中遇到问题,我总会主动向所里从事了十几年税务工作的老专管员李××求教。为了更好地向李老师学习征管艺术,从今年年初起,我在完成本职工作的基础上,经常抽出时间随李老师一同下厂,亲眼观察他在征管工作中的工作方法。如:如何进行纳税辅导、如何查账、如何指导企业建立健全财会制度。就连他如何与厂长、财务科长、办税人员的谈话艺术、一举一动,我都注意观察,使我确实受益匪浅。我由此初步学会了怎样处理好自己与企业的关系的方法,使企业主动配合自己做好税收的征收管理工作,并对我的工作给予了好评,这对提高我的工作能力,作用是无法估价的。

(二)严格要求自己,廉洁办税,热情为企业排忧解难,维护国家税收人员的形象。

我是税收专管员,长年累月与企业打交道,自己的一言一行,直接关系到税收人员的声誉。我在与企业的接触过程中,注意向企业宣传税法的严肃性,强调以法办税。所以,我管辖的12户企业,多数税法观念较强。一年来,没出现向我行贿送礼的问题。但是,一些其他问题却时有发生,但我都能注意妥善处理,维护国家税收人员在纳税人心目中的形象。如有时下企业办税,由于路远和时间关系赶不回所里吃饭,我总是提前向企业打招呼,要企业安排便饭,并强调不能特殊招待。由于提前打了招呼,企业对我也了解,每次都给我安排便饭,饭后我总是如数向企业结算饭钱。由于我和企业相处关系好,企业有时以福利的形式给职工分东西,也常想到我,但总被我婉言谢绝。有的实在无法处理,我也主动付钱。如今年中秋节前,×××厂给每个职工分葡萄5公斤、苹果15公斤、鸭梨

15公斤。该厂同样也给我分了一份,并没同我打招呼就直接送到县城我的家里。中秋节我回家过节,了解此事后,由于水果无法退回,节后,我首先向企业表示谢意,同时也谢绝了企业不要钱的决定,执意付了钱,并要求企业以后再不能这样做。由于我严于律己,企业也很尊重我,主动协助我依法办好税。

在搞好税收征收管理工作的同时,我还尽量帮助企业排忧解难,搞好促产增收。今年第一季度,×××厂成本增加,出现亏损。我发现后,多次深入该厂了解情况,和企业领导及财会人员进行会计分析,找到亏损的原因主要有两个因素:一是原材料进价高;二是原材料有浪费问题。我主动帮助企业联系购买了价格较低的原材料,并协助企业狠抓了解决原材料浪费的问题。第三季度,产品成本下降,实现利润10万多元。企业为表示对我的感谢,主动提出以咨询费的名义付给我×××元,被我婉言谢绝。第三季度,我还帮助×××厂解决了推销积压产品问题,使该企业的生产形势有了好转。除此之外,我在征收过程中,根据自己掌握的情况,经常主动向企业提一些合理化建议,有的被企业采纳,并取得了一定的经济效益。

(三)与所里其他同志团结协作,主动帮助其他同志做好工作,受到所里同志的好评。

一年来,我除了尽职尽责,努力做好我所担负的工作外,还能积极主动地参加所里组织的统一工作,主动帮助其他同志。今年6月,所里负责个体税收的王××的爱人生病住院,为了使他能安心照顾其爱人,我主动承担了他所管辖的个体税收征管工作。今年8月,所里针对一些车主、船主白天外出的特点,统一组织所里征收人员夜间征收车船使用税。我连续三夜参加了征收工作,和所里的同志将应征的车船使用税足额征收入库。

二、几点体会

一年来,我在工作中取得了一些成绩,但也发现了不少问题。如业务能力还不够强;"征理"水平与老税务工作者相比还有很大差距;对税收法规掌握还不够熟,时有差错发生等。通过对一年来主要工作成绩和存在问题的总结,有以下几点体会。

(一)税收工作是一项政策性非常强的工作,要做好这项工作必须做到依法纳税。因此,今后我要更加努力地学习税法和有关税收政策及其他经济政策。

(二)税收工作直接涉及征纳双方的利益,这是一项非常敏感的工作。作为税收人员,既要依法办税,又要处理好与纳税人的关系,因此必须努力提高征管艺术,这也是我今后要努力钻研的问题。

(三)税收的法制化、规范化管理,是通过特定的税务文书实现的。按税收法规规定程序,熟练准确地制作各种税务文书,是依法办税的一个重要手段。而我在一些税务文书的制作上,还存在一些问题,这也是我今后应努力的方向。

×× 年 × 月 × 日

【简析】本文的最大特点是务实。作者能紧密围绕自己从事的税收工作的实际,用典型事例结合自己的感受进行认真回顾,实事求是地肯定了成绩,找到了不足,明确了今后的努力方向。全文重点突出,条理清晰,语言质朴,格式规范,是一篇写得比较好的个人总结。本文的不足之处是遣词造句推敲还不够,行文似感拖沓。

 实践练习

1. 规划、设想、打算、要点、方案之间有何不同?
2. 阅读下文,然后回答文后问题:

××××商场××年下半年促销规划

为了繁荣商品市场,促进我市经济发展,特制定本商场今年下半年的促销计划如下:

一、按照市商业局下达的商品销售利润指标,国庆期间开展大规模的让利促销活动。

二、在此次促销期间,各部门要通力合作,凡成绩突出者,商场将予以精神和物质奖励。

三、全体商场工作人员必须认真遵守本商场制定的文明服务公约,使顾客满意率达到99%以上。

望党、团员起带头作用,全体职工共同努力,确保本计划的完满实现。

××××商场
×× 年 × 月 × 日

问题:

(1) 本计划标题存在什么问题?请改正。
(2) 本计划的前言缺漏了什么?请修改。
(3) 按照这个计划能否完满实现下半年的促销工作?为什么?

3. 下面是一份基层单位的工作计划,内容不够完备,结构上也就存在一些问题。请根据计划的写作要求,修改下文。

××年××科第二季度工作计划安排

为了更好地对街道建筑施工企业进行管理,使这支队伍走上正轨,成为我行建设的一支生力军,特制订第二季度工作计划如下:

1. 要严格按照市政府的文件精神,对未到我行开户的单位,会同主管部门督促尽快到我行开户。

2. 对已经到我行开户的单位要全面调查,摸清基本情况,搞清楚其承包能力。

3. 帮助管理制度不健全的单位建立健全各项管理制度。

> 4. 做好召开街道建筑企业财务工作交流会的准备工作。
>
> 以上是第二季度工作计划,希认真执行。
>
> ××××银行××支行××科
>
> ××年×月×日

4. 总结与报告有何区别?
5. 总结的正文结构安排有哪几种形式?
6. 下列四段总结"前言"各属何种写法?有何特点?

(1) 武钢是新中国成立之后建设起来的大型钢铁联合企业,20世纪70年代从国外引进了1.7米轧机系统。1989年末已拥有固定资产总值66亿元,净值42.6亿元,职工12万人。三十多年来生产建设一直在向前发展,特别是党的十一届三中全会以来的十多年来里,企业面貌发生了深刻的变化,走出了一条坚持社会主义方向的质量效益型的发展道路。

(2) 一要改革,二要发展,这是当前成人教育面临的两大问题。怎样改革?如何发展?两者是什么关系?对这些问题必须认真思考,给予正确的回答。

(3) 我校是一所普通初级中学,学生入学时基础比较差。如1999年入学的新生,语文、数学两科总分都在100分以下。一半以上的学生两科总分不到40分。这给教学工作带来很大的困难。为了迅速扭转这种局面,我们狠抓教学管理,大力调动广大教师积极性,教学质量有了明显提高。上述学生共344人,经过三年的教育培养,2002年毕业后,3/4以上考上了中专和高中,其中不少人还进入了重点高中。

(4) 根据国务院××年5月26日在大兴安岭召开现场办公会议的决定,国务院大兴安岭恢复生产、重建家园领导小组于5月29日开始工作。经过调查、研究、规划、设计和制订方案,恢复重建工程于6月上旬开始施工。至10月8日,共完成房屋建筑面积55.2万平方米(已验收48万平方米),其中住宅已完成并验收37.6万平方米。预计到10月中旬可完成房舍58.6万平方米。其中住宅43.2万平方米,比原定计划超额完成3.8万平方米。被大火烧毁的生产设施,包括大型贮木场、铁路专用线、公路桥梁、动力线路和通讯线路等,已全部恢复、重建起来。

7. 请指出下列总结中存在的问题。

上半年工作总结

半年来本乡在精神文明和物质文明方面做了许多工作,取得了很大成绩。半年来,主要做了以下工作:动员组织乡、村干部和广大群众学习中央一号文件;安排、落实全年生产计划;推行、落实承包合同制;帮助专业户发展;修建乡小学校舍;建乡食品厂方便面生产车间厂房;推销乡果脯厂、食品厂、编织厂的产品;为乡机械加工厂解决原材料不足问题;美化环境,街道两旁栽花种草;封山植树;办了一期果树栽培技术培训班;健全了乡政府机关,调整了工作人员,开始试行乡干部招聘制。

半年来,在工作繁杂,头绪多而干部少的情况下,能做这么多工作,主要是:

一、上下团结。乡领导和一般干部能同甘共苦,劲往一处使。工作中有不同看法,当面讲，共同协商。互相有意见能开展批评和自我批评，不犯自由主义。例如，经管科同志对乡长不同他们商议，擅自更改果脯厂奖励办法，影响产量一事有意见。经当面提出，乡长接受，做了自我批评，并共同研究了新的奖励办法，使产量又有增加。

二、不怕困难。本乡企业刚刚起步，困难很多，技术力量薄弱，原材料不足；产品销路没打开等等。为此，经管科的同志和全乡干部共同想办法，他们不怕跑路，不惜自己的休息时间，忍饥受冻，四处联系，终于解决了今年所需要的原料，推销了一些产品。

三、领导带头。乡里的几位主要领导带头苦干、实干。他们白天到下边去调查了解情况，解决问题，晚上才开会，研究问题，寻找解决的办法。领导干部夜以继日地工作，带动了全乡工作。

8. 认真阅读并比较下列两份总结的"措施"，谈谈其优劣。

（1）

……

第二，切实认识到了环境保护的重要性，并采取了一些行之有效的措施。保护环境，维持自然生态系统的良性循环，是社会再生产得以长期持续、稳定、协调发展的最基本条件，环境是资源，是社会和经济存在和发展的物质基础。经济发展在很大程度上受到环境资源条件的制约，不保护好环境就会带来水土流失、水资源的污染、森林的破坏、草原的沙漠化的严重后果，这些都会使工农业生产的基础条件恶化。恩格斯在《自然辩证法》中说："美索不达米亚平原……的居民为了想得到耕地，把森林都砍完了。但是……今天这些地方竟已成了荒芜不毛之地。"我们在过去的几年中，切实注重了这项工作，并收到了良好的效果。

（2）

……

制定和完善文化市场管理的各项法规，使管理工作有法可依，只有这样，才能避免过去管理过程中存在的随意性行为。近两年来，市政府先后制定了《图书报刊市场管理条例》、《关于营业性舞厅、音乐茶座暂行规定》等。

设立机构，加强执法。有了法规，如何有效地执法就成为关键。根据实际需要，市政府组织成立了"市图书报刊市场管理处"、"市文化稽查队"，对图书市场、演出市场、娱乐场所进行监督检查，负责查缴非法、黄色出版物。执法机关还对严重违法者进行刑事处理。

繁荣、扶持健康读物，做到既有限制、清理，又有建设。几年来，出版部门先后出版《儿童文库》、《十六岁丛书》等大型丛书，丰富了青少年的生活，抵制了不健康出版物对青少年的毒害。

通过以上措施，大大优化了未成年人成长的社会环境和文化环境。

9. 评析下面这份个人总结，谈谈写总结应注意哪些问题。

2005—2006 学年我的个人总结

　　炎日当空,天上无一丝云彩,火辣辣的太阳简直叫人不敢出门,空中没有一点风,只有知了在树上不停地叫着,好像在说:"放假啦,放假啦。"又一学年过去了,我应该利用暑假对这一学年的学习情况作一些总结,以迎接新学年。

　　在这一学年里,我学习了成本会计、管理会计、审计原理、经济法、计算机应用、外贸会计、大学英语、应用文写作、体育、职业道德、概率论等课。其中,成本会计82分,管理会计86分,审计原理77分,经济法89分,计算机应用90分,外贸会计90分,大学英语72分,应用文写作68分,体育是中,职业道德是优,概率论是中。总的来说,成绩还是可以的,在班上属中等水平。其中,计算机应用和外贸会计成绩好些,而大学英语、概率论和应用文写作差些。下一学期,我要继续努力,争取取得更好的成绩,最好都在80分以上,这样就可以获得奖学金,减轻家庭的经济负担,更可以在择业时增加自己的实力。

××班　×××

2006年7月10日

第六章 市场调查报告和市场预测报告

第一节 市场调查报告

 撮要

1. 将收集到的第一手、第二手材料,根据不同性质加以归类,分成几个方面的经验或几个方面的问题进行分析、整理。

2. 要重视收集数字材料并对之进行分析,运用精确的统计数字来说明观点。

一、市场调查报告扫描

市场调查报告是运用科学的方法,就市场调查所获得的资料进行归纳、整理、综合、分析、研究后,作出恰当的结论而写成的书面材料。市场调查报告有利于掌握市场供求的现状,为决策机关制订供应总量计划和品种计划、合理组织市场供应提供可靠的依据;有助于生产企业开发新产品,开辟新市场;有利于提高经营管理水平,增强市场竞争力;有利于发展国内贸易和对外贸易。市场调查报告具有针对性、科学性、时效性和实践性的特点。

(一) 市场调查的内容

市场调查是市场调查报告写作的基础。市场调查的内容十分广泛,主要有以下几个方面。

1. 市场环境调查。市场环境调查,包括政治环境、经济环境、科学技术环境、社会文化环境的调查。政治环境,即国际、国内有关经济发展的规划、产业政策和法令条例等;经济环境,即工农业发展状况、人口及其增长情况、国民收入水平、资源、交通、能源等;科学技术环境,即新技术、新工艺、新材料的发展速度、发展趋势和应用情况等;社会文化环境,即思想观念、价值观念、生活方式、风俗习惯、宗教信仰、职业与教育程度、社会道德风尚等。

2. 市场需求调查。主要调查市场对本企业生产的同类产品的总需求量、影响市场需求的因素、消费者的数量和结构、不同地区、不同市场、不同季节、不同群体对本企业产品(商品)的品种、质量、花色、款式等的需求情况及层次变化趋势、潜在需求量及其投向等。除产品需求外,服务、旅游、文化娱乐等方面的市场需求也属调查内容。

3. 商品流通、销售方式及售后服务调查。这方面调查包括各种商品应选择的流通渠道、组织管理和机构设施,对各种商品所需要采取的供应方式、服务项目、各种推销手段的效果和反应等。

4. 商品情况的调查。也称产品情况的调查,包括商品生产的形势和库存,产品的市场寿命周期、新产品的开发、商品的市场占有率、覆盖率、时令商品的发展趋势,产品的成本、价格、利润等。摸清本企业产品与同类产品的销售市场状况、销售渠道、销售规模、广告宣传效果及费用等方面的情况,以便采取措施,改善管理,更新技术,提高质量,降低成本,扩大市场,使企业稳步发展。

5. 竞争对手的调查。主要包括竞争对手的数量、市场的占有率、市场竞争的策略与手段,以及竞争商品的品种、质量、成本、价格、包装、市场评价等。此外,还应调查潜在的竞争对手情况。

(二)市场调查的基本方法

市场调查的基本方法有全面调查法(普查法)和抽样调查法。主要形式有以下四种。

1. 观察法。调查者运用自身的感觉器官或借助科学的观察工具,观察调查对象的行为、言谈,推断他们的购买状况。在多数情况下,被调查者不知道自己处于被调查之中。

2. 询问法。用提出问题征求答案的方式,向调查对象搜集市场资料的方法。可以用口头、电话、问卷等形式了解情况。

3. 实验法。又叫试销法,就是在实验市场上试用或试销一部分产品,在此过程中征询对商品设计、包装、品质、价格、广告等意见。试销、试用、展销、看样订货会等都属此类。

4. 资料研究法。利用有关单位积累的现成资料、数据进行综合分析,从而得出某些结论。这种间接调查的方法可以弥补现场调查的不足,研究问题比现场调查更广泛,而且费用低廉。

二、市场调查报告写作指要

(一)要深入调查研究

要写好市场调查报告,调查研究是前提。要认真做好调查前的各项准备工作,拟好调查提纲。特别要学会采用各种调查方法,如开调查会、问卷调查、抽样调查、个别采访调查、统计调查等,以获取各种信息。

（二）认真收集、整理、选择材料

既要收集各种现有的书面资料，也要尽可能地直接取得市场第一手资料。要善于对调查来的分散的不系统的材料进行认真的综合分析研究和整理，进行一番"去粗取精，去伪存真，由此及彼，由表及里"的筛选加工，并根据材料的不同性质加以归类，分成几个方面的经验或几个方面的问题。要重视收集数字材料，注意数字和事实的配合使用。

（三）确定、提炼好主题

确定和提炼好主题，是撰写市场调查报告的关键。由于市场调查的目的、要求不同，其内容重点也各不相同。写作时必须根据写作意图，明确中心，突出重点，特别是影响市场发展变化的因素，市场的历史与现状，市场运行的规律，对经营管理与决策的意见或建议，不能不分主次，面面俱到。在确定主题时，要以调查材料为基点，力求反映和论证各种现实问题。要善于对数字进行分析，并运用精确的统计数字来说明观点。另外，还要注意运用对比材料来反映主题。

（四）语言力求准确、简练、朴实

准确，指阐述的观点应建立在材料真实、数据可靠的基础上，不任意拔高或贬低客观事实。简练，指不说空话、套话，不作不必要的引经据典，不堆砌材料，不把短文硬拉成长篇。朴实，指市场调查报告的文字通俗易懂，不堆砌辞藻，不玩弄新名词、新术语。

三、市场调查报告的结构和写法

市场调查报告的结构包括标题、前言、主体、结尾、落款几部分。

（一）标题

标题要根据市场调查的目的、内容和范围来拟定，做到与调查的内容相符。标题要精练、醒目。通常有两种格式。

一是公文式标题，其结构形式与行政公文标题基本相同。完整的写法应包括三个部分：调查单位、调查内容（或对象，并在前边加上介词"关于"）和文种，如《××公司关于儿童服装产销情况的调查报告》。也可省略调查单位，只写其余两部分，如《关于住房装修情况的市场调查》。

二是一般文章式的标题。其写法与一般记叙性文章标题相似，有以下两种形式。

（1）单标题。一般概括市场调查的内容或结论，如《波司登纳米羽绒服畅销北京市场》、《××市古旧书市的变迁》、《商品包装不容忽视》、《改革给××公司注入活力》。

（2）双标题。正标题标明市场调查所得到的结论，或概括调查者的观点、看法、论断，或直截了当提出问题等。副标题一般标明调查单位（区域）的名称、调查的内容（范围）和文种或直接指出调查对象的状况。副标题前应加破折号。例如，《家政服务业大有可为——关于××市家政市场的调查》、《沉重的"红色"消费——农村高价婚姻透视》。

（二）前言

前言写法灵活多样，文字上要求简明扼要。一般可以交代调查的时间、地点、对象、内容、范围、目的及所采用的调查方法等，也可以概括全文的主要内容和观点。前言力求有吸引力和启发性。

（三）主体

主体是市场调查报告的核心部分，内容主要包括调查的基本情况和笔者的基本观点、建议、措施。一般有基本概要、主体内容、市场变化趋势、对策建议等内容。

这一部分常见的结构安排有三种。

（1）纵式结构，就是按照调查的先后顺序或者事物发展的先后顺序来组织安排材料，如介绍产、供、销的具体情况的市场调查报告，可按事物发展的自然顺序，叙述市场发展变化的大致过程和变化规律。这种写法能把事物发展的来龙去脉阐述得很清楚，但应注意通过典型事例予以分析，避免平铺直叙。

（2）横式结构，就是把调查的材料和形成的观点，按照事实、问题的性质进行归类，或者按照调查研究得出的结论，分成几个部分进行分析，各个部分从不同角度为主题服务。这种写法，层次分明，观点鲜明、突出，经常为人们所应用。

（3）纵横式结构，即上述两种结构形式的综合，既考虑时间的先后顺序，又兼顾问题的分类，进行纵横交叉式的叙述和议论。这种结构形式可以把材料、观点与时间有机地结合在一起，主线是顺着时间发展的顺序，在叙述情况和说明问题时，却是横向展开安排材料，并适当议论。

（四）结尾

结尾部分或总结全文，重申主要观点；或展望未来，引起关注；或自然收束，不另作结。

（五）落款

应署作者姓名或集体、单位名称，以示负责。若在标题之下已有署名，则不必落款。

四、实用示例

☞【例文一】

现代流通助推新农村建设
——山东莒南调查
中华全国供销合作总社研究室

山东有个莒南县。那里的供销社把超市办进农村，大力发展综合服务，推进农业产业化经营，走出了一条以供销社网络优势融入社会主义新农村建设的成功路子。

把连锁超市办进农村社区

莒南县供销社所属企业 45 处，员工 6 600 人，在体制转轨过程中曾一度陷入困境。2002 年，县供销社领导班子经过深入调研后认为：城乡二元结构不仅表现在生产生活领域，更表现在流通领域。由于商业成本大，外资和城市大型商业无意或者无力将触角延伸到村，而供销合作社的主要阵地在农村，以现代流通方式对现有组织体系加以改造，供销社就可以全面提升农村流通水平。因此，在农村发展现代流通，对供销社是发展，对农民就是服务。根据这一认识，他们决定以现代流通方式改造传统经营网络，实施经营网络"十百千"工程，即在县城办 10 家大型超市，在乡镇办 100 家直营店，在村级办 100 家便民超市或农资连锁店。2004 年 9 月 19 日，第一家村级超市连锁店——淇岔河村开元超市开业，当天营业额就达 4 万多元。首战告捷使连锁店迅速发生连锁反应，不到两年时间，县供销社就在全县主要村办起了 990 多家农资连锁店和日用品超市，成为莒南农村一道靓丽的风景线。

在"十百千"工程实施过程中，莒南县供销社始终注意运用"龙头企业＋基层供销社网络"，搞好资源整合。一方面对天添乐、开元、华天等商贸流通企业进行重点扶持，不断扩大经营规模，提升经营档次，强化龙头地位；另一方面依托龙头企业改造整合系统内资源，利用基层社场地，建设日用品和农资超市。目前，全县 18 处基层社，每个基层社都至少建有一处 1 000 平方米以上的日用消费品超市和多处专业经营加盟店、连锁店，还分别建起了营业面积在 300 平方米以上的农资超市。同时，采取融资多元化、用人社会化、经营连锁化、管理科学化的方法，对全系统 900 多个村级经营网点进行全面改造，使之成为连锁经营网络终端。

莒南县供销社办农村超市，经济效益超过了他们当初的预想。1 000 平方米左右的直营店，年销售额在 400 万元以上，面积越大，销售额越大，店与店之间并无明显差别。加盟店营业面积一般都在 100 平方米左右，最少的也有 50 平方米。农村超市给农民提供了舒心的消费环境。一是超市里商品排列整洁有序，秩序井然，进店都有迎宾员微笑相迎。这对习惯于到土台子、黑屋子购物的农民来说，逛超市无疑是一种文明的享受。二是为农民提供了放心的消费环境。以往农民到小商店购物，经常买到假冒伪劣商品，至于过期商品就更为常见。农村超市不存在这些问题，农民走亲访友，都愿意到超市买礼品，认为提着印有超市标识的塑料袋送礼，上档次了。三是为农民提供了购物方便。以往镇上的小商店只有 200 多种商品，现在的超市直营店有 1.2 万多种商品，农民日常生活所必需的，大到冰箱彩电，小到针头线脑，要啥有啥，应有尽有，农民足不出村，各种需求都可满足。

店社合一,综合服务

把超市办进农村社区,迅速凝聚了人气,逛超市成了村民的一种休闲方式,并促其产生了更加广泛的服务要求。恰值此时,山东省供销合作社提出了建设农村社区服务中心的发展思路。莒南县供销社抓住机遇,制定了在全县建100个社区综合服务中心的规划。

所谓综合服务中心,实际上是一种综合服务社,即在供销服务的基础上,努力拓展餐饮、洗浴、信息、培训、娱乐、休闲、医疗等综合服务,形成类似"服务超市"的服务园区。供销社建设社区综合服务中心的计划引起了县委、县政府的重视,并把这个计划作为新农村建设的一项基础工程,每办成一个中心,财政贴补一万元。不到半年时间,莒南县已建成社区综合服务中心46处。全县最大的厉家寨村社区服务中心,综合经营面积2 000多平方米,包括一个660平方米的日用消费品超市,一个200多平方米的农资超市,两个土产杂品和农机具商店,一个农副产品收购站,一个澡堂,一个理发店,一个卫生室,一个拥有1 000多册图书报纸的村民活动室,一个安置了体育健身器材的大院,还有一个由当地村民发起的樱桃协会。这里不仅是生活资料和生产资料的供应中心,也是当地农产品购销中心,同时还是农业科技信息、法律咨询、体育健身、文化娱乐的服务中心,成为当地村民活动的好去处。

莒南县供销社在兴办农村社区服务中心过程中,坚持做到:一是依托农村连锁超市。服务中心立足农村实际,依托供销社的网络、资金、人才等资源,以统一配送生活资料、生产资料的连锁超市为基础,根据农民需求和消费习惯,逐步添置其他经营性、公益性和中介性服务项目,为农民提供商品、技术、信息、中介等各种服务,并为农民开展文体活动提供场地和设施。二是坚持"党委政府领导、供销社主办、多方参与、市场运作"的原则。每个社区服务中心建设投资20万—50万元。建设资金来自基层供销社投资、职工集资、经营者预付租金和上级扶持等多个渠道。图书资料、体育健身器材、卫生室、中介服务项目则由相关部门提供和设立。整个服务中心由供销社统一管理,采用市场机制进行运作,鼓励和吸引农民和各类市场主体进入中心从事经营服务。

推动农业产业化

作为农民的合作经济组织,应该而且必须把农村流通现代化与农业产业化对接起来。为此,他们在各超市连锁店都设立农产品销售、加工专区,把专业合作社和农民生产的粮食、蔬菜、猪肉、禽蛋、茶叶、花生、煎饼、馒头等当地农产品摆上货架,并通过物流配送中心打入各大城市市场。为提升入市农产品的质量,他们把"农产品进超市"与"为超市生产农产品"结合起来,建立农产品定点生产加工基地。

为确保生产的标准化与质量可追溯化,莒南县供销社以龙头带动的方式,积极引导和鼓励农民发展各类专业合作经济组织,提高农业生产的组织化程度。近年来,他们先后发展了花生、茶叶、禽蛋、果业、大蒜等各类专业合作社20多处,成立了生猪、花生、农资流通、再生资源、烟花爆竹、大蒜、樱桃等10多个专业经济协会,并以县联社为依托成立了农村合作经济组织联合会。合作社对社员进行物资供应、技术指导、产品销售"三统一"、"三到家"服务,每年以低于市场价优惠供应入社社员专用化肥和低残留农药。2005年,果业合作社为江苏大润发、苏果等超市定购鲜桃50多万公斤,每斤为果农增加收入0.2—0.4元。2006年,该合作社加入了中国果品流通协会,计划扩大果品销售渠道,将无公害果品打入国际市场。

几点思考

现代流通网络是新农村建设的重要抓手。农村的落后,很大程度上是流通落后。流通活,百业活;流通兴,百业兴。莒南县供销社的发展经验表明,构筑农村现代流通网络,实现农村流通现代化,不仅可以改善农村的消费环境,开拓农村市场,而且可以促进农业产业化经营,大幅度增加农民收入,并在改变村容村貌、促进乡风文明等方面发挥示范和引导作用。

市场化运作是始终需要坚持的一个原则。建设社会主义新农村,钱从哪里来,用在何处?仅仅依靠财政转移支付,对于建设新农村来讲是远远不够的;必须鼓励信贷和民间投资向农村转移。这就要求我们赋予企业等各类经济组织以建设社会主义新农村的主体地位,并对参与新农村建设的各类企业给予财政、信贷等多方面的扶持和优惠。莒南县农村经济社会之所以获得迅速发展,在很大程度上归因于从一开始就把依托供销社作为构建农村现代流通网络的重要途径,把其纳入"万村千乡"市场工程,实行投资主体多元化,筹资渠道多元化。

以现代流通网络为依托,向农业产业化综合服务延伸,是形成助农增收长效机制的有效途径。莒南县供销社没有把脚步停留在"流通"范畴,而是从流通网络一头连生产、一头连消费的特性出发,实现两个延伸:一是横向延伸,依托连锁超市办社区综合服务中心;二是纵向延伸,构建流通网络+专业合作社(协会)+农户的产业化发展新模式。山东省供销社把这种新模式概括为"一个网络,两个平台"。实践证明,以现代流通网络为依托,向农业产业化和社区综合服务延伸,对广大农民群众讲既是"减法",又是"加法"。农民作为消费者,可以降低消费成本;作为生产者,可以增加农业收入。

(原载《求是》2006年第12期)

【简析】这是一篇介绍典型经验的市场调查报告。文章采用双标题形式,规范醒目。前言开门见山,提示全文的主要内容。主体部分以小标题提纲挈领,层次清晰;以精确的统计数字佐证观点;以"几点思考"展示了本文的时代特点。

☞ 【例文二】

"皇帝女儿"也"愁嫁"
——为什么舟山鱼游不动?

徐博龙

浙江舟山市的鱼货,一直被视为"皇帝的女儿",从来不愁销路。全国各省市,包括台湾,都吃舟山的鱼。经加工的鱼系列产品还出口50多个国家和地区。可是今年"皇帝女儿"一下变成"丑媳妇",销售竟困难起来。上万吨规格大、鲜度好的带鱼、青鱼、黄鲇鱼、马面鱼,以及加工好的美味鱼片、鱼排、鱼罐头等急着找"红娘",有的已在冷库里"沉睡"了大半年……

为什么舟山鱼"游"不动了呢?专家们分析认为主要有四条原因。

一、当前社会总体购买力有所下降

国家银根抽紧后,各企事业单位的"游资"大幅度减少,一些企业原来用于职工福利的资金及内部"小金库"资金也明显减少。因此,各地一些大中型企业用"公费"大批量购买鱼货的现象今年基本消失。而往年,他们都是大买主。

一些国营、集体水产经销公司也由于周转资金有限,不愿大批量购进优质高价鱼货。例如,舟山市普陀山区5家规模较大的水产冷库里目前还有上千吨大带鱼、特大带鱼,5月份以来,不少东北地区的采购员上门看鱼货时一般对质量都十分满意,可是一问价格,便不吭声地走了。他们怕担风险,卖不动还要赔本。

二、一些省从国外大量进口水产品,阻碍了舟山鱼的"游"动

今年上半年,我国东北三省及南方的一些大中城市,通过各种渠道先后从俄罗斯、朝鲜等国家进口了十几万吨鳕鱼、明太鱼。这些进口鱼包装整齐、去头去尾,价格也较低(2 kg鳕鱼不足1 kg大带鱼价),在水产市场上占了上风。相比之下,舟山鱼的加工质量是到了非改不可的地步了。

三、人们的品味变化冲击了水产品加工品销售市场

普陀沈家门镇镇长×××和沈家门渔业公司经理×××在沈阳、大连等市场考察后发现,舟山的"拳头"产品——美味鱼片已经不像前几年那样"抢手"了。近两年,东北等地市场出现了一批新的小食品,打破了美味鱼片的"一统天下",而它们的价格又明显低于鱼片。这些食品销量猛增,美味鱼片必然由畅销变滞销。怎样用新的加工品代替老品种,是摆在舟山水产加工部门面前的又一重要课题。

四、销路过于集中,使部分市场超饱和,群众厌购

前一段不少水产冷库病急乱投医,把库存的马面鱼、带鱼及其加工品过于集中地运往少数城市,求人代销。由于过于集中,销售状况很不理想,有不少货开始变质,消费者更不愿买。

怎样才能使舟山鱼重新畅销起来呢?一些有识之士认为:今后的渔业生产要在保护现在的水产资源前提下,抓好海上第一线保鲜,使水产品的捕捞、运输、加工、销售等都在"冷链"中进行,环环相扣,以保证鱼货鲜度,尽量缩短海洋捕捞与居民餐桌之间的时间。在当前收购资金不足,鱼货一时难销的情况下,水产部门可以与一些实力强、信誉好的大中型企业及水产经销部门,实行"生产供给,分期付款,担保代销,利润分成,风险共担"的方法,以加快舟山鱼的"游"动。此外,水产品加工部门必须认真研究市场,根据人们口味的变化开发新产品,开拓新市场,改进经营方式、包装规格,以方便消费者。还要坚持按质论价、薄利多销的原则,以赢得用户信任。可以相信,只要生产、经营部门做切实的努力,舟山鱼定能走出困境。

【简析】这是一篇关于商品滞销原因的市场调查报告。文章的主体对鱼货滞销原因进行了调查分析。作者把原因归纳为四条,用的是因素分析法。结尾部分是作者对重新打开舟山鱼货销路的四项建议,针对性和启发性很强。全文观点明确,条理清楚,语言生动。

第二节 市场预测报告

撮要

有针对性地搜集材料是写好预测报告的必要条件,同时须充分掌握有关市场活动的其他大量数据、资料,才能从经济现象之间的内在联系中探索其发展变化的规律。

一、市场预测报告扫描

市场预测报告是在对历史资料统计以及对市场现状调查的基础上,运用科学的方法,探索市场发展的规律,反映市场预测内容及其结果的应用文体。市场预测报告在经济工作中具有重要的作用:一是可以为决策部门进行经济决策提供科学的依据;二是有利于提高企业经营管理水平和经济效益;三是可以促进商品的供需平衡。

市场预测和市场调查有着密切的关系。市场调查中包含着对市场供求关系的预测,而市场预测又以市场调查作为前提和基础。它们的区别在于:市场调查着重反映市场的现状;市场预测则重在对市场发展趋势进行判断、预见,并提出有针对性的措施和建议。

市场是社会经济生活的晴雨表。因此,市场预测报告的内容十分广泛:有商品需求量预测、产品寿命周期预测、市场季节需求变化预测、市场占有率预测、消费者及其购买心理变化趋势预测、技术发展预测等。另外,还要对国际市场的发展情况,产品在国际市场上竞争的前景以及影响国际市场变化的种种因素作出预测。

市场预测常用的方法主要有两种:定量预测和定性预测。

(一) 定量预测

定量预测就是根据比较完备的市场资料,运用统计公式或数学模型,对影响市场变化的各种因素进行量化分析和测算,由此推断未来市场变化、发展的趋势。定量预测可分为时间序列预测法和回归预测法。

时间序列预测法,也称动态数列预测法。即将市场现象或影响市场各种因素的某种统计指标数值,按时间先后顺序排列而成,根据它的数据变化,分析推测未来市场某一方面的发展方向和变动程度,把未来作为过去历史的延伸。这种方法的优点是简单易行,缺点是只考虑时间关系而未考虑因果关系,因此对预测精确度有一定的影响。

回归预测法,是在分析市场现象自变量和因变量之间相关关系的基础上,建立变量之间的回归方程的一种数学方法。回归方程最简单的形式为:$y = a + bx$。式中,y 为因变量,x 为自变量,a 为常数,b 为回归系数,即 x 对 y 的影响程度。其中,选定的因变量是指需要求得预测值的那个变量,即预测对象;自变量是影响预测对象变化的、与因变量有密切关系的那个变量。依据回归方程式,将已知现象的自变量的数值代入方程式,便可推算出因变量的数值。

(二) 定性预测

定性预测也称判断性预测或直觉经验预测。定性预测虽然也有数量内容,但其主要目的不在于准确推算数据,而在于对预测目标的性质分析和判断经济活动的发展前景。它主要依据预测者掌握的丰富知识和经验、一定的分析判断能力,来推断预测对象未来发展性质及趋势,因而具有较强的主观色彩。预测者一般为有关专家、企业管理人员、熟悉市场的业务人员等。定性预测法的主要特点是应用起来比较灵活方便,所花费的人力、物力、财力比较节省,所需时间比较短,时效性较强。它特别适用于对缺少历史资料的市场现象的预测,如对投放市场的新产品的未来需求量进行预测等。

以上两种方法各有特点,在实际预测中常常结合使用。这样,能增强市场预测报告的准确性、合理性和可靠程度。

二、市场预测报告写作指要

(一) 预测目标要明确

市场现象复杂多变,只有明确预测目标,才能有针对性地搜集材料,选用正确的预测方法。同时要根据目标需要,选准重点问题。

(二) 充分掌握资料数据

资料数据充分是写好预测报告的基本前提。只有掌握了有关市场活动的大量数据、材料,才能从经济现象之间的内在联系中探索其发展变化的规律。同时,必须及时了解政治、科技、文化等诸方面的相关信息,重视这些因素对市场活动的影响与作用。

(三) 科学运用预测方法

选择和运用预测方法应考虑预测内容的特点,要符合预测的科学规律。要分析和掌握市场各方面发展变化的内在联系,科学推断未来。

(四) 建议要切实可行

预测未来是为了把握未来,从现实出发提出适应未来趋势的意见或建议,是预测的根本任务之一。只有切合实际,具体明确,才能使人信服,切实有效。

三、市场预测报告的结构和写法

市场预测报告主要由标题、前言、主体三部分组成。

(一) 标题

一般有两种形式。

1. 单标题

单标题由预测时间、预测范围、预测对象和文种名称四个要素组成。如《20××年上海市家用空调器的市场预测》。有的标题有时只由两个或三个因素组成,如《手机市场预测》。还有的采用了一般文章式标题,如《发展高速铁路势在必行》、《小灵通市场前景暗淡吗?》、《20××年世界股市展望》。

2. 双标题

双标题即主标题加副标题。主标题点明预测报告主旨,副标题就预测对象、时间、地域、文种等方面加以补充说明,如《摩托车在迅速发展　道路环境有待改善——××年国内摩托车市场供求预测》。

须指出的是,无论采用单标题还是双标题形式,都必须标出预测对象,这是市场预测报告标题的必要条件。另外,标题中一般应该标明"预测"二字或含有预测含义的词语。

(二) 前言

简要说明预测的目的、时间、地域、方法、全文的主旨等。也可不要前言,把其内容放在主体中去说明。

(三) 主体

通常由三部分组成,即基本情况、分析预测、措施建议。

1. 情况部分

主要介绍预测对象历史和现实的有关状况、数据,阐述其原有的发展规律,这样就能为预测分析提供依据,帮助人们理解并接受预测结论。这部分应该围绕主旨,重点突出现状,选材要典型、集中。

2. 预测部分

这是预测报告的核心。要对已有材料和各种有关数据进行分析、研究和计算,进行去伪存真、由表及里的判断推理,从中找出变化和发展的规律,推测出市场经济发展的前景。预测分析内容较多时,可分条阐述,注意各条之间的逻辑关系。结论与材料,文字说明与数据图表,要有机结合、详略有序,严密而有条理,令人信服。

3. 建议部分

根据分析预测的结果,提出意见或建议,为上级决策提供重要参考。提出的建议要有针对性,措施要有可行性,对策要有战略性。

在实际写作中,主体的三个部分不是截然分开的,它们环环相扣,紧密联系。根据实际需要,有时把第一、第二部分合起来分析,有时也把第二、第三部分合在一起写。在结构安排上也可以有所侧重或省略。有的省去前言;有的略写基本情况,甚至不写;有的只作预测展望,不提建议。但无论如何,预测部分必不可少,它是报告的灵魂和核心。此外,结构的顺序也可适当灵活,如有的报告采用倒叙法,先提出预测结论或意见、建议,再反映预测过程。

四、实用示例

【例文一】

今年我国物价形势分析预测

最近,权威部门对今年的物价走势分析预测如下:在今年国家继续执行从紧的宏观经济政策,保持国民经济适度快速增长的前提下,物价涨幅仍将延续去年的走势,保持在较低水平。全年物价涨幅约为6%,略低于去年。

影响今年物价上涨的四大因素是:

(1) 去年物价上涨的翘尾因素的影响,使今年物价上升1.5个百分点。

(2) 今年市场自发涨价因素对物价上升的影响较小。因为自1992年以来,我国市场自发的涨价因素每年影响物价上升3—5个百分点,所以预计今年市场自发涨价因素的影响应在较低水平,全年不超过3.5个百分点。

(3) 调价因素影响物价上升约1个百分点。据测算,调价因素影响物价上升幅度,1995年约为0.2个百分点,去年调价因素多于1995年,但不超过0.5个百分点,预计今年调价力度可能适当大一点,但由于目前合理的价格体系尚未建立,调价的效果较小而副作用较大,加之目前抑制物价的基础不牢靠,因此不宜使调价的力度过大,以调价对物价水平之外的影响不超过1个百分点为宜。

(4) 农业对物价的影响是一个不确定因素。如果农业收成为平常年景,则农业对物价上升呈中性的影响,今年物价涨幅为前三项之和,即今年全年物价涨幅为6%左右;如果农业收成较好,则对抑制物价的上升有利,全年物价上升的幅度将在5%左右;如果农业收成不好,则使市场自发涨价因素对物价上升的作用强化,全年物价涨幅将达7%左右。

根据气候变化对农业的影响规律,一般来讲,我国农业呈"两丰两平一歉"规律,即两年丰收,两年平常年景,一年歉收的规律。而1994年、1995年和1996年我国农业收成均比较好,农业对物价将呈中性的影响,按此推测,今年我国零售物价增幅约为6%。

(引自《价格信息报》1997年2月25日)

【简析】本文是一篇宏观经济预测报告。从时间上看,又是一篇短期经济预测报告。文章开头部分,作者开门见山,直陈其事,揭示全文的主题。主体部分,对影响物价上涨的因素进行了逐一分析,并提出了相应的建议。全文中心突出,语言简洁、准确,是一篇实在、易学的经济预测报告。

☞【例文二】

中国感冒药市场分析及2004年市场预测

左 亮

一、中国感冒药市场分析

1. 感冒药的市场容量

据权威机构——中国非处方药协会的统计,目前在中国常见病症的自我诊疗比例中最高的是感冒,占常见病症的89.6%,高出第二位30个百分点。高的自我诊疗率使得众多的感冒药目标消费者不再去医院治疗感冒,而是去药店自行买药。因此,现阶段,在中国药品零售市场中,感冒药的销售额约占药品零售总额的15%,按目前中国OTC市场销售额为200亿元来计,感冒药的市场份额约为30亿元。

2. 市场特征

综合各方面的数据分析,感冒药市场具有以下几个特征:

第一,具有非常明显的季节波动性。感冒引发的原因是着凉或流感病毒传染,而这两方面的原因都具有显著的季节性。冬春季节天气寒冷,容易着凉;春季由于气候湿润、温度适宜又是流感肆虐的季节。所以,感冒药的销售量往往是温度较低的冬春季节销售较多,而温度较高的夏秋季节比较少。

第二,在感冒药的产品市场销售排行中,含西药成分的品牌占主导地位,其次是中西药结合,最后才是纯中药制剂。由于西药成分中的对乙酰胺基酚、扑热息痛等成分能迅速解除感冒所引发的一系列症状,因此,西药与中西药结合制剂要比纯中药制剂略胜一筹。

第三,在感冒药生产企业所占的市场份额中,合资、外资企业生产的感冒药占中国感冒药市场份额的65%,而国内企业则占35%,这一现象可称之为"外强内弱"。

3. 消费特征

感冒药的消费具有以下四大特征:

第一,随意性。(略)

第二,速效性。(略)

第三,品牌倾向性。(略)

第四,非自主性。(略)

4. 产品竞争情况

据调查资料显示,目前在中国市场上销售的感冒药有泰诺、感康、新康泰克、康必得、快克、白加黑、正源丹、日夜百服咛、必理通、新速达感冒片、幸福伤风素、乐信感冒灵、力克舒等20多个品种。

(1) 按价格水平来分:价格在10元以下的药品占感冒药总销售量的62%,总销售额的28%;价格在10—15元的药品占总销售量的33%,总销售额的64%;价格在15—40元的感冒药占总销售额的8%。

(2) 按企业性质来分:合资、外资品牌有泰诺、新康泰克、日夜百服咛等共16种,其销售额、销售量分别占感冒药市场销售额、销售量的61%和75%;国产品牌主要有感康、感冒通等8种,其销售额、销售量分别占感冒药市场销售额、销售量的39%和25%。

(3) 按所含成分性质来分:西药有新康泰克、泰诺、白加黑、日夜百服咛等20种,占感冒药品种总数的79%;中药有双黄连口服液、板蓝根冲剂等6种,占感冒药品种总数的21%。

5. 2001—2003年上半年全国药品零售市场感冒药销售前十名品种排序：（略）

二、2004年中国感冒药市场预测

1. 市场规模

虽然中国的感冒药市场有30亿元的市场容量，但是近年来，市场的实际销售额却没能跟上这一数据。据资料显示，2001年中国感冒药的市场销售额为15亿元，2002年的市场实际销售额为18亿元，年增长率为20%，2003年由于上半年受非典疫情的影响，板蓝根、抗病毒口服液成为人们必备的预防良药，一度曾出现脱销的现象，因此估计2003年的市场实际销售额将超过25亿元，达到近年来的最高水平。所以，综合以上数据及市场走势，预测2004年中国感冒药市场的市场规模估计在21亿—23亿元之间，在21亿元左右的可能性更大。

2. 市场的总体趋势

2004年的中国感冒药市场将会呈现以下几个特征：

（1）纯中药制剂的感冒药如抗病毒口服液、板蓝根颗粒将会比2003年的销售量下降。（略）

（2）纯中药制剂的地位将逐步上升。（略）

（3）虽然纯中药制剂感冒药的地位有所上升，但2004年中国感冒药市场唱主角的仍然会是以西药为主的西药制剂，感康、日夜百服咛可能重新夺回感冒药市场销售排名的宝座。

（4）中国感冒药市场销售额的逐年增长将引发新一轮的市场竞争，2004年的中国感冒药市场将是诸侯争霸、风起云涌的局面。

3. 2004年中国感冒药市场销售前五位产品预测

第一位：感康

优势：（略）

第二位：日夜百服咛

优势：（略）

第三位：板蓝根颗粒（抗病毒口服液）

优势：（略）

第四位：泰诺感冒片

优势：（略）

第五位：双黄连口服液

优势：（略）

4. 值得注意的几点

(1) 终端工作不容懈怠。(略)
(2) 小心新一轮的价格战。(略)
(3) 促销仍需加强。(略)

(引自中国营销传播网,2003年12月29日)

【简析】这是一篇关于感冒药的市场预测报告。第一部分通过权威机构的统计数据和市场调查的材料,介绍了感冒药的市场容量、市场特征、消费特征、产品竞争四个方面的情况,并进行了有针对性的分析,既有定性的材料又有定量的数据;第二部分先对2004年感冒药市场的规模、市场趋势、市场销售前五位的产品进行了预测,然后以注意事项的形式提出了相关建议。全文目的明确,资料翔实,分析的针对性强,建议具有可行性,对有关企业具有重要的参考价值。

  实践练习

1. 简述市场调查的主要内容。
2. 常见的市场调查方法有哪些?
3. 选择你所熟悉的某种商品,对其市场现状作一调查,写一篇小型市场调查报告。
4. 根据下面提供的信息(可自行补充有关材料),设计一份《皮肤美白产品使用调查表》。

某化妆品厂研制出一种新的美白霜,在推向市场前,需要一批自愿者进行为期4周的使用测试,并将使用期间的情况反馈给厂科研部。请你代为设计一份使用调查表格,内容包括:(1) 使用者姓名、性别、年龄、职业、联系电话;使用该产品前有无化妆品、卫生清洁品、阳光等过敏史;使用产品前3个月使用过其他抗皱、美白、保湿、美容等化妆品的情况。(2) 使用本品方法:① 将霜均匀涂于左右脸颊部,并用手指轻轻按摩5—6次。② 每日2次。连续4周。③ 如有皮肤反应,立即停用,将情况记录于"不良反应记录"内,并立即与厂研部联系。(3) 要如实记录每天使用的情况(在日期上画"○")。(4) 不良反应记录(使用7天内填写),包括:① 使用期间有无皮肤反应。② 皮肤反应的主要症状,如:红斑、刺痛、刺痒感、水肿、其他。③ 症状在使用几天后出现? 共持续几天? 是否停用? (5) 使用感觉评估(使用4周后填)。① 皮肤增白效果。② 皮肤祛斑效果。③ 皮肤光滑度。④ 产品使用后的涂抹、香味等感觉。⑤ 对本产品不满意的意见。

5. 根据下面的资料,撰写一篇市场调查报告:

某公司在国内进行了有关多媒体配置和使用状况的调查,共回收有效答卷2 078份。

样本群体特征:

——样本群体中5.0%的人有硕士和硕士以上学历,有本科学历者占39.8%,大专学历占31.3%,高中、职高、中专学历占20.7%,最低的是初中及以下学历占3.2%。

——年龄:55.2的人年龄在20—29岁之间,20岁以下的占17.5%,即30岁以下者合计高达72.7%。50岁以上的人只占3.7%。31.9%的人是学生;文教卫生、科研技术是样本中两项最大的行业类别,分别占13.4%和12.4%;企业职工、公司职员和管理人员分别占10.6%、9.4%和8.5%的比例,三者合计为28.5%;政府机关职员占8.4%;此外是新闻出版业人员占2.1%,自由职业者占 1.7%，军人占 1.5%，农民占 0.1%。

——家庭收入水平：44.1% 在 800 元以下，37.8% 在 800—1 200 元，此两者合计 81.8%；人均收入超过 1 200 元的家庭占样本总数的 18.2%，其中在 1 200—1 600 元之间的占 9.7%，在 1 600—2 000 元之间的占 3.9%，2 000 元以上的占 4.5%。

总体应用情况：

——在回答"您对计算机的了解相对来说属于哪种程度"这一问题时，有 21.7% 的人选择了"专业人员水平"，"一般应用水平"占 63.5%，初学者的比例也达 14.8%。

——多媒体应用地点分布情况：个人/家庭应用多媒体的比例达 49.1%，已经大大超过了个人/家庭应用和单位/组织应用两者兼有的比例 34.7%，两者合计即家庭应用多媒体的比例达 83.8%；只在单位/组织中应用多媒体的比例为 13.4%；尚未应用多媒体的只占 2.8%。

——39.3% 的人在其工作或生活中感到"十分需要"多媒体；"比较需要"的占 55.5%；认为"可有可无"的占 5.2%。这种分布情况的改变，可能只是随机性的变化，但也可能反映出一种系统性的趋势。

对"最想用计算机做什么"回答的统计结果是：玩游戏占 21%，进行文字处理的占 41.7%，欣赏光碟的占 20.3%，收发 E-mail 的占 17%。

6. 市场预测报告与市场调查报告有何联系和区别？
7. 常用的市场预测方法有哪些？
8. 市场预测报告正文包括哪些内容？
9. 请比较市场调查报告和市场预测报告两者的异同点。
10. 请深入某工厂或商店，了解某一单项产品或商品的销售情况，写一篇市场预测报告。
11. 根据市场预测报告的写作要求，试分析下面这篇预测报告有何毛病？

全国洗衣机产销趋势预测

你厂想扩大洗衣机生产吗？请看看全国市场的趋势，目前真可以说是"产销两旺，形势大好"。据了解，最近召开的全国家用电器 1984 年下半年供应会议上，许多客户需要不能满足，一般只能订到需求量的 60% 左右，大都乘兴而来，扫兴而归。

十二届三中全会以来，城市改革逐步深入，城乡人民的生活将会越来越好，过去人们不买洗衣机的主要原因之一就是居住条件差，这个问题也会逐步解决。再加上引进技术，提高质量，预计再经过一段时间，市场上可能出现一个新的更兴旺的局面。1985 年和 1990 年的需求量分别将为 700 万台和 1 300 万台左右，总产量将在世界上独占鳌头，首屈一指。洗衣机在近若干年内可能成为家用电器产品"家族"中的最有希望的天之骄子。

洗衣机进入家庭虽然只有三四年历史，但在城镇中普及速度很快，而在农村的普及率还比较低，不过 1983 年后有增长势头，据××省统计，农村洗衣机的拥有量占全省拥有量的比例，1982 年为 10.26%，1983 年就上升到 14.9%。

根据近三年的规律，城镇家庭普及率平均每年增长 7% 左右，每增加 1% 约相当于 40 万台洗衣机，即 1 年约须增加 300 万台。乡村家庭普及率每年增长 0.3%—0.4%，每增加 0.1% 约相当于 18 万至 20 万台洗衣机，即 1 年须增加 70 万台左右，仅就这一方面分析，全国城乡每年约平均增加 380 万至 400 万台。

目前洗衣机总体说是畅销的，具体来看可有特点，即：名牌供不应求，杂牌销售不畅；双缸机趋紧，单缸机趋缓。竞争中取得优势的产品，必须是大批量、多品种、低成本、高质量。一些生产名牌洗衣机的厂家也各有一套"秘诀"：如上海"水仙"价廉物美，以新取胜；北京"白兰"加强销后服务，做好信息反馈工作；广东"白云"灵活销售方式，广开流通渠道。

根据各地材料汇总表明，引进技术有重复的趋势，不少洗衣机厂都向日本松下和东芝两家公司引进技术，购买模具，国内型模具技术不过关，重复引进难于控制。另一方面，1985年预计生产规模将达到869万台超过计划建设数。"七五"期末生产规模将达到2 000万台，超过前述的预测需求量。因此，有关领导部门对洗衣机的技术引进应严加控制，要在现有基础上逐步形成日益扩大的生产能力，并在花色品种和产品质量上多下工夫。

12. 认真阅读下面一篇市场预测报告，并回答文后问题。

2004：市场消费也"提速"
体制政策环境有利消费

十六届三中全会提出的"五个统筹"和协调发展的战略思想，其核心就是要解决我国经济增长过程中的各种不协调现象，政府的职责也将开始逐步从注重投资计划转向维护和完善市场秩序，解决市场本身不能解决的各种社会发展问题，如就业、收入差距、社会保障、教育、医疗卫生等，而这些问题恰恰是导致我国近年来消费需求不足的根本性原因。因此，新的发展战略思想不仅对我国长期消费增长以及经济可持续发展具有重要意义，而且也有利于短期内公众消费信心的不断恢复。

其次，与居民切身利益相关的体制改革将会有新的突破，消费增长面临的体制环境将会逐步宽松。根据十六届三中全会《决定》精神，今年我国将有重点、有步骤地深化经济体制改革，其中对消费增长影响较大的社会保障体制改革将会进一步深入和完善；教育、医疗体制改革会有新突破，教育和医疗领域存在的乱收费等现象将会得到较大的遏制；财税和价格体制改革也将稳步推进，深化农村税费改革、实行综合和分类相结合的个人所得税制度以及切实加强对垄断行业的价格监管，着力解决关系百姓切身利益问题等等，所有这些改革都将会为消费增长创造一个宽松的体制环境。

其三，消费增长的政策环境更加宽松。一是刚刚结束的经济工作会议明确指出，今年我国将继续坚持扩大内需的方针。在保持政策连续性和稳定性的同时，国债和新增财政资金的使用，将重点向"三农"倾斜，向社会发展工业基地倾斜，向扩大就业、完善社会保障体系和改善困难群众生活倾斜。这些投资重点对促进消费增长将会产生重要的推动作用。二是今年政府将千方百计增加农民收入，实施积极的就业政策、增强消费需求对经济增长的拉动作用，为此，将会采取一系列行之有效的措施，这将对短期消费增长产生明显的刺激作用。三是强调经济社会协调发展是今年乃至今后一段时间我国经济政策的一项长期战略任务。围绕协调性，中央将可能采取一些实质性的重大举措，这将为今年消费加速增长提供重要保证。四是围绕住房消费的一系列政策将会继续出台和进一步规划细化，《汽车产业发展政策》和《汽车消费政策》有望尽快出台，消费环境的改善将有利于住房和汽车消费持续高增长。

消费信心增强有利消费

消费需求旺盛与否关键取决于消费者信心,而经济持续较快增长则是提高居民消费信心的关键。去年尽管受伊拉克战争和非典疫情以及各种自然灾害的影响,我国经济仍然保持强劲增长态势,这大大增强了消费者信心。消费者信心指数迅速从非典期间(5月份)最低83.7恢复到10月份93.5。初步判断,今年国民经济增长速度仍将不会低于8%,这将使居民消费信心进一步增强。此外,本届政府在应对非典等重大自然灾害中体现的高效、务实的全局调控能力,以及以人为本、高度关注弱势群体、协调发展的战略思路,提高了公众对政府的信赖度,促使了消费者信心的增强,这是今年消费市场有望加速增长的重要基础。

价格适度上涨有利消费

通货紧缩始终是影响我国近年来消费品市场繁荣的阴影。今年我国有望彻底摆脱通货紧缩趋势(但也不会发生通货膨胀)。价格总水平进入理想的增长区间(0—3%),初步预计居民消费价格上涨1.5%—2%。价格总水平回升将有利于消费品市场进一步活跃。其一,近来农产品价格已显示出明显回升趋势,今后一段时期农产品价格仍有可能继续恢复性缓慢回升。一方面我国粮食已连续几年减产,另一方面粮食价格经过持续6年之久的调整后,有跌必有涨的周期性规律决定了其回升的必然性。其二,生产资料价格因投资增速放慢有望稳中趋降。投资领域局部过热是推动去年生产资料价格大幅上涨的原因。突出表现在房地产投资局部过热,导致钢铁、建材等相关原材料价格大幅上涨。预计今年房地产投资在规范发展的政策措施下增速会明显放慢。房地产投资增速放慢必然会影响整个投资增长速度放慢,这将会对钢材、建材等价格上涨形成明显压力,进而影响整个生产资料价格回落。

总体来看,今年价格总水平有望继续温和回升,整个消费品市场有望稳中趋旺。(1)价格温和回升,市场供求矛盾将会继续得到改善。今年受价格回升影响,消费品市场供大于求的矛盾将会继续有所好转。(2)经济继续保持强劲增长势头及价格继续回升,将使企业效益继续保持快速增长态势,从而通过增加居民收入增加消费需求。(3)农产品价格回升有利于增加农民收入,提高农民的消费能力。(4)消费者买涨不买跌的心理,将会促进消费品市场进一步繁荣。

总之,价格回升有望带动今年整个消费品市场稳中偏旺。

收入继续增加有利消费

随着经济持续较快增长,今年城乡居民收入有望继续增加,这将会刺激消费需求进一步回升。从城镇居民收入增长情况看,一是去年因非典影响公职人员加薪普遍到年底才兑现,这将对今年消费产生积极影响。二是今年政府将继续采取措施增加城镇居民收入,特别是将不断提高低收入群体的收入水平,加大对弱势群体生活的补贴力度,这部分群体收入增加将会直接促进现实购买力增加。三是企业效益继续大幅提高,企业员工收入有望继续提高。四是实行积极的就业政策,将会带动居民收入增加。城镇居民是每一轮消费结构升级的排头兵,是我国消费增长的主导力量,城镇居民收入水平提高,必将会促进消费需求增长加快。农民收入在没有大的自然灾害影响的情况下,在各种有利因素共同作用下增长将会有所加快,农村消费可望明显回升。一是农产品价格回升将直接促进农民收入增长。二是为了千方百计增加农民收入,今年政府将会采取更加有力的措施,包括:坚决遏制乱征地,实行最严格的耕地保护制度;加快推进农村税费改革,逐步降低农业税税率,取消农业特产税,进一步减轻农民负担;尽可能吸收农民工参加工程建设,逐步改善和优化农民外出务工环境,保护农民的合法权益;扩大以工代赈规模;清理农村中小学乱收费等等。这些综合性措施必将会推动农村经济发展和农民收入增长加快,促进今年农村消费增长快速回升。

消费热点将会更热

（略）

1. 餐饮、旅游业有望超过非典前的增长水平。（略）
2. 汽车消费"井喷"行情后仍将持续高增长。（略）
3. 住房消费仍将保持较快增长,但增幅比2003年明显回落。去年我国商品房市场供销两旺,一派繁荣景象,尤其是私人购房前10个月增幅达到了44.7%。但从发展趋势看,持续高增长的难度日益增大,住房消费面临回调压力,与2003年相比,今年住房消费对整个消费增长的拉动作用将会明显减弱。一是商品房销售已显现出逐月大幅回落之势,去年前10个月增速已比1—2月放慢35.5个百分点,其中个人购房速度放慢29个百分点,这种迹象表明住房消费继续保持高增长的难度明显加大。二是房地产价格居高不下对住房消费形成了长期压力。尽管国家采取了一系列政策降低住房价格,但去年1—10月,全国商品房平均销售价格在去年高价位的情况下仍增长5%,在目前居民收入难以大幅提高的情况下,商品房价格居高不下的僵局如不能突破,对住房消费将会形成长期压力。三是商品房市场发育不完善,严重阻碍了居民住房需求的释放。目前住房消费的投诉率非常高,商品房销售过程中的种种陷阱、欺诈等行为,致使老百姓对住房消费即使有能力和有需求也心有余悸。但在消费环境不断改善和政策因素的刺激下,私人购房仍将会维持在一个适度的增长平台。今年将继续加强经济适用房的建设和管理,增加中低价位普通商品住房供应,建立和完善廉租房制度,完善住房补贴政策,继续搞活二级市场,加强房地产和物业收费监督与管理等等,这些政策的实施将会有利于住房消费增长。总体来看,今年住房消费增速可能比去年明显回落。受此影响,家具类、建筑及装潢材料类消费增长也将有所放慢。初步预计,今年私人住房消费增长20%左右。
4. 信息、通讯类产品以及家用电器等消费继续稳定增长。（略）

问题：
(1) 本文作者从体制政策环境来预测,哪些方面有利于2004年的消费"提升"?
(2) 第二小节主要的观点是什么? 用了哪些事实论据来证明?
(3) 为什么说"价格适度上涨有利消费"?
(4) 画线句是一个预测,这个预测结论是用了什么预测方法得出的?

第七章　可行性研究报告

撮要

撰写可行性研究报告要老老实实，精益求精，一分为二，反复核实关键性数据，全面考虑对项目有影响的各种因素和条件，在全面权衡利弊得失的基础上，选出最佳方案。

一、可行性研究报告扫描

（一）含义

可行性研究，是指在某一经济活动（如工业投资、新产品开发、技术改造、联合经营等）有了初步意向之后，实施之前，通过全面、综合的技术、经济调查研究，收集有关事实、数据，对有关信息进行分析和必要的测算等工作，对拟建项目的可行性、合理性、有效性进行技术论证和经济评价，以确定一个"技术合理，经济合算"的最优方案，为决策提供科学依据的一种行为。反映可行性研究的内容和结果的书面报告，就是可行性研究报告。

（二）特点

可行性研究报告有以下两个特点。

1. 预见性和前瞻性

可行性研究报告是事前行文。任何可行性研究都是在决策、实施之前进行的，因此可行性研究报告必须对项目的可行性和实施中可能遇到问题，进行科学的预测和估量，具有较强的预见性和前瞻性。

2. 严格的论证性

可行性研究报告不仅要从经济、技术、财务、市场销售等方面对项目进行综合分析论证，还要从法律、政策、环境保护及社会影响等方面作出全面、系统、科学的论证与评价。不仅要作定性分析论证，还要作定量分析论证。论证中要运用大量数字、资料、技术性指标，以及介绍、比较、图表等说明方法，以增强其论辩力。

（三）作用

1. 项目投资决策的依据

只有进行深入细致的可行性研究，方可对项目的多种因素影响作出充分的认识，并积极主动地采取有效措施,切实提高项目的经济效益和社会效益,为领导决策提供科学依据。

2. 项目设计及编制设计任务书的依据

在可行性研究中,要对厂址选择、建设规模、产品方案、建设进度等作技术、经济分析、论证,从而为项目设计及编制设计任务书提供了依据。任何一种设计不得随意改变可行性研究报告中已确定的各类控制性指标。

3. 主管部门或上级领导机关对项目审批的依据

主管部门或上级领导机关审批项目,要充分掌握该项目的情况,才能下定论。可行性研究报告恰好为主管部门或上级领导机关的审批提供了依据。

4. 向银行及其他金融机构申请贷款的依据

可行性研究报告是项目申报单位争取向银行及其他金融机构贷款的重要参考资料。银行及其他金融机构在作出是否贷款的决定之前,也要验证项目实施的可行性,所以可行性研究报告给银行及其他金融机构提供了决策依据。

(四) 种类

根据内容划分,可行性研究报告可分为政策性可行性研究报告、建设项目可行性研究报告和引进或开发性项目可行性研究报告。

根据范围划分,可行性研究报告可分为一般可行性研究报告(指小型项目、常规性技术改造项目、某一方面经营管理改革和单项科学试验等)和大中型项目可行性研究报告。

二、可行性研究报告写作指要

(一) 要放宽眼界

信息化社会的背景和经济迅猛发展的形势,决定了进行可行性研究要善于把问题放在广阔的经济背景上去考察,不但要着眼于现实,还要着眼于未来,尤其是建设周期长、投资多的项目,更要多考虑未来的发展趋势。

(二) 要遵守实事求是的原则,真实、完整、准确地报告研究内容

为了得出客观、正确的结论,为国家决策提供依据,进行可行性研究,撰写可行性研究报告一定要严格遵守实事求是的原则,要以老老实实、精益求精、一分为二的科学态度,去调查研究,掌握大量的第一手材料,反复核实关键性数据,确保其真实可靠,并全面考虑对项目有影响的各种因素和条件(包括可行性、必要性、各种不利因素和可能存在的风险等),在全面权衡利弊得失的基础上,选出最佳方案。切忌研究、撰写时掺杂任何个人私念,屈从外界压力,而作任何夸大和贬低。可以说,遵守实事求是的原则,真实、完整、准确地报告研究内容,是写好可行性研究报告的根本。

（三）要运用科学的研究方法

要使可行性研究顺利进行，必须掌握和运用各种科学的研究方法。我们可运用系统法，将研究对象作为一个系统来研究。为此，可先把研究对象分解成几个部分，并有步骤地对各个部分进行分析，然后把各部分情况综合起来，从总体上展开研究。在运用系统法进行研究的同时，我们还应认识到，研究对象常常是被包含在一个更大的系统之中的，所以我们也应对构成这一大系统的要素有所考虑。

（四）要层次清晰，结构严谨，论证有力，符合逻辑

可行性研究报告是一种论证性文体。报告的所有内容都是为了论证研究对象是可行的还是不可行的。为此，报告行文必须做到层次清晰，结构严谨，论证有力，符合逻辑。文中所用的论据，要准确、翔实、典型，要能有力地证明论点。论证中，可根据实际需要，运用列举归纳论证、逐层推进论证、对比分析论证、引用论证、因果论证、假设论证等多种论证方法，使论证有力，推论合理，使报告具有很强的说服力。

（五）要符合文体特点，编排格式要规范化

可行性研究报告的编写，要符合文体特点，各项内容应按规定要求逐项写清楚，例如：建材项目投产应注意环保，所以，在报告中就不能遗漏该问题，否则项目的审批就难以通过。要符合文体特点，编写时还应注意陈述与说明相结合，文字与图表、数据相结合，并用客观陈述语气，不用主观强调语气，结尾应注意使用恳请性词语。此外，可行性研究报告在格式编排上要规范。如：大中型项目可行性研究报告在文字较多时要装订成册，按封面、目录、报告内容、图表、参考文献、附件这一顺序装订成册。附件要尽可能收集齐全，并在正文之后注明名称和件数。又如：可行性研究报告各项内容的排列形式和序号也应按要求做——合资项目的可行性研究报告，其条款序列一般按国际惯例排列：1、1.1、1.1.1、1.1.2、……、2、2.1、2.1.1、2.1.2、……、2.2、……；国内项目的可行性研究报告可以用分章形式排列，或用"一、（一）、1"的惯用数字序列。总而言之，注意按文体特点撰写可行性研究报告，并注意格式编排的规范，这将有助于我们写出风格平实、条理清晰、内容准确的可行性研究报告。

三、可行性研究报告的结构和写法

可行性研究报告一般由封面、编制说明、目录、标题、正文、附件、报告单位（报告人）和日期组成。其中，标题、正文、报告单位（报告人）和日期是必备项目。

这里主要介绍这些必备项目的写法。

（一）标题

可行性研究报告标题一般有两种形式：一是完整式，即由编写单位、项目名称和

文种三个要素构成,如《××学校关于兴建××实训中心的可行性研究报告》;二是省略式,即省略编写单位或简化文种名称(省"报告"两字)或两者均省略、简化,如《关于筹建××市××公司的可行性研究报告》、《××学校关于兴建××实训中心的可行性研究》、《关于兴建××实训中心的可行性研究》。

(二) 正文

这是可行性研究报告主体部分。由于项目的任务、性质、规模、要求、工程复杂程度不同,不同类型的可行性研究报告的正文内容并不完全相同,往往各有侧重,深度和广度也不尽一致,一般由总论、分论和结论三部分组成。

1. 总论

总论也称前言。主要说明项目提出的背景、依据、项目建设的必要性和经济意义、承担研究的单位、研究方法、简要过程、基本评价(研究结论的要点)、研究中存在的问题及建议等内容。

2. 分论

这一部分从不同角度对项目建设是否必要,加以论证。主要包括以下内容:

(1) 现状评价。通过评价现状,并联系历史,说明设立或建设项目的技术、经济依据。

(2) 市场需求和发展规模分析。通过市场需求分析,说明产品有无市场、市场需求量的大小及现有供应量与市场需求间的差距,以证明拟建项目及其规模的合理性。这部分主要包括市场调查和市场预测两方面内容。如:在确定的市场范围内,分析市场需求量大小及其构成情况;在项目整个寿命周期内,对市场的各个部分的需求预测;在所预测的期限内,该项目产品可能达到的市场占有率;根据需求的发展和对市场的占有情况,预测产品的价格变化。对产品外销的投资项目,应调查分析主要出口国家和地区,国内外已有和可能出现的竞争对手,国外市场需求量的大小,向国外市场销售的渠道、手段和措施等。

(3) 拟建规模分析。在分析市场需求和发展规模,确定市场对项目产品有较大需求量之后,为进一步构建项目的具体方案,需论证拟建规模与标准的客观必然性、技术可行性和经济合理性,进而确定拟建规模,即:设计生产量,提出主要的技术、经济指标。

(4) 建设条件与协作条件分析。这部分内容包括可利用的资源储量、品位、成分及开采、运输条件,物料供应规划,即:原材料、能源(电力、燃料等)、半成品、协作件(配套件)及辅助材料等的种类、数量、来源和供应条件;所需公用设施的数量、供应方式和供应条件。

(5) 地址方案说明。这部分着重说明和分析:项目的地理位置和拟选地点的气象、水文、地质状况、地形条件,以及周边的社会经济状况;交通运输及供水、供电、供气的现状和发展趋势;地址比较和选择意见。

（6）设计实施方案说明。主要说明项目与总体布局的推荐方案,包括：项目的构成,设备和技术的来源,主要设备与辅助设备的名称、型号、规格、数量,设备与技术质量的可靠性和先进性,设备订货、支付安排,实施步骤（询价、谈判、合同签订、工程设计、工艺流程、建设工期、生产进度、投产日期）安排等,并说明相关的环保设施及对环境的影响。

（7）财务和经济效益分析。这部分内容主要包括：预算主体工程与协作配套工程所需投资数额,如果是利用外资或引进技术的项目,还应包括用汇额；预算生产流动资金数额；分析资金来源、筹措方式、贷款利率以及贷款偿还能力、方式；估算生产成本、财务收入；评价可能出现的盈亏情况；测定投资收益率和回收期等。

（8）社会效益分析。分析、评价项目将对国民经济的发展产生的宏观效果和对社会的影响。

（9）生产管理和人员培训说明。对项目的生产组织形式和管理机构,包括各类人员的培训方式及培训周期等作出安排。

3. 结论

在分论部分充分论证的基础上,结论部分得出研究结果——确定投资少、建设快、成本低、利润大、效果好的建设方案,并用科学的数据对项目建设的整体必要性和可行性作出明确判断,也可提出存在的问题或提出有关建议。如果总论和分论部分已涉及这些内容,结论部分也可省略不写。

（三）报告单位（报告人）和日期

报告单位（报告人）和日期通常写在正文右下方或标题正下方,有封面的可行性研究报告,报告单位（报告人）和日期一般写在封面报告名称的正下方。

四、实用示例

☞【例文】

关于建立钛白粉厂的可行性研究

钛白粉是精细化工产品。占世界无机颜料总消费量的50%以上,占世界白色颜料总消费量为80%以上,主要用于涂料,其次是塑料、橡胶、化纤等。

钛白粉有金红石型和锐钛型两大类,有硫酸法和氯化法两种生产工艺。

钛白粉历来是世界性的热销产品。我国钛白粉历来短缺,特别是占涂料用量50%以上的金红石型钛白粉,几乎全靠进口,花费大量外汇。为了满足国民经济发展的需要,要大力发展钛白颜料,重点是发展高档次钛白颜料。

一、建立钛白粉厂的基本条件

中国是世界钛资源最丰富的国家之一,总蕴藏量为×亿吨。××占全国海滨钛资源的×%以上,总储量约×万吨……××钛资源与国内各钛资源相比,质优易采。目前××钛每年可采×多万吨钛砂矿,每年钛精矿近×万吨。

二、钛白粉市场概况

我国钛白粉工业落后,仅占世界总产量的13%,发展缓慢……

钛白粉工业的落后严重地拖了我国涂料工业的后腿……

据预测,1990年需钛白粉×万吨,2000年需×万吨。当前除镇江钛白粉厂年产×吨长石型钛白粉改造项目外,仍无别的长石型钛白粉新建项目。

70年代资本主义国家经济不景气,加上苛刻的环保法,使欧洲一些大型硫酸法钛白粉工业关闭或限产,1982年世界钛白粉生产能力下降到237.8吨。1983年以美国经济回升为转机,需要量大增,造成世界的钛白粉短缺……1986年需求量达250多万吨,供应能力利用率达102%……利用率的上升,促使价格的上涨……

今后若干年内世界消费平均增长率为1.5%—2.3%……据预测,200×年世界消费量将增至286万吨,200×年增至310万吨。而按1992—1999年间的供应能力,年平均增长率只有0.94%。预计供应能力只有256.3万吨,2000年仅有278.5吨。

三、生产工艺的选择和技术设备的来源

(一) 生产工艺的选择(略)

(二) 技术设备的来源(略)

(三) 主要设备名称(略)

四、建设规模、物料及动力供应规划

(一) 建设规模的选定(略)

(二) 物料及动力供应规划(略)

五、厂址选择(略)

六、环境污染的防治(略)

七、生产组织形式和劳动力定员

(一) 投资概算(略)

(二) 资金来源设想(略)

八、经济分析

(一) 工厂产品成本的估算(略)

(二) 利润估算(略)

（三）净现值分析（略）
（四）基准投资收益率（略）
（五）盈亏平衡分析（略）
（六）敏感性分析（略）

九、结论

以上分析研究表明：为开发利用××丰富、易采、质优的钛砂矿，引进国外先进设备，以××化工二厂为基地建设年产×吨（第一期）氯化法金红石型钛白粉是可行的，若不能引进国外先进技术设备，利用国内现有的技术设备在××化工二厂的基地上建设年产×吨（第一期）氯化法金红石型钛白粉也是可行的。

××年×月×日

（选自赵子文主编的《商务文书》）

【简析】这是一篇一般建设项目可行性研究报告。报告的第一、二、三自然段是总论部分，以简短的文字高度概括了钛白粉的概念、作用及其在中国的产销现状。分论部分从八个方面论述了建钛白粉的必要性和可行性。这也是全文的主体部分，作者采用科学的态度，运用科学的方法，客观、全面、深入地进行分析，将经济效益和社会效益紧密结合，并在此基础上作出符合科学的结论。报告的最后一部分是结论部分，具体、明确地提出了自己的建议，为决策者提供了可靠有用的依据。整篇报告结构严谨，条理清晰，说理充分，论证有力，写作格式规范。

 实践练习

1. 撰写可行性研究报告应符合哪些写作要求？
2. 阅读下列可行性研究报告，回答问题。

关于大邑县技改年产1万个10亿单位庆大霉素的可行性研究报告

一、概况

（一）项目提出的背景

庆大霉素系多组分氨基糖类抗生素，具有抗菌性强、抗菌谱较广的特点，对多种革兰氏阴性菌、革兰氏阳性菌均有较强的抗菌作用，是医药中常用的抗生素之一。在国内外市场十分抢手，伴随而至的庆大霉素原粒药也成为短线产品，市场缺口很大。

为此，具有较高管理水平和较强经济实力的大邑县氮肥厂，为了进一步挖掘企业生产潜力，充分利用大邑县丰富的煤、电、水资源优势，在成都医药公司的指导下，拟技术改造年产1万个10亿单位庆大霉素原料生产装置，以求创造良好的社会效益和经济效益。

（二）建设项目的必要性

庆大霉素和卡那霉素、链霉素等均属常用的抗生素，具有抗菌性强、抗菌谱较广的特点。由于青霉素、链霉素药力大，许多人不适应。因此，过敏性小、使用方便的庆大霉素一跃成为目前最受患者和医务人员欢迎的抗生素,国内外市场的消费量均很大。

1. 从国内市场看,由于药品生产本身所具有的局限,培养新品种一般需要 6 年左右,有的甚至需要 10 年,应用于广阔的农村,则需要更多的时间。就目前趋势来看,国内尚无生产厂家研制出新的抗生素以替代庆大霉素。据此,医药专家预测,庆大霉素正处于产品寿命的"金牛"阶段,寿命周期大约能保持 10 年。另据医药公司提供,目前庆大霉素的生产量只能满足市场需求的 40%,货紧价扬,市场价格已提到 1 100 元/10 亿单位,高出计划 250 元/10 亿单位,而全国主要生产厂家的平均成本仅需 650 元/10 亿单位(四川制药厂 1987 年的成本仅有 540 元/10 亿单位),产品税利率高达 35% 以上,庆大霉素的生产无论是从为病人去疾的社会效益来看,还是从企业自身的经济出发,都是十分必要的。

2. 从国际市场看,目前占据世界产量较大的当属意大利、西欧和北美一些国家。1987 年,意大利一家生产庆大霉素的主要厂家火灾后停产,使世界市场每年减少 300 吨产量。近两年来,西欧、北美等国,因庆大霉素原料污染严重,劳动强度大,属劳动密集工业而无力承担昂贵的人工费,再加之老厂换代等诸多因素影响,陆续转向进口原料药进行深度加工。从而世界市场出现庆大原料药"断层",导致国际市场的庆大售价已高达 200 美元—240 美元/10 亿单位。

虽然我国 200×年的出口量比 200×年增长 2 倍多,但由于国内发酵生产质量不高,生产厂家少且受能源、动力、环保的限制,后劲不足。200×年全国产量仅有 280 吨,外贸出口计划一直完不成,因此,如何利用国际市场,参与国际竞争,增加创汇能力已刻不容缓。

(三) 项目建设的条件

1. 庆大霉素生产必须满足的几个条件

(1) 有充足的电力保证。庆大霉素的菌种一经放入发酵罐,就必须连续作业,如遇停电,就会导致倒罐现象发生,损失巨大。

(2) 空气净化度高。药品生产要求含菌量小,庆大霉素需取污染少的空气。

(3) 对水、煤的需求较大。大邑县位于成都西侧,属全国初级电气化县之一,电力充足,小煤窑遍布,空气清新,适于庆大霉素生产。有良好天时地利,再加之县政府领导班子十分重视该项目,将之列为大邑县"七五"后期的主要建设项目,由县主管工交的副县长亲自挂帅,人和条件也具备,使该项目的实施有充分的可能性。

2. 项目承办人条件

(1) 原材料供应(略)

(2) 能源供应情况(略)

(3) 交通运输情况(略)

(4) 厂址选择和占地(略)

(5) 环保情况(略)

(6) 技术状况(略)

二、基本数据

(一) 生产规模及产品方案(略)

(二) 建设进度(略)

(三) 建设投资构成及分年度使用计划(略)

（四）销售收入（略）
（五）产品成本（略）
（六）税金、税率和利润（略）
1. 投资利润率（略）
2. 贷款偿还期（略）
3. 收益净现值（略）
4. 预期收益（略）
5. 预期税利率（略）
6. 投资回收期（略）
7. 盈亏平衡点分析（略）
8. 敏感性分析（略）

三、结论

综上所述，大邑县拟在县城附近的西平村划地18亩，兴建一条年产庆大霉素1万个10亿单位（折重17吨），总投资为813.6万元的生产线。其工艺成熟，技术基本有保障，自筹资金、能源、主要原辅料等均有一定落实，社会效益和经济效益都比较好，还款能力强，投资效果较理想，建设分行和上级考虑给项目解决资金问题。

问题与建议：

1. 鉴于该项目在敏感性分析中，建设期延长1年，预期收益率降为21.33%，敏感程度较大，希大邑县制药厂瞄准市场，抓紧时机，力争在规定的时间内完成任务，保证项目的良好效益。

2. 目前，国家紧缩银根，信贷资金吃紧，因此，项目建设要厉行节约，建议将绿化等放到第二步考虑，先把有限的资金用在刀刃上。

3. 市场形势变化多端，大邑县制药厂要适应市场变化，利用庆大霉素很容易调头生产"离子交换性工艺"系列抗生素产品，如：四环素、链霉素、卡那霉素、金霉素等的特点，注意市场动态，以灵活改变生产品种基地。另外，通过生产庆大霉素，可逐步建立现代发酵工业基地，为今后继续上其他门类的现代工业产品，如：柠檬酸、味精等，奠定良好的基础。

4. 该项目的投资构成中，有13.6万元属土地折资入股，自筹200万元属入股形式提供，为此，在还债中，必须执行企业税利先还银行贷款，后考虑分红。这样，既可减少项目的利息支出，又可使银行的资金加快周转，以扶持更多项目。

5. 考虑到本年度银行资金比较紧张，项目应多渠道筹集资金，如：在行业方面，或者省、市各级有关单位，争取资金支持。

附件（略）

问题：

（1）根据内容划分，该报告属于（　　　　）可行性研究报告。

（2）结合该报告内容，分析它所体现的可行性研究报告的特点。

（3）请找出该报告的"总论"、"分论"和"结论"部分。

（4）请分析报告中提到的建设项目为什么是可行的。

3. 你所在的学校要兴建财会实训中心，请据此撰写一份该项目的可行性研究报告（材料不够，可自行补充，下同）。

4. 某建筑项目即将开工建设，请替有关部门撰写该项目可行性研究报告（项目名称自拟）。

5. 某校欲改、扩建实验楼，请撰写该项目可行性研究报告。

6. 某公司一条生产流水线严重老化，欲对其进行改造，请为该项目撰写可行性研究报告。

7. 某软件公司准备开发一款新的文本处理软件，请撰写该开发项目可行性研究报告。

8. 某建材公司对某建材产品的生产工艺作了改造，以减少粉尘等污染，请为该改造项目撰写可行性研究报告。

9. 甲和乙两公司联合经营某一产品，请撰写联合经营可行性研究报告。

第八章　经济活动分析报告

摘要

1. 经济活动分析主要是定量分析,不仅反映情况要用数据表述,分析问题也要有具体的数据。数据与文字说明的有机结合十分重要。

2. 写作时应全面分析问题,切忌肯定一切或否定一切,只讲成绩,不谈或避重就轻地谈缺点。违背了实事求是的原则,既不利于准确分析,也不利于解决问题。

一、经济活动分析报告扫描

（一）含义

提高经济效益是一切经济活动的目的。要达到这一目的,进行经济活动的单位必须经常对已进行的经济活动作分析,总结成绩,找出不足,有针对性地制订措施,使今后的经济活动受到更好的效益。所以,经济活动分析,又称经济效益分析,是以经济理论和国家先行经济政策为指导,以计划指标、会计核算、统计资料、情报信息以及调查研究所掌握的情况为依据,运用多种方法,对某一地区、某一经济实体的一定时期的经济活动进行分析、研究、评价,总结经验,揭露问题,摸索规律,作出预测,提出改进措施,指导经济实践,提高经济效益的过程。根据经济分析写出的书面报告就是经济活动分析报告。

（二）特点

经济活动分析报告有以下七个特点。

1. 系统性

全社会的经济活动是一个紧密联系、相互协调配合的大系统。因此,经济活动分析报告既要分析各个有联系的主要指标,又要将各种因素和各个不同的侧面联系起来进行综合分析研究。

2. 分析性

分析是经济活动分析报告的价值所在,因为分析是对经济活动作出正确判断的基础,只有注意分析经济活动中取得经济效益和造成经济损失的原因,才能得出令人信服的结论。

3. 评估性

经济活动分析报告在对经济活动分析、研究的基础上,要对经济活动中的成绩和问题,经验和教训进行评估,得出客观、准确的评价性意见。

4. 指导性

经济活动分析报告对经济活动分析、研究,对经济活动中的成绩和问题、经验和教训进行评估的目的是指导今后的经济活动实践,提高经济管理水平,使经济活动取得更好的效益。

5. 广泛性

在当今市场竞争日益激烈的形势下,经济活动分析报告被广泛地运用于生产、流通、消费等多领域,人们通过经济活动分析报告,科学地把握市场供求关系的变化规律,从而在市场竞争中立于不败之地。

6. 专业性

经济活动分析要建立在经济核算的基础上,而经济核算离不开数据和计算。所以,它具有较强的专业性。

7. 时效性

多数经济活动分析是定期进行的,这样能及时了解某一阶段的经济活动状况。这就要求经济活动分析报告要及时撰写,注意时效性。

(三) 作用

1. 合理评价经济活动,正确考核经营业绩

通过经济活动分析,能总结成绩,发现不足,从而对企业有关方面和责任人员,以及经营业绩作出正确的评价,同时,也可以在不断总结经验,掌握规律的基础上,针对新问题,提出新方案,促进经济效益进一步提高。

2. 指导企业提高经济决策,编制经营计划的科学性和可行性

企业的经营决策、经营计划的制订离不开对经济活动的分析,分析是决策的一个重要环节。通过分析,把技术的先进性、市场的可靠性和经济合理性统一起来进行研究,把经济活动可能出现的各种因素及其作用搞清楚,促进有关因素的最佳结合,从而为企业领导、管理人员制订经营方针、经营计划,作出决策提供客观依据。

3. 为经济杠杆部门进行宏观调控,开展业务活动提供依据

经济杠杆部门是指财政、金融、劳动、统计等部门。他们通过经济活动分析报告,把握国民经济及其构成部分乃至各个环节的动态,把握市场的运行趋向,为国家宏观调控提供重要依据。同时,通过报告,这些部门也能对企业的产品成本情况、利润状况、货币流通情况、生产发展情况、资金占用和库存积压情况进行监督和指导。

(四) 种类

根据分析对象所在部门划分,经济活动分析报告可分为工业、农业、服务业、财

政、金融等经济活动分析报告。

根据分析时间划分，经济活动分析报告可分为定期、不定期、预测分析报告。

根据内容划分，经济活动分析报告可分为综合分析报告和专题分析报告（常见的有市场供需动态分析、消费倾向分析、消费结构分析、商品经营特点分析、商品购销活动分析等）。

根据范围划分，经济活动分析报告可分为宏观经济活动分析报告（多指某一区域）和微观经济活动分析报告（多指某一经济实体）。

（五）与调查报告、总结、市场预测报告的异同

1. 与调查报告的异同

经济活动分析报告与一般调查报告的性质、作用相似。不同的是：后者涉及的内容非常广泛，主要内容是事实，通过事实来论证自己的观点；前者是根据生产、供应、销售等各项指标、数据，结合具体情况进行分析，其分析的主要内容是企业本身表现出来的数据。从时间上看，后者一般不受时间限制；前者多为定期报告，要受时间限制。

2. 与总结的区别

总结是在工作告一段落或工作结束后写的；分析报告不仅可在事后写，也可在事中写，甚至事前预测。总结虽也分析成绩、经验、存在的问题，但主要是检查回顾工作；分析报告主要是提出更有效的措施以指导下一阶段工作。在内容上，总结内容广泛；分析报告只围绕执行计划、提高经济效益这一目的进行分析。

3. 与市场预测报告的异同

它们的相同之处是：都要进行调查研究，都要对经济现象进行分析，都是为了指导经济工作。它们的不同之处是：第一，从内容上说，分析报告侧重于"分析"，即对经济指标、数据等进行分析；预测报告，侧重于"预测"，它通过阐述经济活动的客观规律，预测未来的经济趋势。第二，从时间上说，分析报告是对"进行时"的经济活动情况进行分析，总结经验，揭示矛盾，及时调整经济活动，往往写于事后；预测报告是对未来经济活动作出预测，往往写于事前。

二、经济活动分析报告写作指要

（一）要以党和国家的经济方针政策为指导

经济活动是在党和国家经济方针政策的指导下进行的。所以，在经济活动分析报告写作之前应掌握有关政策，这样才有可能由表及里，透过现象看到本质，得出正确结论。

（二）要明确分析对象，抓住主要矛盾，解决重点问题

作为一个区域或经济实体，可供分析的经济活动范围和内容十分广泛，如生产管理、市场营销管理、成本核算、技术更新、质量指标、劳动分配等，不管是专题分析报

告,还是综合分析报告都应有所侧重,不能面面俱到。侧重点是直接影响和制约经济运行和经济效益的关键问题(主要矛盾)和主要原因。只有明确分析对象,抓住主要矛盾,才能抓住问题的关键所在,找到解决问题的方法。

(三) 要实事求是,如实反映情况

实事求是地反映情况,分析问题,是写好经济活动分析报告的基本要求。为此,我们在写作之前,应全面收集第一手资料(通过调查得到的数据、事实,又称活情况)和第二手资料(来自计划、报表、凭证、账册等,又称死材料),并对资料进行反复核实,使写进报告中的数据准确,事实典型;写作时,应将两种资料相结合,这样,才能准确地反映问题,如:某厂第一季度营业外收入比去年同期增加了3万元,但这是假象,因为厂维修队开始独立核算,原来由留成基金支付的工资奖金7万元冲减成本,扣除这一因素,实际上营业外收入不是增加了,而是减少了。写作时,还应全面分析问题,切忌肯定一切或否定一切,只讲成绩,不谈或避重就轻地谈缺点。这种自欺欺人的做法不仅违背了实事求是的原则,而且不利于问题的解决。

(四) 要将分析问题与解决问题相结合

解决经济活动中的实际问题,提高经济效益是经济活动分析报告的写作目的。分析问题是解决问题的基础,所以,我们不能在报告中仅仅堆砌一些数据,或把数字文字化,罗列表面现象,而应对这些问题作深刻分析。可以说,没有好的分析,就没有好的分析报告。当然,我们也不能仅仅满足于对经济活动的深刻分析,提出看法,作出恰当评价,还应在此基础上,提出解决问题的具体的途径、办法、措施,提出有针对性的意见和合理化建议。这样,才能为领导决策提供可靠的依据,发挥经济活动分析报告应有的作用。

(五) 要将数据与文字有机结合

经济活动分析主要是定量分析,应当靠数据说话。不仅反映情况是用数据表述的,分析问题也要有具体的数据。例如:"某百货商城本月商品销售额比上月增加了10万元。其原因主要是增加了花色品种,扩大了销售点,部分商品提高了售价,处理了一些积压商品。"作为经济活动分析,如果仅列举上述项目是不够的,还应该进一步指出上述各因素产生的金额和百分率。这样,不同因素对差异指标的影响程度才能显示出来。同时,也应当注意经济活动分析报告又不同于各种分析表,它不是纯客观地记录和反映生产经营活动的原始过程,它是用以检查、总结、指导工作的,单用数据也是不能达到目的的,所以它必须将数据与文字说明有机结合。当然,文字说明要力求做到条理清晰、简明扼要、通俗易懂。

(六) 要运用科学的分析方法

经济活动分析方法是达到经济活动分析报告写作目的的手段和途径。写作时,熟练、灵活地运用分析方法,将有利于提高分析报告的质量。常见的分析方法有以下三种。

1. 比较分析法

又称对比分析法或指标分析法。它把同一基础上(时间、内容、项目、条件等)可比数字资料进行对比,用以说明和反映两个事物之间内在联系、差距,并分析其原因,作出一般的结论和评价,提出改进措施。这是经济活动分析普遍使用的方法。一般从以下三个方面进行:

(1) 比计划。以本期实际完成数与计划指标数作比较。通过比较,考察计划完成情况,评价经济活动形势的好坏,分析造成差距、形势好坏的原因,以便采取措施,修订计划,确保经济活动目标的实现。

(2) 比历史。即纵向比较,以本期实际完成的指标与前期或上年同期实际完成的指标相比较,或与本单位历史上最高水平相比较。通过比较,看出企业经济活动的发展变化趋势,评价经济活动现状的好坏,找出进步或倒退的原因,采取有效对策,使经济活动保持良好的发展势头。

(3) 比先进。即横向比较,以本期实际指标与主客观条件大致相同而已成为先进单位的指标相比较,从中发现本单位在经营管理中存在的问题和薄弱环节,找出差距,学习先进经验,给自己提出更高要求,向更高目标发展,增强企业竞争力。

2. 因素分析法

又称连锁替代法,这是一种探寻和揭示影响经济活动效益的各种原因及影响的更深层次的分析方法。它将某一指标分解成若干因素进行分析,运用指数体系分析事物的总变动受各种因素变动的影响程度,如利润多少受商品销售量、销售价格、成本、税金、费用等因素的影响。利用因素分析法就能清楚地认清每一个因素所起作用大小及与企业的成绩或差距间的关系,就可调动一切积极因素,克服消极因素,以取得更好的经济效益。运用这种方法时要注意的是,分清主次,内外结合,主客观结合,即在找出影响经济活动效益的内部和外部的、主观的和客观的各种因素时,要找出主要因素。要更重视分析内部的、主观的因素。分析必须实事求是,以客观事实为依据,辩证地分析问题。

3. 预测分析法

它是在分析经济活动的过去和现状的基础上,找出经济活动的运行规律,通过推断,对未来的经济活动状况、目标、产销方向、信贷需求等作出预测、判断,以供领导层进行决策。

此外,还有结构分析、平衡分析、动态分析等方法。这些分析方法各有长短,撰写分析报告时,可综合使用,以其中一种方法为主,其他方法为辅,进行全面深刻的分析,从而收到良好的效果,获得正确的结论。

三、经济活动分析报告的结构和写法

经济活动分析报告一般由标题、正文、落款组成。

(一) 标题

经济活动分析报告标题一般有三种形式：一是完整式，即由分析单位名称、分析时限、分析内容和文种四个要素构成，如：《××公司 2007 年上半年财务分析报告》；二是简要式，只概括分析内容，省单位名称和分析时限，文种常以"分析"、"情况汇报"、"回顾与思考"、"评估与建议"等形式出现，甚至只有分析内容，如《我国当前地区经济运行的基本特征分析》、《我国房地产超前发展的原因》；三是双行式，也称正副结合式标题，一般正题揭示主旨，副题交代分析对象和内容，如《部分国有企业缘何绩效较差——四川四家企业的考察与分析》。

(二) 正文

正文写法灵活多样，一般由前言、主体和结语三部分组成。

1. 前言

前言也称导语、引言，是经济活动分析报告的开头部分。一般用简练的语言，运用比较分析法介绍经济活动的背景、总形势，说明分析对象的基本情况，交代分析的原因、目的、意义、范围、内容、时间、过程，提出问题，提示分析结论。有些经济活动分析报告省略了前言部分，开门见山，直接进入主体的写作。

2. 主体

这一部分是经济活动分析报告写作的重点。主要包括以下内容：

(1) 经济活动情况介绍。运用数据、图表、文字表述介绍被分析对象在一定时期内经济活动的基本情况，如：主要经济指标完成情况、发展趋势，技术或管理措施实施情况，业务工作开展情况等。目的是为了总结经验，揭露问题，为下文的分析作铺垫，也使读者对被分析对象的经济运行状况有一个完整的、概括的认识。有的经济活动分析报告未设"前言"部分，即以"情况介绍"为开头。

(2) 经济活动分析。这是经济活动分析报告的核心部分。这部分要依据调查收集所得的各种资料（统计、财务会计、预决算等报表、计划、历史和现实的事实、数据等），以及国家的有关经济政策、法令，运用科学的分析方法，对各项经济指标的实际完成情况、存在的问题、各项指标的构成因素及主客观原因等逐项进行分析，作出客观、公正、中肯的评价。有些经济活动分析报告把"情况"与"分析"放在一起写，即写完一个方面情况，随即进行分析，边写情况，边作分析；边提出问题，边作出回答。

写这部分时，应注意以下几个问题：第一，分析时应遵循主要问题先写，次要问题后写的原则，着重把主要问题的原因、性质、状况分析透，从而做到重点突出，主次分明；第二，分析时要辩证，既要分析成效，总结经验，又要揭露矛盾，分析原因；第三，分析时要有理有据，深入细致，为此，应将数据表格与文字表述相结合。可先列表（或列数据），后进行分析，也可先说明，后列数据给予证实，还可将数据与文字穿插展开说明。数据一般用来说明经济活动效益好坏程度，文字一般分析经济活动成败的各种原因。

3. 结尾

这部分是经济活动分析报告的精华所在。一般根据分析结果,回答今后的经济活动将会"怎么样"或"怎么办"的问题,即:有针对性地提出切实可行的意见、建议、改进措施、希望和要求,为今后的经济活动指明方向,为部门和企业管理者决策提供参考。在不同的经济活动分析报告中,这部分内容的侧重点有所不同。如:以说明成绩、总结经验为主的报告,应着重写明推广经验,提高经济效益的途径;以揭露问题、总结教训为主的报告,应着重写明解决问题,改进工作的措施;对经济活动的前景和趋势作预测的报告,应着重写明预测的结果。

（三）落款

经济活动分析报告的署名和成文日期可放在文后,也可放在标题下。如向上级报送,还要加盖公章,由单位或部门负责人签署。

四、实用示例

☞【例文一】

××家用电器商场2006年经济活动分析报告

一

2006年主要指标经营情况如下表:

单位:百元

	2006年	与2005年比 +（-）	与2005年比 +（-）%	与本市同行业比 +（-）%
销 售 额	66 000	+6 700	+11.3	
人均销售额	1 500	+190	+11.45	+5
全部流动资金平均数	6 200	-15	-0.25	-0.20
流动资金周转天数	30.5天	-4.5天		-3天
利 润	3 910	+152	+4.04	+18
费用水平	0.90	+0.05		
每百元流动资金与固定资产提供利润	+21	-1	-4.6	+1

二

　　从上表可以看出,我商场2006年经济效益基本上是好的。主要表现在:销售额比2005年增加了11.3%;流动资金不仅没有相应增加,而且减少了,流动资金周转天数比2005年少了4.5天,按全部流动资金计算,相对节省了7.17万元。经济效益较好的原因如下:

　　1. 市场预测工作做得好,充实了采购力量,开辟了新的货源,销售商品从82种增加到165种,其中名牌优质产品从15种增加到25种。所进货物,适销对路。

　　2. 健全了岗位责任制,加强了考核,调动了职工的积极性。

　　3. 开展文明礼貌活动,改进服务态度。实行大件免费送货上门、上门维修,开展邮购业务等便民措施。

　　4. 推销了10多万元的积压商品,减少了库存。

　　但是,从上表也可以看出:利润增加的幅度低于销售额增长的幅度,每百元流动资金和固定资产提供的利润数下降了。其原因如下:

　　1. 费用水平上升。由于职工调资、装修门面,加上节支工作抓得不够,增加了费用支出。

　　2. 销售商品的结构有变化,低利商品增多了。

　　3. 由于调整部分电视机、DVD价格,降价处理了部分积压商品,从而减少了收入。

三

改进措施:
1. 实行岗位经济责任制,把商品的经济效益和个人利益联系起来。
2. 广开货源,争取销售商品从165种增加到280种。
3. 加强管理,把定额指标落实到柜组。
4. 大力节减企业管理费与行政经费。

2007年1月×日

【简析】这是一篇综合分析报告。标题是完整式标题,正文由"主体"和"结尾"两部分组成。其中,第一、二部分是主体,第三部分是结尾。第一部分列出图表和数据,运用比较分析法(比历史,比先进),将2006年的主要经济指标与2005年及本市同行业进行比较,说明2006年的主要指标经营情况;第二部分将数据与文字表述相结合,指出2006年经济效益好的表现,并运用因素分析法,分析经济效益好及利润增加幅度低于销售额增加幅度的原因;第三部分,提出了四条改进措施。全文层次分明,逻辑性强,分析论证有力。

☞【例文二】

8月份黄金饰品市场销售情况分析

最近我市出现抢购黄金饰品现象,销售量剧增,仅8月份全市销售额达1 120万元,比去年同期增加3.2倍。其中商业系统所属8家首饰经营店销售额达555万元,比去年同期增加4倍,占全市8月份销售额的49.5%。8家中的华侨友谊商店销售额334.28万元,占全月商品纯销售额的85.8%;市第一百货商店销售额135.26万元,占全月商品纯销售额的53.13%。

这次黄金热的特点是:

1. 只要是"24K"金,不管其花色品种和造型,一有货,就一扫而空。
2. 个人购量相当大。曾有一顾客一次采购6万元以上。
3. 买主不同。7月底黄金销售量逐渐增加,主要是本市居民少量的、有挑选性的购买。8月25日后,主要是外地来的顾客。据市第一百货商店反映,27—31日黄金日销售量12万元以上,比正常销量增加6倍。华侨友谊商店也反映,曾有一外地顾客带十几万元现金抢购黄金首饰。

究其原因,有如下几个方面:

1. 人民币对外币比率调整,给当前平稳市场带来了新的冲击,黄金首饰首当其冲。社会上谣传黄金将要涨价,消费者存在着紧张的消费心理,纷纷取款购买,以求保值。
2. 以黄金饰品为日常装饰品趋向,朝着一人多件化、系列化方向发展。
3. 时入中秋,婚嫁"旺季"又将来临,而民间婚嫁礼俗中,订婚、陪嫁均需有黄金饰品。
4. 部分企业"工改"兑现,居民购买力增强。
5. 少数不法分子倒卖。国际市场黄金价格高于目前我国黄金牌价,有些不法分子通过不正当渠道进行倒卖活动;有些私人首饰加工厂把纯金首饰与非纯金首饰熔化在一起,重新制造后,充当纯金首饰出售,以牟取暴利。

上述五因素相互作用,形成一股较为强烈的购买力投向市场,突发性地引起这场抢购黄金首饰风。9月上旬,这股风仍很强烈。据华侨友谊商店反映,近日该店向南京进首饰100多万元,货到店第一天就销售80多万元。目前,各商店黄金首饰库存告空,短期内没法满足顾客需求。

××市商业局统计科

200×年×月×日

【简析】这是一篇专题分析报告。标题采用简要式标题。正文也由"主体"和"结尾"两部分组成。首先运用比较分析法和一系列数据总提黄金饰品市场抢购情况;接着运用因素分析法,数据与文字表述相结合,阐述这场黄金饰品抢购热潮的特点,并分析原因;最后,在结尾部分,预测其销售趋势。全文写法比较规范,条理十分清晰,符合格式要求。

实践练习

1. 撰写经济活动分析报告应符合哪些写作要求?
2. "说明事实,剖析原因"用的是( )分析法;"对未来的经济活动作出预测、判断"用的是( )分析法;"对比各种指标、情况"用的是( )分析法。
3. 阅读下列经济活动分析报告,回答文后问题。

> 我国钟表工业正面临一场严峻的挑战。要振新我国钟表工业,就要在继续开发机械钟表花色品种的同时,大力发展电子钟表的生产。
>
> 目前,一些先进国家钟表生产已实现石英化,大量电子钟表投放市场。1982年,世界各国电子表产量已占总产量的64%。我国的机械表从1981年开始滞销和积压。专家们认为,石英化是振兴我国钟表行业的出路所在。
>
> 电子钟表与机械钟表相比,有五大特色:走时精度比机械表高好多倍;功能多,一般数字式电子表有3—5个功能,多的可达40个功能,有的还可以量体温、脉搏、计算、储存信息等;使用方便,更换一次电池可用较长时间;机芯结构简单,装配维修容易;能实现自动化生产。
>
> 我国目前已经具备了钟表石英化的生产条件。十年来,国家为发展电子钟表投放了大量资金,初步建成了生产电子表所必备的集成电路、石英振子、扣式电池、印刷线路板等元件厂,产品质量一般达到国际20世纪70年代初期的水平,有的已达到80年代水平。
>
> 专家们认为,对电子钟表的优越性还要大力宣传,同时大力开拓电子钟表市场,让电子钟表及时上市,并把它推广到中、小城市和广大农村。

问题:
(1)为此文拟个标题。
(2)结合经济活动分析报告的写作方法,分析此文正文的特点。
(3)此文主要运用了什么分析方法?请加以简要说明。
4. 阅读下列经济活动分析报告,回答文后问题。

> **工商银行××分行今年前10个月降低不良贷款分析报告**
>
> 过去几年,我行不良贷款严重制约了银行业务的发展,但今年以来由于采取了有力的措施,我行实现了不良贷款的大幅下降,截至今年10月底,我行不良贷款比年初减少了1.81亿元,不良贷款比例下降了7.92个百分点。1至10月实现大幅度减亏,比去年同期减亏613万元,减幅达19.5%。
>
> 不良贷款的大幅下降主要得益于以下几个成功的因素:

第一，今年我行进一步完善风险监控预警机制，建立"双向控制、提前预警、落实到位"的风险监控办法，将风险监控落实到每一户、每一笔、每一天和每一个责任人。监控预警由过去风险管理科一个部门负责变为信贷科和风险管理科共同把关，同时进行，实行双向控制，防止监控预警漏洞。今年1至10月，我行发出预警通知书99份，涉及贷款265笔，金额77 562万元。由过去只预警不控防转变为预警、控防、整改三到位。每月对预警通知书落实情况进行检查考核，对新形成不良贷款的分支机构进行通报批评，并限期整改，不能按期整改到位的，追究有关人员责任。

第二，对过去由于种种原因已经形成的不良贷款，加大清收的力度。今年我行在对不良贷款形成原因进行调查排队的基础上，实行一厂一策、一笔一策，多法并举，化险为夷。过去由于信贷人员违章违纪，放松贷款条件发放贷款，形成大量不良贷款。清收盘活这部分贷款必须落实责任人，实行责任清收。今年初我行对因工作不负责任、管理松懈、"三查"制度不落实而形成的不良贷款，逐户逐笔落实清收责任人，对责任人实行绩效挂钩、停职或下岗清收，在限期内不能清收的责任人予以免职或解除劳动合同等办法处理。今年我行共对35户企业共6 681万元的不良贷款实行责任清收，现已收回11户共4 676.5万元。与此同时，充分发挥员工的积极性，对于长期难以收回的呆账贷款进行公开奖励清收，按不良贷款实际清收额的一定比例给予重奖。

第三，清收不良贷款的同时，依据国家产业政策及金融政策，从企业经营效益、信用等级、发展前景等方面对企业进行综合评价，支持帮助企业搞活经营，提高效益，及时归还逾期贷款，实现银企"双赢"。

我们建议：明年我行应继续以清收和降低不良贷款为突破口，建立起一套有效的激励机制和完善的内控制度，为盘活资金存量，为银行业务的进一步发展打好基础。

问题：
（1）本文标题采用（ ）式标题。
（2）请找出本文的"主体"和"结尾"部分。
（3）本文的主要观点是什么？用了哪些材料？
（4）本文运用了哪些分析方法？请具体说明。
（5）概括该行降低不良贷款取得成效的原因。

5. 下面是一篇专题分析报告，结构层次条理不清。请按前言、主体、结尾三个层次重写出来。改写要求：（1）前言：写明生产计划完成的大体情况，并讲明存在的问题，引出报告要分析的内容；（2）主体：先用一个自然段采用比较法，写明三月份成本增高的有关数据，再用因素分析法用一个自然段分析三月份成本增高的原因，各原因在写作格式上要分条标序号一一列出；（3）结尾：另起一段，提出几项具体建议。

××印刷厂三月份成本分析报告

200×年我厂提出实现年利润250万元的奋斗目标，截至三月底，我厂已完成利润103万元，完成年计划的33.2%。本月份计划完成得虽好，但生产成本却逐月上升。现对三月份生产成本作一简要分析。二月份每千印成本为252.7元，百元产值成本为59元；三月份每千成本为 305.5 元,百元产值成本为 70 元;三月份千印成本比二月份增加 52.80 元,百元产值成本增加 11 元。三月份成本增高的主要原因是纸张价格上涨。二月份 787 凸版纸每张单价为 0.15 元,三月份则涨到 0.16 元,月纸张费用增加 2 211.17 元。再有,千印油墨费增。三月份共完成 1 725.25 千印,消耗油墨 352.5 公斤,共计 3 066.20 元,多耗油墨 68 公斤。

另外,辅助生产费用和管理费偏高。三月份辅助生产费用比二月份增高 983.09 元,企业管理费三月份比二月份增高 494.13 元。辅助生产费用增加的主要原因是领用大型工具多,设备备件多。企业管理费偏高的原因是购买办公用品和招待费多。鉴于上述情况,我们建议:(1)制定千印油墨消耗定额,把千印油墨消耗控制在 0.15 公斤/千印左右。(2)建立健全设备的维修、保养制度和工具出库保管制度。(3)企业管理费的支出要严格控制,合理使用。

6. 某胶鞋厂近年来效益滑坡。有关人员找来近几年来的统计资料,发现 2004 年至 2006 年的销售量分别是 15 万双、17 万双、18.5 万双;税后利润分别为 72.5 万元、67.8 万元、53.4 万元。为什么产量逐年增加,而利润反而减少?结合其他统计数据分析后,找到了三个原因:(1)销售税率上升的影响;(2)原材料涨价,生产成本上升;(3)因滞销而降价促销。请据此写一份经济活动分析报告(如需其他数据和条件可自拟,也可用"××"代替,文字说明须合情合理)。

7. 去商场、超市对某商品的购销情况作一番调查,然后写一份商品购销活动情况分析报告。

8. 对消费者的消费倾向作一番调查,然后写一份消费倾向分析报告。

9. 去某单位对该单位上半年度(或下半年度或上一年度)财务工作作一番调查,并撰写一份×单位上(下)半年度或上一年度财务分析报告。

第九章 规章制度

摘要

1. 条文式是内容相对简单的规章制度的基本形式。章条式多用于一些内容较全面、系统、原则,条文较多的规章制度。

2. 规章制度的语言表达应力求准确、清晰、规范、严谨,不能有歧义,更不能前后矛盾或相互抵触。

3. 章程、条例、规定、办法、规则、制度、公约等都是规章制度的不同呈现形式,要区分它们之间的差别灵活行文。

一、规章制度扫描

规章制度是一种在一定范围内具有权威性、强制性和约束力的法规性文书,普遍采用条款式的表述方法。

规章制度是党和国家方针政策的具体化,具有统一人们意志和行动、维护社会稳定的重要作用,也是实施科学管理的有效手段。规章制度的应用范围很广,上至国家领导机关,下至基层单位均可根据实际需要制定,因此它是有层次性的。我国宪法对制定规章制度的权限有明确规定:全国性的规章制度,应由中央主管部门制定;地方性规章制度,由省、市、自治区制定,也可以制定执行全国规章制度的补充规定;而一般机关、团体和企事业单位为了实现一定的宗旨,搞好各方面的工作,也须建立自己必要的规章制度。必须指出的是,任何规章制度都不能与国家的法律、法规和上级制定的规章制度相抵触。

规章制度是一个总称,常见的有如下一些种类。

(一) 章程

章程用于党派、团体、公司企业对本组织的性质、宗旨、纲领、任务、机构、活动规则,以及成员的权利义务等作出规定,以约束成员行为,保证组织正常运作,如《中国共产党章程》、《××市演讲学会章程》、《××××股份有限公司章程》等。章程一般由该组织团体制订,并经代表大会等形式讨论通过,具有很强的约束力。

（二）条例

条例是对某一法律、法规、政策作出较为全面而原则的规定，或对某一工作事项制定出实施原则和方法等，也用于规定某些机关或专门工作人员的责任和权限。一般由国家权力机关制定发布，有时也由国家行政机关制定颁布，如《计划生育条例》、《会计人员职权条例》、《长城保护条例》等。条例是规章制度中约束力最强的一种文体，其写作特点是分条列目，层次严谨，规范明确。

（三）规定

规定是针对某项具体工作或专门问题提出的原则要求和行动规定，内容具有局部性。同条例相比，规定针对现实更为具体，也更为直接，但又比办法的概括性强，如《××省地名管理规定》根据国务院发布的《地名管理条例》制订，但内容比《地名管理条例》具体，并且具有地方特色。

（四）办法

办法是对某项工作或某一方面活动作出具体安排或提出具体措施的条文，比"规定"操作性更强。办法既要根据党和国家的方针政策、法律法令，对有关问题提出必须遵守的原则，又应对实行中可能出现的问题规定具体措施，作为处理实际问题的依据，如《国家行政机关公文处理办法》、《聘请科学技术人员兼职的暂行办法》等。

（五）规则

规则是机关、团体、企事业单位为维护公共利益，保证工作、生产、学习正常进行而制订的，要求大家共同遵守的行为准则，如《考场规则》、《借书规则》等。使用和制订规则时应注意条文要具体实在，便于操作和遵守，语言要简洁、通俗。

（六）制度

制度是规范整个社会组织或某一范围、某一事项的整套行为准则。按内容可分为两大类：一类是国家制订的规范整个社会组织或社会生活的某个方面的一整套行为准则，如选举制度、经济制度等；一类是某一机关、团体、企事业单位制订的规范其组织管理或某项工作活动的一套行为准则，如办公制度、考核制度、现金管理制度、检查评比制度等。

（七）公约

公约是一定范围内公众共同协商制订并要求大家共同遵守的道德规范和行为准则，如《爱国卫生公约》、《商场服务公约》、《首都人民文明公约》等。制订公约要有针对性，不可过于笼统，条文也不宜太多。尤其要注意，公约的内容不能与国家和地方政府的法律、法规相违背。

此外，规章制度还包括细则、规程、守则、准则、规范等。

二、规章制度写作指要

（一）要符合国家的方针政策和法律

规章制度是党和国家各项方针政策和法律在工作中的具体化。因此，制定规章制度必须自觉与党和国家的方针政策保持一致。要结合各自的实际情况，制订切实可行的行为规范，但绝不能为满足小团体利益而另搞一套"土政策"。

（二）要加强调查研究，做到令顺民心

制订规章制度必须深入实际调查研究，广泛听取群众的意见。只有切合实际，符合国情、民情，充分体现群众意愿的规章制度才能真正得到执行。

（三）内容要具体明确

规章制度要尽可能考虑周到、全面，内容明确，具体详尽。一方面，若某个重要环节出现疏漏，就可能被人钻空子，甚至会给国家、人民的利益带来损失；另一方面，内容不明确、不具体，不利于操作和执行。

（四）语言要规范准确

规章制度在语言表达上，应当力求准确、清晰、规范、严谨，不能有歧义，更不能前后矛盾或相互抵触。同时，要注意选用的文种名称一定要与内容一致。

（五）要注意规章制度的稳定性与适应性

规章制度应保持相对的稳定性，多变多改会使人无所依照，从而失去规章制度的作用。制订规章制度要注意与时俱进，不断适应社会的需要。规章制度随着国家大政方针的修正应适时进行补充、调整、修改，不断完善。

三、规章制度的结构和写法

规章制度一般由标题、正文、具名和日期组成。

（一）标题

规章制度的标题通常是由"单位名称＋规章制度内容＋规章制度文种名称"组成。单位名称，有的是本规章制度适用的单位或范围，如《国家行政机关公文处理办法》，有的是制订、颁发单位名称，如《财政部关于加强国有工业企业成本管理工作的若干规定》。有的标题可采取省略形式，如《乘车须知》、《服务公约》、《七不规范》等。

（二）正文

规章制度的种类很多，各类的格式写法也不一，通常可分为两大类：章条式和条文式。

1. 章条式

对一些内容较全面、系统、原则，条文较多的规章制度宜用章条式写作，如法规、章程、条例、准则、规则等。所谓章条式，通常由总则、分则和附则三大部分组成。则中分若干章,章中分若干条,有时条下再分若干款项。

(1)总则。它主要概括说明制订此规章制度的目的、依据、基本原则、适用范围、主管部门等情况,类似于文章的前言。如果是章程,总则中主要写明该组织或该团体的名称,其性质、宗旨、任务等。总则一般只设一章,下分若干条。

(2)分则。自总则以下至附则的中间若干章均为分则。分则是全文的主体部分,根据不同的内容交代不同的事项。如章程的分则,通常写明成员的资格、条件、义务、权利、组织机构、原则、纪律等。而一些条例、规定、办法、准则的分则部分通常交代必须遵循的具体行为规则、做法,如范围分类、具体规定做法、责任、要求、处罚办法等。分则中章的数目视内容多少而定。根据需要,章下可分若干条,条下还可分若干款项。

(3)附则。附则是全文的末章。通常说明该规章制度的适用范围、作解释权的单位名称、与有关文件的关系及其他未尽事宜的处置办法、生效日期等内容。附则也只设一章,根据需要,下分若干条。

2. 条文式

内容相对简单的规章制度常用条文式写作,如一些条例、办法、规则、守则、公约、须知等。条文式不分章,分条列项来阐述。条文式也可分为两种:一种是前言条文式;另一种是条文到底式。

(1)前言条文式。它分前言和主体两部分。前言不设条,而用简明扼要的文字概述制订该文的目的、依据、性质、意义。主体部分则分若干条款交代各种规定的事项。

(2)条文到底式。即全文都用条款来阐述表达,不另分段作说明。在写作中,根据需要,条下也可分若干项表达。在写作中有的不标明"第×条",而用汉语数字一、二、三……进行分开表达,如本章例文《××集团公司内部审计奖惩规定》。

规章制度采用章条式和条文式的写法,主要是为了便于记忆、阅读、理解,也便于查找、引证,而且条理清晰,层次分明,言辞严谨,便于贯彻执行。

规章制度的种类不同,正文的写作也有所不同。内容比较复杂,涵盖问题较多的,如章程、条例等其正文一般有两种格式:

(1)条例式。条例式规章制度由总则、分则、附则三部分组成。每一部分又分成若干章。每章包括若干条。总则简要地说明订立该规章制度的性质、宗旨、任务,有的还交代指导思想、目的、要求等;分则是规章条例的主要部分,分章具体写明有关内容、项目,并各自加上小标题,分条分款写明;附则往往是规章制度的最后一章,说明本规章制度的生效日期、适用范围和修改、解释、批准的权限以及其他未尽事宜的办理办法等。

(2)条目式。条目式规章制度即在序言下分条分款。序言简述设立该规章的目的、依据,常用"为了……,特制定本……"的行文格式。条款是全文的主体部分,应遵循先原则后措施,先主要后次要,先直接后间接的原则,将一条一款的条目写清楚,行文时,事项要具体、简明、前后一致。

内容比较单纯的,诸如守则、公约等,可以只分条,不分章。其表达方式一般有三种:一是先在开头简要说明制定本规章制度的目的、依据,然后分条陈述具体内容;二是在第一条说明制定的目的、依据,然后逐条陈述具体内容;三是不写制定目的、依据,直接分条陈述具体内容。

(三) 具名、日期

一些由权力机关和最高行政机关制定、批准、通过的重要规章制度,把制定、批准、通过的机构、会议、日期等,即具名与日期写在标题下用圆括号注明(此项内容可称之为题注)。一般规章制度的具名和日期放在正文之后的右下方。

四、实用示例

☞【例文一】

物业管理条例

(2003年5月28日国务院第9次常务会议审议通过
2003年6月8日国务院令第379号公布)

第一章 总　则

第一条　为了规范物业管理活动,维护业主和物业管理企业的合法权益,改善人民群众的生活和工作环境,制定本条例。

第二条　本条例所称物业管理,是指业主通过选聘物业管理企业,由业主和物业管理企业按照物业服务合同约定,对房屋及配套的设施设备和相关场地进行维修、养护、管理,维护相关区域内的环境卫生和秩序的活动。

第三条　国家提倡业主通过公开、公平、公正的市场竞争机制选择物业管理企业。

第四条　国家鼓励物业管理采用新技术、新方法,依靠科技进步提高管理和服务水平。

第五条　国务院建设行政主管部门负责全国物业管理活动的监督管理工作。

县级以上地方人民政府房地产行政主管部门负责本行政区域内物业管理活动的监督管理工作。

第二章　业主及业主大会

第六条　房屋的所有权人为业主。

业主在物业管理活动中,享有下列权利:

（一）按照物业服务合同的约定，接受物业管理企业提供的服务；

（二）提议召开业主大会会议，并就物业管理的有关事项提出建议；

（三）提出制定和修改业主公约、业主大会议事规则的建议；

（略）

第七条　业主在物业管理活动中，履行下列义务：

（一）遵守业主公约、业主大会议事规则；

（二）遵守物业管理区域内物业共用部位和共用设施设备的使用、公共秩序和环境卫生的维护等方面的规章制度；

（三）执行业主大会的决定和业主大会授权业主委员会作出的决定；

（略）

第八条　物业管理区域内全体业主组成业主大会。

业主大会应当代表和维护物业管理区域内全体业主在物业管理活动中的合法权益。

第九条　一个物业管理区域成立一个业主大会。

（略）

第十条　（略）

第十一条　业主大会履行下列职责：

（略）

第十二条　（略）

第十三条　（略）

第十四条　（略）

第十五条　业主委员会是业主大会的执行机构，履行下列职责：

（一）召集业主大会会议，报告物业管理的实施情况；

（二）代表业主与业主大会选聘的物业管理企业签订物业服务合同；

（三）及时了解业主、物业使用人的意见和建议，监督和协助物业管理企业履行物业服务合同；

（四）监督业主公约的实施；

（五）业主大会赋予的其他职责。

（第十六条至第二十条略）

第三章　前期物业管理

（第二十一条至第三十一条略）

第四章　物业管理服务

（第三十二条至第四十九条略）

第五章 物业的使用与维护

(第五十条至第五十六条略)

第六章 法律责任

第五十七条 违反本条例的规定,住宅物业的建设单位未通过招投标的方式选聘物业管理企业或者未经批准,擅自采用协议方式选聘物业管理企业的,由县级以上地方人民政府房地产行政主管部门责令限期改正,给予警告,可以并处10万元以下的罚款。

第五十八条 违反本条例的规定,建设单位擅自处分属于业主的物业共用部位、共用设施设备的所有权或者使用权的,由县级以上地方人民政府房地产行政主管部门处5万元以上20万元以下的罚款;给业主造成损失的,依法承担赔偿责任。

(第五十九条至第六十六条略)

第六十七条 违反物业服务合同约定,业主逾期不交纳物业服务费用的,业主委员会应当督促其限期交纳;逾期仍不交纳的,物业管理企业可以向人民法院起诉。

第六十八条 业主以业主大会或者业委会的名义,从事违反法律、法规的活动,构成犯罪的,依法追究刑事责任;尚不构成犯罪的,依法给予治安管理处罚。

第六十九条 违反本条例的规定,国务院建设行政主管部门、县级以上地方人民政府房地产行政主管部门或者其他有关行政管理部门的工作人员利用职务上的便利,收受他人财物或者其他好处,不依法履行监督管理职责,或者发现违法行为不予查处,构成犯罪的,依法追究刑事责任;尚不构成犯罪的,依法给予行政处分。

第七章 附 则

第七十条 本条例自2003年9月1日起施行。

【简析】本例属国家行政机关制订的法规性文件,由于涉及物业管理活动的内容较多,写作结构上采用了章条式。总则用1章分5条说明了制定本条例的宗旨及性质。分则具体用5章共64条阐述了业主的权利、义务,业主大会的成立、职责,业主委员会的职责,前期物业管理,物业管理服务,违反本条例的法律责任等。附则说明了施行的时间。条例的内容全面系统,层次严谨,切实可行,堪称典范之作。

☞【例文二】

××集团公司内部审计奖惩规定

××年×月×日

一、对审计工作成绩显著的内部审计部门和有突出贡献的内部审计人员,以及揭发检举违反财经法规、保护国有资产的有功人员,予以表彰和奖励。

二、内部审计人员滥用职权、徇私舞弊、弄虚作假、泄露秘密,给国家和单位造成经济损失的,依照国家和公司有关规定给予行政处分、经济处罚或提请纪检、监察部门处理;情节严重、构成犯罪的,由司法机关依法追究其刑事责任。

三、违反本规定,有下列行为之一的被审计单位和个人,应根据情节轻重,提请公司领导给予行政处分、经济处罚或提请纪检、监察部门给予处理;情节严重、构成犯罪的,由司法机关依法追究其刑事责任。

(一)拒绝或拖延提供以及转移、隐匿、篡改、销毁有关文件、资料和证明材料。

(二)弄虚作假、隐瞒事实。

(三)阻挠审计人员行使职权和抗拒、破坏监督检查。

(四)打击、报复内部审计人员或检举人。

(五)拒绝执行审计决定和审计整改意见。

【简析】本篇规定针对公司内部审计奖惩一事而制定的,事务性较强,内容比较简单,因此结构上选用条文式,一目了然。行文简短明快、层次清楚、观点鲜明,有很强的激励和警示作用。

☞【例文三】

首都人民文明公约

为发扬共产主义精神,树立新的道德风尚,特制订本公约。

一、热爱祖国,热爱中国共产党,热爱社会主义制度,热爱首都,热爱本职工作,同心同德建设"两个文明"。

二、文明礼貌,敬老爱幼,邻里和睦,不说脏话,不要态度。

三、讲究卫生,不随地吐痰,不乱扔脏物。

四、遵纪守法,维护公共秩序,不起哄,不打架,不赌博,不酗酒。

五、爱护公共财物、山水林木、文物古迹、珍禽益鸟,植树栽花,美化首都。

六、勤俭节约,婚丧简办,晚恋晚婚,计划生育。

七、开展健康的文体活动,抵制淫秽书画及录音、录像,反对资本主义腐蚀思想。

八、对待外国友人,热情友好,不卑不亢,落落大方。

本公约公布后,首都人民要共同遵守,互相监督,自觉执行。

××年××月

【简析】公约是一种常用的规章制度,内容上往往突出社会公德,写法相对比较简单。本案例的开头部分旗帜鲜明地强调了制定公约的目的。主体部分采用简短的条文形式,由虚到实,由大到小,由内到外地对有关文明的道德规范和行为准则作了全面、具体的说明,语言准确、简洁。结尾部分言简意赅地提出了执行公约的要求。

 实践练习

1. 规章制度有哪些特点和种类?
2. 规章制度写作应注意些什么?
3. 拟写一份班级学习公约或寝室公约。
4. 制订一份班干部竞选办法。
5. 阅读下面由学生制定的一份规章制度,指出其中问题,并予以修改。

××系宿舍卫生管理条例

目的:为了继续发扬我系在宿舍卫生方面的优良传统,使我系的宿舍卫生成绩再提高到一个更高的水平,特制定以下条例。内容如下:

1. 宿舍卫生出现一次不及格者给予"黄牌警告",累计三次"黄牌"者将给予"红牌",获得"红牌"的宿舍将给予走读15天的处罚。
2. 宿舍卫生若出现不及格情况者将予以张榜公布批评。若出现走读情况者,将张榜公布该宿舍的成员名单。
3. 定期或不定期的由老师或生活部长带领各班生活委员对男女生宿舍进行卫生检查。
4. 定期将各班宿舍卫生成绩在系内板报栏公布。
5. 每学期生活部将对各班的宿舍卫生成绩予以总结,对成绩优秀和表现突出的宿舍和班级予以公开表扬。表扬对象包括:
   A. 被评为校级星级宿舍的宿舍;
   B. 未被评为校级星级宿舍,但一学期只有3次(含)以内未得90分以上的宿舍(其未得90分的成绩不得低于80分)可被评为系级先进宿舍;
   C. 宿舍卫生平均成绩进入校内前10名的班级。
6. 获得"黄牌"警告的宿舍成员将在本学期的奖学金综合评定中扣除一分,获得"红牌"走读的宿舍成员将被取消本学期的奖学金评定资格。
7. 对星级宿舍和成绩突出的宿舍将给予张榜公布表扬,获得校级星级宿舍的宿舍成员将在本学期的奖学金综合评定中加一分,宿舍卫生平均成绩排名第一的班级将在优秀班集体和优秀团支部的评比中予以加分。
8. 以上条例经老师、系学生会、各班班长和生活委员讨论通过,从即日起生效执行。

条例实施时间:××年××月。

××系生活部

××年××月×日

6. 比较阅读下面一份规定的原稿与修改稿,并从内容、语言等方面进行分析。

原稿:

××市人民政府关于加强自行车交通管理的规定

为进一步贯彻《××道路交通管理暂行规则》和《××市道路交通管理暂行处罚规则》,加强自行车交通管理,将重申并补充以下规定:

一、凡骑自行车者,必须遵守以下规定:

1. 沿路靠右行驶,禁止逆行。在划有车辆分道线的道路上,不准在机动车或便道上骑行。

2. 转弯要提前减速,照顾前后左右情况,并伸手示意。在划有上下四条以上机动车道的路段上左转弯时,必须推车从人行横道内通过。不准突然猛拐、争道抢行。

3. 在××环路以内,郊区城镇式公路上,不准骑车带人,不准与骑车同行者扶身并行;不准双手离把、持物或攀扶其他车辆;不准骑车拖带车辆;不准追逐竞驶或曲折竞驶。

4. 自行车在道路上停车、载物、停放等均应按《××市道路交通管理暂行规则》的规定执行。

二、对违反规定的,要批评教育,处罚款××元至×××元。

三、因骑车人违反规定,造成交通事故由骑车人承担全部责任。

四、本规定由市公安局负责实施。

××年×月×日

修改稿:

××市人民政府关于加强自行车交通管理的规定

为进一步贯彻《××市道路交通管理暂行规则》和《××市道路交通管理暂行处罚规则》,加强自行车交通管理,除全面执行已有规定外,特重申并补充以下规定:

一、骑自行车者,必须遵守以下规定:

1. 沿路靠右行驶,禁止逆行。禁止在便道上骑行。在划有机动车和非机动车分道线的道路上,禁止在机动车道上骑行。

2. 转弯要提前减速,并伸手示意,不准突然猛拐、争道抢行。横穿划有上、下行四条以上机动车道的路段,必须推车从人行横道内通过。

3. 在城镇地区和公路上不准骑车带人。骑车不准扶身并行,不准双手离把,不准攀扶其他车辆;不准拖带车辆;不准追逐竞驶。

4. 在交叉路口遇有停止信号时,必须停在停止线以外的非机动车道内,不准越过停止线或绕行通过。

5. 停放自行车,必须停放在存车处或指定地点;在未设存车处的地区,必须靠便道里边停放或放在不影响交通的地方。

二、对违反规定的,要给予批评教育,并分别情况,处以××元至×××元罚款。拒不接受处理的,按规定加重处罚。

三、严格执行以责论处的原则,完全由于骑车人违反规定造成交通事故的,由骑车人承担全部责任。

四、本规定由市公安局负责实施。

×× 年 × 月 × 日

第四编 经济活动告示和策划文书

第十章 经济活动告示文书

第一节 商品说明书

撮要

1. 商品用途、性能、特征、使用和保管方法是商品说明书的主要要素,写作时要准确说明。

2. 商品说明书与广告有相同之处,须认真区分它们的不同之处,为写作规范的说明书作准备。

一、商品说明书扫描

商品说明书是一种以说明为主要表达方式,概括介绍商品用途、性能、特征、使用和保管方法等知识的文书。内容的科学性即实事求是,是商品说明书的最大特点。可大体分内容简短的使用说明书和内容较全面的商品说明书。

作为推销商品的文书,广告也有说明的功能,但说明的侧重点不同,商品说明书与广告既区别又联系。

商品说明书与广告的相同之处,是在介绍商品或服务项目的性能、效果、特点等方面都能起到宣传、告知的作用,均有吸引注意力,引导消费,提高品牌知名度等目的及功效。

说明书与广告的不同之处表现为:商品说明书主要是科学地介绍商品知识,着重实用的角度;广告的目的意在促进商品销售、推广经营理念,着重商品、品牌形象的塑造。两者都有说明功能,但前者说明的重点是商品的使用方法,供消费者购买商品后进一步了解商品。广告则着重说明商品的性能、功效,是购买行为产生前的一种宣传、诱导。

从文体来看,商品说明书属于说明文体,力求说明实事求是和准确;而广告是一种营销手段,表现手法丰富多彩,讲究创意求新,主观色彩较强。

二、商品说明书写作指要

商品说明书的写作,应遵循"是什么——怎么样——怎么用——附什么"的思路写作。

（一）必须明白说明介绍的对象,介绍说明应实事求是,说明做到条理性

重点介绍对象的特点、性质、市场定位、销售目标,或按商品的生产过程及相互关联的程序,或按用户认识商品或服务项目的递进次序,或按使用操作顺序等,有条理地依次分列清楚,使消费者逐一了解并掌握相关知识,在选择或使用、保管上准确有序。

对产品的性能、作用、操作程序、使用禁忌或服务项目的介绍应准确客观,做到概念明确、使用程序等正确,不能为了达到推销目的而夸大其辞,把重要的、关键的信息告诉消费者。

根据实际需要对以下各项有选择地或侧重地进行说明:（1）商品概况,包括商品名称、规格、成分、产地等;（2）性质、性能、特点;（3）使用方法,有的配合插图说明各部件名称、操作方法及使用注意事项;（4）保养与维修,配合图表,说明保养、排除一般故障和具体维修方法;（5）商品成套明细,只有成套商品才列此项,主要说明成套商品的名称和数量;（6）附属备件及工具;（7）附"用户意见书"或"系列商品订货单"。

（二）文字要简练,数字要准确,表达通俗、规范并辅之以图解

说明书以通俗浅显的说明为主,不需要形容、描写等文学手段,尽量不用或少用专门术语。必须在说明书中就产品的性质特点、操作程序、使用条件、禁忌事项,以及误操作或使用不当将会引发的恶果等做出让消费者都能了解的详细说明。为了加强说明的形象直观性,可配以适当的图片、工艺流程表、线路图等,以达到明白易懂,便于理解。食品类商品应标明出厂日期或保质期,否则,会影响商品销售。

（三）注重人性化沟通

商品说明书在介绍中非常注意贴近消费者的心理,具体说明介绍商品的功效,注意用语的亲切礼貌,表达生动、富有吸引力等,有的甚至还带上一定的抒情意味。

三、商品说明书的结构及写法

商品说明书的写作,一般分标题、正文、结尾三部分。

（一）标题

产品说明书的标题,一般是由产品名称或说明对象加文种组成（文种可以是说明

书、说明、或指南、用户手册),如《龙牡壮骨冲剂颗粒说明》。有些说明书的内容是侧重介绍使用方法的,称为使用说明书,如《利君沙片使用说明书》。

(二) 正文

正文是说明书的主体,内容可以因物而异。通常要求详细介绍产品的有关知识,如名称、性能、构造、原料、功能、特点、原理、规格、使用方法、注意事项和维修保养等知识。由于说明书说明的事物千差万别,因而,不同说明书的内容侧重点也有所不同。主要介绍几大类产品说明书的写作。

1. 家用电器类。此类说明书一般较为复杂,写作内容为产品的构成、规格型号、使用对象、使用方法、注意事项等。

2. 日用生活品类。写作内容有产品的构成、规格型号、适用对象、使用方法、注意事项等。

3. 食品药物类。写作内容有食品药物的构成成分、特点、性状、作用、适用范围、使用方法、保存方法、有效期限、注意事项等。

4. 大型机器设备类。主要写作内容包括结构特征、技术特性、安装方法、使用方法、功能作用、维修保养、运输、储存、售后服务范围及方式、注意事项等。

5. 设计说明书。这是工程、机械、建筑、产品、装潢、广告等行业对整个设计项目全盘构想,统筹规划,并对工作图样进行解释和说明的技术性文书。简单的就写在设计图样上,复杂的则单独成文或装订成册。不同的设计说明书,其写作内容也不同。写作内容一般包括设计的思路、指导思想、设计方案及其论证、方案的技术特征或性能、主要技术参数、时序安排、所需资金等内容。

正文的写法也多种多样,但常见有三种形式:

1. 概述式。概述式是指对商品的有关知识作概述性的叙述、介绍。这种形式通过概述叙述,以突出商品的个性、给人留下较完整、深刻的印象。

2. 条文式。条文式是指逐项分条介绍有关商品的各方面的知识,如性能、构成、使用方法等。这种形式层次清楚,详细具体,表述严谨有序。

3. 综合式。综合式是概述和条文式的综合。既有总体概括的介绍,又有分项的具体说明。这种形式往往给人以全面的知识介绍,为比较特殊的商品(精密仪器、高档商品)、用户手册经常采用。

(三) 结尾

这是附在正文后面的一些内容,如厂名、地址、电话、电挂、电传、联系人和生产日期等。出口产品还要在外包装上写明生产日期和中外文对照。

商品说明书常用概说、陈述、解说表达方法。由于各种产品的功能、用法不同,写作方法自然也大有区别,但不管使用哪一种方法,其目的都是为了读者明白。

四、实用示例

☞【例文】

香雪牌抗病毒口服液
（纯中药新药）
使用说明书

　　本品系以板蓝根、藿香、连翘、芦根、生地、郁金等中药为原料,用科学方法精心研制而成。是实施新药审批法以来通过的,第一个用于治疗病毒性疾患的纯中药新药。

　　本品经中山医科大学附属第一医院、第一军医大学南方医院和广州市第二人民医院等单位严格的临床验证,证明对治疗上呼吸道炎、支气管炎、流行性出血性结膜炎（红眼病）、腮腺炎等病毒性疾患有显著疗效。总有效率达91.27%。其中,对流行性出血性结膜炎（红眼病）和经病毒分离阳性的上呼吸道炎疗效均为100%,并有明显缩短病程的作用。

　　本品疗效确切,服用安全、方便,尤其适用于儿童患者,是治疗病毒性疾病的理想药物。

[性状]　本品为棕红色液体,味辛,微苦。

[功能与主治]　抗病毒药。功效清热祛湿,凉血解毒,用于治疗风热感冒、瘟病发热及上呼吸道感染、流感、腮腺炎等病毒感染疾患。

[用法与用量]　口服,一次10 ml,一日2—3次,宜饭后服用,小儿酌减。

[注意事项]　临床症状较重,病程较长或合并有细菌感染的患者应加服其他治疗药物。

[规格]　每支10 ml。

[贮藏]　置阴凉处保存。

【简析】这是一份产品说明书。最突出的优点,是其对药品的介绍,用了名牌医科大学附院等单位的临床疗效以作证明,其次对消费者的需要和利益也考虑得比较周到。本文语言明晰、准确,很好地体现了产品说明书的说明性、实事求是和指导性的特点。

第二节　启　事　与　海　报

撮要

1. 注意区分海报与启事在表现形式的区别并加以运用。

2. 启事种类繁多,正文内容不一致,要分别而论。

一、启事与海报扫描

（一）启事

启事是机关、企事业单位、团体或个人,须向公众说明某事或希望公众协助办理某事时使用的一种事务文书。

启事的本意是公开陈述事情。"启",即叙说、陈述之意;"事"即事情。目前有的人把"启事"写成"启示"。"事"和"示"读音相同,但意思不同。"启示",是启发指示,使有所领悟的意思。

启事大体分为告知类启事、征求类启事、寻求类启事三类。在商务活动中,启事的应用很广泛,常用的有招商启事、招聘启事、招生启事、征订启事、开业启事、迁址启事、更换厂名或商标启事等。

启事有如下特点:

（1）告启性。启事面向大众告知事宜。它只具有知照性,而没有强制性和约束力。

（2）简明性。启事要求写得简洁明了。无论是登报、广播、电视或张贴,启事都必须写得十分简明。有的启事三言两语;有的启事用单行单句排列内容,竭力做到一目了然。

（二）海报

海报是一种宣传广告。多用于发布与群众密切相关的消息,如球讯、电影消息、文娱演出动态等。常见的有:电影海报、戏剧海报、文化活动海报、报告会海报、科技活动海报、体育比赛活动。

海报在表现形式上要力求新颖与图文并茂,而启事的表述主要是陈述性和直接性,内容要周到完整,语言要具体明确,简明扼要。

二、启事与海报写作指要

（一）启事写作要领

启事的撰写一般都具有公关性质,或希望公众合作、支持,或希望公众与团体参与。因此撰写启事时,一定要实事求是,语言中肯,注意礼貌。必要时给予酬谢,因而启事中常用希望、恳求的语气。

启事通常由标题、正文、结尾三部分组成。启事的标题要明确,以醒目的标题反映启事的主要目的与内容;正文要写清楚启事的目的、意义和要求,做到内容周到完整又简单明了。结语要准确地交代联系地址和电话号码、邮政编码;落款署名启事者的姓名及单位和启事的日期。

（二）海报写作要领

海报的写作，标题要醒目，内容要明白、具体真实。海报的文字可以是朴实无华，也可以适当地用一些鼓动性的词语，适当地夸张渲染，以吸引观众。撰写海报文笔要简洁，条目要清楚明了。

撰写海报，在布局上力求新颖、生动、富有情趣。可以借助图案、图片、图画，以鲜艳的色彩来加强海报效果，使其图文并茂，以新颖的形式美与装饰美吸引读者的注意。

三、启事与海报的结构与写法

启事与海报在结构上通常由标题、正文、结尾三部分组成。

（一）启事的写作格式

1. 标题

通常由事由和"启事"组成标题，如《招商启事》；有的由启事者、事由及文种构成，如《××建筑设计院迁址启事》；有的用文种作标题；有的用内容作标题。还有些启事不写明"启事"二字，如《诚寻合作厂家》。

2. 正文

启事的正文的写作方法因事而异，常用的有直陈式和总分式两种。直陈式直接陈述有关的事情和要求，或一段作成，或分段写出，简明扼要，是大多数启事的写法。总分式在正文的开头先简要写明发表启事的缘由、目的和启事的基本内容，作为前言，然后在主体部分详细地写明启事的具体事项。征集广告语启事、征集商标图案启事等常用这种写法。

3. 结尾

启事的结尾一般包括联系地址、电话、联系人姓名或者签署启事者姓名、时间等。

（二）海报的写作格式

1. 标题

在正文上方书写"海报"，以吸引人的注意。或是直接书写活动内容，如"舞会""学术讲座""球讯"等，使人一看就知道是什么内容。也可以在正标题前加几句概括目的、意义，说明活动宗旨、精彩程度的话题作话题，以渲染气氛，调动读者的参与热情。如：

> 同呼吸　共命运　心连心
> 军民联欢文艺晚会

2. 正文

海报是一种张贴的宣传广告，要使人一看就明白。因此海报正文的撰写一般采用分项列举式的写法，逐项列出活动的时间、地点、内容、参与方式、注意事项等。结尾可以加用一些鼓动性、号召性词语，加强海报的宣传效果。还有的海报可以根据内容需要配以艺术字画，以鲜明的色彩与新颖的画面吸引读者的兴趣。

3. 结尾

在右下方署上发海报的单位和个人名称及发海报的时间。

四、实用示例

☞【例文一】

> 情节新奇　　　　笑中受益
> ××省话剧团演出
> 五场喜剧
> 龙　非　风　舞
> 时间　×月×日——×日
> 每晚7:30
> 地点：人民剧院　电话：68886999
> 票价：甲票×元　乙票×元

【简析】这则海报形式比较新颖,将剧目《龙非风舞》置于中间醒目位置,并用对偶形式"情节新奇"、"笑中受益"加以衬托,突出喜剧气氛,以吸引公众。

☞【例文二】

"××"牌手表征集广告语活动启事

"××"牌手表由"××"钟表会商监制,××公司生产,并由××钟表商会所属会员专卖店推向市场,共创工商结合,优势互补发展之路。

"××"是有百年历史的钟表专卖店,分布全国大中城市,在消费者心目中享有很高的信誉。该公司生产的"××"牌手表面市以来,深受消费者青睐,特别是全国钟表行业唯一引进的真空离子溅射镀膜设备和技术用于镀金表壳具有较高的耐磨性、抗腐蚀性。

××公司与××钟表商会联合生产"××"表即将投放市场,为进一步争创名牌,开拓新路,特在全国范围内征集广告语。

广告语要求：

突出"××"名店特色和"××"先进设备、精湛工艺及产品高质量的特点。

也要突出超耐磨镀金表的优点。

为"××"牌手表提供一条广告语,语言简练、内容新奇,不超过20个字。

奖励标准：

此广告语征集活动设一等奖一名,奖价值1 000元"××"镀金表一只和奖金2 000元。

设二等奖两名,各奖价值500元镀金表一只和奖金1 000元。
设优胜奖100名,奖"××"镀金表一只。
凡参加本次活动均赠精美纪念卡一份。
评奖办法:
此次活动成立"××"广告征集组委会,并请广告界专家、经济学家、新闻资深人士共同组成评奖小组,保证公正、公平。评奖结果将于国庆后在《××时报》、《××日报》上同时发布。
欢迎各界人士参加"××"表广告征集活动,来信来稿截止时间:××年×月×日(以邮戳为准)
来信请寄××路××路××号楼"××"广告语征集活动组委会收,并注明广告语征集字样,邮编××××,联系电话××××。

【简析】这则启事采用的是总分式写法,先总述"××"牌手表的有关情况,说明了征集广告语的目的。然后分条列述广告语的拟制要求及奖励标准、评奖办法。最后交代了来稿截止时间,联系方式。启事主旨明确,条理清楚,基本符合启事写作要求。

第三节 简 报

撮要

1. 简报的内容写法类似消息,注意借鉴消息的结构和技巧。
2. 简报的写作重在材料的取舍,注意选择典型材料,用适当的结构方法写出观点明确、材料具体充实的情况简报和会议简报。

一、简报扫描

简报有两个含义:一是指简要报道的短文;二是指一种载体,即刊登短文的小报。简报是行政机关、社会团体、企事业单位用来下情上报、上情下达和互通情况、交流信息的一种事物文书,是信息类公文中最重要、最常用的一种。简报不属于正式公文,对上级,它代替不了"请示"、"报告";对下级,它代替不了"通知"、"决定"等。

简报又称"动态"、"简讯"、"要情"、"摘报"、"工作通讯"、"情况反映"、"情况交流"、"内部参考"等。也可以说,简报就是简要的调查报告、简要的情况报告、简要的工作报告、简要的消息报道等。

简报的种类,按时间分,有定期的简报、不定期的简报;按性质分,有工作简报、生产简报、学习简报、会议简报;按内容分,有综合反映情况的简报和反映特定情况的专题简报。

二、简报写作指要

简报主要用来反映本地区、本系统、本部门的工作情况、工作动向以及经验、问题、活动等,具有内部期刊、小报、资料的性质,在单位内部定期或不定期编发。通过简报,可以将工作进展情况以及工作中出现的新情况、新问题、新经验,及时反映给各级决策机关,使决策机关了解下情,为决策机关制定政策、指导工作提供参考。在编写简报时应注意:

1. 抓准问题,有的放矢。简报写作围绕本单位的实际,反映那些最重要、最典型、最新鲜、最为群众关心、最需要引起注意的问题。如围绕领导决策,抓"超前型"问题;在领导决策之中,抓"追踪型"问题;抓新情况、新经验、新问题;抓倾向性、苗头性、突发性问题。

2. 讲究时效,反映迅速及时。简报是单位领导对一些问题做出决策的参考依据之一,也是单位推动工作的一个重要手段。其价值在于新,及时反映新情况、新问题、新经验、新动向,要编写得快,印发得快,以最快的速度提供新信息,使问题得到及时处理。简报的功能,决定了简报的编者必须讲求时效。

3. 注重材料准确,内容真实可信,不空洞。简报和新闻报道一样,是靠用现实生活中活生生的生活事实来说话,以真实为本,反映真实情况,对报道的人物、事件、材料、数据要仔细核实,符合实际,不弄虚作假。准确,要做到简报所选用的任何材料,包括人名、地点、时间、情节、数字、引语、因果关系等等,都完全准确无误,没有丝毫的虚构、夸张、缩小和差错。特别在估计成绩和宣传先进时,更要严格把握分寸,有一说一,有二说二,实事求是,恰如其分,留有余地。真实,必须注意做到不为迎合而弄虚作假,不赶"浪头"追时髦,不歪扭写作角度,不搞事态发展的"提前量",必须忠实于事实,保证符合事物本来面貌。

4. 写得简明扼要,一目了然。简报以简短取胜,内容简明,篇幅短小,文字简洁。因此,简报的写作必须注意做到简短、明快,用尽可能少的文字说清楚必须说明的问题。一是注意主题集中,一稿一事,不贪大求全。除综合简报外,一份简报只抓住一个问题,不搞面面俱到才能使简报的主题凝聚,篇幅短小,问题说得透彻。如果简报所涉及的内容较多,可以把想说的问题进行归纳、提炼,抓住最能反映事物性质的东西做主题,重点来写,其他则一概摒弃;也可以将可写的几个问题,各写一期简报分期介绍,一期一个重点,千万不可使几个观点纠缠在一篇简报上。二是注意精选材料,围绕主题精心挑选典型事例。简报所使用的材料和其他文章一样,总是以个别反映一般,不能也没有必要写尽事物的整体。

三、简报结构和写作格式

简报的种类尽管很多,但其结构却不无共同之处,一般都包括报头、报体(标题、正文)和报尾三个部分。(见简报格式草图)

(一)报头

1. 简报名称一般用套红印刷的大号字体。如有特殊内容而又不必另出一期简报时,就在名称或期数下面注明"增刊"或"××专刊"字样。秘密等级写在左上角,也有的写"内部文件"或"内部资料,注意保存"等字样。

2. 期号,可写在名称下一行,用括号括上。

3. 编印单位。

4. 印发日期写在与编印单位平行的右侧。

在下面,用一道横线将报头与报核隔开。

密级		编号
	简报名称	
	第×期	
编发单位		印发日期
	(标题) 正文	
发送单位		(共印××份)

简报格式草图

(二)报核

报核,即简报所刊的一篇或几篇文章。简报的写法是多种多样的,因此,它的形式也较灵活。大多数是消息,包括标题、导语、主体、结果和穿插在叙述中的背景材料。除了消息,还有别的文体,所以,不是每篇简报都有这几项内容。

1. 简报的标题类似新闻的标题,要揭示主题,简短醒目。

2. 导语通常用简明的一句话或一段话概括全文的主旨或主要内容,给读者一个总的印象。导语的写法多种多样,有提问式、结论式、描写式、叙述式等。导语一般要交代清楚谁(某人或某单位)、什么时间、干什么(事件)、结果怎样等内容。

3. 主体用足够的、典型的、有说服力的材料,把导语的内容加以具体化。简报主体层次安排通常有三种方法。

（1）时间顺序。根据事实发生的先后次序排列，使读者对事实的全过程有完整的了解。

（2）平行顺序。围绕主题报道多方面的情况，或运用几个并列的材料突出某个观点。

（3）逻辑顺序。按事物的因果关系来安排材料，即先摆出事实或提出问题，然后阐述产生这些事实或问题的原因；或按事物的主次关系安排材料，即先突出叙述重要的事实或问题，再叙述次要的事实或问题，做到重点突出，照顾一般。

4. 结尾或指明事情发展趋势，或提出希望及今后打算。如果主体部分已经把事情说清楚，那就不必再加尾巴了。

5. 背景：即对人物、事件起作用的环境条件和历史情况。背景可以穿插在各个部分。

（三）报尾

在简报最后一页下部，用一横线与报核隔开，横线下左边写明发送范围，在平行的右侧写明印刷份数。

四、实用示例

【例文】

××市××区消协简报
第十二期

区消费者协会编印　　　　　　　　　　　　　　　　××年×月×日

商品房的"水分"有多大？

近期本协会对我区新建的十九幢商品房大概进行为期40余天的调查、走访、测量，发现这19楼大概均存在"水分"，尤其成问题的是有两幢不合格商品房。现将有关情况综述于下：

居住空间的楼层高度普遍达不到有关部门规定的2.8米，一般在2.7米左右，其中的"甲9"、"甲11"、"乙3"三幢只有2.61米。

商品房的建筑面积被夸大，平均夸大达4.8%，其中"乙2"、"丙2"两幢楼的夸大程度达5.4%。

墙体厚度普遍不够，在安全、隔音等方面都不理想。

共用面积的计量与分摊有不合理之处，26户居民意见很大，31户居民勉强表示接受，不少居民认为不合理，而且说了也没有用。

原定的配套设施自行车棚、花坛绿地等均未建设。

由上述诸项可见目前我区新建商品房水分不小，望有关方面加大监管力度，以保障消费者的权益。

报：××市技术监督局。　　　　　　　　　　　　　　　共印30份

【简析】这份简报标题采用提问式,十分醒目,吸引人,令人寻根问底。导语概述基本情况,突出商品房"水分"。正文从高度、面积、质量、设施几个方面具体说明。由面到点,有事实,有统计数据,材料充实有力。叙述简明扼要。结尾呼应题旨,对多大"水分"作出不容置疑的结论,使全文结构紧凑、完整,主旨鲜明突出。

第四节 企业简介

撮要

1. 企业简介与商品说明书的单一性和营销直接性不同,其涉及内容要素很多,写作时应有所侧重。

2. 企业简介的写作除突出重点内容外,还应涉及图片、表格等辅助性的内容。

一、企业简介扫描

企业简介是通过文字和图片,全方位、多角度、详尽地将企业的性质、规模、发展经历、主导产品、经营服务范围、经营特色、企业文化等基本情况介绍或告示社会的说明性文书。一个企业,在其开展公关活动的过程中,往往可以用作自我介绍、自我宣传的材料。可以用于企业介绍的形式越来越多,如企业网站、宣传册、光盘资料片等,但无论采用何种形式,企业介绍都离不开文字这一载体。企业简介的对象是企业,要对企业的整体情况作系统、综合介绍,注重企业的形象和企业文化的说明。

二、企业简介写作指要

(一)内容侧重介绍企业的综合实力、发展史、业务或产品以及成就

一般说,一则企业介绍的基本内容应包括以下共性要素:企业名称、性质、地理位置、成立时间、注册资金、固定资产、建设面积、从业人员数量及素质、主要投资方、主要经营者、主产品、副产品、生产设施、效率等,但是在具体组织文字的时候,可以根据实际需要,写作上有所侧重。具体而言,企业介绍可以侧重以下内容展开写作。

1. 主要介绍企业的综合实力

介绍综合实力,前提是企业确有较强的综合实力。其中的重要内容可以涉及企业的经济实力(包括年度销售规模、销售利润、资产收益率等)、产品实力(包括拳头产品的市场占有率、产品荣获的奖项等)、规模实力(包括下属有哪些子公司、分公司或投资性企业)、团队实力(包括员工队伍的综合素质、员工人数等)、拓展实力(包括企业拥有哪些资本,在哪些领域可以谋求得到新的开拓空间等)。对于这些内容,撰

稿人可以通过大量数据的引用,加强对这些实力的说服力,可以是某一实力的重点介绍,也可以是各种实力的综合介绍。

在这类企业介绍的撰写过程中,撰稿人可采用自我欣赏、自我赞美的语句加以阐述,给阅读者产生一种震撼的感觉。但是,要注意所介绍的实力都应有明显的数据或事例加以证明,而且这些数据和事例都必须具有真实性或权威性。譬如,介绍企业产品市场占有率的时候,这一占有率的数据一定要是经过权威机构正规调查统计得到的,而不是自行调查得出的。如果所列举的实质性的资料经不起推敲,就会让阅读者对企业实力的真实性产生实质性的怀疑。

2. 突出企业的发展史

对于知名企业、大型企业,企业的发展史可以作为介绍的一条线索,尤其是对发展过程中经过较多次数变革的企业来讲,这条线索尤其重要。撰稿人可以根据企业发展过程中企业资本的不断扩大、合作方的不断加入、企业业务范围的逐渐扩张等企业发展历程中具有重要意义的事件作为引子,并对企业在不同发展时期的特点做简要地概括。别的企业更多需要了解的,是该企业通过怎样的方法,经历了怎样的变迁,才会拥有现在的成就,一旦通过企业介绍了解到企业发展过程中的历历往事和成功之路,对企业的亲近感和信任感也就会相应增强,从而成为各类合作工作顺利开展的动力。

3. 企业介绍也可以把企业主要经营业务或产品作为主要内容

在企业介绍中,可以对企业所开发的经营领域做较为详细的描述,并指出企业在该业务领域中,拥有怎样的地位,已经取得怎样的成就等。介绍产品,可以运用一些专业性较强的语句加以描述,使对方能透过企业介绍对企业产品做全方位的了解,以便对合作业务和进一步开展做出决策性的准备。

4. 展示企业的成就

企业有时可以以企业所获得的成就为企业介绍的主要内容。这方面的内容可以包括企业在地区、行业性的评比活动中所获得的荣誉,企业中有代表性发明、创造和革新,企业内主要管理骨干和技术骨干所获得的个人荣誉等等。这样,使对方感觉到企业所拥有良好的背景和历史,同时,各类荣誉的罗列,也可以体现出企业的综合实力。

除了以上这些主要的内容类型以外,企业还可以选择其他的角度撰写企业介绍,如企业的软件及硬件建设、企业的发展目标及宗旨等。

(二) 写作要有层次顺序,篇幅可长可短,图文并茂

一般是企业理念在前,机构在后;产品在前,业绩在后;荣誉在前,文化在后。企业介绍的篇幅应根据不同的使用情况,可长可短。有时可以很短。如宾馆酒店中小型宣传折页中企业介绍,就可以把酒店所处的地理位置、星级标准、主要交通状况、酒店环境与设施等内容稍加表现,并附带上一些服务宗旨的语句,就可以完成。

有的篇幅可以适中,如企业宣传样本中的企业介绍。由于企业样本的发送对象涉及方方面面,其作用类似于人的名片,故在介绍中既要尽可能地包含企业中值得宣传的信息,使对方能通过阅读对企业拥有较为全面的了解,又不能因为文章篇幅的过长而导致阅读者在阅读过程中产生厌倦。

有的企业介绍可能需要一定的篇幅才能完成。如为某项业务活动的开展而需要向客户提供本企业的资料,则应该尽可能地详尽写清企业的信息(当然是正面的),不管客户是否可能从头到尾仔细地阅读,反正是要通过这样的一纸文书向客户尽可能多地提供有价值的资料,力求使客户通过阅读,对本企业产生好感,从而促成业务活动的成功。

为使企业的产品、项目等介绍形象直观,可适当配置一些图片、照片。另外在装帧设计上要精致美观,力求"抢眼",让人一册在手,有赏心悦目的感觉。

(三)既要全面,又要客观

企业自行撰写的企业介绍中不能出现不利于企业的内容,无论是出于怎样的写作动机,企业介绍都应该为企业做正面的宣传。但是,在为企业做正面宣传的同时,不能忘记客观评价的原则,也就是说,为自己讲好话,也要恰如其分,恰到好处,有章可循。

倘若企业在编制企业介绍的时候,如果是因为企业刚刚起步,除了一些各企业通有的资料可以在企业介绍中反映以外,确实没有值得正面宣传空间的话,则可以通过其他侧重点的寻找,如罗列企业的宗旨、企业发展的理念、企业将通过怎样的努力为企业的发展寻找到空间,以至实现怎样的目标等等,通过这些内容的填补,不仅可以让阅读者感受到企业蓬勃向上的发展雄心和态势,更可以起到在没有实在内容的情况下为企业做好正面宣传的作用。

还应该提及的是,为配合不同类型的企业介绍起到特定的效果,有关企业介绍的文字稿应该辅以相应的其他内容,使之能和文字内容起到相得益彰的效果。如在企业样本的制作过程中,就应该根据文字内容适当地配上一些图片;针对着力反映企业综合实力和经济效益的企业介绍,则可以配上有关表格;针对着力反映企业获得荣誉的企业介绍,则可以配合相应的获奖证书;而对企业的网站这一现代宣传形式,则可以运用某些动画特技效果等,使文字的表述不会因为单一形式而流于枯燥。

三、企业介绍的结构与写法

企业简介通常由标题、正文和落款三部分组成。

(一)标题

企业简介的标题主要有三种写法:一是只写企业的名称,如"青岛海尔集团公司";二是由企业名加"简介"构成,如"鞍钢简介";三是采用文章式标题,或一行标题如"前进中的淮北矿务局",或用正副标题如"忠诚服务笃守形象——中国人寿保险公司简介"。

(二) 正文

企业简介的正文大致包括以下诸方面:企业的地理位置;企业的性质;企业的从业人员数量及素质;企业的固定资产与建筑面积;企业的主产品与副产品;企业的生产效率;企业的生产设施规模;企业的制作工艺、生产流程、质量检验方式;企业的服务方式;企业的科研成果;企业的人才培训规模与方式;企业与消费者之间的关系;企业的各类获奖情况;企业的机构管理方式与水平;企业在同行中所占的地位;名人、要人参观、视察本企业的情况;企业的前景展望等等。当然,以上内容在具体的写作中并不需要面面俱到,就根据需要有所选择,突出重点,以便能充分展示企业个性,加深社会公众、消费者对企业的印象。

(三) 落款

在简介的正文部分结束后,应在其后交代单位地址、电话、传真、邮政编码等,以便与外界联系。

一份企业介绍的结构大致可包含以下内容:基本情况的介绍;企业的优势或特点的介绍;企业精神、文化方面的介绍;企业产品、服务的介绍;有关联系企业的事项介绍,如地址、电话、网址等。

四、实用示例

☞【例文】

广东中山沙溪制药厂简介

中华老字号广东省中山沙溪制药厂的前身为"沙溪凉茶"创始人黄汇狭父子经营的药铺"黄潮善堂",距今有100多年的历史。本厂生产的传统名药"沙溪凉茶"是治疗四时感冒、发热伤寒等病症的居家良药。沙溪凉茶不仅可以治病,依然可以作为夏季清凉饮料,具有消暑散热、生津止渴的保健作用。

本厂现有职工350人,其中高中级科技人员50多人,固定资产2 600万元,产值达8 000多万元,曾获得省级企业光荣称号,为市百强企业;在中国"中成药加工"行业中排名为第87。

本厂位于沙溪镇宝珠西路34号,厂区占地面积58 000平方米,厂房建筑面积33 000平方米。多年来走科技兴厂道路,通过不断的技术改造,生产设备先进,拥有大型的提取和制粒车间、按GMP要求设计的西药片剂车间和内酰胺类生产车间。

本厂一向十分重视产品质量,生产过程实行全面质量管理,设立了质量管理机构和三级质量管理网络,配备先进的紫外分光光度计和高效液相色谱仪等产品质量检测仪器,使产品质量得到了保障。先后有沙溪凉茶、感冒退热冲剂、牛黄解毒片、金鸡片等7个产品荣获省优质产品称号。

沙溪凉茶、沙溪凉茶冲剂、金鸡冲剂、排石冲剂、骨仙片等9个产品获准为国家中药保护品种。1998年"润肠宁神膏"经卫生部批准为"国家三类新药"。

目前生产有中成药冲剂、片剂、丸剂、化学药片剂等共200多个品种。饮誉百年,声蜚四海的"沙溪凉茶"先后推出沙溪凉茶、沙溪凉茶冲剂、沙溪凉茶袋泡茶、沙溪凉茶饮料系列产品,深受用户的喜爱。

产品不但畅销国内,还远销港、澳、东南亚、美、加、澳洲等国家和地区,目前,在香港、澳门、美国、澳洲设有代理商。

由于产品适销对路,使企业得到不断的发展、扩大,相信未来的沙溪制药厂前景广阔,将成为现代化的制药企业。

【简析】本文从历史到现状,从发展到成绩,都作了详细介绍,并紧扣主题:产品。无论是介绍产品的作用、类别或品牌,都让人加深认识自己的产品。这是本文的成功之处。另一个优点是实事求是,不盲目宣传自己的产品,这对于消费者日益理性的现状来说,是正确的。

第五节　商务广告

撮要

1. 根据广告策略的不同要求,有的广告标题与广告语合而为一;有的正文与标题难以分清,应注意区分广告标题和广告语之间的区别。

2. 通晓广告文案的构成要素,能根据正文的常见形式,写出符合要求的平面广告文案。

一、广告文案与商务广告扫描

（一）广告文案概述

广告文案是以语辞进行广告信息内容表现的形式。广告文案有广义和狭义之分:广义的广告文案就是指通过广告语言、形象和其他因素,对既定的广告主题、广告创意所进行的具体表现;狭义的广告文案则指表现广告信息的言语与文字构成。广义的广告文案包括标题、正文、口号的撰写和对广告形象的选择搭配;狭义的广文案包括标题、正文、口号的撰写。在广告活动中所需要的其他的用文字形成的广告应用文书,如广告策划书、广告计划书、广告预算书等都不属于广告文案;另外,构成广告作品的图画、照片、色彩、字符变化、布局编排等要素,也不属于广告文案。

本节主要介绍平面(印刷)广告的文案写作。

(二) 广告文案的分类

广告文案的分类可根据不同的标准分为多种类型。

以传播媒体分,可分为报刊广告文案、广播广告文案、电视广告案、传单、路牌、网络广告等,这些类型的广告文案往往因媒体自身的特点和文体特征而有着不同的写作要求。超过400字的文案可以视为长文案,400字以下属短文案。

根据不同的终极目的,广告分类为商业广告和非商业广告。商业广告是以赢利为主要目的的广告运作。非商业广告,指的是不以赢利为目的的,而是为了说服公众关注某一社会问题、公益事业或者政治问题等内容的广告运作。

根据不同的直接目的,广告分类为观念广告、产品促销广告和形象广告。

据此,我们可将广告文案分类为产品促销广告文案、形象广告文案和观念广告文案,也可将广告文案写作分类为:

(1) 商业广告文案写作。即关于商业广告作品中的全部的语言文字部分的写作,是为了达到商业性的赢利的目的而进行的广告运作中的一部分。它包括产品促销广告文案写作、形象广告文案写作和观念广告文案写作。

(2) 非商业广告文案写作。即为了说服公众关注某一社会问题、公益问题或政治问题等而进行的广告文案写作。非商业广告文案的目的不是赢利,是将某一观念向受众进行传播以改变或消除某种不良观念。

二、商务广告文案写作指要

广告效果的50%—70%来自广告中的语言文字部分,因此,广告文案实际是广告作品的核心。平面广告的文案,通常包括标题、正文、广告语、随文等四个要素。

(一) 商务广告文案写作原则

1. 点明主题、能产生效果

广告写作最根本的目的在于将信息传送给目标受众,以产生刺激,打动人心,促使购买,人称是"印在纸上的推销术"。所以,写作中应努力展现产品固有的特性,使产品本身具有吸引力,引导消费者进行购买,而不是依赖文字技巧吸引人,或将广告仅仅视作一种综合性的艺术。

2. 生动形象、富有创造性

广告信息要引起受众注意并为其所接受,主要取决于信息的两方面:有用、新异。广告不仅仅是写作,应该是创作。所以写作中要有创造性和创新,惟新异、独特才能给人深刻印象。广告文案中的生动形象能够吸引受众的注意,激发他们的兴趣。文字、图像能引起人们注意的百分比分别是22%和78%;能够唤起记忆的文字是65%,图像是35%。要实现对广告主题和广告创意的有效表现和对广告信息的有效传播,这就要求在进行文案创作时采用生动活泼、新颖独特和规范正确的语言的同时,辅以一定的图像来配合。

3. 言简意赅、动听易记

广告文案中的信息的传播主要是借助文字符号来实现,在文字语言的使用上,要简明扼要、精练概括。要以尽可能少的语言和文字表达出广告产品的精髓,实现有效的广告信息传播,吸引广告受众的注意力和迅速记下广告内容。所使用的语言要准确无误,避免产生歧义或误解;语言要符合语言表达习惯,要尽量通俗化、大众化,避免使用冷僻以及过于专业化的词语。广告语言要注意优美、流畅和动听,使其易识别、易记忆和易传播,从而突出广告定位,很好地表现广告主题和广告创意,产生良好的广告效果。

(二) 商务广告文案结构写作要点

1. 广告标题创作原则

广告标题写作原则要有吸引力、表现力和概括力。

(1) 标题好比商品价码标签,在标题中加进新的讯息,要用标题向消费者打招呼,并以此抓住消费者的目光,富有吸引力。

(2) 每个标题都应带出产品给潜在买主自身利益的承诺。标题要有内容,反映产品的优点,富有表现力。

(3) 切忌写一些故意卖弄的标题,如双关语、引据经典或者别的晦涩的词句。在标题中避免用否定词,避免使用有字无实的瞎标题,要具体,又有概括力。

2. 广告正文写作要点

(1) 陈述清楚具体的内容。广告正文须清晰地表明广告的诉求对象和诉求内容。向受众提供完整而具体的广告信息。

(2) 采用通俗易懂的语言构思文句。除非特殊的情况,在广告正文中一般不使用过于严肃、庄重的语辞和文句。

(3) 要以有效的证据和可信的证言支持文案。在广告文案的正文中,出现确切的资料、数据十分必要,也十分有用。

3. 广告口号语的写作要求

(1) 简明易记。广告语只有简短易于记忆,才可反复宣传,给人留下印象。

(2) 追求个性特点。平淡无奇、无特色的口号很难留下深刻印象。

(3) 能激发消费者兴趣。广告语只有激发人们兴趣,才会引人注意,发挥其作用。

三、商务广告的结构与写法

（一）广告标题

1. 广告标题

广告标题是整个广告文案乃至整个广告作品的总题目。广告标题为整个广告提纲挈领，将广告中最重要的、最吸引人的信息进行富于创意性的表现，以吸引受众对广告的注意力；它昭示广告中信息的类型和最佳利益点，使人们继续关注正文。正如人们经常说的："题好文一半……题高文则深。"大卫·奥格威的研究表明："读标题的人平均为读正文的人的 5 倍。换句话说，标题代表着为一则广告所花费用的 80%。"

2. 广告标题的功能

（1）为整个广告提纲挈领，让广告最重要、最吸引人的信息在创意的表现中得到展现，以最醒目的方式对应受众的内在需求，以吸引读者注意力。例如，以色列航空公司一则广告标题"从 12 月 23 日起，大西洋将缩短 20%"，在标题中布下悬念，吸引人们注意。

（2）在无目的阅读和收看的受众中间，分离出目标消费者。广告标题提出的广告信息中的利益点能成为受众潜在消费欲望的对应物，让他们自觉地对广告内容产生深度的关注的心理和好奇。

（3）诱使被分离的目标消费者进一步关注正文。标题在形式和内容上都引导着目标消费者继续关注广告正文的表现：在内容上，提示正文中将表现的信息内容；在形式上，对应他们的好奇、审美和阅读冲动，以诱导目标消费者进一步关注正文。例如，"白猫洗衣粉，洗衫好干净"，标题包含了广告内容。

（4）直接诱发消费者产生购买行为。广告的劝导作用多数是从标题开始的。在广告标题中，有直接地表现产品品牌的消费者利益的标题，如"再也不用牙齿咬了"（某啤酒）；有直接或间接地对受众发出消费劝导和呼唤的标题，如"肉，使得你所需要的蛋白质成为一种乐趣"（美国肉类研究所）；有用煽动性的口吻来号召购买行动的产生的标题，如"看足球，喝可口可乐"（可口可乐）。这样的广告标题，广告受众甚至都不用再去看正文就已经被利益点、被劝导和呼唤所吸引，直接诱发他们产生消费行为。

3. 广告标题的撰写

广告标题，可以按其内容和组合不同，分为以下几类：

（1）直接标题，即以简明的文字直接表明广告内容，使人看了标题就了解了广告的主要信息。如中国联通广告标题"一次拨号快便捷"。

（2）间接标题，在标题中不直接表明广告主题，而是用耐人寻味的语句诱导人们去阅读正文。如中央电视台广告部的"存封四年要醇香愈浓"，乍看以为是酒类广告，一看正文,才知是关于播放 2002 年世界杯足球赛的广告。

(3) 复合标题,是采用了新闻标题的形式,又叫多重标题。由引题、正题、副题组成。引题在正题前面,又叫眉题或肩题,起点明意义、交代信息背景等作用;正题又叫主标题、主题,是刊登标题的中心,传递最核心的信息;副题居正题之后,对正题信息做补充说明。复合标题往往兼具直接标题和间接标题的双重性质,可在标题中传递更多信息。如:

引题:"不一样,就是不一样"

正题:"昂立一号 5 大立身之本"

在具体广告文案中,标题可以根据不同的广告战略,呈现多种多样的表现形式,常见的广告标题主要有以下几种形式:

(1) 新闻性标题。这种广告标题类似于新闻稿件,以告知公众时效性信息为主要内容。例如:被大卫·奥格威称为他一生中所写的最有效果的广告——波多黎各政府广告的标题:"现在'波多黎各'对新工业提供百分之百的免税"就属于新闻性标题。

(2) 诉求性标题。这种标题直截了当地指出商品的特点和能给消费者带来的利益。如大卫·奥格威最引以为豪的汽车广告,标题是"当这辆新型的'劳斯—莱斯'汽车以时速 60 英里行驶时,最大的噪声发自车上的电子钟(At 60 miles an hour the loudest noise in this new Rolls—Royce comes from the electric dock)"。

(3) 悬念式标题。在标题中设置悬念,容易引起人们的注意,并产生兴趣。如一则房地产广告:"你买得到这么便宜的房子吗?"

(4) 设问式标题。这是一种提问式的标题。如罗瑟·瑞夫斯为总督(Viceroys)牌香烟所做的广告文案,其标题为:"什么是总督牌能而别的过滤香烟不能提供给你们享受?"(What do Viceroy do for you that no other filter tip can do?)

(5) 幽默式标题。通过幽默式的语言与受众的幽默感产生共鸣,激发受众的兴趣。如某止痒丸的广告标题:"忍无可忍",某打字机的广告标题:"不打不相识"。

(6) 抒情式标题。在广告标题选用上,突出情感交流沟通,以对受众产生较大的影响。德国宝马(BMW)汽车的一则广告标题为"这头猛兽的低吼响在多少成年男人的睡梦里"。法国雷诺(RENAULT)汽车的广告标题,更是具有抒情之意:"身在雷诺,日行千里仍不失法国人独有的浪漫胸怀。"

具体的广告文案标题种类还很多,如:建议式标题、炫耀式标题、标语式标题、号召鼓动式标题以及第一人称式标题等等,不管采用哪种标题只要是能够巧妙引起正文或对广告正文的高度概括,帮助受众理解广告内容,就属于成功的广告标题。

(二) 正文

1. 广告正文

广告正文是指广告文案中处于主体地位的语言文字部分。其主要功能是,展开解释或说明广告主题,将在广告标题中引出的广告信息进行较详细的介绍,对目标消费者展开细部诉求。广告正文的写作可以使受众了解到各种希望了解的信息,受众在正文的阅读中建立了对产品的了解和兴趣、信任,并产生购买欲望,促进购买行为的产生。

2. 广告正文的主要表现内容

(1)对标题中提出或承诺的商品或商品利益点给予解释和证实。

(2)对广告中企业、商品、服务、观念等的特点、功能、个性等方面进行细部说明和介绍。

(3)表现广告中企业、商品、服务、观念等的背景情况。商品由什么企业生产,这企业在同类企业中的位置,商品的制造过程及其制造者的情况,甚至是商品制造过程中的有利于商品形象建立的趣闻逸事。表现商品的种种背景是为了形成品牌效应,或使消费者产生放心购买的心态。

(4)告知受众获得商品的途径、方法和特殊信息。这里的特殊信息,也可以是折扣、奖励等信息。在直接的销售促进的广告配合中,其折扣等特殊信息可以在标题、正文等各部分中给予表现。一则产品形象广告中,折扣等特殊信息就只能在广告正文中或广告附文中进行表现。

在广告正文中可以表现的内容是很多的,而在具体的一则或一系列广告文案中要表现哪些内容,关键是要看广告的起因和目的。

3. 广告正文的构成

广告正文的格式一般采用三部分:

(1)开端。这是衔接标题、开启正文的桥梁。国外广告专家认为从营销角度这是属"预备段落",好的正文开端是引起读者兴趣的重要环节,必须在这部分吸引读者将兴趣转入对产品的兴趣。

(2)中心段。正文的主体,是根据广告目标、要求,阐述商品的状况、性能、特点等。从营销的角度,这部分应该是建立广告信息的可信度。通过数据、证明、担保来启发或促使读者确信商品的真实可靠,能获得利益,以此培养消费欲望。

(3)结尾。鼓励或建议消费者采取行动,必要时,还可以提供方法。

4. 广告正文的常见形式

(1)直叙式。采取理性的诉求方法,以客观、直截了当的手法直陈事实,对产品作明明白白的简明描述。如:

UPS 快递"信"

当投递包裹时,您总是想确认它是否被安全、可靠地送达。通过 UPS,您肯定能得到完善的服务。我们的运输网络和专用递送机队,确保每周六班往返于中美间,隔天递送,准时到达。当您需要运送包裹时,请信赖 UPS。

（2）企业形象式。以企业或公司的口吻,表述企业的观点、理念、态度及服务宗旨等,赋予企业良好的形象。

（3）独白/对白式。以人物用自己的语言表述方式展开诉求。或从某用户的角度,以"我"的口吻,采用内心独白,表明观点,抒发情感;或通过某生活片段中人物对话,展开诉求。例如,山东肥城桃广告:"我叫肥城桃,这次来香港,还是平生第一次。所以也难怪各位看见我就'啊呀'了(谁叫我生得如此的惊人呢?)在咱们家乡——山东,我早与莱阳梨、香蕉苹果齐名了……"

（4）故事式。通过描述一个简单、有趣的故事情节来引发人们阅读兴趣,同时用故事将产品和服务的信息形象化,从而加深读者印象和好感。如海南养生堂椰岛鹿龟酒广告,以征文"发现我的父亲"的形式,讲述生活中一个个真实的父亲的故事,并连续刊出,使"父亲的补酒"这一广告信息变得丰厚、实在,深入人心。

（5）抒情式。这种形式凝练精美,能够表现出真情挚感,给人耳目一新的感受。

（6）幽默型。在广告正文中,借用幽默的笔法和俏皮的语言完整地表达广告主题,使受众在轻松活泼中接受了广告信息。

正文表现形式还有技巧等等,在此不再一一列举。

（三）广告口号

广告口号又叫广告标语或广告语。广告口号一般是由几个词组成一句能够渲染主题的话。广告口号有助于促进商品、服务企业形象信息的广泛传播。如"可口可乐"的广告语为"当整个人类毁灭时,可口可乐仍然存在",创造了巨大的感染力,使产品印象深入观众的心灵。

1. 广告口号的特征与功能

（1）广告口号的特征。广告口号作为一种标语或警示的语句带有以下几个方面特征:其一,警示性。它是以精练简洁的语言对社会公众所进行的强调性提醒,一般具有比较深刻的寓意和本质性内涵。其二,概括强调性。广告口号居于一种特殊的口号,它是对广告文案的结论概括和对文案中某些主要方面的重点提示,往往是对广告诉求内容的结论性陈述。如西安杨森公司达克宁的广告口号:"杀菌治脚气,请用达克宁。"其三,简练性。广告口号要简单明了,不要拗口和繁琐。多用公众读起来上口,记起来容易的短句子,尤其是在口号构思上既体现广告主题,又能够朗朗上口。其四,重复使用性。广告口号必须要在一定历史时期里长期使用,在某一企业或某一品牌的系列产品的广告文案中,比较持久地重复使用特定的广告口号,在消费者心目中建立起极高的熟悉感。因此,它比广告标题、广告正文要具有较大的稳定性,这导致广告口号的使用寿命较长。如,自从当年出自于罗斯福总统之口的"滴滴香浓,意犹未尽"一语被麦氏公司引用为广告口号至今 50 多年时间了,此广告口号仍然不失其独特之光彩。

（2）广告口号的功能。广告口号作为广告文案的功能，又具有自己独有的其他文案部分不能取代的功能。其一，广告口号能够深化广告主题、凝结广告文案。广告口号在广告和具备画龙点睛之意。其二，广告口号有助于塑造产品形象和企业形象。其三，广告口号能够推动企业文化的发展。企业既创造产品又在创造一种文化资产，广告不仅在传播文化，其实又在创造文化和为企业创造一种无形资产。

2. 广告口号的类型

按照广告口号诉求的内容和心理效应可以区分为以下几种典型：

（1）颂扬式。这种广告口号强调商品的好处，突出其优点。如雀巢咖啡的广告口号"味道好极了"；美国 M&M's 公司巧克力的"只溶于口，不溶于手"等都属于颂扬式。

（2）号召式。这种广告口号以富有感召力的鼓动性词句，直接动员消费者产生购买行为。如可口可乐的广告口号"请喝可口可乐"；三菱汽车的"有朋自远方来，喜乘三菱牌"。

（3）标题式。广告标题与广告口号融为一体，既起广告标题的作用，也起广告口号的作用。如美国云丝顿（winston）牌香烟的广告口号"抽美国云丝顿，领略美国精神"。

（4）情感式。广告口号以富于抒情韵味的言词构成，以便更好地激发人的联想，使人认同。如南方黑芝麻糊的广告口号"一股浓香、一缕温馨"；威力洗衣机的"威力洗衣机——献给母亲的爱"。

（5）幽默式。在广告口号中借用幽默的手法，表现广告主题。如，弗芬里克牌香水的广告口号"一滴是为了美，两滴是为了情人，三滴便足以招致一次风流韵事"；某液体水泥的广告口号"它能粘住一切，除了一颗破碎的心"；某口红的广告"如果一不小心我诱惑了你，责任全在××牌口红"等。无不充满幽默风趣之意，使人在会意之中接受广告内容。

（6）品牌式。这种广告口号是广告标语或广告警句与广告品牌相结合，即在广告口号中加入企业名称或产品品牌，从而树立企业形象或品牌形象。如，长岭电器的"大树底下好乘凉——长岭电器"、"洁尔阴"的"难言之隐，一洗了之——成都恩威"等都在广告口号中突出对自己品牌的宣传，通过广告既完成了促销活动，又进行了长程品牌创造。

当然，广告口号的类型并非仅仅上述几种，如果从不同角度来分析，还可以划分为许多其他的类型，如对联式、谐音式、抽象式等等。

3. 广告口号的误区

(1) 广告口号与广告诉求相脱节。广告口号与广告诉求的主题难以相互之间产生共鸣,有的可以说是文不对题。某些广告口号的气势超越了广告产品本身,如,某摩托车"天地间由我在行走"。

(2) 广告口号与规范语言相冲突。在广告口号上,谐音广告在广告界十分流行,如某服装店——"衣帽取人",某烧鸡店——"鸡不可失",某口服液——"鳖无所求",某饮料——"饮以为荣",某磁化怀——"有杯无患、有口皆杯",某驱蚊器——"默默无蚊",某空调器——"终身无汗"等,广告传播中滥用谐音肢解成语,已经造成了不良的影响。但并不是说所有的谐音广告都应从广告中清除出去,况且从功利角度来看,某些谐音广告产生了不可估量的社会作用,有利地促进了企业产品销售。一想到"咳不容缓"人们马上会想到"贵州神奇"。而对"默默无蚊"的蚊香广告口号,你也不能不说妙。问题是,任何事情都得有个度,在一定范围内使用谐音广告应该视为正常也肯定被人接受,但是超出特定范围,用得太多了,用滥了就会对社会产生负影响,只能导致人们的反感,受到抨击和责难。

(3) 广告口号的摹仿误区。广告创作要追求新意,不能人云亦云、拾人牙慧,致使广告创作变成了一种拙劣的摹仿。在传播媒介上,似曾相识的广告时有所见,时有所闻:

原作:"棋"乐无穷(某文化用品广告)

摹仿之作:"骑"乐无穷(某摩托车广告)

(四) 广告附文

1. 广告附文

广告附文是在广告正文之后向受众传达企业名称、地址、购买商品或接受服务的方法的附加性文字。因为是附加性文字,它在广告作品中的位置一般总是居于正文之后,因此也称随文、尾文。

2. 广告附文的存在意义

(1) 对广告正文起补充和辅助的作用。

(2) 促进销售行为的实施。当广告的标题、正文和口号已经使目标消费者产生了消费的兴趣和渴望时,如果在广告附文中表现了商品的购买或服务的获得的有效途径,使得他们能以最直接的方式、最短时间之内得到商品,消费者就会乘着兴趣产生消费行为。

(3) 可产生固定性记忆和认知铺垫。在附文部分具体地表现品牌名称、品牌标志,使得受众对品牌的记忆固定而深刻。这个固定性记忆和认知铺垫,可以用品牌效应和企业形象来说服消费者产生消费。

3. 广告附文的具体表现内容

附文的具体表现内容大致分以下几个部分：(1) 品牌名称；(2) 企业名称；(3) 企业标志或品牌标志；(4) 企业地址、电话、邮编、联系人；(5) 购买商品或获得服务的途径和方式；(6) 权威机构证明标志；(7) 特殊信息，如奖励的品种、数量，赠送的品种、数量和方法等。如需要反馈，还可运用表格的形式。

四、实用示例

伊利纯牛奶平面广告

广告文案 1

无论怎么喝，总是不一般香浓！这种不一般，你一喝便明显感到。伊利纯牛奶全乳固体含量高达 12.2% 以上，这意味着伊利纯牛奶更香浓美味，营养成分更高！

广告口号：青青大草原　自然好牛奶

广告文案 2

一天一包伊利纯牛奶，你的骨骼一辈子也不会发出这种声音。每 100 毫升伊利纯牛奶中，含有高达 130 毫克的乳钙。别小看这个数字，从骨骼表现出来的会大大不同！

广告口号：青青大草原　自然好牛奶

广告文案 3

饮着清澈的溪水，听着悦耳的鸟鸣，吃着丰美的青草，呼吸新鲜的空气。如此自在舒适的环境，伊利乳牛产出的牛奶自然品质不凡，营养更好！

广告口号：青青大草原　自然好牛奶

【简析】这三则系列广告，除角落里的品牌标识及产品包装外，没有任何图形。画面中心，巧妙地利用汉字字型的精心编排设计，通过一系列的象声词，分别表现人们迫不及待地喝牛奶的声音；因缺钙而导致的骨骼碎裂的声音；以及乳牛在舒适的环境中惬意地吃草鸣叫的声音，调动受众的想象和联想，形成视觉冲击力。而广告文案又对画面主体文字作了形象的说明、注释和深化，道出了伊利纯牛奶诱人的浓香、纯真精美的品质和饮用后的效果及其根源，非常有说服力，很能打动消费者。这是以文案写作为主要表现形式的典型佳作。

第六节 经济新闻

撮要

1. 用"倒金字塔结构"的结构是消息写作区别于一般记叙文写作的显著标志。

2. "标题"和"导语"是经济新闻写作者最重要的两项基本功,也是新闻写作的重点和难点所在。标题根据内容特点分为实题与虚题。写好导语是消息稿写作的关键。

一、经济新闻扫描

(一)新闻和新闻价值

新闻有广义和狭义之分,广义的新闻指消息、通讯(特写)、时事评论;狭义的新闻专指消息。经济新闻是新闻的一个分支。

经济新闻是指发生在经济领域中具有新闻价值的事实、现象、动态等,在新闻媒体上公开报道的新闻稿。经济新闻的种类包括消息、专题报道、通讯、新闻评论等。

新闻价值的要素

1. 重要性。是指新闻事实具有震动人心、能产生全局或重大影响的意义。如,《体彩丑闻:显露中国彩票运行积弊》。

2. 显著性。是指新闻人物或事件具有引人注目、非同一般的意义。如,《全球关注中国"疯狂"股市》。

3. 时新性。是指新闻的时间性和新鲜性,一般是新近发生的,同时也要求内容上求新。如,《"中东油资"围猎中国物业》。

4. 趣味性。是指新闻事实具有喜闻乐见的意义。关键在有趣不俗、有益无害。如,《"光棍堂"引来四只"金凤凰"》。

5. 接近性。是指新闻报道内容与受众的接近性。接近有两种含义:一是指新闻报道的文件或人物在地理上与受众接近,二是指报道内容与受众心理贴近,能唤起读者的关注和共鸣。如,《医生收红包改做洗衣工》。

(二)消息及种类

消息,即狭义的新闻,是对当前社会及经济活动中出现的具有一定社会价值或具有一定影响的事实所作的简要报道。其特点是真、新、活、快。本章主要介绍消息的写作。

消息的写作可以分为以下种类：

1. 动态消息：也称动态新闻，这种消息迅速、及时地报道国内国际的重大事件，报道新人新事、新气象、新成就、新经验。动态消息中有不少是简讯（短讯、简明新闻），内容更加单一，文字更加精简，常常一事一讯，几行文字。

2. 综合消息：也称综合新闻，指的是综合反映带有全局性情况、动向、成就和问题的消息报道。

3. 典型消息：也称典型新闻，这是对某一部门或某一单位的典型经验或成功做法的集中报道，用以带动全局，指导一般。

4. 述评消息：也称新闻述评，它除具有动态消息的一般特征外，还往往在叙述新闻事实的同时，由作者直接发出一些必要的议论，简明地表示作者的观点。记者述评、时事述评就是其中的两种。

二、消息写作指要

（一）"倒金字塔"与"六要素"

消息通常由标题、消息头、导语、主体、结尾构成，并在文中穿插背景材料。写作消息要设想并回答读者问的问题，这些问题就构成了新闻五要素，即 When（何时）、Where（何地）、Who（何人）、What（何事）、Why（何故）。有的新闻学上补充了一个要素：How（如何）。在五个 W 和一个 H 中，最主要的是 What（何事）、Who（何人）。

消息的结构有"倒金字塔结构"、"正金字塔结构"、"并列式结构"等，具体采用哪种形式，应根据需要及消息的特点而定。这里主要介绍"倒金字塔结构"。

"倒金字塔结构"，就是把信息中最重要的内容放在消息的最前面，次要的内容放在稍后的段落，最次要的放在消息尾部，即倒金字塔结构＝最重要内容＋次要内容＋最次要内容。这种结构的优点：一来节省阅读时间，开头就抓住重要内容，可满足读者好奇心；二来便于编排修改。

（二）消息写作要领

不同种类的消息有不同的写作思路。

动态消息的思路是：什么事态——经过如何——前景如何。即先把读者急于了解的事态（情况和问题）提出来，再把事态的经过（前因后果、来龙去脉）交代清楚，最后顺理成章展示事态的前景。

综合消息，可以是对一个地区或部门作横断面的报道，也可以是对一个时期内的某条战线做纵剖面的阐述。经验消息偏重于交代情况，介绍做法和反映变化与效果，从事实中引出经验。写述评消息，必须紧扣新闻事实进行议论，叙事第一，议论第二。

各种体裁之间虽有区别，但并非壁垒分明，总体写作要领是一致的。

（1）消息必须迅速。迅速是消息的基本特征，是消息的竞争条件，是消息的质量体现。

（2）消息必须真实准确。消息不仅要真实还要准确。一是对事实的认识要准确；二是对事实的表达要准确。否则会使人产生怀疑，失去新闻的权威性，失去消息的宣传和教育功能。

（3）消息必须明了。因为消息传播的目的、受众的广泛性、生活的节奏决定了消息必须明了。消息必须简短，只有简短才能新鲜，才能迅速。现在消息越写越长，原因主要有：一是以稿件的长短论水平；二是以稿件的长短计稿酬。

三、消息的结构与写法

消息的结构要素包括标题、消息头、导语、主体、结尾，并在文中穿插背景材料。

（一）标题

消息标题旨在揭示消息中最重要最值得关注的内容，其作用有：一是导受，即吸引受众注意，引导受众获取自己喜爱和需要的信息，使读者在最短的时间里获取所需的信息。随着生活节奏的加快，"标题受众"越来越多。二是导向，标题往往要选择事实，揭示和评价事实，自然寓有记者（或媒体）的态度和观点。三是美化和序化，作为版面元素之一，消息标题可使版面美化，亦可使版面内容井然有序。

1. 消息标题的类型

消息的标题有主体类、从属类和整合类。

主体类标题。这是消息标题最基本的类型。包括主题、引题和副题。

（1）主题又称主标题、正题、母题，它是消息标题的核心部分，通常揭示新闻中最重要、最吸引受众的信息。从表达上看，主题可是实题，即叙述新闻事实；也可是虚题，即评价新闻事实，揭示其意义或隐含的观点。但在单独使用时，应是实题或有叙有议的虚实结合题。如：

> A. 中国股民的 4 000 点征途
> "眼看大盘又上来了，不买实在难受啊！"
> B. 牛市不该由政策来终结

第一个标题中，前为引题，是虚题，后为主题，是实题，虚实结合，受众能清楚地认识事实的意义。第二个标题虚实结合的，可单独使用。

从句子结构看，主题可为单句，也可是复句，通常为一个独立的句子；从外在形式看，主题可占一行，也可是二行或三行，但以一行为主，一般不宜超过两行。

（2）引题。又称肩题、眉题。一般用来交代背景，说明原因、烘托气氛、揭示意义等。引题一般多作虚题。如：

> 品质楼盘吸引品质顾客
> 500强精英看房团踏上"探楼之旅"

（3）副题，又称子题，副标题。一般用来补充、注释和说明、印证主题。副题一般多作实题。如：

> 清扫穷角落　同走富裕路
> 无锡县4 000多困难户向贫困告别

主体类标题按组合不同，又可分单一型标题和复合型标题。

单一型标题无引题和副题，只有主题，如"世行集团阴魂不散　融资骗局卷土重来"。

复合型标题如下。

① 主、引题组合。

> 证券交易印花税上调至千分之三（引）
> 沪指狂泻281点寻找"闪闪的红星"（主）

② 主、副题组合。

> 北京地税要列"富人"名单（主）
> 年薪超过10万元者将受监控（副）

③ 主、引、副组合（又叫完全式标题）。

> 建造蓝天商厦为何难于上青天（引）
> 一份报告背着多少颗印章旅行（主）
> 希望有关领导部门舍繁就简，加快蓝天商厦建设步伐（副）

消息标题除主体类标题外，又有整合类标题，包括栏题和类题；还有从属类标题，包括提要题和分题。

2. 消息标题的写作要求

消息标题写作的要求做到准确、鲜明、凝练和生动。

（1）准确。

准确是消息标题写作的最基本要求：一是准确概括、反映新闻事实；二是要准确评价事实；三是运用语言要准确。如：

> A. 武汉出现一内脏裸露婴儿
> 　　此乃产妇孕期与宠狗接触所致
> B. 不恋"天南海北"主动申请到"新西兰"

以上标题 A 为事实概括不准确,因有关专家只是推测与孕妇接触宠狗有关,而并未确证。标题 B 中,谁也想不到"天南海北"是指天津、南京、上海、北京,"新西兰"是指新疆、西藏、甘肃。

（2）鲜明。

鲜明即指标题通过对新闻事实的选择、揭示和评价,表现出来的对事实的态度立场要明确,不能模棱两可,含含糊糊,也包括态度、立场的正确性。一般有三种情况：一是肯定的态度,如歌颂、赞扬、支持、同情等；二是否定的态度,如怒斥、揭露、嘲笑、讥讽等；三是既不肯定也不否定的态度。如：

> A. 伊拉克总统说伊朗的进攻被击退
> 　　伊朗说收复三百多平方公里失地
> B. 壮哉　教师于元贞勇斗窃贼身亡
> 　　悲哉　数百围观者竟无一人相助
> C. 竟敢敲诈两会代表
> 　　一路边店遭严厉惩处

以上标题 A 是既不肯定也不否定的立场,是合适的；标题 B 对事实有肯定有否定,态度鲜明。标题 C 则态度含糊,不鲜明。

（3）凝练。

就是要简洁明了地传达出消息的内涵。要用点睛之笔,剔浮词,去空话,以最少的文字传达最准确的信息。

> A. 节省处事经费　节省时间精力
> 　　我国礼宾改革已有一定成效
> 　　国宴规定四菜一汤,仪仗队鸣礼炮使欢迎仪式更隆重
> B. 我国续作礼宾改革
> 　　国宴实施四菜一汤

以上标题 A 中最基本、最有价值的信息应是"四菜一汤",但却被啰嗦的语言冲淡了。标题 B 则突出主要信息,要言不烦。

（4）生动。

消息标题要力求以优美的形式吸引读者，故应讲求生动性。方法很多，如运用修辞手法；引用诗词或名言警句、方言民谚等。

> A. 一窝"油老鼠"落网
> B. 唯我"毒"尊——哥伦比亚毒枭头子莱德尔
> C. 工程师三代破屋两间
> 副局长一家新房四套
> 市有关部门的调查结果竟是"分配基本合理"
> D. 会翁之意不在会　在乎山水之间也
> 青岛会议知多少
> 请看会议一览表

以上标题 A、B、C 分别用了比喻、双关、对仗方法，D 则引用名言，故而生动耐读。但运用这些方法时要注意恰当、贴切。

（二）消息头

消息的导语前，往往冠以"本报讯"、"本台消息"、"××社××地×月×日电"的字样，即为消息头。消息头主要有"讯"与"电"两类。"讯"指通过邮寄或书面递交的形式向媒体传递的报道，"电"指通过电报、电传、电话、电脑等传输的报道。消息头是版权所有的标志，也可标明消息的来源。

（三）导语

消息头之后紧接导语。导语是以"开门见山"的方式，以简练而生动的文字介绍新闻事件中最重要、最有新闻价值、最精彩的内容，揭示消息的主题，并能引起读者阅读兴趣的开头部分。导语起的作用是：一是介绍最重要、最精彩的事实；二是揭示消息的主题；三是引起读者的阅读兴趣。

按不同的分类方法，导语可以有多种写法。

1. 六要素导语和部分要素导语

这是从导语中所含消息要素的多少来分的。六要素导语，就是消息六要素齐全的导语，也称全型导语。从导语的发展看，也是第一代导语。如：

> 萨摩亚·阿庇亚3月30日电：南太平洋沿岸有史以来最为猛烈、破坏性最大的风暴于3月16日、17日袭击了萨摩亚群岛，结果，有6条战舰和其他10条船只要么被掀到港口附近的珊瑚礁上摔得粉身碎骨，要么被掀到阿庇亚小城的海滩上搁浅。与此同时，美国和德国的142名海军官兵，有的葬身珊瑚礁上，有的则被埋在远离家乡万里之外的无名墓地上，为自己找到了永远安息的场所。

部分要素导语即指导语中只包含"六要素"中的部分要素,也称微型导语或第二代导语。该类导语通常突出"六要素"中某一要素,组合与之相连的一两个要素。单纯含某一个要素的导语较少。如"欧洲大战于昨天拂晓爆发"、"约翰·肯尼迪总统今天遭枪击身死"之类的导语,可说已极简洁,但在突出"何事"的同时,也包含了"何时"或"何人"等要素。

2. 从表达方式和表现手法上讲,导语又有叙述式导语、描写式导语、评论式导语、对比式导语、引语式导语、提问式导语等

(1) 叙述式导语(也称直叙式导语)。它以凝练的语言,扼要而直接地将消息中主要的事实叙述出来,是导语最基本、最常见的写法之一。如:

> 新华社香港9月17日电 昨天,香港特区行政长官董建华设茶会,与数百位长期默默耕耘、为香港回归和繁荣作出贡献的基层人士共度中秋佳节。

(2) 描写式导语。它以展示事物的形象和事件的场景为主要特征。写作时常抓取某一生动形象、鲜明的色彩或有特色的细节加以描绘。描写时应简洁而传神、力避过分雕饰。如:

> 本报讯 多么威武神气的猫头鹰!一对大眼睛正在扫射着什么,翅膀微微耸起,看来它准备振翼飞扑过去,抓住那狡猾的大田鼠。这只用棕榈树桩因材施艺而雕琢成的猫头鹰,最近飞越太平洋,在美国旧金山的"中国上海民间艺术展览会"上栖息。

(3) 评论式导语。对所报道的事实进行评论,揭示其意义。如:

> 中国在体育方面已不再是"东亚病夫",相反,她正打算在新德里举行的亚运会上取代日本,成为亚洲首屈一指的体育强国。

(4) 对比式导语。把有差别的事物相比较,将现在的情景与过去的情景相比,将此地之状况与别处相比等。如:

> 合众国际社伦敦5月20日电 24岁的冈萨雷斯去年在马德里获得了法学博士学位,现在却在做零工,其中最好的工作是遛狗。

(5) 引语式导语。引用新闻人物精彩而生动的语言来揭示消息主题。如:

> "我现在不是资本家,你最好把我说成是一个商人,"荣毅仁说,"人们称我为资本家是因为我引进了资本主义的经济管理方式。"

（6）提问式导语。将有关问题通过一个尖锐而鲜明的问题提出来，以引起受众的关注。有时是设问，即要求自问自答。如：

> 狠心的年轻父母，你是否想知道被你遗弃的小生命的近况？

3. 直接性导语和延缓性导语

这是以时间的远近点来分的。

（1）直接性导语多用于时间性很强的消息，它叙述已经发生或正在发生的事件。大多数消息导语均属此类。直接性导语又可细分为：单一要素导语，即导语中只表现一个最重要的新闻事实；多要素导语，即导语中表现多个事实要素；归纳式导语，即将新闻事实加以归纳，使其精华集中于导语中。

（2）延缓性导语多用于时间性不太强的消息，它不直接叙述新闻事实，而是通过解释、阐述、设置悬念或场面描写、气氛渲染等引出新闻事实，吊读者的胃口。

两种导语之不同，请对比下例：

> A. 华盛顿2月20日讯——丹尼尔·莫伊尼汉今天辞去了美国驻联合国代表的职务。
>
> ——《纽约时报》
>
> B. 直到最后一刻，丹尼尔·莫伊尼汉还在说，他不知道是否应该辞去美国驻联合国大使的职务。他说，"我下了三十次决心"，"就像马克·吐温讲的'戒烟容易得很，我已经戒了一千次'"。上周，莫伊尼汉最后下定了决心：辞职。
>
> ——《时代》杂志

从上例可见，直接性导语开门见山，一语中的；延缓性导语则一语不中的，意在引起受众的"读欲"。

（四）**主体与结尾**

一般消息的精华都浓缩在导语中，主体处在导语之后，是对导语作进一步充实、解释或展开、深化，是消息的重要组成部分。对导语涉及的内容，进一步提供细节性的材料或背景的材料，使人对信息的内容有更清楚具体的了解；对导语未涉及的内容，补充完善各要素，以便读者对消息报道的主题和事件的来龙去脉理解全面，把握深刻。

1. 主体

主体的作用和功能有：一是对导语进行解释、深化和具体化，即对导语中涉及的内容，进一步提供有关细节和背景材料，使其更清楚、明确、具体；二是补充新的事实，即导语中未提及而又能表现新闻主题的事实和其他要素，便由主体补充出来。

主体部分的写作要注意几点：

（1）紧扣消息主题取材。主体部分内容较多，故而要重视材料的取舍。应紧扣导语中所确立的主题来选用材料。若与主题无关或无多大关系，即便具体、生动、感人，也应割爱。

（2）叙事宜具体、内容应充实。有人因消息是简明扼要的，要求篇幅短小、语言简洁，所以消息写得太概括、太抽象，空空洞洞大而无当的导语之下，是几条干巴巴的"筋"。读完了还不知道这篇消息讲了什么东西。消息虽不似通讯细致、深入地报道事实，但应使受众对新闻人物和事件有较完整而真切的了解，应传达出较具体的新闻信息。

（3）叙述宜求生动，行文善兴波澜。消息主体内容在要求具体、充实之基础上，还应力求生动。很多人写消息，内容是有，但写得枯燥无味，或是一套死板而难以卒读的"新闻腔"。因而我们应"让新闻笑起来"，写作手法应灵活多样、富于变化。

消息主体写作应尽量避免平铺直叙，可运用生动形象的描述，灵活多变的手法，和自由灵活的层次、段落安排。请看下例：

> 据新华社巴黎8月31日电　英国王储查尔斯王子的前妻戴安娜本地时间8月31日凌晨在巴黎遭遇严重车祸，送往医院后不治身亡。
>
> 据悉，戴安娜与其男友埃及亿万富翁之子法耶兹于30日下午来到巴黎。当天午夜，他们在巴黎里茨饭店共进晚餐后，乘坐一辆奔驰600型汽车飞速驶向法耶兹在巴黎的一座私邸，一群摄影记者在途中紧追不舍。戴安娜的汽车加大马力急速行驶，试图摆脱摄影记者，不幸在一处公路隧道里与一根立柱碰撞，造成严重车祸。法耶兹和司机当场死亡。戴安娜及其保镖身受重伤。
>
> 车祸发生后，抢救人员立即将戴安娜等人送到医院。负责抢救戴安娜的医生不久宣布，戴安娜在车祸中手臂骨折，大腿受伤并发生严重脑震荡，在抢救过程中因胸腔大出血，于凌晨4时死亡。
>
> 法国总统希拉克和总理若斯潘对戴安娜不幸身亡表示震惊。据巴黎警方宣布，车祸发生后，尾随戴安娜的7名摄影记者被带到巴黎警察总署接受调查。

这则消息篇幅不长，但层次清楚，起承转合自然，叙述较生动，行文亦波澜起伏。

2. 结尾

结尾亦是消息的有机组成部分，并非可有可无。虽然并非任何消息都有单独的结尾部分，但好的结尾，无疑对表现事物的完整性和逻辑的严密性、对突出和深化主题，均有重要作用。常见的结尾方式有小结式、展望式、补充式、含蓄蕴藉式、卒章见义式等。

(五) 背景材料

狭义的新闻背景,仅指写作过程中涉及的与新闻人物和事件发生、发展相关的历史、原因和环境、条件等方面的材料。广义的新闻背景,除此之外,还包括对导致新闻事件发生、发展的广阔的时代背景的了解,也包含向记者提供消息、介绍情况的人的背景。写新闻,有时要交代背景,目的在于帮助读者深刻理解新闻的内容和价值,起到衬托、深化主题的作用,也就是回答五个"W"中的 Why(为什么)。

背景材料运用得好,可以解释、烘托和深化主题;可以代替作者的议论而使报道显得客观;可以补充情况、介绍知识、增添情绪。

背景材料在消息中位置灵活,可独立成段,也可穿插于导语、主体或结尾之中。

背景材料主要有三类:对比性的,说明性的,注释性的。有的新闻学则将背景分为四种,即人物背景、地理背景、历史背景和事物背景。

1. 对比性材料

主要通过对比衬托,以突出新闻事实的意义,阐明某一主题、表明某种观点。通过对比,突出矛盾和差异,显出特点和价值。通常有两种情况:其一是纵比,即今昔对比,前后对比。如写农民富裕了,收入增加了,可用如此背景加以突出:"十年动乱时期,这里农民的平均收入只有二三十元。不少农民每天 2 分只够买一张 8 分邮票。"其二是横比。如同样写农民收入问题,也可将东南沿海地区与西部地区进行对比。

2. 说明性材料

它往往是对与新闻事实相关的政治背景、地理背景、历史背景、思想状况或物质条件等情况作介绍和交代,用以说明事物产生的各种因素,揭示事物发生或变化的意义。

如《海鸥重返黄浦江》(新华社 1983 年 5 月 22 日)一文,运用了背景材料,回想十多年前由于黄浦江水质污染严重,海鸥因缺少食物而远走高飞的情况。

3. 注释性材料

它往往对产品(物品)的性能特点、科技成果、技术性问题、名词术语、文史知识、风俗人情等进行注释、介绍,以帮助受众掌握消息内容、增长知识和见闻。

四、实用示例

☞【例文】

帮人开店　皆大欢喜

本报讯　位于九朝古都洛阳步行街的美伦百货在上海六百实业热心辅导了 6 个月后,于日前洛阳牡丹节前夕正式开业。拥有 12 万平方米的美伦百货是上海六百实业以"帮人开店"形式输出先进管理模式的第二家大型百货商店。

"帮人开店"是上海六百实业的首创。4年前,上海六百实业首次以输出先进管理的形式,与山西太原华宇购物中心进行合作,上海六百获得了110万元的先进管理收益,而华宇在引进上海六百管理模式后,经济效益在山西省商界名列第一,双方皆大欢喜。

山西华宇的成功经验悄悄在全国商界流传。2001年10月,洛阳民营企业家阎涛在筹建洛阳美伦百货时,经河南省和上海市工商联牵线搭桥,向上海六百实业表示了合作的愿望,为此,上海六百实业总经理金国良带领一批管理技术骨干来到洛阳,帮助美伦百货建立了计算机信息管理系统、商场布局设计、员工培训、开业策划等在当地商界均属领先地位的整套管理模式,短短6个月就成功开业。

上海市和河南省工商联的有关领导认为,上海六百实业向中部地区输出先进管理模式的做法,加强了上海和中部地区的经济联系,带动上海产品走向全国,提高了当地商业的管理水平,体现了上海"服务全国、融入全国"的胸襟,值得借鉴。

【简析】这是一篇介绍企业机制创新的消息,其新闻性在于"帮人开店"是上海六百的首创。上海六百通过管理输出,获得了相应的收益,使"双赢"得到体现。同时,文章还注意挖掘消息主题深层含义,指出上海六百通过此举,体现了上海的胸襟,这种以小见大的立意方法值得借鉴。由于机制上的创新和主题深刻,使该消息拥有了新闻的价值。

消息的结构安排采用倒金字塔形式展开。把最重要的信息"帮人开店"输出先进管理模式放在开头;其次介绍上海六百首次在山西帮人开店所产生效益的事实;再次介绍了美伦百货开店的背景;最后对六百输出先进管理模式的意义作了评价。

 实践练习

1. 阅读下列商品说明书,回答问题。

××牌电磁炉

本厂生产的电磁炉,是根据我国国情、烹调习惯、消费者的特点和消费水平,在吸收国内外的各种电磁炉优点的基础上,精心设计研制的。它具有以下特点:

1. 经济省电:热效率高于电炉、煤气、液化气,可达80%以上,烹调时炊具端离炉面,即自动停止加热,省时省力省开支。

2. 安全卫生:无火、无烟、无尘、无气味,又无中毒、起火、灼伤的危险,可防止老人、儿童的意外事故。

3. 功能齐全:集电饭煲、电热壶、电炒锅的功能于一身;烧饭蒸馍、炒菜炖肉、煮炸、保温样样都行。

4. 使用方便：操作简单、一学就会。既易移动使用，又易清洁保养，温度可随意调节控制。
使用方法：
1. 把功率调节开关向左移至"关"的位置，然后再插上电源插头。
2. 将锅放准在炉面的中央。
3. 将功率调节开关向右缓慢移至需要位置，负载指示灯（绿色）和加热指示灯（红色）即显示负载和加热情况。
4. 需要保温时将功率调节钮拨至保温指示灯（黄色）亮，机器自动进入保温（85℃）状态。
5. 不得来回急速移动功率调节开关，以免造成损失。
6. 用毕，将功率的调节开关移至左端"关"的位置，然后切断电源。
使用注意事项：
1. 放置位置应离开墙壁或其他物体10厘米以上，以保证进、排风口畅通。
2. 应单独使用5 A以上的插座，不要与其他电器共用一个插座。
3. 不要将手表、磁带等物体放在炉面上，以免受磁场影响受损坏。
4. 不要直接加热密封的罐头之类的食品，以防加热后炸裂。
5. 不要用金属物体插入进、排风口拨弄，以防触电和损坏电磁炉。
6. 停止使用或清洁擦拭前应切断电源。对难擦的污垢，可用中性洗涤剂或肥皂水蘸湿后擦拭，然后用干布擦干，不能用水直接清洗，以免水进入炉体内出现故障。
7. 使用的锅必须是导磁质的平底锅（直径12—26厘米），如铁锅、搪瓷烧锅、不锈钢锅等；非导磁质的容器，如陶瓷、铜、铝等制品不能导磁加热。
8. 发现故障后应切断电源，送维修站检查修理，不要自行拆开。
产品保修：
1. 本产品在一年内发生自然故障（不含人为故障），凭保修单、发票到本厂指定地点免费保修。
2. 请用户认真填写保修单，并妥善保管。
本厂的宗旨"三杰"：杰出的设计、杰出的产品、杰出的服务，愿您的厨房像客厅一样精美！
××市第五电子仪器厂
××电器开关厂联合生产
电话：××××
厂址：××市××街××号

问题：
（1）商品说明书常用的表达方式有_____、_____、_____。商品说明书正文的写法有_____、_____、_____。
（2）商品说明书说明的着重点是_____，广告说明书的着重点为_____。
（3）食品药品类说明书的写作要素有哪些？
（4）本说明书的名称有何特点？
（5）正文部分采用了什么表述方式？正文最后写的作用是什么？

2. 分析下列说明书存在的问题,并改写。

> ××口服胶囊是最新出产的广谱抗菌药。本产品疗效好,使用方便,无毒副作用。
> 使用方法:
> 成人口服每次 150 mg,每日两次。20—40 公斤的儿童每次 100 mg,每日两次。12—20 公斤的儿童每次 50 mg,每日两次。
> 产品规格:150 mg/粒。
> 产品有效期:有效期暂定 1 年半。
> 生产厂家:××××制药厂
> 地址:××市××街××号
> 电话:×××××

3. 搜集普通电视与液晶电视的说明书,认识和比较它们的特点和不同。
4. 选择你所熟悉的一款空调用品,按商品说明书的写作格式,给它写一份说明书。
5. 阅读案例,回答问题。

削价销售启事

> 南京路置地广场
> 举办家电产品清仓削价销售
> 时间:2007 年 5 月 1 日—7 日,每天 9 时—21 时
> 地点:上海市南京路置地广场四楼
> 品种:各类液晶电视、洗衣机、冰箱、空调等
> 削价幅度:四折至九折

问题:
(1) 启事大体分为_____、_____、_____三类,在商务活动中,常见的有_____、_____、_____、_____等。
(2) 启事的特点有_____、_____。
(3) 本则启事属于_____。
(4) 试指出本则启事的写作特点。

6. 阅读下列海报,回答问题。

> 名角荟萃　投资巨大
> 情节曲折　感人至深
> 电影
> 兰陵王
> 时间:6 月 1 日晚 7:30
> 地点:大光明电影院
> 销售票时间:5 月 31 日下午 5:30—7:00

问题：
(1) 常见的海报有_____、_____、_____、_____、_____、_____等。
(2) 海报在形式上力求_____，正文的撰写一般采用_____的写法。
(3) 本则海报写法上有何特点？
7. 简报主体层次安排通常有哪三种方法？
8. 简报与消息报道有何内在的联系？
9. 如何理解简报材料的准确真实？
10. 简报的编排格式有哪三要素？
11. 看下面一份简报的开头有什么问题，应怎样修改。

> 为了满足节日期间人民的需要，为了做好今年的国庆供应，在市财贸系统党组织的领导下，在广大人民群众的支持下，由于广大干部职工齐心合力，在遭受特大洪水灾害的宝成铁路一时中断的情况下，克服了各种困难，千方百计组织货源，积极安排节日商品的生产、加工，因而使今年国庆供应水平不低于去年水平。

12. 试给下文提炼出一句简洁、鲜明的提要式语句。

> 通三益食品店糕点组，过去每月光点心渣就损失1 000多斤，合600元，现在他们卸车、搬运轻拿轻放，销售包装仔细精心。1月份上半月只出渣100斤，减少损失240元。过去进货包装的塑料绳扔掉，现在回收了再用，仅此一项，一年便可节约1 400余元。

13. 以报道班里的先进事迹为内容，写一份情况简报。要求做到标题简洁醒目，材料真实典型，层次清晰明畅，语言干净朴实。
14. 企业简介的共性要素有哪些？
15. 介绍企业综合实力应突出哪些要素？
16. 撰写一则刚刚起步的企业简介，应从哪些切入口进行写作？
17. 根据所学知识，回答问题。

上海三菱电梯有限公司简介

> 上海三菱电梯有限公司是一家中方控股和进行管理。公司于1987年1月1日合资开业，占地面积为15.8万平方米，现有员工1 700余人，公司投资总额2亿美元，注册资本为1.16亿美元。
> 1993年以来，上海三菱的销售额、利润、产量、市场占有率等多项主要经济指标已连续六年在全国电梯行业中名列第一。1998年销售6 159台，实现销售收入36.2亿元。在中国最大的500家外商投资企业中，销售额排名第19位，被列入512家国家重点企业之一。

问题：
(1) 企业简介由_____、_____、_____构成。
(2) 企业简介的正文包括_____、_____、_____、_____、_____、_____

_____、_____等主要内容。

（3）企业简介内容上侧重_____、_____、_____、_____等方面写作。

（4）试分析本则企业简介的写作特点。

18. 阅读下文，回答问题：

在马来西亚柔佛州的交通要道上有不少幽默式交通广告，有一则广告文案如下：

> 阁下：
> 　　驾驶汽车时速不超过30英里，您可饱览本地的美丽景色；
> 　　超过80英里，欢迎光顾本地设备最新的急救医院；
> 　　上了100英里，那么请放心，柔佛州公墓已为你预备了一块挺好的墓地。

问题：

该广告文案的正文属于常见形式的哪一种？谈谈你的理解。

19. 如何理解"读标题的人平均为读正文的人的5倍。换句话说，标题代表着为一则广告所花费用的80%"？

20. 根据下列材料写一则消息，要求消息的六要素齐全，有关公司等细节可参考报纸的类似报道。请采用主体类标题、倒金字塔结构写，要有背景材料。

> 　　佳乐快速消费品公司聘请了香港著名歌星刘德华为其形象代言人，并将出资为刘德华在广州举办演唱会。举办这场演唱会之前，刘德华已经在香港成功地举办了十几场个人演唱会。佳乐快速消费品公司欲为这次活动撰写一份消息稿，请代为拟就。

21. 阅读下文，然后回答问题。

> 　　日前，一次以无底价倒拍方式进行的减价拍卖会在北京成功举行，吸引了500多名竞拍者前来助兴。
> 　　这次中国拍卖史开先河的减价式拍卖一共有60件拍品，其中包括服装、珠宝、工艺品、书画、家具等，多数高档拍卖品均以低于起拍价一半的价位成交。其中有一枚南非钻戒，起拍价为35 000元的价格买得。
> 　　据资料显示：减价拍卖起源于荷兰，因此又名荷兰式拍卖。减价式拍卖是由拍卖师首先报出最高价，如果没有竞买人举牌，便逐渐减价，一直到有竞买人举牌为止。如果在某一价位上同时有几个竞买人举牌，拍卖师就逐渐加价，一直到只有一位竞买人买得。在国外，减价式拍卖一般用于拍卖花卉、蔬菜等鲜活商品，在中国尚未有拍卖行尝试过。北京这次减价拍卖对于丰富拍卖形式，提高竞买人兴趣，促进拍卖业发展起到了相当大的作用。

问题：

（1）给这则消息添上标题(双标题)。

（2）本消息使用了背景材料。它放在消息中哪一部分介绍的？起什么作用？

22. 某报刊登了下列一则消息，根据消息写作的准确原则，这则消息不准确表现在哪里？

千百年来传统的"爱情市场"走向疲软,山东昌邑县的农家姑娘追求的是科技型的婚姻结构。"不图腰缠万贯,只求一技之长",已成为这个县农家女新的择偶观。多年来落后的劳作方式使她们的祖辈尝够了贫穷的滋味,农业科技的迅猛发展,让她们懂得了"没有知识端不起富裕碗"这一道理。姑娘们在奋发学科技的同时,迅速把目光转到"科技小伙"身上。著名绸乡柳疃镇的小伙子,身怀技艺闹经济,引得天南海北"凤求凰"。几年来几百名省外女郎飞到柳疃成双配对,夫妻双双比高低。今年以来,全县有1 000多对"科技鸳鸯"喜结良缘。

第十一章 经济类策划文书

第一节 营销策划文书

 撮要

1. 营销策划要分别企业所处的不同环境状态,设计出针对性强的营销方案。
2. 营销策划文书要针对企业营销中所要解决的核心问题,深入分析,并结合实际条件,提出可行性对策。
3. 注意企业决策者的接受心理,使决策者能够采信自己的策划意见或创意。

一、营销策划文书扫描

营销策划是策划人依据市场营销的基本规律与技巧,在对企业内外部环境予以准确地分析并有效地运用各种资源的基础上,激发创意,制定出有目标、可实现的解决问题的一套策略规划。营销策划文书是营销策划方案的书面反映,也称企划案,是营销策划者针对企业的营销活动事先做出运筹规划的书面文件。通过该书面文件,营销策划者向决策方准确、完整、规范化地反映营销策划的全部内容,充分、有效地说服决策者认同、信服、采纳并实施自己营销策划的意见或创意。营销策划文书是企业未来营销操作的行动指南。

根据具体营销对象不同,营销策划文书可以分为商品销售策划文书、促销活动策划文书、市场推广策划文书、新产品开发策划文书、商品布局策划文书、营销定位策划文书、网点布局策划文书等。

二、营销策划文书写作指要

（一）要了解策划目的,突出重点

企业所处的环境状态不同,策划目的、重点也不一致。

新开的企业,重点是建立一套系统营销方略,正确进行市场定位、市场细分。

发展型企业,重点是设计新的营销方案,提出新的发展目标。

改制型企业,重点是调整经营方向,设计新的行销策略。

失误型企业,重点是反思营销管理问题,设计重振旗鼓的营销策略。

(二)构建营销策划文书的逻辑框架

策划的总目的在于解决企业营销中的问题,应按照逻辑性思维构建策划框架,有条理、有步骤地编制文书。首先是设定情况,交代策划背景,分析市场现状,提出策划目标;然后在此基础上进行具体策划内容的详细阐述;最后明确提出实施方案的对策。

(三)创意新颖是策划书的核心

新颖的创意是策划书的灵魂。策划要求创意新、内容新,表现手法也要新,给人以全新的感受。

(四)要注意针对性、可行性和可操作性

营销策划文书要针对企业营销中所要解决的核心问题,深入分析,并结合实际条件,提出可行性对策。编制的策划书是要用于指导企业营销实践,其可操作性非常重要。

(五)把握营销策划文书撰写技巧

注意决策方的接受心理,要运用娴熟的撰写技巧,通过文字表述魅力,去打动、说服企业决策者采纳自己的策划方案。

可合理使用一些理论依据,以提高策划书的可信性和说服力;要适当举例说明,选择国内外先进的经验和做法,来印证自己的观点;充分利用数字说明问题,确保策划书指导企业营销实践的可靠性;利用图表的直观效果,进行比较分析、概括总结、辅助说明,增加可视性,方便决策方阅读和理解策划的内容。

(六)增强策划书封面设计的艺术性

营销策划文书的封面不可小视,它是营销策划文书的脸面,其视觉效果,往往会给人留下深刻的第一印象,从而对策划的内容的形象定位起到良好的辅助作用。封面设计要有艺术性、观赏性、醒目、整洁,切忌花哨、繁琐。

三、营销策划文书的结构和写法

营销策划文书一般由封面、策划前言、环境状况分析、营销目标、战略策划、费用预算、方案调整、附录等几个部分构成。

(一)封面

营销策划文书的封面包括:(1)策划委托方,如《××企业××策划书》;(2)策划书的标题(策划主题),如《××产品上市营销策划书》;(3)策划机构或策划人的名称;(4)策划完成日期及本策划适用时间段。

(二)策划前言

概要介绍策划的原因、任务、目标等要点内容,以方便决策方了解全貌。

（三）环境状况分析

这部分主要分析：（1）当前市场状况及市场前景。包括产品的市场性、现实市场、潜在市场状况；市场成长状况，产品目前所处的市场生命周期状况；消费者的接受状况。（2）产品市场影响因素。主要对影响产品的不可控因素进行分析，如宏观环境、政治环境、居民经济条件、消费者收入水平、消费结构的变化、消费心理等。对一些受科技发展影响较大的产品，如计算机、家用电器等，策划中还须考虑技术发展趋势方向的影响。（3）市场机会与问题。包括企业营销现状分析和产品特点分析。

（四）营销目标

营销目标是在前面目标任务的基础上企业所要实现的具体目标，即营销策划方案执行期间，经济效益目标达到总销售量为×××、预计毛利×××、市场占有率实现××。

（五）战略策划

这是策划书中的最主要部分，包括：（1）营销宗旨；（2）产品策略，如产品定位、产品质量保证、产品品牌、产品包装、产品服务等；（3）价格策略，如优惠价格、折扣价格等；（4）销售渠道，如网络营销、特许营销、代理经营等；（5）广告策略；（6）具体实施步骤。

（六）费用预算

包括整个营销方案推进过程中的费用投入：总费用、阶段费用、项目费用（如广告费用、营业推广费用、人员推销费用）等，其原则是以较少投入获得最优效果。

（七）方案调整

这一部分是策划方案的补充。在方案执行过程中有可能出现与现实情况不相适应的地方，必须随时根据市场的反馈及时对方案进行调整。

（八）附录

这是策划案的附件，如引用的权威数据资料、消费问卷调查表、座谈会记录等，这些既能补充说明正文内容，又增加了策划案的可信度。

四、实用示例

☞【例文】

×××产品行销策划文书

名称：×××（××× and ××漱口水）行销策划书

企划单位：××广告公司

策划人：×××

撰稿人：×××

完成日期：××年×月××日

一、前言

×××地的生活水准,随着经济的成长与社会形态的转型而大幅提高,享受品的消费需求也正日渐加大。漱口水的市场在"×××经年来的开发,这两年内已点燃了市场成长的火种"。"×××"以清淡的口味,在短短半年内成功地侵入辛辣的"××"占有的市场,并接受了被唤起消费欲又排斥"××"的全部市场。可见漱口水需求是很强烈的,而且成长率将以高速的态势扩长。当然治疗性的漱口水是未来市场的主流,但在饱和期的来临前,享受性的漱口水依然在目前最容易被接受。因此在药用漱口水强大的"×:×"与保健用漱口水之新贵"××××"之间,"×××"漱口水要如何才能侵入漱口水市场并占有一席之地呢?

(一) 营销目标

1. 树立正确漱口水的观念:(1) 漱口水要有效果但不伤口;(2) 太浓太淡都不是漱口专用的漱口水;(3) 漱口是一种生活上的享受:辣口是吃苦,没味道的没有漱口的享受。

2. 在漱口水成熟期未到之前突出其与老牌"××"和新贵"×××"的不同,展现它的无与伦比的优势,以建立第一品牌的地位。

3. 达成今年度之预定营业目标125 000瓶。

(二) 本建议书建议实施期

××年×月—××年×月

(三) 本建议书广告预算。

以NT＄6 000 000为范围。

二、市场消息

(一) 市场性

1. 据统计有56%—70%的人有口臭,如果包括睡觉后醒来产生的口臭,几乎没有人例外。

2. 根据中医观点,节气变化容易上火,会形成口苦、口臭、舌苔、口腔糜烂、牙龈发炎等口腔疾病。

3. 幼童嗜吃糖果,引起大量的蛀牙。

4. "×××"之高幅度成长,市场普及率达目标(30—50岁高阶层男性)之5%。

因此漱口水的市场演进已发展到可开发的阶段,同时预计市场的起飞期(普及率20%)将迅速来临。

(二) 商业机会

1. 2005年度百业萧条,消费规模受挫甚巨。

2. 2006年2月表面尚有少许复苏的假象,唯4月加值营业实施必定会使景气的恢复受到暂时性的抑制。较乐观的期望是2006年下半年。

3. 2005年药业成长下跌。药房营业负成长达三成以上;药商十有九家赤字连连。

4. 2005年广告量成长仅2.59%,远低于国民生产毛额的成长65.71%,在杂志广告费负成长34.29%,而在电台广告更是有大幅的负成长。

因此,虽然一二月份药业有好转的现象,但在不甚稳定的时机重新上市,应采取较保守的市场经营政策,才能成功登陆。

(三) 市场成长

1. "×××"的良好业绩,可说明"×××"导入市场的安全性。

2. 漱口水属家庭所有成员适用品。日后普及的市场量庞大,市场规模可观。

3. 生活水准的提升、中上阶层迅速增多亦显示了成长的将来性。

(四) 消费者接受性

1. 消费者目前接受的是味道强烈的漱口水;

2. 强烈的味道连大男人都受不了,何况妇孺;

3. 导入期如以妇孺为目标群必定事倍功半;

4. 因此,"×××"之口味应加重一点,使舌头有麻感(消毒味),才不会有药力不足的错觉。

因此,"×××"仍应以药品姿态之定位才能摒除接受的障碍。

三、商品分析

(一) 用途

1. 30岁以上之男性:消除口臭(口腔清洁舒适感、事业交往之印象);

2. 18—30岁之男女性:消除口臭(谈恋爱);

3. 4—10岁之儿童:防蛀牙;

4. 综合用途:清洁口腔、牙齿保健,如舌苔、口苦、喉痛、牙龈发炎、口腔糜烂等。

(二) 命名

1. 定洋化之名字,以提高商品格调。

2. 英文名:××× and ×××。中文名:×××漱口水。

(三) 包装

采用有欧洲风味之设计。

(四) 颜色

接近大自然色——"绿"（树叶色）。

（五）口味

以现有样品而言：(1) 甜度不足感；(2) 药力不足感；(3) 舌头没有麻感；(4) 凉爽度不足，持久不够。

（六）容量

与"××"相仿——350 C.C.。

（七）价格

1. 零售定价150元；2. 零售进价120元(8折)；3. 中盘进价108元(9折)；4. 厂价27元(400%)；5. 预估利润：

a. 开发期：·货本25%；·广告费45%；·利息8%；费用12%；·纯利10%。

b. 成长期：·货本25%；·广告费30%；·利息8%；·费用13·5%；·纯利23.5%。

四、市场研究

（一）设定对象

1. "0—3岁"：虽然容易蛀牙，但不会漱口，本层予以排除。

2. "4—10岁"：此层处于乳齿转换永久齿之际，又是吃糖最多的年龄，蛀牙特别多，乃重要对象之一。

3. "11—17岁"：此层忙于升学考试，又牙齿亦长成乃不易受之层次。

4. "18—30岁"未婚男女：恋爱年岁对口齿之清香较注重，吐气如兰尤以女性较讲究，惟其开销在衣着玩乐，购买力减低，乃次要对象。

5. 已婚女性：虽有许多爱清洁之妇女，但本层之消费欲不强，乃次要对象。

6. "30—50岁"已婚男性：(1) 吸烟量大；(2) 生活秩序不正常；(3) 口臭严重；(4) 生意往来注重外貌印象；(5) 购买力强。本层为导入期之最大消费群。

7. "50岁"以上：除了特殊身份(高级主管)外，其需要性大为降低了，因此本层亦不予计入。

（二）市场预估

1. 导入期市场量：以30—50岁男性为目标群，其中20%中上阶层为主：248万人×20%＝49.6万人

2. 成长期市场量：加上4—10岁儿童为目标群：280万人×20%＝56万人，56万人＋50万人＝106万人

3. 饱和期：再加上18—30岁未婚男女及已婚女性：(505万＋250万)人×20%＝151万人，151万人＋106万人＝257万人

(三) 销售量预估

导入期以5%作基数,第二期实销以50%作回收,即:50万瓶×5% = 25 000瓶(7月)。

25 000瓶×50%×8个月 = 100 000瓶(8、9、10、11、12、1、2、3月),年度以25 000 + 100 000 = 125 000(瓶)为目标量。

(四) 竞争环境

1. 品牌:

(1) "××"在西药房已有深厚的基础,味道强烈,毁誉参半,乃最大竞争对手。

(2) "××××"1985年9月上市,口味淡,占据不爱辛辣味道的市场。

2. 广告力量:

(1) "××××"纯以印刷媒体从事广告。9月杂志56 000元。11月报纸77 350元,杂志52 000元;12月报纸232 050元,杂志45 000元。但1986年已展开大量的TV广告投资。

(2) "××"完全投入电视广告。

3. 竞争分析:

(1) "××"系先导品牌,自有其稳固的地位。

(2) 本品犹处开发阶段(普及率仅目标群体之5%)。

(3) "×××"如高水准的出现在开发期则很容易取得领导者之地位。

4. 竞争广告CF之表现:(略)

(五) 销售季节

1. 以中医论:冬天火气较大,患口臭多;夏天喝水多火气较小,口臭少。

2. 以活动量论:夏季男人商场交际活动量大,漱口需求较多。

因此,淡旺季不明显,可以说一年四季都是旺季,但冬天应该比夏天稍大一点。

(六) 销售地域

1. 高水准的地区为主力,应深入经营。

2. 商场人士众多之都会,××市、×××市之比例应加重。

因此大型药房(指定店)外,高级区之铺货店数应较密。

五、营销策略通路

(一) 导入期之通路

1. 以350 C.C.小包装在药房建立药品定位。

2. 全省设台北2、桃竹苗1、云嘉1、台南1、高屏1、花东1、基宜1共8区域中盘代理经营。

3. 铺货代理策略:(1) 发动期(7月)。普销店每家一口(4瓶)3 000家,甲级普销店每家一口(6瓶)1 000家,甲级店第一个月内进货两口,合计24 000瓶。(2) 发动期1个月后展开第一期特卖(8月15日)。目标量普销店每家一口12瓶,甲级店两口24瓶,发动期下货量可并算,合计60 000瓶。(3) 第一期特卖开奖后,即展开二手中盘铺货,一口48瓶400口(10月25日—11月10日),合计约20 000瓶。以上为第一季特卖总计80 000瓶,休息一个月空档,即展开第二期特卖。(4) 第二期特卖(12月5日—2月5日),约第一季特卖之一半45 000瓶。

(二) 成长期之通路

1. 新设……(略)
2. 特卖分为三期进行:4—6月,8—10月,12—次年2月。

六、消费者研究

(一) 动机。1. 消除口臭,清洁口腔;2. 表现男士高雅风度与谈吐;3. 吸引异性有魅力。

(二) 性格。1. 炫耀心:地位、财富、名誉、爱情方面,都希望优越高人一等;2. 广告免疫性高:不关心、短期间难以打动;3. 生活秩序较乱:时间不太够用,交际多,生活起居不定,甚至吃药漱口也不会定时定次;4. 疼爱自己的小孩。

(三) 习惯。1. 戒烟、戒酒、戒槟榔是很不乐意的;2. 饮食后立即漱口之习惯很少;3. 忙碌,睡眠不足。

(四) 使用频度。1. 有约会,或发觉自己有口臭时才使用;2. 但是口臭大部分是自己感觉不出来的,因此使用频度必须教育、提醒。

(五) 购买决定。1. 第一次购买必定是使用者本人;2. 影响购买者:(1) 牙医;(2) 药房老板;(3) 广告。

(六) 购买因素。1. 必要因素:(1) 除臭味功能;(2) 香味;(3) 清凉度;(4) 清洁力;(5) 舒适性;(6) 品牌高级感;(7) 有刺激性……2. 不必要因素:(1) 价格;(2) 杀菌力;(3) 无刺激性……

七、行销上之不利点与有利点

(一) 不利点

1. 主力竞争品历史久、市场强、财力足、广告够排场。

〈解决方法〉

不论是在产品设计还是在广告表现上均采取超高格调,并使用高密集的预算战略来克制竞争品。

2. 消费者习惯于强烈口味。

〈解决方法〉

教育消费者正确的漱口观念,强烈的刺激会伤害味觉之诉求,以瓦解竞争品现有势力。

3. 第二品牌"×××"以淡口味、低单价侵入成功。

〈解决方法〉

以淡而无效之攻击法予以抑制,更以平价政策对抗其低价优势。

4. 男性产品不易开发、广告影响小。

〈解决方法〉

利用男性性格上的弱点予以突破。

5. 初期目标较大,不易达成。

〈解决方法〉

运用攻击性的宣传主题,以Switch竞争品之忠实顾客,并争取新的User。

6. 产品单价小,开发费用过弱。

〈解决方法〉

针对药房使用单一广告媒体,以求量与质的密集效果。甚至在第一期登陆成功后,追加预算乘胜追击。

(二) 有利点

1. 药业市场渐次恢复,市场潜力大;
2. 消费者已接受产品,无开发风险;
3. "××"及"×××"产品有缺点;
4. 竞争品广告表现不强,"×××"不受卫检约束。

八、营销广告策略

(一) 广告概念

1. 漱口水在"××"的开发下日渐成长。
2. 辛辣的口味使消费者不得不忍受痛苦,勉强地使用。
3. 淡味的"×××"填补了"××"的缺点,证明有效又不太刺激的漱口水是受欢迎的。
4. "××××"以药剂之姿态在努力教育消费者。
5. "××××"以卫生用品之定位在扩张市场占有。
6. 因此,漱口水的市场位置,只有"有药品的效果,没有药品的痛苦"之定位,才能够在竞争中掌握胜算。
7. 消除口臭乃漱口水之主要使用动机。
8. 促成消费者使用漱口水因素为自我满足、爱情获得及亲情温暖。
9. 因此,从消费者之基本欲望切入产品功效与特点最易引起共鸣。

10. "×××"之处方已被肯定具有疗效。
11. "×××"之口味远比竞争品优良,更会被使用者喜爱。
12. "×××"之产品外观亦优于竞争者。
13. "×××"仍占据绝大部分市场,有雄厚的广告力量。
14. "×××"低价优势在干扰新品牌的介入。因此,"×××"如何才能突破困境一举成功呢?

(二) 设定战略

1. 为造成高的广告注目率,突出"×××"与众不同的优势。
2. 为诱发消费者需求之感性诉求法。
3. 为提高差异性之疗效肯定法。
4. 为增进广告记忆,使用"××× and ×××"之音效与字体之突出表现。
5. 为加速采取购买行动,使用利益及药房催促法。

九、费用预算(略)

【简析】本策划书内容全面而详尽,包括前言、市场信息、商品分析、市场研究、营销策略通路、消费者研究、行销上的利与不利、营销广告策略、费用预算等九个部分,操作性强。本策划书的营销目标定位准确;市场信息量广;根据本产品的特点,与竞争产品进行多方面比照,指出其竞争的优势所在,很有说服力;同时还根据产品行销上的不利点提出相应的解决方法,具有针对性;对消费者的研究,融合了消费心理学的知识,有一定的科学性。行文规范,又独具特色,便于理解。

第二节 广告策划文书

撮要

1. 广告策划文书要分别不同的策划功能进行针对性强的方案设计。
2. 广告策划文书是广告活动的蓝图,应突出指导实践的导向功能。对市场的分析、广告策略的选择、广告计划的实施和广告效果的评测有具体意见。

一、广告策划文书扫描

广告策划是指广告人通过以信息为主导,以创意为中心,对广告的整体战略和策略的运筹规划,是广告决策的形成过程。广告策划文书则是由广告策划人根据广告策划的结果撰写而成的一种应用性文件,它为整个广告活动提供策略指导和具体实施计划,一经广告客户审核、认可,即可成为广告活动的蓝图。

根据广告策划功能分类,广告策划文书可以分为促销广告策划文书、形象广告策划文书、观念广告策划文书、解决问题广告策划文书、竞争性广告策划文书、应变性广告策划文书、事件性广告策划文书。

二、广告策划文书写作指要

(一)广告策划过程

广告策划是一种科学的营销组合活动,广告策划过程是按照一定的程序有计划、有步骤地进行,主要分三个阶段:调查研究阶段、拟定计划及制作广告策划文书阶段、执行阶段。

(二)广告策划文书的主要内容

广告策划文书的主要内容包括以下几个方面。

1. 市场分析。包含营销环境分析、消费者分析、产品分析、企业和竞争对手分析、企业和竞争对手的广告分析等。分析出来的结果,可以用 SWOT 方式总结,SWOT 分别代表优势(Strength)、劣势(Weakness)、机会(Opportunity)、风险(Threat)四个分析层面。

2. 广告策略。包含广告的目标市场策略,产品定位策略,广告诉求(诉求对象、诉求重点、诉求方法等)策略,广告表现(广告主题、广告创意)策略,广告媒介策略等。

3. 广告实施计划。包含广告目标,广告活动的时间、地点、内容,广告表现,有关计划(如广告发布计划、促销活动计划、公关活动计划),广告费用(创意费用、设计费用、制作费用、媒介费用等)预算。

4. 广告活动效果的评估与监控。

(三)广告策划文书的特点

1. 目的性。广告策划文书一经形成,便贯穿于整个广告活动的始终,指导整个广告运动的过程,就此而言,广告策划文书有明确的目的。

2. 科学性。广告策划文书必须遵循逻辑思维的程序,即提出问题、分析问题、解决问题的构思来编制文本,具有严谨的科学性。绝不能随意"独创"。

3. 形象化。优秀的广告策划文书应该具有悦目的外在表现形式,用独特的艺术形象,给人以美的享受,吸引消费者的注意,从而加深对广告策划文书的理解与记忆。

4. 可操作性。广告策划文书是广告活动的蓝图,应以指导实践为导向,具有可操作性。比如策划中的创意表现,既要有独创性,又要考虑人们的接受心理以及设备、人员、经费材料和制作手段等的限制。广告策划文书的可操作性是确保蓝图顺利实施的必要条件。

（四）广告策划文书的写作技巧

1. 精心组织信息。总体把握并分清信息的不同属性，将复杂的信息分门别类、初步条理化；把握信息重点，分清主次；明确信息层次和彼此的联系，使信息传达层次分明。

2. 恰当安排行文。使用明确的标题，提示重点内容；使用序号，提示阅读层次；语句简朴，避免华而不实；尽量不要使用专业术语，以减少阅读困难。

3. 采用图文并茂的方式，便于理解、记忆。

4. 了解受众的基本情况，做到有的放矢。

5. 注意文本形象的整齐统一，提高可视性。

三、广告策划文书的结构和写法

广告策划文书一般由封面、广告策划文书小组名单、目录、前言、正文、附录和封底等几个部分组成。

（一）封面

提供的信息为广告策划文书的全称、广告主全称、策划方名称、文书完成日期等。

（二）广告策划文书小组名单

（三）目录（提纲）

（四）前言

概述广告策划的缘由、目的及意义、进行过程、使用的主要方法、文书的内容要点等，以便广告主迅速阅读和整体了解广告策划文书。

（五）正文

包括市场分析、广告策略、广告计划、广告活动的效果预测和监控等（见"写作指要"部分）。

（六）附录

包括为广告策划而进行的市场调查的应用性文本和其他需要提供给广告主的资料。

四、实用示例

☞【例文】

"快乐宝贝"广告策划书

一、市场分析

（一）产品概要

1. 公司概况：×××集团有限公司是专门从事电子和信息产品的研制、生产及销售的国家重点高新技术企业、中国电子百强企业。公司创建于1984年,现已发展为拥有10个全资子公司、员工4000多人的集团公司,并形成了生产影碟机(VCD、DVD)、家庭影院系列、DVB数字卫星接收机、有线电视网络设备、通信设备、影音光盘、离子水机、光催化空气净化器等8大类别主导产品的产业规模。

2. 产品说明:"快乐宝贝",一种具有复读复唱功能的CD&M玛光盘播放机,是复读机、CD机、MPMAN随身听的集大成者,一种数字化、多功能、高性价比的复合型微型视听产品。它采用先进数字技术处理技术,突破传统卡式复读机采用磁带记录信息,模拟信号处理的框架,而运用激光数字读盘,可自动或手动复读复唱、跟读跟唱,既能播放CD又能播放MP3,是外语学习者的好帮手,也是音乐发烧友的好伙伴。它的正式推向市场,填补了国内外的市场空白,是世界第一台便携式CD&M玛光盘播放机。因而它采用了国内外市场并行开拓的策略,不仅在国内全面推广,还出口到法国、加拿大、韩国等多个国家及地区。

3. 背景分析:MP3是MPEG Audioplayer 3音乐格式的缩写,是在计算机中储存高质量音乐或音频文件最有效的方式。利用该技术可方便网民把歌下载到PC的硬盘中或MP3随身听中,随时欣赏。而经过MP3软件压缩后的音质同CD相比,对于不是非常专业的用户,可以说是没有什么区别。

4. 推广阻碍:MP3音乐是目前最为流行的一种网络音频格式,目前正风靡于全球,但在国内尚未普遍推广。它的推广主要受限于国内电脑普及率低下,带宽不够导致的网络不够畅通,但随着我国网络建设的进一步发展,电脑的普及率和网民数目都正以惊人的速度急剧攀升,MP3在我国的推广速度亦会同步见长。

(二) 行业分析

1. 行业前景:科技的高速发展,微电子技术应用的新兴产业,尤其是微型视听产品的研发、生产和推广,为我们的生活增添了新的亮点。数字科技的发展越来越深刻地改变着人们的生活观念。视听、图像等五花八门的信息正以数字的形式进入我们的工作、生活和家庭。其中数字音乐已经是大家非常熟悉的概念了,而M玛格式的出现和Intenet的日益普及,更是将数字音乐推向了高潮。而微型视听产品也已由高阶小众专用的标榜产品,转为大众通用的世俗产品。人们越来越多地把它应用于我们的学习、工作和生活。数字化时代的到来已不可逆转。

2. 行业趋势:低级主流产品的次流化,高级次流产品的主流化。这是人、科技、市场三者互动共生的定律。低推广阻碍的随身听、卡式复读机的市场已经渐趋饱和,而高阻碍力的高级随身听、CD 机正在向平民化大踏步迈进。而整合了众产品之长的光盘播放机类产品也正迎来了它大放异彩的新时代。

(三) 竞争产品分析

1. 产品竞争分析

(1) 普通随身听:由于价格方面的极大优势,普通随身听仍然是一般消费者的初级选择。但由于其在功能上的天生缺陷,音效质量上的低层次及在使用上的不方便,它的保有率在整个视听产品市场中虽然很高,但它的购买率已经呈现出逐年下降的趋势,正在被另一部分更为高级的产品所取代。

(2) 卡式复读机:同样也是由于价格上的优势,卡式复读机仍然是普通外语学习者的一般选择。但由于其采用磁带记录信息,模拟信号处理的框架,时间久了磁性会减弱,杂音变大,音质受损严重,消费者用后感觉不佳。

(3) CD 机:CD 机的音质颇受音乐爱好者的青睐,但由于其价格一直居高不下,且 CD 的容量太小,一张 CD 只容纳 16 首歌曲,而 CD 碟身又特别容易划伤,一不小心就会影响音质,保护难度大,因而至今为止其保有率仍然不高。但由于其不可否认的美妙音质,它的持有率已经处于积极上升的状态。

(4) MP3 随身听:MP3 的音质同 CD 相比,可以说是没有什么区别。用户还可以自己选择歌曲,通过电脑可以将自己喜欢的歌曲下载到 MP3 随身听上,相比磁带和 CD 有着很高的灵活性。便携式 MP3 随身听都采用闪存卡(集成芯片),没有机械转动装置,因此不存在磁头磨损或歪斜的问题,较之传统随身听要结实得多。当颠簸而行的时候从 MP3 播放机里送出的音乐将不会间断,特别适合户外活动时使用,而且体积很小。在省电方面,由于没有了传统的机械元件这个耗电大户,使得 MP3 播放器的耗电量远远低于传统的 Walkman 等播放器。但由于闪存卡的容量很小,一般只能容纳 8 首到 10 首的 MP3,且其价格远远高于其他的视听产品(是一般随身听、复读机价格的 4 倍以上,一般 CD 机价格的 2 倍以上)。

(5) CD&MP3 光盘播放机:兼有复读机、CD 机、MPMAN 随身听的功能。它采用先进数字处理技术,突破传统卡式复读机采用磁带记录信息,模拟信号处理,而运用激光数字读盘,可自动或手动复读复唱、跟读跟唱。既保留了 CD 机的特点,又增加了播放大容量 MP3 光盘的功能。MP3 光盘可记录 720 分钟或 200 多首歌曲,音质与 CD 类似,深受广大音乐爱好者的欢迎。从网上下载的 MP3 音乐歌曲刻录成 CD-R 光盘也可以流畅播放,且价格比一般的 CD 机还要便宜。

2. 主要品牌竞争分析

（1）步步高系列：VCD、电话、复读机的主要品牌。其在宣传策略等方面的巨大成功，给步步高品牌注入了强劲的活力。配合其有效的产品销售策略，其复读机以其多样型号的强可选择性占有了复读机市场的较大份额。

（2）TCL系列：电视、电话、复读机的主要品牌。其在电视品牌经营方面的巨大成功，为其在复读机市场上的开拓减轻了障碍。

（3）松下、索尼系列：日本的精工技术使得无论是日本造的松下还是日本造的索尼都具有持久的品牌效应。松下、索尼系列的随身听、CD机一向是广大消费者的首选，当然，它的价格也因为其出身的不凡而略高一等。

（4）雷登系列：深圳宝安公司自有的品牌，其以跟多家知名公司的长期合作而闻名。雷登系列CD机以其中等的价位优势及全面的铺货渠道而在CD机市场中占有重要的一席之地。

（5）万利达系列：VCD、DVD、家庭影院等系列产品的知名品牌，其质优价低的高性价比深受消费者的青睐，其产品保有率及销量在全国排名均占同类产品前列。其新一代产品——CD&MP3光盘播放机亦属国内领先产品。

（四）产品分析

1. 现状分析

（1）销售现状。产品自3月份入市以来，国内市场销售状况一直处于低谷。

（2）原因分析。第一，宣传渠道单一，缺乏必要的市场拉动力。产品入市之初，广告宣传活动并未及时跟上，及至9月才将中央电视台黄金时段的原有产品（VCD、DVD）广告替换为这一产品的广告。第二，市场开发策略。产品虽于3月同时在国内外市场推出，但是国内市场的阻力明显高于国外市场，因而开发力度遂向国外市场倾斜。第三，产品通路狭窄。除了专卖店及部分大型商场（因考虑到资金周转速率等问题）有售外，其他基本没有与消费者直接接触的机会。第四，卖点不突出。产品的功能强大，但卖点众多，混沌不清且互相干扰。

2. 功能定位

（1）数码复读。清晰、方便，与卡式复读机相比，在技术上有较大突破。传统卡式复读机采用磁带记录信息，模拟信号处理，属逐级淘汰产品，而×××便携式CD&MP3光盘播放机采用激光读盘技术，可播放MP3音频格式压缩的英语教材，一张MP3英语光盘可容纳同步教材包括朗读、跟读、听力等练习内容，采用数字技术，选取课本章节内容更直观、更方便，而且音质效果好。复读可设定手动或自动两种状态，单词、句段复读、复读的次数、复读的单词数和相互比较的次数也可以自行设定。

(2) 数字音乐。音质好、容量大。保留了市面上流行的随身听的优点,增加了播放大容量的 MP3 音乐光盘功能。MP3 音乐光盘可记录 720 分钟或 200 多首歌曲,音质与 CD 类似。从网上下载的 MP3 音乐歌曲刻录成光盘也可以流畅播放,编程播放最多可达 128 首歌曲,支持 256 个目录 512 首歌曲的 MP3 碟的播放,支持多级目录的 MP3 碟,具有恢复播放功能,方便下一次播放。五种环绕声扬效果,满足用户不同的视听感受。具有音频输出功能,可外接音响。

(3) 经济实用。外观精美,有米黄、银白等多种时尚色彩可选择。机器采用最新的电子抗震系统,播放 MP3 光盘抗震时间可达 45 秒,性能稳定,保证机器在正常工作状态下不会出现停顿、死机现象,适合出差、旅行及车上使用;采用最新的电路设计方案,整机性能好,耗电量少,随机配送×××镍氢电池,播放 CD 光盘可连续使用约 7 小时,播放 MP3 光盘可连续使用约 4 小时,随机配送×××专用电源适配器,播放机本身具有充电功能,6 小时即可充满。

3. 诉求定位

(1) 外语通。现代中国社会,尤其是中国加入 WTO 后,外语学习已越来越受重视,从近期卡式复读机的市场膨胀可见一斑。而数字复读机作为卡式复读机的更新换代产品必将逐渐取代卡式复读机成为外语学习的新利器。

(2) 音乐超人。其丰富的片源——CD、MP3、CD‐R,超大的容量,优质的音效都使得它必将成为音乐爱好者的新宠。而它的轻便易携、超强抗震可为出差者、旅游者及行车者提供无时不在的移动音乐。

(3) 实用时尚。时尚外观,时尚色彩,物超所值。兼有复读机、CD 机、MPMAN 播放机的功能。据目前市场价格,一台 CD 机的价格为 800 元,一台卡式复读机的价格为 300 元,一台 MPMAN 的价格为 700 元,而×××便携式 CD&MP3 售价仅为 700 元以下。

4. 消费群定位

(1) 学生群。学生是最大的外语学习群。小至幼儿,大至大学生,英语都是必修课程。学生家长往往是学生外语学习的最佳督促者,在外语学习工具的资金投入上,他们不仅不会太吝惜,而且多以此作为奖励来鼓励子女勤学英语。

(2) 音乐爱好群。×××便携式 CD&MP3 光盘播放机所能提供的优质音效、超大容量及移动音乐能极大地满足音乐爱好者的需求,让他们时时刻刻都能够享受自己喜爱的音乐。

5. 产品策略:开发出专类产品,即根据产品功能将产品系列化。可以推出针对性强的"外语通"、"音乐超人"、"快乐宝贝"等系列产品,将专项功能进行一定的强化。

外语通：以中小学生为直接的主消费群，强调激光复读的高质量外语学习。

音乐超人：以音乐爱好者为直接的主消费群，强调CD机的音质、MP3碟的超大容量及无时不在的移动数字音乐。

快乐宝贝：以大学生为直接的主消费群，强调外语、音乐的可兼得，学习、时尚的两不误。

考虑到目标消费群的大小问题，应以"外语通"和"快乐宝贝"为主打产品，以音乐超人为带动产品，以学生群拉动音乐爱好群的消费。

二、营销策略

(一) 营销目标

1. 将产品在国内的知名度提高25%。

2. 将产品在国内的美誉度提高25%。

3. 将产品在国内的销售量提高25%。

4. 将全国一、二级城市营建为产品热销区。

(二) 通路规划

1. 原有通路。××公司采用国际营销模式，实行总经销制，已在全国31个省(市)均设立了总经销公司，各地(市)设有分销公司和专卖店，县(乡、镇)建有分销点或专柜，连各大商场也进驻了×××专柜，形成了×××独有的立体交叉、便捷高效的营销网络。特别是公司在全国率先创建的"×××专卖店"，在相当程度上拉近了与消费者的距离，极大地方便了消费者。

2. 新增通路。针对学生群，专辟部分营销通路。

(1) 学生商场。在全国知名的重点校园内或校园附近(诸如学生一条街等地方)的学生商场内开辟产品柜台。

(2) 外文书店。在较大规模的外文书店内设置布置考究的产品展示台。

(3) 图书城。在大型图书城内设置布置考究的产品展示台、销售台。

(三) 销售策略

1. 捆绑策略

(1) 与李阳-克立兹的《疯狂英语》进行捆绑销售。李阳的疯狂英语学习法因其独特的学习方式和训练方式正热卖于全国。

(2) 与人民教育出版社联合制作MP3音频格式的全套英语教材光盘进行捆绑销售。

2. 多元策略。开发出专类产品，即根据产品功能将产品系列化。诸如可以推出针对性强的"外语通"、"音乐超人"、"快乐宝贝"等系列产品，将专项功能进行一定的强化。

三、广告策略

(一) 广告目标

提升×××便携式CD&MP3光盘播放机的知名度,包括从产品功能的了解到产品形象的确立。

(二) 广告诉求

以外语通和快乐宝贝为集中的诉求点。前期重点强调其产品功能——数码复读、数字音乐,后期主要侧重于两者的完美结合。给人以"鱼与熊掌也可兼得"的总体印象。

(三) 广告创意

实用主义路线是×××原有产品广告的惯有路线,尤其是VCD、DVD类产品,一贯以"超强纠错"、"万首歌王"等为其主要诉求。现有的"快乐宝贝"广告同样遵循了公司的一贯路线,以青春美少女为其产品代表形象,强调产品的"超大容量、超级复读、超低功耗、超强抗震"等系列功能。这些广告的投入,并未有效拉动产品销售。

下面是两则改进篇的电视广告创意。两则广告采取公众诉求的策略,分别以"外语通"和"快乐宝贝"两类产品为宣传点。

秘诀篇:

宣传点——外语通

类型——故事情节式

广告大意:女生××,外语考试又是满分。下课了,女生们都围住××窃窃私语,向她讨教学习外语的秘诀。××神秘地掏出一个小黑袋让大家猜。女生A猜是随身听,女生B猜是复读机,女生C猜是CD机,×××三次摇头之后,脱口而出"一个都不需要"。最后××终于掏出自己的×××CD&MP3光盘播放机:"随身听、复读机、CD机,一个都不需要,因为我有我的×××外语通"。

声效:整支广告片中只有××开口说话,其余部分都以话剧式的夸张情境来表现,当然活泼轻快的背景音乐是必不可少的,且让它贯穿始终。最好整个画面能有港式学校的轻松气氛。

诉求受众:广大中小学生。这一受众的显著特点就在于他们心理上的不成熟。攀比心理(其实只是"他有,我也想要"的简单情结)使得要在学生中进行推广是件易事。

"Not kisses, but keys!"篇:

宣传点——快乐宝贝

类型——幽默小品式

广告大意：一个移民班的课堂上，气氛轻松。帅气的外教阿宝，正教大家识别最简单的生活用品。他用尺子、书、笔等放在桌上，并指定学生把他要的东西拿给他。他转向靓靓的女生阿贝，要求她"Give me the keys"，阿贝先是吃惊，当阿宝第二次重复"Give me the keys"的时候，阿贝耸耸肩，无可奈何地给了阿宝两个甜蜜的快吻。帅哥阿宝受宠若惊，定定地看着阿贝，从身后提出一大串钥匙在阿贝面前晃荡，"Not kisses, but keys!"最后，女生临上飞机前，阿宝送给阿贝的恰恰是"×××快乐宝贝"。

诉求受众：年轻浪漫一族。这是一个对爱情或憧憬或享有的年龄，这一广告的用意在于在年轻一族中制造一种流行风潮，一种默契，让"Not kisses, but keys!"成为大家都能朗朗上口的流行语。

（四）促销策略

配合"秘诀篇"电视广告，选择四、六级考试日（12月23日）前后三天，在大商场、图书城举行以"随身听、复读机、CD机，一个都不需要"为主题的促销活动。可以用"明天——全国四、六级考试日"、"今天——全国四、六级考试日"、"昨天——全国四、六级考试日"做成立牌，营造气氛。以"外语通"为主要促销亮点，以购物家庭为主要的促销对象。

（五）公关推广策略

配合"Not kisses, but keys!"等电视广告，与国家教育部门合作，在全国范围内举办一场"Not kisses, but keys!"——×××全国大学生健康英语发音大赛，细分为专业组和非专业组，分为初赛、复赛、决赛三大阶段，邀请李阳等外语教学领域的权威人士作为大赛总评委，在全国范围内评出一或几名快乐宝贝形象大使。（具体操作可仿照刚刚举行过的全国主持人大赛的做法）具体细则如下：

阶　　段	大　致　时　间	工　作　内　容
准备阶段	×××.3.1—×××.3.31	报名工作开始展开，向全国100多所高校分发比赛说明
初赛阶段	×××.4.1—×××.4.30	在全国范围内评出前50名进入复赛
复赛阶段	×××.5.1—×××.5.31	在全国范围内评出前20名进入决赛
决赛阶段	×××.6.1—×××.7.25	评出×××"快乐宝贝"形象大使
颁奖晚会	×××.7.31	颁奖仪式

四、媒介策略

（一）媒介选择

1. 电视。以原有的中央电视台电视广告的黄金时间段为主要的全国性媒介。

2. 配合"随身听、复读机、CD 机，一个都不需要"的主题促销活动，制作精美的宣传手册、立牌、海报等 POP 广告，营造现场气氛。

3. 配合"Not kisses, but keys!"等电视广告，以"Not kisses, but keys!"——×××杯全国大学生健康英语发音大赛为基点，积极配合电视、报纸等媒体做足宣传，并争取将比赛过程在电视台播放。

（二）传播计划（略）

五、广告效果评估

（一）对各地市场的销售效果分期做归纳总结；

（二）以抽样调查的方式开展市场调查，全面评估活动效果（销售量、知名度、美誉度等）与活动目标之间的差距；

（三）委托各地分销商反馈该产品的销售状况及消费者的反应，以及时改进促销方法。

六、广告预算（略）

【简析】本广告策划文书正文依次有市场分析、营销策略、广告策略、媒介策略、广告效果评估及广告预算等内容要点，条理清晰，重点突出。本策划书着力针对难点，详尽分析：如市场分析部分，依次有产品概要说明、行业分析、竞争产品分析、产品分析等；广告策略部分，依次有广告目标、广告诉求、广告创意、促销策略、公关推广策略等。要素齐全，结构严谨，便于掌握和操作。

第三节　公共关系策划文书

撮要

1. 分别公共关系策划的不同层次，制作针对性强的公关策划文书。

2. 公共关系策划文书要针对组织发展的不同时期，策划相应的公关活动模式，明确策划的内容和重点。

一、公共关系策划文书扫描

公共关系策划，就是公共关系人员根据组织形象的现状和目标要求，构思和设计实现公共关系目标的行动和活动方案的过程。公共关系策划文书是公共关系策划工作的表现总结，又是公关活动实施的指导、依据和规范。

公共关系策划文书根据公共关系策划的三个层次，可以分为总体公关战略策划（如某企业的 CIS 导入、组织形象规划）文书、专门公关活动策划（如公司的某促销活动）文书、具体公关操作策划（如典礼、联谊会、赞助）文书等。

二、公共关系策划文书写作指要

（一）首先要了解公共关系的含义

所谓公共关系就是社会组织为了塑造组织形象，有计划、积极而持久地运用各种传播沟通手段，加强组织与公众之间的相互了解和双向沟通，以促进公众利益和组织目标的管理活动和职能。

（二）充分了解公关策划文书有关概念的内涵

1. 公共关系的目标。从目的上分，包含传播信息目标、联络感情目标、改变态度目标、引起行为目标等。

2. 公共关系的目标群。包括消费大众、社区大众、公司员工、经销商、供应商、转播媒体等。

3. 公共关系的沟通媒介。包括大众传播媒介（报纸、电视、杂志、广播）、小众传播媒介（口头式传播如演讲、会议、面谈、电话的联系等，书面式传播如信函、海报、传单投递等）、公司制作的媒介（内部刊物、公司简介、录影带、幻灯片等）。

4. 公共关系的活动方式。包括针对大众的活动方式、针对社区大众的活动方式、针对公司员工的活动方式、针对经销商的活动方式等。

5. 公共关系的主题。公关主题表现形式多种多样，一般分为以下几种：

（1）公关目标式：指公关主题与公关目标相统一，如×××商厦庆典活动的主题是"百年老店　真情不变"。

（2）信息个性式：指公关主题要新颖独特，有鲜明的个性，如利康烤鸭店展示电话预定送货上门的主题是"利康烤鸭，飞向千家"。

（3）公众心理式：指公关主题要适应公众心理的需要，形象生动，富有人情味，如燕舞公司的第一条广告主题是"燕舞，燕舞，一片歌来一片情。"

（4）审美情趣式：指公关主题使人产生美感，回味无穷。

6. 公共关系的预算。包括行政开支（劳动力成本、管理费用）、项目开支（指实施各种公关项目的费用）等。针对公共关系的活动方式，编列预算表；根据公共关系的目标，适时控制预算与进度。

7. 公共关系的成效评估。核对公共关系的目标与成果，写出评估报告，详细说明本公共关系策划文书成功与失败之处，总结经验和教训。

（三）要注意策划书内容的针对性，突出重点，体现特色

要针对组织发展的不同时期，策划相应的公关活动模式，明确内容重点。

1. 在组织初创时期，要采用建设型公关活动模式，重点是"创牌子"的系列宣传和交际活动，树立组织的整体形象。

2. 在组织稳定发展时期，采用维系型公关活动模式，重点是通过不间断的宣传和各种优惠服务活动，以保持组织的良好形象。

3. 在组织改革时期，采用进攻型公关活动模式，重点是"主动"式的系列创新、合作、转移、出击等活动，以创造组织的新局面。

4. 在组织面临问题时期，采用矫正型公关活动模式，重点是"及时"地实施纠正补救活动，重新树立组织的良好形象。

（四）了解公关策划的原则，以此作为策划书撰写的指导思想

如公众利益与组织利益相统一的原则、总体形象与特殊形象相统一的原则、知名度与美誉度相统一的原则、社会效益与经济效益相统一的原则、既定性与创新性相统一的原则等。

三、公共关系策划文书的结构和写法

公共关系策划文书的基本结构，可分为下列几项。

（一）封面

封面要典雅、大方；涉外活动时，要在允许的情况下尽量精美，向国际并轨。封面注明以下内容。

1. 标题。一般由活动名称加文种构成，如"雅戈尔公关促销策划书"，也可由正副标题构成，如"装点人生，还看雅戈尔——雅戈尔公关促销策划书"。

2. 密级。可以分为秘密、机密、绝密，或密级 A、AA、AAA。

3. 策划方名称。

4. 日期。

（二）目录

（三）前言

介绍策划工作简况，概述策划的内容要点，说明该策划的必要性、社会性、可行性，目的是让读者明确策划方的意图。

（四）主体

这是策划书最重要的部分，主要将本次公关活动所涉及的公共关系的目标和针对目标群、沟通的媒介、公关活动的形式和方式、公共关系的预算、成效评估等分条列写清楚。内容因策划种类不同而有所变化，一般包括公关活动总体方案的内容和公关活动实施方案的内容。至于更为具体的操作方案，可单作附件，附在策划书之后。

1. 公关活动总体方案

一般包含：公关活动的目标、主题及口号；公关活动的主要形式和方式；公关活动主要组成项目、整体编排和活动推进程序；公关活动组织管理原则、运作规范和方法；公关活动的组织机构及主要负责人；公关活动经费及设施要求、来源和解决方法、经费和设备的分配。

2. 公关活动的实施方案

活动项目一般包括：活动名称；活动目的及作用；活动的主要内容、方式和基本要求；项目负责人；项目参与者及分工；项目完成的时间及进度，经费、设备总量和分配。

（五）附录

1. 预算表

列出总目和分目的支出内容，既方便核算又便于查对。

2. 策划进度表

把策划活动起讫全过程拟成时间表，对各项具体工作加以标示，作为策划进行的检查表。

3. 有关人员职务分配表

对所有的工作人员进行明确分工，以明权责。

4. 策划所需的物品及场地等清单

5. 与策划的相关的其他资料

四、实用示例

食品公关促销策划书

一、前言

食品是人们日常生活中不可缺少的一部分，随着生活水平的提高，食品的样式也由原来的"单一型"转为现在的"多样化"。为适应市场经济的发展，着力于大商业、大市场、大流通的规模化经营，××市商会委托我公司——××食品有限公司为主办单位，以××糖烟酒公司为基础，联合其他在××市的30家休闲食品公司，组成了实力雄厚的经济实体，共同举办"2007××国际休闲食品博览会"，面对市场强强联合，优势互补，发挥最大化的商业效能，更好地为广大市民服务。7月份正逢本公司新产品××推向市场，因此公司市场部决定借此机会举办"××献爱心"公关促销系列活动，以此创造良好的市场效应。

二、形象分析

（一）优势方面

××公司成立于××年，是由香港名人×××与××公司联合投资创立的，总厂设在苏州××镇,那里号称"花果乡"。从××年起,公司已在上海市场陆续推出了"××系列蜜饯"等近十种产品,并多次获得"省特优产品"与"全国名特优产品"的称号。××公司在同行业之中较早就进入了××市场,再加上产品的口味独特,甚为广大市民青睐。

(二) 劣势方面

第一,本公司产品现被个别不法之商假冒。由于假冒伪劣产品扰乱市场,使不少市民在购买了假冒产品之后误以为是本公司的商品,在大众传播媒介提出了不少批评意见,对本公司的信誉产生误解使本公司的形象蒙受了损失,商品销量也大为下降。

第二,由于经济体制已由"计划经济"转为"市场经济",供销渠道发生了变化,市场竞争实力增强,市民的择优消费观念在不断更新发展,希望产品做到"新、奇、特","质高价优"成为公司巩固形象、维持市场份额的关键与基础。由于公司在产品开发方面一度忽略了公众需求,与公众新的消费需求尚有一定距离,存在不尽一致的现象。

(三) 机会点

第一,由于市民生活水平的不断提高,在工作闲暇之际、居家休闲时品尝休闲食品已成为一种新的时尚。

第二,由于现在工作时间都作了大幅度的调整,已由原来的六日工作制改为现有的双休日制,市民休闲时间的增多,也为休闲食品造就了一个潜在的市场。

第三,由于市民的文化素养不断提高,出现了一种特有的现代消费心理,即要买"好人"生产的"好东西"。也就是说,现代顾客的消费越来越注重商品的人格化形象。

三、公关目标战略

(一) 公关总体目标

通过活动抓住市场,激发顾客潜在的需求,增强公众的"打假"意识,同时树立公司在市民心目中的公益形象。

(二) 具体公关目标

第一,通过新产品的"试吃"活动,消除顾客的疑虑,让消费者感到放心和满意,同时让公司直接了解到公众的接受程度,为下一步制定销售策略找出依据。

第二,邀请市民参与各种促销活动,借此展示公司的实力形象,使之在原有的知名度上建立信任度与美誉度,消除"假冒伪劣产品"在公众心目中的阴影,促进公司与公众的信息沟通。

第三,通过"××"的义卖活动与"××"产地游活动,让公众代表直接了解产品的加工过程,强化商品的质量形象。

第四,通过赞助"××"产地——东山希望小学的5名园丁来沪进修,树立公司的公益形象。

四、公关创意说明

(一)活动总标题(略)

(二)具体活动标题(略)

(三)宣传标语、宣传用品(略)

五、公关媒介策略

(一)印刷媒介

第一,活动前一周分别在……上登载参加展览会的单位名称。

第二,义卖活动结束后的第三天,在《××晚报》上公布10名幸运顾客的名单。

(二)电视媒介

第一,展览会开幕当天由××电视台、有线电视台等在新闻专栏内发布消息。

第二,××电视台7日在新闻栏播放"幸运顾客抽奖活动"片段。

第三,7月中旬在有线电视台播放"××产地游"的活动片段、接受赞助的园丁在××市进修的片段。

六、总体公关促销活动计划

本次活动是由"2007××国际休闲食品博览会"与××食品公司"××××爱心系列活动"两部分组成。

(一)工作计划

时　　间	内　　容	地　　点

（二）具体公关促销活动安排

1. 2007××国际休闲食品博览会开幕式

时间：（略）　　地点：（略）　　出席对象：（略）　　程序：（略）

2. "××（产品名）"品尝活动

时间：（略）　　标题：（略）　　办法：（略）

3. "××（产品名）"爱心义卖活动

时间：（略）　　标题：（略）　　办法：（略）

4. "××（产品名）幸运顾客"抽奖活动

……

（三）有关人员的职责分配（见附表）

七、公关促销经费预算

（一）租场费（略）

（二）宣传用品费（略）

（三）嘉宾费用（略）

（四）媒介费用（略）……

八、公关促销活动评估

第一，通过"试吃"活动，使公司的产品迅速为公众所熟知，以消除假冒伪劣产品对公众的影响，在公众心目中重新树立其"名特优产品"的形象，增强公司的信任度与美誉度。

第二，这次活动公司虽然耗资8万元之巨，但从公关角度来看，比单纯在电视上播放15秒的广告更有促销效应。公司通过系列爱心活动，既可以树立公益形象，又能够让"××"新产品迅速被市民所熟悉，为销售活动奠定良好的公众基础。

九、附录：1. 预算表　2. 人员职务分配表　3. 其他

【简析】这是一份食品公关促销策划书，属于专门公关活动策划。标题标明公关策划文书的事项和文种。正文由前言和主体两部分组成。前言交代了公关促销策划的背景和目的。主体部分分别列有形象分析、公关目标战略、公关创意说明、公关媒介策略、总体公关促销活动计划、具体公关促销活动安排、公关促销经费预算、公关促销活动评估等内容。本策划书结构清晰、格式规范，便于理解和学习。

第四节　会展策划文书

撮要

1. 分别会展的不同类型，针对会展的利润主体和营销对象进行科学规划，力争

使经济效益和社会效益最大化。

2. 要立足知己知彼，特别要全面了解参会客商的投资意向、投资领域、相关费用标准、项目材料等信息，保证会展策划文书的特色。

一、会展策划文书扫描

会展策划文书，是会展策划方案的书面反映，是策划者针对会展活动事先做出运筹规划的书面文件。通过该书面文件，会展策划者向决策方准确、完整、规范化地反映会展策划的全部内容，充分、有效地说服决策者认同、信服、采纳并实施自己的策划。会展策划文书是未来会展操作的行动指南。

会展策划文书包括会展立项策划书、会展项目立项可行性研究报告、参展说明书、招展方案、招展函、招展进度计划、观众邀请函、参展合同、展出工作方案、展会费用预算表、展会宣传推广计划、广告文案等。

二、会展策划文书写作指要

（一）首先要了解会展、会展策划等相关知识

会展是一个有效的商务平台，具有其他媒介不可比拟的优越性。主办者、与会方或参展商通过会议或展览的方式，吸引公众、客户前来进行经贸洽谈、文化交流或旅游观光，以期在最短的时间内，在最小的空间里，用最少的成本做最大的生意。表明会展性质的常用词有展览会、博览会、展销会、交易会或××节（如服装节）等。

成功的会展必须建立在周密系统的科学策划基础上。会展策划是为策划举办会展而提出的一整套办展规划、策略和方法。按照会展类型，会展策划大致可以分为国际会议会展策划，协会会议会展策划，公司会议会展策划，展销会会展策划，文人、艺术、体育盛会会展策划等五种形式。

（二）要明确策划目标

会展策划文书要根据掌握的各种信息，针对会展的利益主体和营销对象进行可行性分析，确立策划目标，对即将举办的会展的有关事宜进行科学规划，以树立参展单位最佳形象，提供最佳商务交流平台，使之获得最大的经济效益和社会效益。

（三）全面了解会展策划文书有关内容

不同类型的会展有不同的策划方案，内容也各有侧重，一般包括以下几项：

（1）办展市场环境分析：包括对会展展览题材所在产业和市场的情况分析，对国家有关法律、政策的分析，对相关会展的情况的分析，对会展举办地市场的分析等。

（2）会展的基本框架：包括会展的名称和举办地点、办展机构的组成、展品范围、办展时间、办展频率、会展规模和会展定位等。

（3）会展价格及会展预算、结算方案。

(4) 工作人员分工、招展招商、宣传推广等计划。

(5) 会展筹备进度、会展服务商安排、会展开幕和现场管理等计划以及会展期间举办的相关活动计划。

（四）会展策划文书撰写相关注意事项

(1) 会展前，要全面了解参会客商的要求，如客商的投资意向、投资领域、相关费用标准、项目材料要求等。

(2) 会展策划的主题要鲜明深刻富有感召力，所有工作都一定要围绕核心主题来展开。

(3) 会展策划的流程要清晰，实施规范化的作业模式。

(4) 会展策划要有特色。

三、会展策划文书的结构和写法

会展策划文书一般由标题、正文、落款构成。

（一）标题

一般由会展名称和文种（如策划书、策划文案）组成，如"2007年马鞍山出口商品交易会策划方案"。会展名称包括三个方面的内容，即基本部分、限定部分和行业标识。如"2007年马鞍山出口商品交易会"，如果按上述三个内容对号入座，则基本部分是"交易会"，限定部分是"马鞍山"和"2007年"，行业标识是"出口商品"。

基本部分：用来表明会展的性质和特征，常用词有展览会、博览会、展销会、交易会和××节等。

限定部分：用来说明展会举办的时间、地点和展会的性质。展会举办时间的表示办法有三种：一是用"届"来表示，二是用"年"来表示，三是用"季"来表示。如第三届大连国际服装节、2007年广州博览会、法兰克福春季消费品展览会等。用"届"强调展会举办的连续性。那些刚举办的展会一般用"年"来表示。展会举办的地点在展会的名称里也要有所体现，如第三届大连国际服装节中的"大连"。展会名称里体现展会性质的词主要有"国际"、"世界"、"全国"、"地区"等，如第三届大连国际服装节中的"国际"表明本展会是一个国际展。

行业标识：用来表明展览题材和展品范围，如第三届大连国际服装节中的"服装"表明本展会是服装产业的展会。行业标识通常是一个产业的名称，或者是一个产业中的某一个产品大类。

（二）正文

一般由前言、主体组成。前言交代策划的背景依据、目的等；主体交代会展地点、办展机构等内容。

1. 会展地点。指会展的举办地点，包括会展在什么地方举办和会展在哪个展馆举办。

2. 办展机构。指负责会展的组织、策划、招展和招商等事宜的有关单位,可以是企业、行业协会、政府部门和新闻媒体等。根据各单位在举办会展中的不同作用,办展机构一般有：主办单位、承办单位、协办单位、支持单位等。

3. 办展时间。是指会展计划在什么时候举办。办展时间有三个方面的含义：一是指办展的具体开展日期;二是指展会的筹展和撤展日期;三是指展会对观众开放的日期。展览时间的长短没有一个统一的标准,要视不同的会展具体而定。有些会展的展览时间可以很长,如"世博会"的展期长达几个月甚至半年;对于占会展绝大多数的专业贸易展来说,展期一般以 3—5 天为宜。

4. 展品范围。展品范围要根据会展的定位、办展机构的优劣势和其他多种因素来确定。根据会展的定位,展品范围可以包括一个或者是几个产业,或者是一个产业中的一个或几个产品大类。例如,"博览会"和"交易会"的展品范围就很广,如"广交会"的展品范围就超过 10 万种,几乎是无所不包;而德国"法兰克福国际汽车展览会"的展品范围涉及的产业就很少,只有汽车产业一个。

5. 办展频率。指展会是一年举办几次还是几年举办一次,或者是不定期举行。从目前展览业的实际情况看,一年举办一次的会展最多,约占全部会展数量的 80%。办展频率的确定受展览题材所在产业的特征的制约。几乎每个产业的产品都有一个生命周期,产品的生命周期对会展的办展频率有重大影响。产品的投入期和成长期是企业参展的黄金时期,展会的办展频率要牢牢抓住这两个时期。

6. 会展规模。包括三个方面的含义：一是会展的展览面积是多少,二是参展单位的数量是多少,三是参观会展的观众有多少。在策划举办一个会展时,对这三个方面都要作出预测和规划。在规划会展规模时,要充分考虑产业的特征。会展规模的大小还会受到会观众数量和质量的限制。

7. 会展定位。就是要清晰地告诉参展企业和观众本展会"是什么"和"有什么"。办展机构要根据自身的资源条件和市场竞争状况,通过建立和发展会展的差异化竞争优势,使自己举办的会展在参展企业和观众的心目中形成一个鲜明而独特的印象的过程。会展定位要明确会展的目标参展商和观众、办展目标、会展的主题等。

8. 会展价格和会展初步预算。会展价格就是为会展的展位出租制定一个合适的价格,包括室内展场的价格和室外展场的价格,室内展场的价格又分为空地价格和标准层位的价格。在制定会展的价格时,一般遵循"优地优价"的原则,即那些便于展示和观众流量大的展位的价格往往要高一些。会展初步预算是对举办会展所需要的各种费用和举办会展预期以获得的收入进行的初步预算。

9. 人员分工、招展、招商和宣传推广计划。这是会展的具体实施计划,这四个计划在具体实施时会互相影响。人员分工计划是对展会工作人员的工作进行统筹安排;招展计划主要是为招揽企业参展而制定的各种策略、措施和办法;招商计划主要是为招揽观众参观展会而制定的各种策略、措施和办法；宣传推广计划则是为建立展会品牌和树立展会形象，并同时为展会的招展和招商服务。

10. 会展进度计划、现场管理计划和相关活动计划。会展进度计划是在时间上对会展的招展、招商、宣传推广和展位划分等工作进行的统筹安排；现场管理计划是展会开幕后对展会现场进行有效管理的各种计划安排，它一般包括展会开幕计划、展会展场管理计划、观众登记计划和撤展计划等；会展相关活动计划是对准备在会展期间同期举办的各种相关活动作出的计划安排，最常见的有技术交流会、研讨会和各种表演等，它们是会展的有益补充。

（三）落款

包括署名和日期。也可在标题下注明策划者名称。

四、实用示例

第三届马鞍山房展会策划书

洪××

前言（略）

一、会展目标

1. 销售目标：最大限度地去激发消费者的购买欲望，从而实现6天的时间内参展企业成交面积达到×万平方米，其成交销售总额达到×亿元的目标。

2. 品牌目标：联合强势中介代理，充分发挥××公司的优势，用一个月的时间，完美打造房交会的品牌形象，为后届房交会的举办建立稳固的品牌基础。

3. 管理目标：吸取往届房交会成功的经验，以创新为发展的根本。通过对本届房交会的商业运作，总结出一套科学的、系统的具有切实可行性的运作模式。

4. 行业目标：通过对本届房交会的成功运作，有效地增进本土业界的相互了解和沟通，相互配合和协作，从而提高本土业界的竞争力和整体形象。同时，加强本土业界与"海外兵团"的交流与学习，扩大本土业界的创新视野。

二、会展主题

交流·展示·沟通

三、组织单位

主办单位：市房产管理局

批准单位：市政府

承办单位：××公司

特别协办单位：享有冠名权（待定）

协办单位：（待定）

四、人员分工

组委会：由市政府和房产管理局组成

筹委会：

名誉主任：

主任：

副主任：

财务部负责人：

宣传部负责人：

业务部负责人：

公关部负责人：

后勤部负责人：

外事部负责人：

紧急事物处理处负责人：

主要工作人员：

五、媒体宣传

报纸广告：以充满视觉冲击的画面、新颖奇特的创意和生动唯美的方案，来激起消费兴趣，渐渐将其带入房地产交易会的氛围中。

电视广告：以有声有色的视频组合，将交易会的基本信息，简洁而生动地传达给观众，让其了解交易会的基本情况。电视广告，受众多，范围广，效果好。

户外广告：以独特的地理优势，简洁的文字图案，将过往的行人虏获，传达出有效的信息。

六、房展会具体筹划

（一）工作安排

1. 筹备期：从8月20日开始，直到活动开幕。

（1）成立筹委会。

（2）开始本次展销会会场的整体设计和展位布置规划，制作出会场的正面效果图和俯视图。

（3）全面开展招商工作。

2. 确定会场具体活动时间：10月11日至10月16日

3. 确定活动地点：×××

4. 任务分配原则：筹委会统一调度，统一分配，使各项工作逐渐展开，并行不悖，以便有更多的时间来相互协调。

5. 合作原则：坚持风险共担,利益共享,联合筹办的原则。

6. 运作模式：采用"借用外脑,企业承办,传媒协办"的商业运作模式。

7. 参展单位及责任：开发商、物业管理商、中介代理商、装饰公司、建材行业、汽车销售商、保险公司、各大商业银行、苗圃公司等联合参展的大会展形式,力争使本届房交会办成一次房地产及相关行业的盛会。

各自责任(略)。

8. 宣传计划：做到周密详尽,最大限度地挖掘活动中的隐藏的广告潜力(详细情况见媒体投放部分)。

9. 资金筹措：(详情见招商筹资部分。)

10. 品牌形象：特聘专业人士设计本次房交会的会标、标准字、吉祥物。为了进一步扩大影响还有网页设计师制作马鞍山地产信息网——房交会专门网页(网页结构安排见媒体投放部分)。

11. 现场管理与服务、秩序与安全等(略)。

12. 活动材料、资料和调查表：活动材料让各单位了解活动的进程,搞好活动的顺利过渡,资料向消费者提供必要的信息,调查表可以从消费者那里获取很多的有用的数据信息。

13. 预算：明确活动的各个环节以及所需的各种物资,制定活动预算(详情见招商筹资部分)。

(二) 日程安排

活动的前一天：

1. 确定活动当天的日程安排以及人员数和人员分工。

2. 最后一次确定演讲嘉宾名单。

3. 审查各方面的工作进展情况,尽可能减少意外事件的发生。

4. 检查现场的布置情况,调试现场的仪器设备,由保安人员核对并封场。

5. 为了防止意外事故对活动造成的损失,特预留人员专门处理突发事件。

6. 联系媒体派来记者进行采访报道。

活动的第一天：

1. 活动时间从8:00到12:00,下午从2:00到6:00。

2. 开幕式。(8:30—9:00)

(1) 礼仪小姐就位,各单位依次入座。

(2) 由主持人宣布领导入场。

(3) 由市领导宣布开幕式正式开始,鸣炮以示欢迎。

（4）由领导致祝贺词，接着是房产局领导向大会致辞，随后承办单位领导致贺词，表示谢意。并介绍会展的进程情况和参展单位。

（5）开发商代表（包括本土开发商和外土开发商）宣言：共同创造美好的明天。

（6）放和平鸽50只。

（7）欢送领导离去，开幕式结束。

3. 发放纪念品和宣传资料。

4. 活动结束前一个小时，进行明星楼盘的评选活动，评选的方法实行积分制，依据消费者和专家的意见得到结果。

5. 活动结束后由工作人员整理并交给保安人员封场。

6. 总结一天的得失，安排第二天的工作。

7. 优惠活动：（略）

活动第二天、第三天、第四天、第五天（略）

第六天：

上午：照常

下午：

1. 闭幕式：（3:30—4:30）

2. 明星楼盘一一揭晓，获奖的企业将由上级领导发证书。

3. 看房抽奖活动：幸运观众将由奖品提供单位领导发奖品证书（由公证处公正）。

4. 房产局领导致闭幕词，承办单位领导进行活动评估，经验总结，宣布此次房产会的成果，以及对各参展单位表示谢意，开发商代表发言：本土和外土两方。

5. 颁奖仪式：由礼仪小姐陪同领导颁奖。

6. 开发商经验交流会：（略）

7. 宣布展会闭幕。

8. 清理活动现场。

9. 与媒体协调后续的报道工作。

（三）会展主题活动安排

活动流程：

1. 房产交易会的揭幕和开盘仪式

时间：9月28日上午8:30

地点：×××

人物：主办单位、协办单位、组织机构和参展商

内容：

（1）房产局的领导宣读开幕词。

（2）承办单位介绍第三届房产交易会的主要流程和各参展商的名单。

（3）揭幕（邀请房产行业的权威人士和主办方）。

2. 参展宣言

时间：9月28日上午9:00

地点：××××

人物：参展商和未参展商

内容：邀请外地和本地的参展商和未参展商共商诚信宣言，互相沟通，互惠互利，共同为马鞍山房产行业和其他行业增加经济收入，使房产会达到前所未有的高潮。

3. 2006年度明星楼盘评选活动

评选时间：10.11—10.16 每天楼市收盘前一小时

凡参与本届房产会的楼盘均可参评。经初步筛选后，作为明星楼盘候选进行全方位传媒宣传，以其在本届房产会的布展水准及成交量为主要考评依据。表现为：

（1）最佳楼盘奖

（2）最畅销的楼盘奖

（3）公众最满意楼盘奖

（注：颁奖仪式将在闭幕式的时候公开）

4. 其他文化活动

（1）房产评论会

（2）最佳房型设计奖和最佳装修设计奖

（注：颁奖仪式将在闭幕式的时候公开）

（3）2006年度房产会看楼抽奖活动

（4）2006年度房产会免费看楼专线

5. 分会场活动

6. 闭幕式及颁奖仪式

时间：10月3日下午3:30—4:30

地点：×××

人物：主办单位、协办单位、组织机构、参展商、媒体工作者和市民

内容：（1）相关人士总结成绩以及未来展望。

(2) 举行颁奖仪式。给优秀作品及各个奖项的得主颁奖。
(3) 宣布房产交易会圆满结束。
（四）会展现场布置(略)
七、招商筹资方案
1. 总冠名：××万元人民币
合作回报：(略)
2. 单项奖冠名(××杯最佳/最畅销/最满意奖)
最佳楼盘奖：××万元人民币
最畅销楼盘奖：××万元人民币
公众最满意楼盘奖：××万元人民币
最佳房型设计奖：××万元人民币
最佳装修设计：××万元人民币
合作回报：(略)
3. 线路冠名(共4条线路,每条线路×万元人民币)
合作回报：(略)
4. 展位租金
按面积向房产商和其他产业单位收取租金。
5. 会展现场广告位租金
6. 明星楼盘展示广告费
7. 看楼专线广告费
8.《皖江晚报》房地产交易会特刊广告费
(除冠名及赞助商部分的免费提供外,其他开发商和行业单位都需要付费广告和报道。)
9. 其他(略)
总收入：(略)
各类冠名总收入×××万元
预算开支：××万元
大会总盈利合算：77.85万元人民币

××年××月××日

【简析】这是一份房展策划文书。标题由房展会名称+策划书(文种)构成；正文由前言、会展目标、会展主题、组织单位、人员分工、具体策划方案、招商筹资方案等组成；落款注明日期(策划者标在标题下)。本策划书要素齐全,方案具体可操作,采用条文式结构,清晰明确,便于理解。

实践练习

1. 阅读下列材料,完成文后练习。

×××营养保健品(口服液)市场营销策划书

一、执行概要和要领

采用"×××口服液"作为商标和品名,厂名为"AAA食品厂";每疗程定价为300元(产品的成本毛利率为200%);采用地毯式轰炸的全方位促销手段;"×××口服液"将于2006年10月1日前投放市场,目标市场为武汉市。

二、目前营销状况

1. 市场状况:保健品市场发展快,规模大,但竞争激烈,起伏大;"广告开路"是营养保健品营销的重要特点;市场价格普遍偏高,流通企业利润较大;最近两年保健品市场出现了较大的滑坡。

2. 产品状况:各类营养保健品有几百种,有进补养生类、人体平衡类、清除垃圾类、菌群平衡类等等。销路稍好的品种每盒价格在30—40元,零售价与出厂价的差额一般在30%;包装多采用玻璃瓶或PVC。

3. 竞争状况:竞争激烈,起伏大,经常出现"各领风骚两三年"的情况。

4. 分销状况:销售渠道主要是商店,药店(在医院,只有获得药证字号者才能进入)。

5. 宏观环境状况:消费者收入水平提高,工作压力较大,对保健品有较大需求。

三、SWOT和问题分析

优势:本集团有雄厚的经济势力;有较强的技术势力;集团最高领导高度重视并确定了极为优惠的政策。

劣势:该产品为"食字号"保健品,只能在商店、药店销售而不能进入医院;生产许可证至今尚未办好;集团传统产品为禽兽药品。

机会:保健品市场发展快,市场容量大,对南昌地区熟悉。

威胁:保健品市场竞争激烈,起伏大。综上所述,应当首先抓紧办好生产许可证,利用本集团的资金技术优势,在自己熟悉的南昌地区采取全方位的促销和分销手段,确定区别于传统产品的商标/品名/厂名,以最强的竞争力迅速占领尽可能多的本地市场份额。突出纯天然绿色食品的特色,占领尽可能多的"食字号"市场份额。

四、目标

财务目标:(略)

营销目标:成本毛利率达到200%。

五、营销战略

目标市场:武汉市

定位:"食字号"纯天然绿色保健品

产品线:"×××口服液"(后期再生产"yy胶囊","zz含片")

价格:略高于竞争品牌(其中部分用于希望工程)

分销:商店,药店

销售队伍:成立"×××武汉销售中心"(9月10日前运转)

服务:设立用户跟踪卡

广告：电台，电视，报纸，广告牌等。
促销：千人大赠送。
R&D：开发新品。
市场调研：知己知彼，百战不殆。
六、行动方案
8月，办理好生产许可证，并开始前期广告运作，产品试生产，千人大赠送。9月10日前，成立"×××武汉销售中心"。
9月，开始地毯式轰炸的全方位促销手段，"千人大赠送"用户反馈报告公布，批量生产。
10月1日，产品投放市场并同时举办"希望工程"公益活动。
七、预计的损益表（略）
八、控制：首先必须办理好生产许可证。

问题：
（1）根据材料，补写封面、前言、附录。
（2）仿照此文，写一份×××产品营销策划文书。
2. 根据下面材料，续写其余部分，使之成为一份完整的促销活动策划文书。

家电公司现场促销活动策划文书

一、期限：自××年××月×日起至××年××月××日止，为期3个月。

二、目标：把握购物高潮，举办"超级市场接力大搬家"，促销＊＊公司产品，协助经销商出清存货，提高公司营业目标。

三、目的：（一）把握圣诞、元旦以及结婚蜜月期的购物潮，吸引消费者对"接力大搬家"活动的兴趣，引导选购××产品，以达到促销效果。（二）"接力大搬家"活动在A、B、C三地举行，借此活动将××进口家电，重点引向××国市场。

四、对象：（一）以预备购买家电之消费者为对象，以F14产品的优异性能为主要诱因，引导购买××公司家电，并利用"接力大搬家"活动，鼓舞刺激消费者把握时机，即时购买。（二）诉求重点：1. 性能诉求：真正世界第一！家电！2. S.P.诉求：买××产品，现在买！赶上年货接力大搬家！

五、广告表现：（一）为配合年度公司"××家电"国际市场开发，宣传媒体之运用，逐渐重视跨文化色彩，地方性报纸、电台媒体、电视节目选择，亦依据收视阶层分析加以考虑。（二）以××公司产品的优异性能为主要诱因，接力大搬家S.P.活动为促销手段，遵循此项原则，对报纸广告表现之主客地位要予以重视。（三）TV广告，为赢得国际消费者，促销欣赏角度并重，拟针对接力大搬家活动，提供一次30分钟实搬、试搬家录现场节目，同时撷取拍摄15″广告用CF一支，作为电视插播，争取雅俗共赏，引起消费者的强烈需求。（四）POP：布旗、海报、宣传单、抽奖券。

六、举办"经销商说明会"：为配合国际市场开发策略，并增加此次活动之促销效果，拟会同公司及分公司营业单位，共同协办"年末促销活动分区说明会"，将本活动之意义、内容及对经销商之实际助益做现场讲解，以获求充分协助。

七、广告活动内容：（一）活动预定进度表。注："接力大搬家"日期定于圣诞前后，理由有二：1. 圣诞前后正是购货高潮期，应予把握。2. 圣诞前后，是目标市场顾客非常忙碌的时刻；交通必然拥挤，交通问题不易妥善处理。（二）活动地区。在××国A、B、C三地，各择具备超级市场之大百货公司举行。（三）活动奖额。1. "接力大搬家"幸运奖奖额：（1）A地200名，B地150名，C地150名。（2）以户为单位，每户限时相同，均为10分钟。（3）每户10分钟，以接力方式进行。2. "猜猜看"活动奖额：（1）完全猜对者一名，与搬最高额者同额奖品，同时猜中者，均分。（2）附奖5位，最接近搬最高额者，每名赠××品牌家庭影院一套，超抽签决定。（四）活动内容说明。

"接力大搬家"幸运奖地域分布

区别 次别	A地	B地	C地
首次抽奖	100 名	70 名	70 名
二次抽奖	100 名	80 名	80 名
合　　计	200 名	150 名	150 名

3. 阅读下文，完成文后练习。

飘飘洗发水广告策划书

一、前言

本公司代理广告飘飘洗发水产品的全盘广告作业，至今已将近两年，两年来，本公司无时不以兢兢业业的敬业态度，为该系列产品的市场行销及广告策略等做积极的策划，在广告上除了力求表现外，更时时配合蒸蒸日上的业务，促进产品销售。

本公司代理洗发水广告，第一年（1999）的广告重点是放在飘飘香皂上，对于商品知名度的扩大及印象的加深有不可轻估的贡献，该篇广告并因而荣获经济日报主办的广告金桥奖（"最佳创意奖"第二名）。第二年（2000）为配合公司的经营方针，前半年度以飘飘洗发水为广告之主力的商品，强调头皮屑不可忽视，即采取行动，选用的标题是："对付头皮屑要选择好的洗发水"，教育消费者正确选择洗发水观念及方法，也收到良好的效果，同时亦荣获生活日报主办的广告最佳创意"优胜奖"。

然而，根据分析，洗发水的市场虽然较大，但因竞争品牌众多，广告投资量大，欲争取较高的市场占有率，殊非易事。本公司建议明年销售及广告诉求重点，应放在指名购买及衔接1999年及2000年广告投资重点上，并以飘飘洗发水为主，以下即本公司根据市场及消费者心理各项因素所研拟的2002年飘飘洗发水广告企划案，尚祈不吝斧正。

二、广告商品

广东飘飘洗发水公司——飘飘洗发水

三、广告目的
促进指名购买、强化商品特性、衔接 2006 年广告、传播影响程度：不知名——知名——了解——信服——行动

四、广告期间
2006 年 6 月—2007 年 6 月

五、广告区域
全国各地区（以城市为主）

六、广告对象
所有居民用户

七、策划构思
（一）市场大小的变化情况有两种：A. 量的变化——随着人口的自然增减而变化。B. 质的变化——随着社会形态（如农业进入工业区）、价值观念、文化水准等而变化。在这两种变化中同类型商品都会蒙受同样的影响，即厉害均沾，而且变化多是渐进的，也非单独某一品牌的力量所可左右的。

（二）旧市场占有率的提升（即袭夺其他品牌的市场）。

（三）使用及购买频度的增加就飘飘洗发水而言，因系属化妆生活用品，为个性之商品，与一些会导致冲动购买的商品不同，故"新市场之开发"甚为不易，只得利用旧有市场的互相告知，以增加新市场，而市场本身质与量的变化所扩增的市场也不可能独占。在使用及购买频度的增加方面"亦因洗发水是日常生活用品，购买率很高，但是各种品牌太多，而无法对整个业绩的增加有所裨益，故真正能让我们加以发挥努力的只有"旧市场占有率的提升一途，以及如何袭夺其他品牌的市场，使其消费者转换品牌，指名购买我品牌，此为我们今后在广告推广方面致力的目标。此一目标又可区分为：(1) 促使消费者指名购买飘飘；(2) 促使洗发店老板主动推荐飘飘。

八、广告策略
1. 针对各阶层消费者，运用不同媒体做有效的诉求。

2. 制作 STICKER 张贴计程车上、公共椅背上及公共电话或公司行号的电话机上，以随时随地地提醒消费者注意，弥补大众传播媒体之不足，并具有公益及 PR 作用。

3. 制作小型月历卡片，于元旦前散发赠送各界人士利用，譬如置于洗发店、商业区（服务台）供人随意索取，也可夹于杂志页内，赠送读者。

4. 除正式大篇幅的广告外，在报纸杂志上另可采用游击式的策略，运用经济日报的插排（孤岛广告）和联合、中时的分类广告版，不定期刊登小广告，一则省钱，二则可弥补大广告出现频次不够多的缺失。只要设计得简明、醒目，依旧有很大的效果。

九、广告主题表现及媒体运用
（一）卡片及广告牌的广告内容　好的头发，选择飘飘。在广告牌上画一个美女，重点体现在他的头发上，还有飘飘品牌。在卡片上同样如此，不过可以附送试用品。让用户感受以下效果，让他们买得更放心。

（二）电视广告策划在电视台的黄金时间播出：画面：一个美丽的女孩，一头飘逸的长发，边走边抖动着，街上的人都回头看她，然后她说了一句，想要好的头发吗？学我啊！爱生活，爱飘飘。

（三）广播台广播内容就是介绍飘飘，例如请嘉宾，做一个飘飘专访。

问题：
(1) 此广告策划书的前言不够简洁，请修改。
(2) 此广告策划书还缺少哪些部分？请一一指出。
(3) 此广告策划书有哪些方面值得我们学习？
4. 阅读下文，完成文后练习。

大众汽车公共关系策划书

一、活动名称及含义
1. 名称：五月风
2. 含义及分析
二、主题
此次，大众公司针对消费市场主要进行两大块公关活动。
其一：知识竞答
目的：激发人们了解大众的欲望，增强参与度。
方式：问卷发布在某网站上，点击答题。答对者发送展览会入场券。（"走近大众展览会"。目的：让人们全方位深入了解大众公司，展现企业理念，价值观，宣扬企业文化。）
其二：征文
目的：增强大众与消费者的亲密度，进而更广泛地宣传大众汽车。采用征文形式，灵活多样，简单易行。
方式：在当地报纸上进行宣传，文章邮寄到公司，由一些专家评审，优秀作品将刊登在报纸上。在优秀者中择优选取十位，参加免费出游活动。（家庭式免费野外旅游——车游富春江。目的：拉近大众与消费者的距离，贴进人们生活。）
通过以上活动，让消费者熟悉大众，树立大众品牌，拉近与消费者的距离，增强市场竞争力。提高品牌的知名度，美誉度。突出企业的独特精神风貌，建立起消费者对企业的信心，并为企业进一步的深入影响和控制市场打下基础。

问题：
(1) 补写文中所举示例的封面、目录等。
(2) 根据以上材料，按照公关策划书的结构和写法，写一份完整的大众汽车公共关系策划文书。
5. 阅读下面会展策划文书，完成文后练习。

商品展销会策划书

活动内容：展销、宣传商家产品；树立企业形象
活动对象：全院师生
活动形式：文娱节目与产品展销相结合
活动时间：2007年5月19日
活动地点：××××职业技术学院（操场）

主办单位：××××职业技术学院经管系市场营销班委
协办单位：赞助企业(商家)

一、活动背景

2007年5月7日至5月21日，为××××职业技术学院经济管理系市场营销专业社会实际实习阶段；学生要运用所学的市场调研学、市场营销学、管理学等多种专业知识，搞一次大型的实践性活动。以此增长实践能力。

二、活动目的

1. 提高赞助企业产品在大学生中的知名度和影响力，发掘潜在顾客，树立企业形象。
2. 增长实习生实践能力。

三、活动简介

协办方提供展销的各类产品和相应的赞助，主办方负责整个商品展销会的各项活动流程。

四、活动负责人

商品展销负责人：协办方(赞助企业)。

校部负责人：主办方指导教师×××。

活动策划人：主办方(××××职业学院经管系市场营销班委)。

五、活动步骤

（一）活动准备

准备期限：2007.4.1—5.18。

准备内容：

(1) 在5月19日前，将会场的布置材料如气球、舞台背景、音响设备，准备齐全。

(2) 在4月1日到5月16日，将活动的文娱节目选拔并彩排完毕；以及演员服装准备妥当。

(3) 在5月19日13点前，协办方提供的商品必须送到活动现场。

（二）活动实施

活动宣传

宣传期限：5月7日到5月19日为整个活动的宣传工作期。

宣传渠道：

(1) 海报宣传：设计活动宣传海报，将海报贴在所有学生宿舍楼下及人流密集区(食堂、教学区和宣传栏)。

(2) 广播宣传：编辑活动宣传广播稿，在学校范围内多时段地进行报道，扩大本次活动的校内知名度。

(3) 横幅宣传：在校园内的各交通要道拉宣传横幅，巩固宣传。

(4) 人脉宣传：利用主办方人员在学校内部的人脉关系，稳固宣传。

(5) 传单宣传：在正式活动前，以发放商品传单形式宣传。

(6) 网络宣传：利用学校的学生校园网进行网上宣传。

六、活动流程

1. 活动现场概述

(1) 以强悍的会场阵容和精彩的文娱节目吸引过往人流。

(2) 穿插有奖互动激情游戏将会场气氛带向高潮。

(3) 在游戏与节目之间,主持人介绍赞助企业的形象同时宣传各类产品,激发大众观赏欲望。

2. 活动流程详情(5月19日12点)

(1) 主持人开幕;(2) 健身操;(3) 主持人介绍协办方;(4) 产品走秀;(5) 互动有奖游戏;(6) 独唱;(7) 互动有奖游戏;(8) 女子街舞;(9) 串唱;(10) 商品展销。

七、活动亮点

1. 策划阵容:本次活动的主办方是由学院的优秀主持人、舞蹈演员,学生会干部组成。

2. 演员阵容:文娱节目演员是学院文娱部的专业舞蹈演员组成。

3. 舞台阵容:本次活动是在人流量最大的露天操场举行。

八、活动场地平面图(后附)

九、活动经费预算清单(略)

×× 年 × 月 × 日

问题:

(1) 从格式上看,本策划书由(　　　)、(　　　)、(　　　)三部分组成。

(2) 从内容上讲,本策划书的内容有哪些?

(3) 请补写前言,并用表格列出经费预算清单。

6. 根据下列材料,按照会展策划文书的格式和内容要点,仿照示例,写一份南京霓虹灯展览会策划书。

2006年南京霓虹灯展览会

组织单位:市广协、广告大观杂志社

承办单位:南京东亚会展服务有限公司

时　　间:2006年3月2日—4日

地　　点:南京国际展览中心A厅

前　言

随着我国经济建设的快速发展,国内各地城镇景观照明也发生了变化,霓虹灯产业发展迅速,各地旅游、商贸、餐饮及文化娱乐事业日益繁荣,越来越多的城市已将亮化、美化工程列入城市建设发展规划,霓虹灯已成为不可缺少的夜间文化,夜间霓虹灯广告也成为不可缺少的媒体,霓虹灯行业迎来一个新的发展机遇。南京是国际灯光城市协会的一员,目前,随着大规模城市建设的实施,政府越来越重视城市品牌形象的创建,亮化工程也全面提速,为加快城市的美化、亮化进程,由南京东亚会展服务有限公司发起并联合各知名企业共同组织的"2006中国·南京霓虹灯展览会"于2006年3月在南京国际展览中心A厅举行。

展览会将集中展示国内外霓虹灯行业最新产品与技术,是一个专业性强、技术含量高的行业盛会。我们相信本次展会将会受到国内外霓虹灯行业的制造商、经销商及终端用户等的高度重视,为推动我国霓虹灯行业的持续快速健康发展起到积极的作用。

同期举办"2006 中国·南京标识设备与系统展览会"。

大会诚邀海内外客商前来参展,开拓市场!

大会热忱为您服务,为您营造良好的商机!

会议日程安排:

布展时间:2006 年 2 月 28 日—3 月 1 日(上午 8:30—下午 5:00)

开 幕 式:2006 年 3 月 2 日上午 9:30

展览时间:2006 年 3 月 2 日—4 日(上午 9:00—下午 4:30)

撤展时间:2006 年 3 月 4 日下午 4:30

参展范围:

★ 霓虹灯产品:灯管、变压器、高压线(包)、程序控制器及专用材料、零配件、检测仪器、生产设备、工程安装及维护设备。

★ 其他电光源产品:发光二极管、闪灯、室外照明灯饰、建筑和景观装饰灯具。

★ 其他产品:电子镇流器、避雷针、节能技术、照明工程和技术、企业产品认证、其他亮化工程用灯具及配件。

展位规格及收费标准:

参展费用

标准展位:9 平方米(3 m×3 m)

国内企业:5 500 元人民币/个　境外企业:2 000 美元/个

(4 个展位以上折扣为 7.5 折)

标准展位费用包括:展出场地、2.5 米高壁板、洽谈桌一张、椅子二把、展位照明、楣板文字

展览空场地:空场地起租 18 平方米(无配套设施)

国内企业:550 元人民币/平方米　境外企业:200 美元/平方米

(36 平方米以上折扣为 7.5 折)

(展台特别装修、特装管理费由参展商自理)

展会广告

展会广告包括会刊广告和会场广告,价格如下,欢迎参与。

封底……12 000 元　　　封二、三……8 000 元　　　黑白内页……3 000 元

扉页……8 000 元　　　彩色内页……5 800 元　　　气球条幅……3 000 元/条

门票……5 000 元/2 万张　其他……另议

注意:1. 会刊广告尺寸 21 厘米(宽)×28.5 厘米(高)

2. 广告资料彩色广告需要四色分色片(正片连同打样稿一套)

广告宣传与推广

专业媒介及展会广告

大会将通过专业广告网站、户外广告牌宣传大众媒体、海外专业广告杂志、海外广告展现场推广等多种方式,向参展企业、往届参观商直邮十万张免费入场券、vip 请柬等多种方式,构

建覆盖全国的立体式宣传网络。

参展手续

参展厂商收到大会邀请函后，认真填写《参展合同》，由参展单位负责人签字并盖章后，寄送或传真至主办单位。

经主办单位确认后，参展单位须按规定将参展费汇至主办单位。

收到参展费后，主办单位按"先申请、先付款、先安排"的原则分配展位。会务接待、展品运输及住宿安排等将在《入会通知书》内另行通知。

联系方式：……

第五编　经济协约书和诉讼文书

第十二章　经济协约书

第一节　经济合同

 撮要

1. 内容必须合法,是经济合同成立的要件。合同中与法律法规不符的内容,不受法律保护。

2. 合同的语言准确,既指整个合同的语体风格准确,也指涉及数量、质量、价款或酬金、履约期限等的数字内容要认真核对。

一、经济合同扫描

1999年10月1日实施的《中华人民共和国合同法》第二条规定:合同是平等主体的自然人、法人、其他组织之间设立、变更、终止民事权利义务关系的协议。经济合同是合同的一种。它是平等民事主体的自然人、法人和其他组织相互之间为实现一定经济目的,明确相互权利和义务而签订的书面协议。它有利于规范经济活动,保证合同当事人的合法权益,促进现代企业制度以及经济的发展。

经济合同具有以下特点:

1. 经济合同是双方或多方的法律行为

首先,合同必须双方或多方当事人意思表示一致。意思表示不一致,即未取得一致的协议,合同就不能成立。其次,签订合同的双方或多方当事人,必须具有合法的资格,即具有签订合同的权利能力和行为能力。

2. 合同双方或多方当事人的法律地位平等

合同双方或多方当事人的法律地位是平等的。任何一方都不得把自己的意志强加给对方,任何组织和个人不得非法干预。采取胁迫手段所签订的合同是无效合同。

3. 合同是合法的民事行为

经济合同一经依法签订,就具有了法律效力,各方面的权利和义务受到国家法律的保护,任何一方违约都要承担经济和法律责任。执行经济合同中发生纠纷时,由当事人协商解决。协商不成时,任何一方均可向合同管理机关申请调解或仲裁,亦可向法院起诉。

经济合同按照不同的分类标准有不同的种类。按照业务的内容和性质,可分为购销合同、借款合同、租赁合同、融资贷款合同、加工承揽合同、建设工程合同、运输合同、科研和技术合同、委托合同等等。

依据合同的形式,经济合同的形式主要三种:(1)表格型;(2)条款型;(3)条款表格结合式的。

二、经济合同写作指要

经济合同必备以下条款:当事人的名称或姓名和住所、标的、数量、质量、价款或酬金、履行期限、履行地点与方式、验收、结算方式、违约责任、解决争议的方法。

写作中要注意以下问题:

1. 经济合同的内容必须合法

经济合同所涉及的内容必须符合国家的有关法律、法规和有关职能部门或行业的管理规定,这样,合同的内容才可能建立在合法的基础上。同时,合同的内容应是当事人意愿的共同体现。

2. 经济合同的格式必须规范

可向当地工商行政管理机关或业务主管部门购买合同纸,也可按照示范文本格式自行印刷使用。撰写经济合同时,一定要按规定的文本格式和要求进行。合同的撰写,要严肃认真,不得随意涂改。合同如有错误或遇到特殊情况确需修改时,应将双方同意的意见作为附件附上。如在原件上修改,应加盖双方印章。

3. 经济合同的条款必须完备

必须按《经济合同法》规定条款来撰写。必备的各个构成部分不能缺少,主要条款不能遗漏。有些合同在结尾必须写明附件名称、件数,以保证合同的完整性。

4. 经济合同的语言必须准确

不允许出现含糊不清或模棱两可的句子或语言,以避免在合同的履行中出现不必要的争执和纠纷。合同中使用的概念,当事人应该有一致的理解,忌用模糊概念,以防歧义产生。经济合同的语义应该准确,应避免使用"希望"、"尽可能"、"争取"等模糊性用语,不说空话、套话。经济合同的数字应核对无误,金额应大写。同时还要注意正确使用标点符号,防止句号、逗号用错或点错而造成不必要的纷争或造成损失。

三、经济合同的结构与写法

经济合同由标题、立合同双方名称、正文、落款四部分组成。

1. 标题

标题即合同的名称。标题一般是由合同事由加合同两字组成,应表明合同的业务性质和种类,如购销合同、保险合同等,有时还需要进一步写出内容,如"电冰箱购销合同"、"机动车辆保险合同"等。

2. 立合同双方名称

立合同双方名称应按照其法定核准的名称写全称,不能写别人不了解的代称、代号、简称,也不能用"你方"、"我方"代替,这样容易造成歧义。有的合同还有编号、签订的时间、地点,一般在合同标题之下,立合同人右侧或右上方。合同双方当事人名称在标题之下空两格分行并列,或一行连写。为叙述方便,习惯上常在双方当事人名称后括号内注明甲方、乙方,如有中介方也需写明。

3. 正文

正文通常由开头、主体、结尾几部分组成。

（1）开头

简要说明签订合同的目的或依据,以引起下文。依据多指法律依据及实际情况,多数合同只要写出签订合同的目的即可。一般表述为"根据……,××方与××方……为明确双方责任,经充分协商,特订立本合同,以资共同遵守。"

（2）主体,包括如下内容。

● 标的,合同双方的权利和义务所共同指向的对象,即双方当事人要求实现的目的。

● 数量和质量,数量是确定双方权利和义务大小的标准,是对标的的具体计量,如贷款金额、购买货物数量。质量包括产品的规格、型号、轻重、大小、性能等。在合同中应详尽、准确地标明质量要求及检验、验收方法。有法定标准的用标准,有些产品分等级的,要规定等级品率。

● 价款和酬金,这是标的的价值,即取得对方产品,接受对方劳务所支付的代价,它以货币数量单位来表示。

● 履行合同的期限、地点和方式。履行的期限是享有请求权的一方要求对方履行合同的时间规定,是衡量合同是否按时履行的标准;履行的地点是指履行合同义务和接受对方履行义务的地方,它直接关系到履行合同的费用和时间;履行的方式指当事人履行合同的具体方法,不同的合同有不同的规定,如购销合同,交货方式是送货、提货还是代运,合同中都应该规定清楚。

- 违约责任。指合同当事人一方或双方因过错造成合同不能履行或不能完全履行时所承担的经济和法律责任。违约责任是合同不可缺少的最重要的部分,是履行合同的重要保证,是出现矛盾分歧时解决合同纠纷时的可靠依据。要写明制裁措施及违约金、赔偿金的数额等。

(3) 结尾

这一部分应写明的主要内容包括不可抗拒力条款、解决争议的方式、附件说明、合同的有效期限、合同文本份数及其保存等等内容。这些也是合同的重要组成部分。

4. 落款

(1) 依次写明当事人的名称、法定地址、法人代表、委托代理人、开户银行、银行账号、电话、邮政编码等,双方代表的签名、签章。

(2) 鉴证、公证机关的鉴证、公证意见。

(3) 合同的签订日期等。

四、实用示例

☞【例文】

建筑承包合同

立合同单位:××市西城区职工大学(以下简称甲方)

××省××县第九工程公司(以下简称乙方)

经过双方充分协商,签订本合同,以资共同信守。

一、甲方委托乙方兴建锅炉房、澡堂各一间,总面积共76平方米。屋顶用空心制板,顶部两层油毡。规格和技术要求严格按设计图纸(见附件)施工,下水埋设长30米的8寸缸瓦管道;上水地下部分挖填长50米、深1米、宽0.6米的管道沟。

各种建筑材料及一般工具(如铁锹、镐、脚手架,必用的搬运工具)由甲方准备,小工具由乙方自备.

二、乙方同意按照甲方提供的设计图纸要求,承建甲方上述工程,工期20天(从××年4月11日开始,至××年4月31日完工)

1. 上述锅炉房等房屋建筑,甲方按每平方米××元付给劳工费,共计×××元,上下水遭及水井工程由甲方另付乙方劳工费总数的一半;工程结束,甲方根据设计标准验收合格后,再付余额部分。如在一年内因施工隐患造成质量问题,由乙方负责包修,甲方不付劳工费。

2. 乙方如能在符合设计要求,保证质量的前提下提前完成修建任务,甲方

> 给乙方追加劳工费总数2%的奖金;乙方如不能在预定工期期限内完成任务,有拖延一天,甲方要扣罚劳工费总数的2%的罚金。
>
> 三、甲方安装的锅炉重2.4吨,直径1.25米,需在锅炉房建前定位,由乙方从甫楼东侧搬运到新建锅炉房(距离约30米),并将12米高的烟囱按规定安装完毕。为此,甲方付给乙方劳工费×××元。
>
> 四、乙方在施工过程中,应采取措施保证施工人员的安全操作。如因施工组织管理不善造成的伤亡事故,由乙方负责。
>
> 五、如因停电、停工,待料而拖欠工期,由甲方负责。
>
> 六、如因施工过程中产生新问题,甲乙双方应持平等及友好合作、互相配合的积极态度,共同协商解决。
>
> 七、本合同正本两份,甲乙双方各执一份,副本三份,甲乙双方主管部门各一份,签订机关一份。
>
> ××市西城区职工大学(公章)　　××省××县第九建筑公司(公章)
> 代表×××(私章)　　　　　　　代表×××(私章)
> 200×年×月×日　　　　　　　　200×年×月×日
> 附件:施工图纸、工程预算表(二份),共五件。

【简析】 这是一份从内容到格式都写得比较准确、比较规范的合同。

首先,它在居中的标题中体现了合同的性质,是建筑承包合同。然后顶格并填写明签订合同双方单位名称,用括号注明甲、乙两方,这些写法均符合合同撰写格式要求,显示双方单位地位平等,具备法人资格,并在紧接的一般过渡文字中,扼要地说明签订合同宗旨、目的。

其次,在正文部分,主要条款文字明确,内容周全。特别是合同的标的,以及标的具体化的数量和质量都写得很详细。例如兴建锅炉房总面积是多少,安装锅炉具体要求有哪些,有关规格和技术标准等等,都写得一清二楚。甲乙两方履行职责范围,工作分工等,都有具体的说明,能够保证双方协同配合,保质保量完成工作任务,体现了甲乙两方各自的权利义务。价款和酬金是标的代价,它是合同中当事人接受对方劳务所支付的代价。本合同对此也做了明确的规定,避免在执行过程中产生偏差,出现纠纷。此外,在履行的期限、违约责任以及对提前或拖延工期的期都有明确规定。双方认可,执行合同就有统一的尺度标准,以保证工程能够顺利完成。

最后,合同结尾写明甲乙单位名称,法人代表姓名,并加盖公章及私章。写上签订合同的日期,附件份数及名称等,格式完整,条理清晰。

第二节 意 向 书

 撮要

意向书行文宜粗不宜细,尤其是涉及项目中的关键问题的要求,点到为止为后续洽谈留下了余地。

一、意向书扫描

意向书是合作双方就某项重要合作项目在正式达成协议、签订合同之前,当事人通过平等协商,对合作事项达成初步的原则性、方向性意见后签订的文书。意向书是建立在双方合作信誉至上,不具有法律效力,只对双方有一定的约束力。一旦达成正式协议,意向书便完成了它的使命。

合作双方在彼此并不非常了解而需要作进一步调查时,或就合作事项尚未进行充分的调查未取得一致意见,谈判中出现新情况需要再做研究时,签署意向书既能保证谈判的延续性,又能保证双方审慎决策、科学决策。它往往表达谈判的初步成果,比较真实地反映双方的意愿、要求或目的。既是表达合作与交流的诚意,又对今后的谈判起备忘、补充和说明的作用,作为下一步实质性谈判客观的、基本的依据。所以,意向书具有缓冲和备忘的作用。

二、意向书写作指要

意向书由于具有"意向性",具体问题需要进一步确定,所以,在行文中要注意把握分寸。

1. 简要性

意向书是把当事人议定的共同目标、合作项目等内容的大体情况记录下来,并不涉及具体细节,多是粗线条的叙事,语言简洁明了,内容抓大放小,不求事实具体清楚。

2. 灵活性

意向书仅仅是表明双方对某个项目的意愿和趋向,而不是对该项目的完全确认,加之各自对对方资信情况的了解也有待继续深化。因此,在编写项目意向书时,对项目中的关键问题的要求不宜写入,以便在下一步洽谈时,能进退自如,取得主动。

3. 严谨性

凡要上级或其他部门才能解决的问题,在拟订项目意向书时必须谨慎从事,不可将不适当的承诺写入意向书。思考要周密,用词要准确,特别是不要随便使用肯定性的词句,尤其是关系到双方权益的问题,务必慎用肯定性词句,以便留有余地。

三、意向书结构与写法

意向书的写作格式,一般分为标题、正文和落款三大块。

1. 标题

常用标题有三种形式:一是文种式标题,即写明"意向书"三字,这种写法较少;二是简明式标题,由事由和文种两项组成,例如,"关于技术合作的意向书";三是完全式标题,一般由合作双方名称、合作项目和文种三项组成,如"×××和×××合作经营××度假村意向书"。

2. 正文

(1)导语。导语通常要说明以下几层意思:一是签订意向书的单位;二是明确该意向书的缘由目的、指导思想和政策依据;三是最后用承上启下的惯用语,如"达成以下意向"、"兹签订意向书如下"等语句结束引言,导出正支。

(2)主体。意向书的重点部分。它以条款的形式表述合作各方达成的具体意向。内容按事物性质和关系的不同,分为若干部分,一条一条列出。如项目名称、计划规模、投资方式、投资比例、预计经济效益、具体程序、各自责任等等。各项条款之间的界限要清楚,内容要相对完整,既不要交叉叠叙,也不要过于琐碎,更不能有所疏漏。主体后部一般以"未尽事宜,在正式签订合同或协议书时予以补充"作结语,以便留有余地。

正文的最后应写明意向书的文本数量及保存者。

3. 落款。写明合作各方当事人法定名称、谈判代表姓名,加盖公章,注明日期。

四、实用示例

☞【例文】

开展多方技术经济合作意向书

广西×××对外开放办公室(甲方)与深圳×××有限公司工贸发展部(乙方),经双方协商同意,确定如下技术经济合作关系:

一、双方就以下范围进行长期的技术经济合作

1. 高科技产品开发;
2. 农副产品深加工与综合利用;
3. 外贸出口;

4. 合办第三产业；
5. "三高农业"项目开发；
6. 技术咨询；
7. 高新技术以及资金等方面的引进合作。

二、合作方式

双方本着互惠互利，利益共享，风险共担的原则，根据具体项目协商采用具体的多种合作方式。

三、合作程序

由双方商定在适当时间，组团考察，根据考察结果共同拟订合作项目、方式、内容、步骤。

四、甲乙双方义务

1. 甲方负责提供其资源、项目及资料和项目的落实。
2. 乙方负责提供合作开发项目的技术资料，组织有关技术力量，以及协调开发项目的有关关系。协助或代理甲方的产品出口，合作项目产品的出口，甲方所需或双方合作项目所需的设备、技术的引进。
3. 双方确定具体的联络人员，进行经常的联络工作。

五、此意向书一式四份，各执两份

甲方：广西×××对外开放办公室	乙方：深圳××××有限公司工贸发展部
代表：王××	代表：李××
时间：二〇〇七年十一月一日	时间：二〇〇七年十一月一日
甲方联系人：黄××	乙方联系人：李××
电话：(0771)×××××	电话：(0755)×××××
传真：(0771)×××××	
邮编：×××××	邮编：×××××
联系地址：广西南宁市××路135号	联系地址：深圳市××路××大厦××室

【简析】这是一则技术经济合作意向书，简单明了。标题由事由（项目）和文种构成。导言写明签订意向书的单位，并用承上启下惯用语导出技术经济合作的各项意向。正文写合作的范围、方式、程序和双方义务等方面的意向性意见。各条款以数码标出。各条款内容只确定了原则意向，不涉及具体细则。文尾写意向书份数、双方代表的签字及联系方式等通联信息。全文目标具有导向性、条款只表现出原则性，为下一步进行实质性、具体性的项目洽谈奠定了基础。

第三节 协议书

撮要

简而言之,协议书介乎合同与意向书之间,从约束性上接近于合同,写作上的要求接近于意向书。

一、协议书扫描

协议书是当事人双方就有关经济问题或其他事务经协商取得一致意见后共同订立的一种具有经济或其他关系的契约性文书。协议书是将协商结果、合作意向以文本形式固定下来,可为真实签订合同做准备。它有较强的约束力和凭证作用。协议书介于合同和意向书之间,和它们有相似之处,也有区别。

协议书和合同的区别:

1. 角度范围不同。协议书往往较多地涉及宏观角度、总的原则。协商的是政治、经济、军事、法律等有关问题,大至国家关系,小至个人往来,合作办事,解决纠纷,适应范围大;合同则较多从微观角度,就某一具体事项签约,且多与经济有关。

2. 内容要求不同。协议书的内容不及合同具体细微,如两个企业签订联营或者联合的合作关系要用协议书,可在协议书下另外签订有关内容的单项活动。

3. 形式不同。协议书一般只采用条款式,合同除了条款式还有表格式和二者结合式。

4. 时效长短不同。合同的有效期限一般较短,"标的"一旦实现,合同就失效了;协议书的有效期限一般较长,有的则是永久的,比如换房之类的协议书,除非房主再次易人,否则其作用便长期存在。

协议书与意向书的区别:

1. 性质作用不同。协议书具有约束力,具有法律效力,属契约性文书。意向书没有法律效力,属草约性质。

2. 内容要求不同。协议书的内容较为意向书具体,并且有违约责任一项。意向书内容较原则粗略,具体意见和细节尚未考虑好。

二、协议书写作指要

1. 灵活性:与合同相比,协议书的形式不受限制,没有强求一致的固定格式,如条款可以是一项或多项;篇幅可长可短,内容繁简自如;时效比较灵活,可变性较大。

2. 广泛性:协议书的使用范围和涉及的领域相当广泛,凡是不宜用合同形式的,都可以在当事人协商一致后,以协议书的形式签订。其他一些相关事宜,还可以用补充条款加以细化。

3. 约束性：协议书必须符合国家的法律、法规和有关的政策规定，不能自行其是，任何事项，一经协商签订便具有较强的约束力。

4. 条理性：协议书一般采用条款写法，清楚并有条理地将当事人协商一致的意见写出来。内容要具体明确，准确无误地表达当事人本意。

三、协议书的结构和写法

协议书一般由标题、立约单位、正文、落款四部分组成。

1. 标题。协议书的标题写法和合同与意向书相似，由协议单位名称、事由、协议书三部分组成，即单位＋事由＋文种。也可直接事由加文种，如《代理协议书》、《联营协议书》，或者直接以"协议书"做标题。

2. 立约单位。当事人的名称或姓名及地址（写法和合同相似），分别表明"甲方"、"乙方"或"丙方"等。

3. 正文。正文由缘由和主体组成。

缘由写明签订协议书的目的、依据等内容。主体部分以条款形式写出协议的事项。不同类型不同性质的协议书所包括的条款不一样，都由双方协商而定。一般包含以下几项：

（1）协议要实现的共同任务和标的。
（2）当事人应尽的义务和享有的权利。
（3）违约责任。
（4）有效期限。
（5）协议分数和保存。
（6）仲裁办法。

4. 落款。签名和日期。落款写在正文右下方，协议人单位全称和代表姓名，并签名盖章，在下方写明签订日期。

四、实用示例

☞【例文】

商标注册协议书

甲方：××公司
乙方：香港××商务咨询有限公司
甲乙双方经友好协商，现就甲方委托乙方在_____注册商标事宜签订如下协议：

一、甲方同意于＿＿＿＿年＿＿月＿＿日委托乙方在＿＿＿＿为甲方申请商标注册。只要甲方提供数据真实齐全，乙方必须及时为甲方办理一切申请事宜。申请进度将按各国（地）商标注册管理机构的时间表进行。

二、乙方同意为甲方提供以下服务：

（1）查册、分类、打印商标申请表及相关文件

（2）向有关部门正式提出申请

（3）制版、安排印刷、刊登广告

（4）确定商标广告不遭反对后，向相关国家（地区）商标注册管理机构申请商标注册证书

三、对于乙方为甲方所提供的服务，甲方同意在提出申请的同时付给乙方＿＿＿＿美元。此价格包括第二项服务内容所需政府费用和乙方的服务费用，如果由于该项申请产生其他费用，概由甲方负责。

四、如果由于甲方所提供的资料不真实或不符合该项申请的要求，由此所引起的损失概由甲方负责。

五、如果乙方没有履行协议，所引起的损失概由乙方负责，并把款项退还甲方。

六、本协议书一式两份，甲乙双方各执一份。本协议未尽事宜，由双方协商解决。本协议自双方签署之日起生效。

甲方：×××××　　　　　　乙方：香港××商务咨询有限公司

地址：×××××　　　　　　地址：××××××

签字（盖章）：＿＿＿＿＿　　签字（盖章）：＿＿＿＿＿

日期：＿＿＿年＿＿＿月＿＿＿日　　日期：＿＿＿年＿＿＿月＿＿＿日

【简析】这是有关商标注册的协议书。标题由"内容性质＋文种"构成。正文由开头和主体构成。开头写明协议双方当事人名称及所签订的有关协议事项。主体具体写协议双方商定的内容，共六条，分别写协议的项目内容，合作的方式，双方的权利和义务、违约的责任、有效期限、协议的份数及其保持等。本协议格式规范，内容完备，采用条款式写法，有条不紊，使读者一目了然。

 实践练习

1. 经济合同有哪些特点？
2. 协议书与合同及意向书有什么区别？
3. 阅读下面三段文字，分析其差异，领会合同语言的精确性。

（1）甲方在签订合同后先交一部分建造材料费，其余在图书馆建成后抓紧归还所欠部分。

(2) 甲方在签订合同后一周内,先付给乙方全部修建费的50%,其余在图书馆建成后抓紧归还。

(3) 甲方在签订合同后一周内,先付给乙方全部修建费的50%,其余50%××万元在图书馆建成验收合格后一月内全部付清。

4. 合同语言须准确、周密,以防止产生歧义,造成纠纷。请指出下列合同语言中不确切的地方,并加以修改。

(1) 某公司从国外进口原木,合同中规定的质量标准为"直径50厘米以上"。

(2) 某合同中规定:"交货地点:北京。"

(3) 某合同中的"违约责任"中写道:"乙方不能按期交货,每延期一天,应偿付甲方5%的违约金。"

(4) 某技术合同的"成交金额与付款时间、付款方式"写道"项目开发经费十万元。甲方在合同签订后向乙方汇出三万元;乙方交付开发成果鉴定证书后,甲方付清全部余款并汇入乙方开户银行账号。逾期不付,将按加息20%收取滞纳金。"

5. 阅读下面一份合同,分析其中弊病。

经济合同

甲方:××饮料厂

乙方:××纸箱厂

乙方按原合同给甲方生产纸箱因质量存在某些问题,为此发生业务纠纷,现经协商,重新达成如下协议:

一、乙方库存的3 500个纸箱由甲方全部提走。提货方法:甲方先提去一车,剩余部分由乙方帮助运送。

二、甲方收货后将款于07年×月交付给乙方。

三、上述数量的纸箱作价处理;按每只1.50元计算货款。

四、库存纸箱的配件可以由乙方配套提供甲方。

五、库存纸箱中如有质量问题而无法使用,乙方不予计入提货数量之内。

六、此协定自签订之日起生效,双方不准违约。

甲方代表:×××

乙方代表:×××

200×年×月×日

6. 根据下面提供的材料,写一份协议书。

中国××技术合作公司(简称甲方)的法人代表王×与香港××有限公司(简称乙方)的法人代表李××于2006年10月20日就合作投资创办出租汽车公司事宜,签订了一份协议。双方在协议中提到:合营企业定名为××出租汽车公司。合营企业为有限公司。双方投资比例为3:7,即甲方占30%,乙方占70%。公司及董事会,人数5人。甲方3人,乙方2人。董事长1人由甲方担任,副董事长1人由乙方担任。正、副总经理由甲、乙双方分别担任。合营企业所得毛利润,按国家税法照章纳税,并扣除各项基金和福利等,净利润根据双方投资比例进行分配。乙方所得纯利润可以人民币计收。合作期内,乙方纯利润所得达到乙方投资额(包括本息)后,企业资产即归甲方所有。双方共同遵守我国政府制定的外汇、税收、合资经营以及劳动等法规。双方商定,在适当的时候,就有关事项进一步洽商,提出具体实施方案。

7. 根据下面提供的材料,写一份意向书。

当事人××企业有限公司(以下简称甲方)及××旅游事业管理局(以下简称乙方)为发展××游览区事,双方表示共同意向:甲方愿以经营旅游事业的经验及财力,协助乙方发展××风景区,并促进旅游事业的发展;乙方亦愿竭诚合作,从各方面协助甲方推行工作;一俟双方达成正式协议,并经签字后,合作即可展开。本意向书一式两份,双方签署后,各执一份为据。

第十三章 诉讼文书

第一节 民事起诉状

 撮要

1. 起诉必须符合的条件：有适合的原告，有明确的被告，有具体的诉讼请求和事实、理由，有起诉所需的证据，必须向有管辖权的人民法院提起诉讼。
2. 分析法官的审判心理，诉讼请求要求明确，提供真实可靠的事实、依据。
3. 选择好事实和理由的侧重点构思，写作时注意诉讼理由合法有据，语言简明、逻辑严密、层次分明。

一、民事起诉状扫描

民事起诉状，是公民、法人和其他组织为维护自身的民事权益，认为自己的合法权益受到侵害或者与他人发生争议时，依据事实和法律，向有管辖权的人民法院提起诉讼，请求依法裁判的诉讼文书。我国民事诉讼法第一百零九条第一款规定："起诉应当向人民法院递交起诉状，并按照被告人数提出副本。"

民事起诉状适用于由人民法院管辖的各类一审民事案件。任何公民、法人或其他组织在认为自己的或受自己保护的民事权益受到侵犯或与他人发生纠纷、争执时，都依法享有起诉权，都可自书或请人代书民事起诉状。

二、民事起诉状写作指要

（一）首部

民事起诉状的首部应依次写明原告和被告的基本情况。原告是自然人的应写明姓名、性别、出生年月日、民族、职业、工作单位和住所。原告是法人或其他组织的应写明名称、住所和法定代表人或者主要负责人的姓名、职务。被告基本情况的写法和原告相同，如有的项目不知道的，可以不写，但必须写明被告的姓名或名称与住址或所在地址。因为"有明确的被告"是人民法院受理案件的法定条件之一。如有的被告下落不明(如离婚案件的对方当事人)，则要说明原因和有关情况。

关于"住所、住址、所在地址"的提法问题。住所，通常亦称住所地。公民的住所地是指公民的户籍所在地。起诉状中要求写明公民的住址，一般是指该公民住所地的地址，但该公民的住所地与经常居住地不一致的，则可写经常居住地的地址。为便于联系，提高办案效率，在诉状中应尽量写明原、被告的通讯号码(如办公电话、住宅电话、手机、BP 机等)。

（二）正文

1. 诉讼请求。要写明请求法院解决什么问题，提出明确的具体要求。如请求离婚，有多项具体要求的，可以分项表述。如在离婚案件中有三项具体要求的，写为：(1)请求判令原、被告离婚；(2)婚生子×××由原告抚养，由被告给付抚育费；(3)夫妻共同财产依法分割、债务依法承担。

2. 事实与理由。要摆事实，讲明道理，引用有关法律和政策规定，为诉讼请求的合法性提供充足的依据。摆事实，是要把双方当事人的法律关系，发生纠纷的原因、经过和现状，特别是双方争议的焦点，实事求是地写清楚。讲道理，是要进行分析，分清是非曲直，明确责任，并援引有关法律条款和政策规定。在离婚案件中，一般要写明双方何时结婚，婚前感情基础如何，婚后感情变化情况，何时因何原因关系开始恶化，以致发展到破裂的地步等；说明请求准予离婚的理由，并引用婚姻法有关条款；对离婚后的子女抚养、财产分割等提出处理意见，便于法院依法审理。

3. 证据及证据来源，证人姓名和住所。提起民事诉讼的原告负有举证责任，要能够举出证明案情事实，支持自己诉讼主张的各种证据，包括书证、物证、视听资料、证人证言、当事人的陈述、鉴定结论、勘验笔录，等等。列书证，要附上原件或复制件，如系摘录或抄件，要如实反映原件本意，切忌断章取义，并应注明材料的出处；列举物证，要写明什么样的物品，在什么地方由谁保存着；列举证人，要写明证人的姓名、住址，他能证明什么问题等。

（三）尾部

尾部写明受诉法院名称，附件除写明起诉状副本×份外，提交证据的，还要写明证据的名称和数量。最后由起诉人签名盖章，写明起诉日期。

另外，民事起诉状最好以打印形式，如书写的，要字迹清楚，用钢笔书写。

三、民事起诉状的结构和写法

民事起诉状

原告：姓名、性别、出生年月、民族、文化程度、工作单位、职业、住址。（原告如为单位，应写明单位名称、法定代表人姓名及职务、单位地址）

被告：姓名、性别、出生年月、民族、文化程度、工作单位、职业、住址。（被告

如为单位,应写明单位名称、法定代表人姓名及职务、单位地址)

请求事项:(写明向法院起诉所要达到的目的。)

事实和理由:(写明起诉或提出主张的事实依据和法律依据,包括证据情况和证人姓名及联系地址。)

此致
××××人民法院

原告:(签名或盖章)
××年×月××日

附:1. 本诉状副本×份(按被告人数确定份数);
    2. 证据××份;
    3. 其他材料××份。

四、实用示例

☞【例文一】

民事起诉状

原告上海××纺织染纱有限公司,住所地上海市××区××镇××路××号。
法定代表人××,总经理。
被告江苏××针织有限公司,住所地江苏省××市××镇开发区××路。
法定代表人××,经理。

诉讼请求:

1. 判令被告给付货款 50 000 元及该款利息(自 2005 年 5 月 1 日起至判决确定的给付之日止,按银行同期贷款利率计算)。
2. 被告承担本案的诉讼费用。

事实和理由:2005 年 3 月 2 日,原、被告双方签订了一份坯布加工承揽合同。合同约定:原告为被告加工各型号大循环彩条织布,总计金额为 222 331 元;交货时间为 3 月 28 日;结算方式为预付货款 30%,即 66 000 元,出货付货款 50%,即 111 000 元,余款一个月后结清;合同约定履行地为上海市××区××镇。合同签订后,原告按约交货,被告收货后仅支付部分货款,尚余货款 50 000 元,经多次催讨未果。

为保护原告合法权益,依照《中华人民共和国合同法》第××条的规定,特向贵院提起诉讼。

此致

```
        上海市××区人民法院
                                              具状人：××
                                              ××年×月×日
     附：1. 起诉状副本2份；
        2. 证据目录2份，书面证据12份。
```

【简析】撰制民事起诉状，除了必须遵循规定的格式，关键是应根据不同性质的诉讼请求(确认之诉、变更之诉、给付之诉)，写明足以支持该诉的事实、理由和证据材料，以证明其诉讼主张的合法性和合理性。本案的诉讼请求比较单一，就是要求归还所欠货款，所以事实和理由部分就围绕该欠款如何产生展开，有理有据，简洁明了。本诉状的诉讼请求、事实与理由以及所援用的法律之间还是比较和谐统一的。

第二节 民事上诉状

撮要

1. 针对一审判决存在的错误，采用辩驳的方法，层层分析，指出错误所在，并提出自己的上诉理由。
2. 主要针对原判的错误及不当提起上诉，不要把矛头指向对方当事人。
3. 可以从不同侧面提出上诉的理由，选择好事实和理由的侧重点，构思具有针对性。
4. 上诉有期限规定，必须在上诉期限内提交民事上诉状。

一、民事上诉状扫描

民事诉讼当事人，不服地方各级人民法院第一审未生效的民事判决或裁定，依照法定程序和期限，向上一级人民法院提起上诉，请求撤销或变更原审裁判或请求重新审理的诉讼文书，称为民事上诉状。民事上诉状的作用，主要是有利于保护第一审民事案件败诉一方当事人的合法权益，有利于防止错案的发生，有利于保证审判质量。

与其他诉讼文书相比，民事上诉状具有下列特征：(1)必须是民事诉讼当事人及其法定代理人提起的，别人无权提起；(2)必须是对地方各级人民法院的第一审裁判不服所提起的；(3)必须依照法定程序和期限，向制作第一审裁判的上一级人民法院提起上诉。

有权提出上诉的人才能制作民事上诉状(代书除外)。当事人(包括原告、被告、第三人)有权提起上诉。上诉的提起须是对一审尚未生效的判决或裁定不服而有上诉请求的情况下，在法定上诉期限内，向一审的上一级人民法院提出方为有效。按特别审理程序一审终结的案件不得上诉,调解结案的一审案件不准上诉,部分裁定不准上诉。

二、民事上诉状写作指要

(一)首部

1. 标题:写"民事上诉状"。
2. 当事人栏:按上诉人、被上诉人这个顺序列写他们的基本情况。列写的方法如下:

(1)上诉人和被上诉人是公民的,写法是:先列上诉人姓名,性别,年龄,民族,职业或职务,工作单位和住址。

(2)上诉人如有法定代理人或委托代理人的,紧接着另起一行列写:法定(或委托)代理人姓名,性别,年龄,民族,职业或职务,工作单位和住址,与上诉人的关系。

(3)代理人是律师的,只列写姓名、职务。

上诉人列写后,列被上诉人姓名、性别、年龄、职业或职务、单位和住址。并根据案情需要,列写上诉人与被上诉人之间的关系。

(二)上诉请求说明具体的请求目的,是要求撤销原审裁判,全部改变原审的处理决定,还是要求对原审裁判作部分变更

民事案件,相对地说,比刑事案件的情节还要复杂一些,因此,请求目的,更要写得明确、具体、详尽。想达到什么目的,就一针见血地提出来,不能含糊其辞地只说:"请求上级法院予以照顾,适当变更原判","请求上级法院依法作出公正判决"或者是"请求上级法院给我做主"等类的空话。同时,要把请求目的全部写出来,有几条就写几条,不要疏漏。当然,如果属于考虑不周,在上诉审理过程中再提出补充或变更诉讼请求,也是允许的。

(三)上诉理由

民事上诉状,在论证理由上,主要是针对原审裁判说话,而不是针对对方当事人的;民事起诉状则完全是论述对方当事人的无理之处,这就是上诉状和起诉状在写法上的根本区别之点。我们必须切实加以掌握。否则,如果上诉时,再将给原审的起诉状或答辩状拿来,改头换面,照抄照摘,这不仅仅是不符合上诉状制作方法,更重要的是立论指向不明,文不对题,使上诉请求变成没有基础的东西,往往不能被上级人民法院所采纳。针对原审裁判,论证不服的理由,不外乎从以下几个方面进行:

1. 对原审认定事实错误的论证。着重提出原审裁判所认定的事实是全部错误,还是部分错误;说明客观事实真相究竟如何。上诉状中提出的与原认定的事实相对抗的客观事实真相必须举出确实充分的证据来加以证实。人民法院处理案件,首先是"以事实为根据"的,只要能够把原审认定的事实全部或部分推翻了,不言而喻,必

然会导致其处理决定的全部或部分改变。

2. 对原审确定性质不当的论证。这要具体指出其定性不当之处。民事案件同样存在着定性问题，也就是确定案由问题。如果定性不准，则处理上必然不当。

3. 对原判适用实体法不当的论证。这就是指原判引用有关的实体法条文，或者是与案情事实不相适应；或者是在引用有关法律条文上存在着片面性，只引用了一部分有关条款，忽视了另一部分有关条款；或者是曲解了法律条款等等，以致造成处理不当的，要举出有关法律条款，加以具体地分析论证。

4. 对原审适用程序法不当，因而影响正确审判的论证。这是指原审在审理案件中，违反了程序法的规定，因此造成案件处理不当的，可以据实予以提出，以作为要求改变原审裁判的理由。如果原审在案件审理中，虽有违反程序法规定之处，但处理并无不当，则不应作为唯一的上诉理由。总之，上诉理由部分，实际上是对原审裁判的一段驳论文章。明确这个含义之后，我们必须注意两点：一是驳论要有理有据，措词要得体，同样要求坚持采取摆事实、讲道理的态度，遣词用语切忌无限上纲；二是对原审认定事实和适用法律的正确部分，也就是没有争议的部分，有原审裁判可供上级人民法院审阅，因此，在上诉状中一般无须重复叙述，也不必说明对这些部分表示同意，以免造成上诉状文字冗长。在写完上诉理由之后，就写结束语。通常的写法是："综上所述，说明×××人民法院（或原审）所作的判决（或裁定）不当，特向你院上诉，请求撤销原判（或裁定），给予依法改判（或重新处理）。

（四）尾部及附项

1. 致送机关，可分三行写为：此致×××人民法院转报×××中级（或高级）人民法院；也可直接写为：此致×××中级（或高级）人民法院。

2. 右下方写：上诉人：×××（签名或盖章）并注明年、月、日。

3. 附项写明：

（1）本上诉状副本×份；

（2）证物××（名称）×件；

（3）书证××（名称）×件。

（五）民事上诉状具有很强的辩驳性，一般采用反驳法论述上诉理由

反驳过程中要突出针对性、说理性和逻辑性。

针对性，上诉状中摆事实、讲道理、援引法律时，都应紧密围绕上诉人所不服的原裁判中的问题，要无目的或不着边际地陈述无关紧要的事实和理由。上诉请求要针对一审裁判不当提出请求，不要针对对方当事人提出请求。

说理性，对原审错误部分充分加以辩驳，要求有理有据，有事有证，依法分析，以理服人，不能只有观点而无材料，也不能只罗列事实而无鲜明观点。同时要援引相应的法律条文作为依据。

逻辑性,要求所论事理符合客观事物的规律和逻辑的基本规律。

三、民事上诉状的结构和写法

民事上诉状

　　上诉人:姓名、性别、出生年月、民族、工作单位、职业、住址。(上诉人如为单位,应写明单位名称、法定代表人姓名及职务、单位地址。)

　　被上诉人:姓名、性别、出生年月、民族、工作单位、职业、住址。(被上诉人如为单位,应写明单位名称、法定代表人姓名及职务、单位地址。)

　　上诉人因××××(写明案由,即纠纷的性质)一案不服×××人民法院(写明一审法院名称)××××第×××号××判决,现提出上诉,上诉请求及理由如下:

　　请求事项:(写明提出上诉所要达到的目的。)

　　事实和理由:(写明上诉的事实依据和法律依据,应针对一审判决认定事实、适用法律或审判程序上存在的问题和错误陈述理由。)

　　此致

×××人民法院

上诉人:(签名或盖章)
××年××月××日

　　附:1. 上诉状副本×份(按被上诉人人数确定份数)。

　　　　2. 证据××份;

　　　　3. 其他材料××份。

四、实用示例

☞【例文】

民事上诉状

　　上诉人××县××农村信用合作社。住所地:××县××镇××村。

　　法定代表人马××,主任。

　　被上诉人××县××镇×××村民委员会。

　　法定代表人戴××,村党支部书记兼村委会主任。

　　被上诉人牛××,男,195×年9月28日出生,汉族,农民,住××县××镇×××村。

　　被上诉人王××,男,196×年12月22日出生,汉族,农民,住××县××镇

×××村。

被上诉人戴××,男,196×年3月6日出生,汉族,农民,住××县××镇×××村。

被上诉人刘××,男,194×年8月22日出生,汉族,农民,住××县××镇×××村。

被上诉人马广×,男,195×年12月18日出生,汉族,农民,住××县××镇×××村。

被上诉人温×,男,195×年12月5日出生,汉族,农民,住××县××镇×××村。

被上诉人马××,男,194×年12月30日出生,汉族,农民,住××县××镇×××村。

上诉请求:
1. 依法撤销××县人民法院(2004)×民初字第105号民事判决书;
2. 依法改判或者发回××县人民法院重新审理;
3. 本案一切诉讼费用由被上诉人承担。

事实与理由:

上诉人不服××县人民法院(2004)×民初字第105号民事判决书,现提起上诉,具体上诉事实和理由如下:

一、一审法院判决认定事实错误

牛××等七被上诉人辩称,其只是证明人,而非担保人,但其七人在借款合同上保证人处签章,这一事实已足以认定七人为本案担保人。在无证据支持和信用社不予认可的情况下,牛××等七被上诉人的辩称不能成立。而一审法院引用债权人与债务人串通骗取保证人保证的条款也缺乏依据,本案的事实是,牛××等七被上诉人均属时任和现任村干部,信用社假如要与村委会串通,势必要通过村干部也即牛××等七被上诉人进行,即使本案属于以贷还贷,七人亲自参与合同签订,不可能对所谓的借款用途不知,不存在所谓的信用社欺诈!

二、一审判决理由错误且与判决结果互相矛盾

一审法院通过所谓的以贷还贷认定,从而得出双方签订的借款合同属于"以合法形式掩盖非法目的"的无效民事行为!对于以贷还贷行为,从最高人民法院、河南省高级人民法院到××市中级人民法院,从司法解释、最高院和省高院及其他法院众多判例,均不认定以贷还贷违法,不知道××县人民法院从何处得出"以合法形式掩盖非法目的"的结论!一审法院在认定合同无效的情况下,作出的判决结果却也与合同有效时的判决结果毫无二致,令人百思不得其解。

三、一审法院判决适用法律错误

由于一审法院认定事实错误,判决理由错误且与判决结果互相矛盾,从而很自然地适用法律错误。

综上所述,一审法院判决认定事实错误、判决理由错误且与判决结果互相矛盾、适用法律错误,依法应当予以撤销。

此致
×××市中级人民法院

上诉人:××县××农村信用合作社
××年×月×日

【简析】撰写民事上诉状,除写全当事人的姓名、法人的名称及其法定代表人的姓名或者其他组织名称及其主要负责人的姓名及其有关事项,原审人民法院名称、案号和案由之外,关键是写好正文部分的"上诉请求"和"上诉理由"这两项内容。

上诉请求是上诉状的纲要和主线,要求明确、具体和完备,准确表述要求法院撤销原判决的全部或哪一部分,或要求对原裁判进行变更或重判,如何变更、重判。本案的上诉请求不够具体与完整。上诉理由必须针对原审判决的错误所在,依据事实和法律,以驳论的形式展开。

第三节 再审申请书和民事申诉状

 撮要

1. 再审申请书和申诉状的理由,关键是要突出一个"新"字。要提出新事实、新证据、新的分析认识。

2. 再审申请书一般诉讼时限较长,申请再审可以"在判决、裁定发生法律效力后两年内提出",甚至可不受时间限制。

3. 申诉状是在原生效裁判发生法律效力超过两年以上,当事人或社会上其他知情的公民提请再审时使用的;不但生效时间更长,而且提起再审申诉的主体范围也更广泛(不限于当事人及其法定代理人)。

一、再审申请书和民事申诉状扫描

再审申请书和民事申诉状是民事案件当事人、有独立请求权的第三人及其法定代理人等,对于人民法院已经发生法律效力的裁定、判决或调解不服,提请原审法院(包括一审或终审法院)或其上一级法院进行复查纠正的书状。其法律依据是我国

《民事诉讼法》的有关规定:"当事人对已经发生法律效力的判决、裁定,认为有错误的,可以向上一级人民法院申请再审"(第178条)。"对判决、裁定已经发生法律效力的案件,当事人又起诉的,告知原告按照申诉处理"(第111条第五项)。但是两者提起再审诉讼的条件和法律后果等有所不同。

再审申请书和民事申诉状与民事上诉状具有相同的目的,即都是为了使错误的裁判得到纠正。然而再审申请书和申诉状又有其明显特点:(1)在裁判执行过程中提出,而且"不停止判决、裁定的执行。"(2)诉讼时限较长,申请再审"在判决、裁定发生法律效力后两年内提出",甚至可不受时间限制。(3)递交再审申请书或申诉状,不一定引起再审程序的发生。(4)有新事实、新证据、新理由,法院才会受理。(5)一般采用立论与驳论相结合的写法。

再审申请书和申诉状是民事再审案件的专用书状,按照申请人的身份划分,可分为两种:一种是公民使用的再审申请书和申诉状;另一种是法人或其他组织使用的再审申请书和申诉状。

二、再审申请书和民事申诉状写作指要

再审申请书和民事申诉状的格式内容基本相似,但是由于两者在诉讼条件方面有一定差异,反映在格式上也有所区别,如标题、称谓、正文事项的名称以及致送司法机关对象等。这些区别必须在写作时有所体现。不过,这些区别多属于形式方面,就其内容实质而言,并无太大区别。

(一)首部

标题分别称为"再审申请书"和"申诉状";当事人分别称为"申请人"和"申诉人"(一般不写"被申请人"和"被申诉人"),可注明在一审或二审中的诉讼地位;案由写法是简括叙述原裁判情况和申诉原因:"申请(诉)人因××(案由)一案,对××人民法院×年×月×日×字第×号终审判决(或裁定)不服,特提出申诉,请求和理由如下"(转入正文理由部分)。如果申请(诉)人认为一审裁判正确,而终审裁判不当的,可作如下叙述:"申请(诉)人因××(案由)一案,××人民法院(一审法院)于×年×月×日作出×法民字第×号正确判决(裁定),但是××人民法院(终审法院)于×年×月×日×法民字第×号判决书(裁定书)予以改判,实属错判,因此特提出申请(诉),请求(申诉请求)和理由事项如下:"(转入正文理由部分)。

(二)请求事项和申诉请求

两者实质相同,都是体现本诉状的写作目的或中心意图,应当具体、明确、合法。一般是首先请求撤销生效判决,其次提出具体目的要求。例如一起预付款纠纷案,申请人不服终审法院的改判,提出申请再审,其请求事项这样写:"恳请最高人民法院撤销××自治区高级人民法院(19××)经字第×号民事判决,维持一审人民法院的判

决。"一方面请求"撤销"终审判决,另一方面请求"维持"一审判决,诉状写作的目的性很强,表达也很简明。

(三)申请或申诉理由

再审申请书和申诉状的理由,关键是要突出一个"新"字。要提出新事实、新证据、新的分析认识。不得以与上诉状中的同一事实和理由提起再审申请;尤其要抓住要害问题,有针对性地进行阐述和驳辩。基本方法是:首先要指明原裁判的错误,然后指出导致错误裁判的具体原因,即说明原裁判在认定事实、适用法律及履行诉讼程序等方面的错误,最后提出申诉请求。具体写法,应注意下面几点:

第一,安排好层次。指出原裁判的错误内容,进行批驳,必须注意分清主次,恰当安排先后顺序。一般说,以先主后次为宜。因为主要问题澄清了,次要问题即迎刃而解。如果申辩的内容较多,可以采取列"小标题"和"条文式"的方法。或者先分别提出论点进行批驳,然后予以总括;也可以先总括理由,然后分别具体申述。

第二,要有鲜明的针对性。申请(诉)人认为原裁判错误或不当,对其"错因"是怎么分析的?是由于认定事实不准,还是由于适用法律不当?或者由于违背了诉讼程序规定?都需要针对具体原因,用相应的事实、证据、法律、法规以及政策等加以驳辩。如果原裁判内容有多项,还应说明是对全部裁判内容均不服,还是仅对其中某项不服,这些都应该写得非常明确。

第三,用事实、证据和法律进行驳辩。申请(诉)理由应针对导致原裁判错误的具体原因,分别不同情况据理反驳。或者陈述事实真相,或者提出确凿有力的证据,或者引证相应的法律条款,或者综合运用法律、逻辑及其他专业知识,进行合理、合法、合情的分析。在充分论证的基础上,提出纠正原错误裁判的诉讼请求。例如一份宅基地纠纷案的申诉状:申诉人对原审法院的调解书和终审裁定书的决定不服,从事实和法律两个方面进行申辩,请求撤销原裁定,落实划拨宅基地的许诺。其中用事实驳辩很有特色。首先概括指出"××地区中级人民法院××年×月×日的民事调解书,超出了双方当事人和××地区中级人民法院的权力范围",然后具体地叙述、说明事实真相,并予以分析论证。

第四,要有实事求是的态度。写申请(诉)理由,必须实事求是,有一说一,有二说二,经得起调查;同时应注意以理服人,不强词夺理,上面一段引文,颇值得借鉴。应注意不作无理申请或申诉,无理缠讼徒费精力。

(四)尾部

包括写明致送法院(或人民检察院)名称,生效裁判文书抄件申请(诉)人签署,附注证据情况等项。

此外,再审申请书和申诉状的语言,应力求恳切、精要,有较强的逻辑性和申辩色彩。

三、再审申请书和民事申诉状的结构和写法

（一）再审申请书的格式内容

再审申请书

申请人：[姓名、性别、出生年月日、民族、职业或工作单位和职务、住所或常住地]（法人或其他组织、个体工商户，分别写明其名称、地址、法定代表人或代表人、主要负责人或业主的姓名、职务、或详细身份事项）

法定代理人：[姓名等身份事项及与申请人的关系]

委托代理人：[系律师的，只写其姓名、工作单位和职务]

申请人××对××人民法院××年×月×日（×）×字第×号判决（或裁定）不服，申请再审。

请求事项：（略）

事实与理由：（略）

此致

××人民法院

申请人：（签名或盖章）
××年×月×日
（法人等组织加盖公章）

附：原审判决书（或裁定书）复印件1份

（二）民事申诉状的格式内容

民事申诉状

申诉人：[姓名、性别、年龄、民族、职业或工作单位和职务、住所或常住地]（法人或其他组织以及个体工商户，应依次列写名称、地址；法定代表人或代表人、主要负责人的姓名、职务以及业主的各种身份事项）

法定代理人：[姓名、性别等各种身份事项及与申诉人的关系]

委托代理人：[系律师的，只写姓名、工作单位和职务]

申诉请求：（略）

申诉理由：（略）

此致

×××人民法院(或人民检察院)

申诉人：(签名或盖章)

××年×月×日

(法人等组织加盖公章)

附：原审判决书(或裁定书)抄件1份

四、实用示例

☞【例文一】

再审申请书

申请人：××省乡镇企业供销公司，住所地×市×路×号。

法定代表人：王××，主管经营的主任。

委托代理人：齐××，××律师事务所律师。

申请人××省乡镇企业供销公司对××自治区高级人民法院×年×月×日[2006]经字第×号民事判决申请再审。

请求事项：恳请最高人民法院撤销××自治区高级人民法院[2006]经字第×号民事判决，维持一审人民法院的判决。

事实与理由：××自治区高级人民法院(二审法院)的判决违反了"以事实为根据，以法律为准绳"的原则，导致二审判决错误。具体事实和理由如下：

一、事实叙述片面

本案的事实原是清楚的，但由于二审法院处理此案的观点不端，所以对事实的叙述有极大的片面性，这里仅举一例就足以说明。判决书叙述说："××工商银行(按：一审被告)贷给服务中心(按：申请人。即一审原告的合同单位)50万元，双方协议订明：服务中心除承负利息外，按贷款5%付给手续费25 000元，城关供销社为其担保单位……"但是在处理此案时，对担保单位的责任，在判决中不加以叙述，更不追究其应负的责任，法院这样做，目的是为了偏袒××县工商银行，为银行非法扣我预付贷款找条件，所以说，二审法院办案不是依照"以事实为根据，以法律为准绳"的原则处理问题的。

二、判决不当

二审法院否决一审判决(判令被告返还预付款326 459.84元，连同利息24 699.95元，共计351 159.79元)，不合理、不合法，实为错判，理由：(一)二审判决书认定服务中心与我公司签订的合同无效,其主要责任在服务中心,一审法院也是这样认定的。根据我国《合同法》规定:"经济合同被确认无效后,当事人依据该合同所取得的财产,应返还给对方。"一审法院是这样依法办理的,可是二审法院就违背自己认定的事实,判决××县工商银行扣留我们的预付款是"正当的",岂不自相矛盾吗?(二)二审判决书引用国务院《关于严禁预收、预付货款的通知》,说明××县工商银行扣留我们的预付款是合法的,这是极大的歪曲!国务院的通知只是不允许再搞预收、预付货款,但没有规定搞了就可以没收、扣留。(三)预付款的所有权属于谁,也是二审判决书错误认定的一个方面。二审判决书把预付款的所有权认定属于服务中心是极其错误的。预付款和定金在性质上基本相同,《合同法》规定:"经济合同履行后,定金应当收回,或者抵作价款。"其意非常明白:所有权属于交定金(预付款)的一方。《民法通则》第72条规定:"财产所有权从财产交付时起转移。"服务中心与我们签订的合同没有履行,当然就谈不上所有权转移的问题。

通过以上所述,说明二审法院否定一审法院的判决是没有道理的,也是与法相违背的,恳请最高人民法院撤销二审判决,维持一审判决。

此致
中华人民共和国最高人民法院

申请人:××省乡镇企业供销公司
法定代表人:王××
××年×月×日

附:1. 一审判决书一份。
　　2. 二审判决书一份。

【简析】这份再审申请书针对原判决在认定事实和适用法律上存在的偏差提出撤销二审判决,维持一审判决的请求。格式规范,再审请求明确,事实和理由部分简洁明了,是一份写得不错的法律文书。

☞**【例文二】**

民事申诉状

申诉人:××省乡镇企业供销公司,住所地×市×路×号。
法定代表人:王××,主管经济的主任。
委托代理人:齐××,××律师事务所律师。
被申诉人:××县工商银行,住所地×市×路×号。

法定代表人：邓××，行长。

案由：扣划款项纠纷。

申诉人不服××自治区高级人民法院(××)经上字第×号民事判决书。我们认为二审判决违反了"以事实为根据，以法律为准绳"的原则，其事实和理由如下：

一、事实部分。正如判决书所说是清楚的，但由于二审法院处理此案的观点不端，所以对事实的叙述有极大的片面性。这里仅列举两例就足以说明：(一) 判决书第二项叙述道："××工商银行贷给服务中心50万，双方协议订明；服务中心除承负利息外，按贷款5%付给手续费2 500元，城关供销社为担保单位……"但是在处理此案时，对担保单位的责任，在判决书中不加以叙述，更不追究其应负的责任。法院这样做，其目的是为偏袒××县工商银行，为银行非法扣款而视为合法找条件，所以说二审法院办案不是依"以事实为根据，以法律为准绳"的原则处理问题。(二) 再如判决书第2页第7行叙述说："×年×月×日被上诉人汇给服务中心贷款两笔，共计432 600元……"我们汇给服务中心的实为"预付款"，合同上有规定，而判决书第3页倒数第2行结论部分也承认是"预付款"，但在处理时却按照"贷款"认定。"预付款"和"贷款"是两回事，其核心是所有权的问题。"预付款"的所有权属预交的一方，起着定金的作用；"贷款"是成交后购买物品的款，其所有权属出售货物一方。而二审法院故意把"预付款"说成"贷款"，其目的仍是为××县工商银行强行扣划我们的款披上合法化的外衣，替其开脱。上述两例，充分说明二审法院没有尊重事实，没有依法办案。

二、理由部分。二审法院否决一审判决，不合理、不合法，实为错案。(一) 二审判决书第3页倒数第4、5行认定：服务中心与我公司签订的合同无效，其主要责任在服务中心。一审法院也是这样认定的。根据《合同法》规定："经济合同被确认无效后，当事人依据该合同所取得的财产，应返还给对方。"一审法院是依法办理的。可是二审法院就违背自己认定的事实，判决××县工商银行扣留我们的预付款是正当的，岂不自相矛盾吗？(二) 二审判决书引用国务院《关于严禁预收、预付货款的通知》，说明××县工商银行扣留我们的预付款是合法的。我们认为这是极大的歪曲。国务院的通知只是不允许再搞预收、预付货款，但没有规定搞了就可以没收、扣留；(三) 预付款的所有权属于谁，也是二审判决书错误认定的一个方面。我们认为二审判决书把预付款的所有权认定为服务中心是极大的错误。预付款和定金在性质上基本相同，《合同法》规定："经济合同履行后，定金应当收回，或者抵作价款。"其意非常明白，所有权是属于交定金(预付款)的一方。《民法通则》第72条规定,财产所有权的转移,是指"财产交付时起转移"。服务中心与我们签订的合同没有履行,当然就谈不上所有权转移的问题。

通过以上几点,说明二审法院否定一审法院的判决是无道理的,也是与法相违背的。

三、判决问题。二审法院的判决都是主观臆断,缺少法律依据。从整个判决书来看,没有引用一条实体法上的条款,这样的判决书,又是出于高级法院之手,实在是罕见之事。凡法律上有规定者,一律不办。例如担保单位连带责任问题,《合同法》规定得清清楚楚,可是二审法院不去追究担保单位的法律责任,而是支持××县工商银行扣留我们的款……

总之,×××××高级人民法院对此案的判决是错误的,恳求最高人民法院给予撤销,维持一审人民法院的判决。

申诉人:××省乡镇企业供销公司
法定代表人:王××
××年×月×日

附:
1. 本状副本1件。
2. 一审判决书1份(复印件)。
3. 二审判决书1份(复印件)。

【简析】民事申诉状也是属于诉状类的法律文书,它主要用于对已经生效的民事判决书或民事裁定书不服而提出的申诉请求,但必须符合法律规定的条件,否则,法院不予受理,所以民事申诉状的制作要求较高。这份民事申诉状从原审判决事实认定错误,适用法律不当出发,阐述自己的观点,请求撤销二审判决,维持一审判决。不足部分在于申诉请求格式不规范,只是在民事申诉状的最后提出申诉请求。

第四节 民事答辩状

撮要

1. 充分认识到民事答辩状的重要性,民事答辩状将会影响到判决结果。
2. 要抓住民事起诉状中那些与事实不符、证据不足、缺少法律依据、不符合情理的内容,进行答复和辩解。
3. 在辩驳中,运用不同的反驳方法,做到有破有立,尽量做到持之有故,言之成理,以达到驳斥对方立论、阐明自己观点的目的,使己方能在诉讼过程中处于优势地位。

一、民事答辩状扫描

民事答辩状是民事案件的被告、被上诉人或者被申请(诉)人针对民事起诉状、民事上诉状或者民事再审申请书以及申诉状的内容,依法作出回答表示承认侵权事实或者驳辩的书状。《中华人民共和国民事诉讼法》对民事答辩状的提出,作了明确规定:"人民法院应当在立案之日起五日内将起诉状副本发送被告,被告在收到之日起十五日提出答辩状"(第113条)。这是关于一审答辩状的规定。二审也规定,被上诉人应在收到上诉状副本之日起十五日内提出答辩状,并同时提交上诉状副本(第150条)。民事诉讼法虽然没有对再审程序的答辩状作出具体规定,但根据再审程序按第一审或第二审程序进行的规定(第186条),可以理解为与一审、二审的规定是一致的。提出答辩状,是法律赋予处于被告地位的案件当事人的一种权利,一种自我保护的手段。被告、被上诉人、被申请(诉)人也可以放弃这种权利,不提出答辩状。"不提出答辩状的,不影响人民法院审理"(第113条、第150条)。民事答辩状,属于应诉文书,是一种富有论辩性和实用性的书状。

民事答辩状主要有三方面的作用:(1)全面披露案情真相,便于法院"兼听"当事人双方意见,作出公正裁判;(2)有助于保护答辩人的合法权益;(3)是答辩人的诉讼代理人发表代理词的基础。

民事答辩状按其所在程序的不同,分为一审民事答辩状、二审民事答辩状和再审民事答辩状;按其提出答辩主体的不同,分为公民(自然人)民事答辩状和法人或其他组织民事答辩状。

二、民事答辩状写作指要

如前所述,民事答辩状的写作目的是回答、反驳对方诉状的诉讼请求。换句话说,民事答辩状的写作目的与民事起诉状、民事上诉状、再审申请书和申诉状的写作目的是互相矛盾的,甚至是针锋相对的。从诉讼程序来说,民事起诉状、民事上诉状、再审申请书和申诉状是"先发制人",而民事答辩状则是"后发制人"。答辩人要想达到预期的目的,须注意以下三点:

(一)做好答辩准备

要全面熟悉对方当事人的诉状内容,列出可辩事项;要抓住要害,确定答辩重点。如:纠纷起因、争执焦点、证据等;要设计答辩内容的层次(一般可采取先主后次法);准备好过硬的证据(人证、物证、书证和法律依据)。

(二)充分论证答辩理由

答辩理由应有针对性,即应针对对方诉状的诉讼请求进行驳辩。开头可概括说

明对其诉讼请求的基本看法,然后根据实际情况,从事实、法律、逻辑等方面展开论辩。一般采取以下具体方法:

第一,针对其不实之词进行反驳。客观案情是构成行为性质和判断是非的根据。虚假的事实必然导致错误的判断。因此,要想澄清是非、否定对方的诉讼请求,其最有效的方法是指明其所谓"事实"的虚假性,一般可采取说明事实真相与举证相结合的写法。比如有一份关于婚姻案的一审答辩状,其中针对原告起诉状所谈事实反驳说:

> 原告在起诉状中说"婚后感情不和,夫妻关系彻底破裂",这与事实不符。×年×月,经人介绍,我与纪××(原告)认识,经过自由恋爱,×年×月结婚。婚后夫妻感情很好,家庭和睦。结婚21年来,我们生有四个子女。在日常生活中,我们共同劳动,共同抚养子女,夫妻之间也能互相关心、互相照顾,彼此的感情是深厚的。例如×年我生二儿子时,身体不好,原告主动操持家务,照顾我休息,一勺一勺地为我喂药、喂水、喂饭。就在原告提起离婚诉讼后,我们谈及此事,见我伤心哭泣,原告也流下眼泪。这怎么能说我们夫妻"婚后感情不和,夫妻关系彻底破裂"?近年来,我发现原告在作风上有不检点之处,即向其指出,进行批评,并向其所在单位领导反映了情况,目的在于提醒原告加以注意,避免犯错误。为此,我们之间产生了一些矛盾。但每次发生矛盾,往往都是事过即和。原告几次外出居住,也都时间不长,即主动回家生活。我们夫妇之间虽有一些隔阂,但完全有和好的可能,所谓"感情彻底破裂"是不真实的。

上述理由的写法,显然是用说明事实真相的方法,反驳对方虚捏的"事实";有鲜明的论点,有具体真切的事实,有明确的结论,反驳很有说服力。

第二,针对其举证错误进行反驳。证据与案件事实密切相关,证据虚假,必然反映事实的虚假或论证的荒谬。因此,用确凿的证据,指驳对方诉状举证的虚假、不当,是反驳其诉讼请求的最有力、最简捷的方法。例如,一份关于汇票赔偿案的答辩状,在指明答辩人(某银行分理处)"办理原告(某公司)转账银行汇票手续完备无误"之后,针对原告为了把巨款被人骗走的责任强加给答辩人(被告)而曲解法规(证据)的行为,作如下反驳:

> 原告在起诉状中援引《银行结算办法》第13条第13款,关于"未在银行开立账户的收款人持银行汇票向银行支取款项时,必须交验本人身份证件或兑付地有关单位足以证实收款人身份的证明……",妄图追究我行责任。其实在起诉状中自诩其有"多次办理银行汇票经验"的原告,是全然没有银行汇票常识的。原告所引用的上述条款,指的是:未在银行开立账户的收款人亲自持银行汇票到银

> 行领取票款,银行经办人员在办理支付款项时的审查手续。原告在起诉状里根据自己的需要,别有用心,乱摘条款,以此卑劣的手法讹赖我行,这是绝对不能得逞的。

该答辩状先写明起诉状所引"证据";然后说明所引证据不当;最后指出其"别有用心,乱摘条款","讹赖我行",批驳简洁有力。

上述两种方法,都是从事实(证据)方面驳辩。

第三,针对对方理由论证的错误进行反驳。无理的诉讼请求,难免在说理过程中出现语言逻辑混乱,观点与材料相矛盾,违背常情事理等破绽;答辩状如果能够准确而尖锐地指出这些破绽,常可以出奇制胜,使对方当事人陷入被动局面。例如一份印刷纠纷的答辩状,针对上诉状中不服原审裁判的两点理由("没有故意违背专用发票审批手续";"受托方承印的发票质量有问题"),从逻辑、事实方面"按实击虚"予以批驳:

> 被答辩人(上诉人、原审被告)否认"有意违背专用发票审批手续"的理由有二:一是"我厂准备在承印单位同意后,再向财税部门报批"。因为"未得到承印单位的通知,不知什么单位承印,又怎能去完善报批手续呢?"请注意"完善"二字,应理解为"事后补办";同时也说明被答辩人事前未报批,纯属明知故犯。其理由之二是:"介绍信只起联系作用,不能作为印刷发票的惟一合法手续。"从而指责法院"没有分清责任的主次和进行深入细致的调查"。这纯属强词夺理!实际情况是:杨××受托之后,先来我厂口头联系;取得我厂同意承印后,才回该厂将介绍信及样本拿来。正式付印前,杨××和该厂副厂长黎××也来我厂看过样品。直到印完后通知提货时,该厂才发现黎在托印时,将印一万份(每本25个号,一个号一式五份,折合为400本)误写成了"一万本"!一字之差,谬以千里。但木已成舟,无法挽回,势必将造成若干年积压,故不敢提货。这完全是该厂经办人明显的工作过失造成的。在不得已的情况下,黎××只好来我厂协商提一半。我厂因该发票系印有厂名的专用发票,其他单位不能使用,未予同意。黎只好将转账支票交我厂财务部门。但在取货时,黎又面对一大堆发票发愁。为了推卸责任,就借口质量问题,慌忙将支票强行收回,拒绝提货。这就是事情的始末。事实俱在,岂能推卸责任!

这段答辩文字机敏、锋利,有较强的说服力。能够抓住上诉状的两点理由的要害,即强词夺理、装点虚饰,从语言逻辑、事实经过、目的动机等不同角度,采取边叙、边议、边驳的方法,使对方诉状的理由失去依据。"皮之不存,毛将焉附?"因此,上诉人要求答辩人(即被上诉人)"赔偿经济损失"的诉讼请求,也就不能成立了。

以上三种驳辩的方法，须因案情而异，并且应该实事求是，切忌无理强辩，玩形式逻辑。同时，还可以根据原审、终审情况，在二审、再审答辩状中适当对法院判决予以肯定或赞赏。

（三）据理提出答辩意见

论证答辩理由，不是最终目的。最终目的是提出答辩意见，即在驳辩的基础上，概括综合答辩内容要点，提出主张，否定对方诉状中的诉讼请求，一般写法是先用"综上所述"作为领述词，然后依据法律说明答辩理由的正确性，根据事实和证据，说明自己行为的合理化；最后明确提出答辩请求。如："基于上述事实和理由，请求人民法院驳回上诉人的全部请求，并判令上诉人每月给付答辩人赡养费50元。"

民事答辩状的写作目的与民事起诉状、上诉状、再审申请书和申诉状的写作目的是互相排斥的，甚至是针锋相对的。从诉讼程序来说，民事起诉状是"先发制人"，民事答辩状属于"后发制人"。为了最终否定对方当事人的诉讼请求，使之败诉，制作民事答辩状需要注意以下几点：（1）充分做好答辩准备，包括熟悉对方诉状内容，发现可辩事项，抓住关键，确定答辩要点等；（2）掌握充分而过硬的证据；（3）精要地论证答辩理由。论证答辩理由，要针对对方诉状的诉讼请求及其主要理由（根据）进行驳辩，一般可从三个方面入手：（1）针对其不实之词予以反驳（采用说明事实真相与举证相结合的方法）；（2）针对其举证错误、举证不当或者虚假进行反驳。举证不当或者虚假，即反映事实的虚假或论证的谬误，因此，用正确的或确凿的证据指驳其举证错误，是最有力的方法；（3）针对其论证错误予以反驳。违法悖理的诉讼请求，往往会在论证理由过程中暴露出虚饰装点、自相矛盾、逻辑混乱等"破绽"，如果答辩状敏锐地指出这些"破绽"，就可以使对方当事人陷入被动境地。上述三种方法，并非纯属"技巧"，而是以事实和法律为根据的。此外，答辩状的语言应当鲜明、锋利、朴实、诚恳。对双方的争执点，须要分清是非，并须实事求是；既要坚持己是，也要承认彼之所是。切忌偏激，强词夺理。

三、民事答辩状的结构和写法

（一）自然人民事答辩状的格式内容

民事答辩状

答辩人：[姓名、性别、年龄、民族、职业或工作单位和职务、住所。（在称谓"答辩人"之后，除一审"被告"外，应括号注明其在不同程序的诉讼地位，如"被上诉人"、"被申请（诉）人"）]

法定代理人（与答辩人关系）：[姓名、性别、年龄、民族、职业或职务、工作单位或住所]

委托代理人：[系律师的，只写明姓名、工作单位和职务]
　　答辩人因原告（或上诉人、申请人、申诉人）×××（姓名或名称）提起……（案由）诉讼一案，现提出答辩如下：[或者写："答辩人于×年×月×日收到你院转来原告（或上诉人、申请人、申诉人）×××（姓名或名称）提起……（案由）之诉一案的起诉状副本（或上诉状、再审申请书、申诉状副本），现提出如下答辩：（略）"]
　　此致
××人民法院
　　附：本答辩状副本×份

答辩人：（签名）
××年×月×日

（二）法人或其他组织民事答辩状格式内容

民 事 答 辩 状

　　答辩人：[法人或其他组织名称]
　　地址：
　　法定代表人：[姓名、职务、电话]（其他组织、个人合伙写明主要负责人姓名、职务；个体工商户，应写明业主姓名、性别、年龄、民族、住所）
　　答辩人因原告（或上诉人、申请人、申诉人）×××（姓名或名称）提起……（案由）诉讼一案，现提出答辩如下：[或者写："答辩人于×年×月×日收到你院转来原告（或上诉人、申请人、申诉人）×××（姓名或名称）提起……（案由）之诉一案的起诉状（或上诉状、再审申请书、申诉书）副本，现提出如下答辩："]
　　此致
××人民法院
　　附：本答辩状副本×份

答辩人：（盖章）
××年×月×日
（加盖公章）

　　民事答辩状的两种格式只是答辩主体有别，其他结构内容的写法是相同的。
　　(1) 首部。标题为"民事答辩状"，不可写作"答辩词"，也不必写作"民事上诉（或申诉）答辩状"之类。称谓"答辩人"之后，应括注"被上诉人"或"被申请（诉）人"（一审答辩状无须写明"被告"）。案由的说明方法有两种，都是程式化的。案由之后，应另起一段转入答辩状的正文。(2)正文。主要内容是写明答辩理由或意见,应针对起诉状、上诉状、再审申请书或申诉状的内容进行回答。态度应当实事求是,确有侵权行为予以承认,无侵权行为予以辩驳。(3)尾部。内容包括致送法院名称、附注答辩状副本份数(与对方当事人人数相等)、证据、答辩人签署等。

四、实用示例

☞【例文一】

民事答辩状
（一审）

答辩人：黄××,男,×年×月×日生,退休工人,住××区粮店××号。

被答辩人：××区服装一厂,住所地×市×路×号。

法定代表人：胡×光,厂长。

答辩人因原告(被答辩人)××区服装一厂诉建筑纠纷一案,现提出如下答辩：

原告因翻建厂房,在我自有房后施工,准备盖两层楼。原告施工的南墙与我的北墙相邻,距离仅70公分。我的住房是二层楼,上下各三小间筒子房,第一层只有80公分见方的一个窗子,与原告计划修建中的男女厕所窗子基本相对,原告的建筑将会遮住我室内的光线,建成后的厕所将会污染我室内的空气。我几次与原告交涉,但原告根本不考虑我的意见,仍然继续施工。我出于不得已,才拆了原告南墙的东段(约1米长),为此,原告人让我负担工程损失。我认为这是毫无道理的。

原告计划施工中的二层是一个车间,将安放几十台缝纫机,我楼上有两个窗子与原告人的车间正好相对,原告一旦竣工生产,机器的震动噪声,对我家无疑是一种干扰。工厂一般是两班倒,我们会昼夜不得安宁。

建筑房屋、修建厕所,应考虑到他人的合法权益,如果损害公民的健康,影响邻人的生活和休息,应当承担民事责任。原告强调建筑图纸经市规划局批准,不能随便更改,纯属借口,不能成立。规划局批准建筑也不能不遵循照顾相邻关系的原则。原告必须考虑我的合法权益,改变设计,或者为我调换相当的住房,按搬迁处理。

此致

××市××区人民法院

答辩人：××

××年×月×日

☞【例文二】

民事答辩状
（二审）

答辩人（被上诉人）：××××资源技术开发公司，住所地××市××区××路×号。

法定代表人：刘×国，经理。

被答辩人（上诉人）：××××发展有限总公司，住所地××市××大道××号。

法定代表人张×洲，经理。

答辩请求：

1. 依法维持一审判决第二项及对诉讼费的判决。
2. 依法维持答辩人的胜诉权。
3. 上诉费用由被答辩人承担。

答辩事实和理由：

一审判决对《还款计划》的事实认定和所适用的法律都是正确的。

×年×月×日被答辩人的法定代表人张×洲写好《还款计划》就给了答辩人，答辩人对该《还款计划》从始至终是接受的。因此，它具有还款协议的性质。一审法院认定"按有关法律规定，该还款协议属原告××××公司与被告××××公司达成的新的债权债务关系协议，应受法律保护。"是完全正确的。特别强调一点，答辩人在一审法庭上再次明确陈述接受《还款计划》，是对已经存在的事实的又一次肯定，根本不存在不接受的问题。这有庭审记录为凭。所谓的"胁迫"说法，不攻自破，因为就连上诉人也称"无其他证据佐证"，还提此干什么呢？一定要说"要约"的话，仅答辩两句话：被上诉人已经完全承诺了，故新的债权债务关系协议，当然应当受到法律的保护。一审法院适用法复[1997]第4号司法解释是完全正确的。再说什么"已经过了诉讼时效"的问题，只能说是对法律的一窍不通。

综上所述，请二审法院维持一审法院的判决，以使答辩人的合法权益得到法律的维护，驳回被答辩人的上诉。

此致

××市高级人民法院

答辩人：××××资源技术开发公司
法定代表人：刘×国
××年×月×日

【简析】民事答辩状是民事案件的被告、被上诉人或者被申请(诉)人针对民事起诉状、民事上诉状或者民事再审申请书以及申诉状的内容,依法作出答复和辩解的一种诉讼类文书。制作答辩状实际上是一种应诉的法律行为,是法律赋予被诉方的一种诉讼权利。这种诉讼权利的行使,有利于人民法院在审理案件中全面了解案情。制作答辩状必须遵循实事求是的原则,以争执的焦点为中心,将有关的主要事实和次要事实结合起来全面论证。当然还要针对对方的请求,抓住要害,有针对性地进行答复和反驳。案例一,是在一审中的答辩状,主要是针对起诉状进行答辩;案例二,是二审中的答辩状,除了针对上诉状外,还要分析原审判决书的内容。这两份民事答辩状用词准确,辩驳有力,比较规范。

 实践练习

1. 根据"第一节 民事起诉状"中涉及的案例,回答下列问题。

(1) 从格式上讲,该份民事起诉状由(　　　)、(　　　)、(　　　)三部分组成;其中的重点部分是(　　　),这部分内容包括(　　　)、(　　　)和(　　　)。

(2) 这份民事起诉状的理由部分是哪些?

(3) 此民事起诉状主要写了哪几方面的内容?

(4) 简述这份民事起诉状语言上的特点。

2. 根据下列材料写一份符合要求的民事起诉状,材料中未给出的内容,包括当事人的自然情况、受诉法院等可以虚拟。

> 乙未经甲授权,擅自以甲的名义与丙订立了一项买卖合同。合同订立之后,乙要求甲予以承认,甲一直不肯表态。乙只好通知丙暂缓交付出卖物。一段时间以后,甲向乙表示愿意承认其无权代理行为。但当乙将甲的决定通知丙时,方知道丙已将出卖物处理。丙要求乙赔偿因无权代理所造成的损失,乙认为,甲既已承认其无权代理,那么,其代理行为的一切效果即应归属于甲,丙所遭受的损失与乙无关;而甲则认为,丙从未表示撤回其意思表示,也未向甲进行过任何催告,在这种情况下,甲承认乙的无权代理行为;即导致乙、丙所订立的合同成为有效,故丙应当履行合同义务,否则,应承担违反合同的民事责任。三方各执一词,难辨是非,甲即向法院提起诉讼,要求追究第三人丙的违约责任。

3. 评析下列民事起诉状的优缺点。

民事起诉状

原告温州市××建筑工程有限公司,住所地浙江省温州市××路1号。

法定代表人××,董事长。

被告上海××有限公司,住所地上海市××路100号。

法定代表人××,董事长。

诉讼请求:

1. 判令被告支付工程款 2 602 762 元,及该款利息 5 万元(自 2005 年 9 月 1 日起,至判决确定的给付之日止,按银行同期贷款利率计算。)

2. 被告承担本案诉讼费用。

事实和理由:经过招投标,原、被告双方于×年×月×日签订了一份建筑工程施工合同。合同约定:原告承建被告的 1 号车间、辅助用房,建筑面积 7 439 平方米,采用固定价格,工程总价为 5 576 962 元,并对进度款支付的方式和时间进行了约定,如被告违约应支付应付款同期银行贷款利率的利息,如造成停工,工期顺延。合同签订后,原告按期完成了工程,并已竣工验收合格。但被告仅支付工程款 2 974 200 元,余款一直未支付。为保护原告的合法权益,特向贵院提起诉讼。

此致

上海市××区人民法院

具状人:温州市××建筑工程有限公司

××年×月×日

4. 根据"第二节　民事上诉状"中涉及的案例,回答下列问题。

(1) 从格式上讲,该份民事上诉状由(　　　)、(　　　)、(　　　)三部分组成;其中与民事起诉状相比较,增加的内容是(　　　)。

(2) 这份民事上诉状的上诉请求分几层表述,不足之处在什么地方?如何改正?

(3) 民事上诉状的事实和理由部分针对什么对象,采用什么方式展开?

(4) 简述民事起诉状和民事上诉状在制作时的不同方面。

5. 根据下列材料写一份符合要求的民事上诉状,材料中未给出的内容,可以虚拟。

×电脑公司委托其业务员甲到×地采购 100 台电脑。甲在购买电脑后,见该地有一种打印机销路很好,就用盖有×电脑公司公章的空白介绍信和空白合同书,与该地批发打印机的丙公司签订了购买打印机 50 台的合同。合同中约定:自合同签订之日起 5 日内发货,货到后付款。甲回到公司后即向公司领导汇报了购买打印机一事。公司领导认为,5 日内难以筹足货款,且打印机是否好销也说不准。于是,公司领导不同意购买打印机,并指示甲速撤销合同。甲即打电话给丙公司,而丙公司告知货已发出,不能撤销合同。丙公司于货到后即要求电脑公司付款,电脑公司则称并未让甲购买打印机,并已经过甲通知丙公司不同意购买。双方发生争执,丙公司遂起诉至法院。假定法院判决认为×电脑公司应当支付货款,理由是双方的合同已经依法成立,具有法律效力,×电脑公司收到打印机后理应支付货款。×电脑公司不服,认为合同是甲个人签的,公司并不知情,故接到判决书后准备上诉。

6. 评析下列民事上诉状的优缺点。

民事上诉状

上诉人:上海×建筑工程有限公司,住所地:上海市××区×街 345 号

法定代表人:××,总经理

被上诉人：上海×建筑设备租赁有限公司，住所地：上海市松江区×路43号

法定代表人：××，总经理

上诉请求：撤销上海市×区人民法院(2006)×民二(商)初字第××号民事判决书，发回重审或依法改判。

事实和理由：原判认定事实缺乏依据，适用法律不当。

一、原判认定上诉人尚欠被上诉人租赁费用480 970.32元，事实不清。上诉人实际欠款，包括钢管、扣件赔偿款为434 544元。

二、原判认定被上诉人有权按照原租赁合同主张违约金，与事实相悖。原租赁合同的有效期是从2004年2月8日至2004年12月。双方于2005年3月对租赁合同进行了结算。结算后，原租赁关系已经终止，双方形成了新的债权债务关系，而在新的债务关系中，并未约定付款的具体时间和违约金。2005年3月10日，双方形成新的租赁关系，但一直未进行结算，没有形成具体、明确的债务关系，被上诉人也无权主张违约金。

三、原判判定上诉人应支付违约金480 970.32元的相关事实不清。违约金是从何时计算？计算违约金的本金是多少？原判并没有查明。事实上，从2004年5月至2006年1月27日，上诉人每月都在支付租赁费，被上诉人从未提出过违约的请求。即使要计算违约金，也应从2006年2月起算。原判认定，上诉人在"2005年1月31日结算时，就已欠被上诉人747 886元，之后仅陆续支付了部分租金"，并依据这一事实认定上诉人主观恶意较大。这一认定不是事实。2005年1月31日结算确定的是所有已发生的租赁费用，此时，上诉人已支付租赁费用442 000元，实际欠款才305 886元，那么原判认定上诉人主观恶意较大的基础就不存在。原判虽对违约金作出了一点调整，但并没有依照合同法规定的标准进行调整。合同法规定，违约金调整的参照标准是"造成的损失"，而原判却过分强调违约金的惩罚性。在平等主体之间过分强调违约金的惩罚性，显然违背了平等、公平原则。

综上，故请求二审法院支持上诉人的上诉请求。

此致

上海市××中级人民法院

上诉人：上海×建筑工程有限公司

××年×月×日

7. 根据"第三节　再审申请书和民事申诉状"中涉及的案例，回答下列问题。

(1) 从格式上讲，再审申请书和民事申诉状在格式上都由(　　　)、(　　　)、(　　　)组成；其中的重点部分是(　　　)。

(2) 再审申请书和民事申诉状的主要区别是哪些？

(3) 制作再审申请书和民事申诉状的先决条件是什么？

(4) 再审申请书和民事申诉状在写法上与民事上诉状有何不同？

8. 根据下列材料写一份符合要求的民事申诉状，材料中未给出的内容，包括当事人的自然情况、受诉法院等可以虚拟。

×小学图书管理员甲的男朋友乙为本市新华书店销售部经理。2000 年该小学为订一至六年级语文和数学教学辅导材料，遂委托乙以其自己的名义定购 3 万册辅导书，总计价款 24 万元，双方约定在 2000 年底前，分三次交付货款，并且小学以学校财产设定了抵押担保。在该小学支付 8 万元首笔货款后即拿到了全部辅导书。但该辅导书发给学生后发现有 5 000 册存在严重质量问题而根本无法使用。2000 年底前甲调离该小学并与乙分手。新华书店要求乙付款，乙向其说明小学买书的情况。新华书店找到小学要求支付剩余书款，小学称甲已经调离单位，并且存在 5 000 册书有质量问题要求解除合同，拒绝支付剩余书款。假定一、二审法院均判决认定，小学应当将书款支付给新华书店，理由是双方的买卖合同有效，虽然有 5 000 册书有质量问题，但收货后没有及时提出，故书款仍应支付。请你为小学写一份民事申诉状。

9. 评析下列《再审申请书》的优缺点。

再审申请书

　　申请人葛××，女，×年×月×日生，汉族，××省××县人，×县建筑公司工人（已退休），住××镇××巷15号。

　　申请人葛××对××省××地区中级人民法院××年4月10日（××）×民终字第54号民事判决，申请再审。

　　请求事项

　　一、请求撤销××地区中级人民法院××年4月10日（××）×民终字第54号民事判决；

　　二、依法改判，请求确认申请人对××房产的所有权。

　　事实与理由：

　　一、我和傅×宝婚姻关系存续期间所买的房子，房款是我独自筹借，也是我独自承担偿还的，有债权人藏××、冯××等人证明。

　　二、买房子时，我的故夫、被申请人的父亲傅×宝公开表态：不与我共买此屋，并请沈××代书了不愿共买房子的声明报告。声明报告内容请见代书人沈××的书面证明。

　　三、一、二审法院只是泛泛地认定事实，援引法律条文。对于我所提供的证人证据是真是假不加调查核对、不分析、不驳斥，一股脑地下判。这样的判决怎能使人信服？

　　四、夫妻（婚姻关系）存续期间所得财产，应理解为包括双方或一方的劳动所得。如属这样的性质，其产权应为夫妻共同所有。我买的房子虽在婚姻关系存续期间，买房用款不是劳动所得，而是借债支付，还债又是在我故夫死后。第一、二审引用《中华人民共和国婚姻法》第十七条，只讲"夫妻在婚姻关系存续期间所得的财产，归夫妻共同所有"，而不提该条的最后一句"双方另有约定的除外"。

根据上述事实与理由,特申请贵院提审此案,依法判决,以保护申请人的合法财产权利并维护法律尊严。

此致
××省高级人民法院

附:1. 第一、二审判决书副本复印件各一份;
2. 房契影印件一份;书证八份。

申请人:葛××
××年×月×日

10. 根据"第四节 民事答辩状"中涉及的案例,回答下列问题。
(1)从格式上讲,民事答辩状由(　　　)、(　　　)、(　　　)组成。
(2)民事答辩状与民事起诉状的关系是什么?
(3)一、二审民事答辩状在制作时有无区别?
(4)简述民事答辩状语言上的特点。

11. 根据下列材料写一份符合要求的民事答辩状,材料中未给出的内容,包括当事人的自然情况、受诉法院等可以虚拟。

郭×松,男,1928年生,1956年结婚,1958年得一子,名叫郭×民。郭×松高中毕业后一直在××镇小学任教员,后任校长,住××县××镇××街10号。1978年妻子病故。郭×民初中毕业后在县城当工人,现在县城当×私企老板。

郭×松一家人住两间平房,过着清贫的生活。儿子现在县城工作,并在县城安家落户,平时儿子对他生活不闻不问,只是逢年过节回来看看。因此郭×松平时生活困难不少,幸运的是他得到了邻居同宗远房侄儿郭×平的照顾。郭×平既是他的侄儿,又是他的学生,两人关系密切。郭×平对郭×松很尊敬,虚心向他学文化,在生活上十分关心他,经常帮助郭×松家干重活、脏活、累活。特别是郭×松退休后,郭×平对他关怀备至,使他感到心情舒畅,生活愉快。郭×平照顾郭×松,得到了群众的赞扬。

由于郭×松办学有方,使××镇小学成为县和市先进单位,多次受到表扬。他本人也被评为先进教师,多次得到县、市以及镇上的奖励。1988年,他用多年积蓄翻建了三间新瓦房,室内也装修一新。1990年正式办了退休手续,在家安度晚年。

郭×松为了对郭×平多年来的无私帮助表示谢意,于1996年10月1日邀请本镇副镇长王××、现任镇小学校长李××到家,当着他们的面自书遗嘱一份,并请他们做遗嘱的见证人和执行人。王、李两人同意,并在遗嘱上签了字。10月10日还到县公证处办了公证手续。遗嘱一式四份,王、李两人各执一份另两份由县公证处保存。郭×松在遗嘱中写明:"我去世后,三间瓦房和家具等日常生活用品全部由郭×平继承,他人不得干涉。"

1998年3月1日,郭×松突发脑溢血死亡。因郭×民去外省市做生意,未回家为父亲送葬。丧事由郭×平办理。郭×平按照遗嘱继承了郭×松的房屋和家具等日常生活用品。

5月1日,郭×民回来,因父亲遗产继承问题,与郭×平发生纠纷,并于5月10日到××县人民法院状告郭×平。

郭×民起诉状摘要如下:

(一)被告郭×平对原告父亲郭×松的所谓照顾,并非"学雷锋,做好事",而是居心不良,其目的就是通过对父亲的"帮助",取得我父亲的信任和好感,从而使父亲糊里糊涂立下遗嘱,将房屋赠与他,达到夺取我家财产的目的。被告夺取我父亲全部遗产的举动,已使他照顾我父亲的卑鄙的动机目的昭然若揭。

(二)我是郭×松的亲生儿子,是其财产的法定继承人,根据《中华人民共和国继承法》第十条的规定,是第一顺序继承人,当然有权继承父亲的全部遗产。我只认法律,不认遗嘱。遗嘱不能凌驾于法律之上,而应当服从于国家法律。恳请人民法院依法办事,以维护国家法律的尊严。

(三)郭×松是我生身之父,有血缘关系,我虽在外工作,逢年过节常回家看望他老人家,父子关系不错,他不可能剥夺我的继承权。因此,我怀疑这份遗嘱不是我父亲真实意思的表示,很可能是在被告欺骗利诱下书写的,恳请人民法院查明事实真相,宣布遗嘱无效,确认我的继承权,维护我的合法权益。

原告人:郭×民,男,40岁,初中毕业,汉族,×私企老板,住××县××街××号。

答辩人:郭×平,男,30岁,初中毕业,汉族,××厂工人。住××县××镇××街14号。

12. 评析下列民事答辩状的优缺点。

民事答辩状

答辩人张××,男,1978年6月2日出生,汉族,上海市××公司员工,住上海市××路35号。

被答辩人李××,女,1978年2月2日出生,汉族,上海市××公司员工,住上海市××路100号。

针对被答辩人诉答辩人房屋确权纠纷一案,提出如下答辩意见:被答辩人的请求不符合事实,也缺乏依据,请求予以驳回。

1. 被答辩人的请求只是凭空猜测,缺乏事实依据。从整个庭审过程看,被答辩人虽然提供了九组证据,但都不能作为本案证据使用。第一组证据是被答辩人的自制材料,缺乏真实性,第二、三、四证据是关于被告家庭成员的房产情况,与本案不具有关联性,第五组证据是被答辩人归还给案外人张三××路房屋的投资款。购买××路房屋的50万房款中42万由张三投入,被答辩人将该房卖出后,归还张三35万元,其余款项尚未归还。被答辩人的存折只能证明被答辩人取款,不能证明7.1万元已经交给答辩人,故第五组证据也与本案无关联性,第六、七、八、九组证据更与本案没有关联。

2. 被答辩人认为系争房屋的购房款来源于××路房屋的销售款的主张也不成立。其一,××路房屋投资款50万元中的42万元系张三投资,××路房屋由被答辩人出售,得房款70万元,其中35万元归还了张三,其余款项仍在被答辩人手中;其二,××路房屋是2005年1月

17日出售,35万元是2005年2月8日转给张三,而系争房屋的购房款已于2005年1月31日支付了95万元,显然在时间上也无法吻合。

综上,被答辩人的诉请不能成立,应予以驳回。

13. 针对下列民事上诉状,写一份民事答辩状。

民事上诉状

上诉人浙江×集团建筑工程有限公司。住所地江西省××市××路2号楼。

被上诉人冯××,男,1967年3月9日生,汉族,系×供应站业主,住上海市××路××号。

上诉请求:撤销上海市××区人民法院(2006)×民一(民)初字第××号民事裁定书,确认上海市××区人民法院对本案无管辖权,将案件移送至有管辖权的上海市闵行区人民法院审理。

事实和理由:

一、本案三被告住所地和实际经营地均不在××区。第一被告的住所地在浙江省××市,实际经营地在上海市闵行区;第二被告的住所地在上海市闵行区;第三被告的住所地和经营地在江西省××市。

二、本案的合同履行地也不在××区。根据原告的诉状所述"由于被告所承建的工程均在江西××,故原告依合同第七条之约定,将被告所租赁的钢管及扣件运抵被告施工现场"。可见,合同履行地在江西省××市。

三、原审法院认为原审原、被告之间在合同中对管辖权有约定的认定不是事实。原审原告起诉所依据的《建筑设备租赁合同》的签约双方是××建材供应站和浙江××集团建筑工程有限公司上海分公司,而原审原告没有起诉浙江××集团建筑工程有限公司上海分公司,也就是说浙江××集团建筑工程有限公司上海分公司并不是本案的当事人。而本案的原审三个被告与被上诉人之间并没有签订过合同。根据合同的相对性原理,××建材供应站和案外人浙江××集团建筑工程有限公司上海分公司之间签订的合同对原审案件中的三被告不具有约束力,原审法院依据××建材供应站和案外人浙江××集团建筑工程有限公司上海分公司之间的合同来确定本案的管辖权显然缺乏法律依据。

综上所述,上海市××区人民法院对本案并无管辖权,应将案件移送至有管辖权的法院审理。

此致

上海市××中级人民法院

上诉人浙江××集团建筑工程有限公司

××年×月×日

第六编 经济论文

第十四章 论文写作的一般要求

 撮要

1. 选题、课题与文题既联系又有区别：课题是研究方向和范围；文题是论文的命名；选题是确定研究方向的重要突破口，标志着具体的科学研究过程的开始。

2. 选题原则要符合三个要求：正确——是理论和实践中需要研究的问题；深刻——对生产和科学有一定的推动作用；恰当——难易适中，有完成的可能。

3. 鉴别材料的真伪，包括材料的客观真实性和本质真实性；同时，还要对材料"质"和"量"两个方面都进行精密的鉴别。

第一节 论文的层次与基本要求

为了便于信息的收集、存储、处理、加工、检索、利用、交流与传播，我国颁布了一系列与此相关的国家标准，如《科学技术报告、学位论文和学术论文的编写格式》(GB7713—87)、《文后参考文献著录规则》(GB7714—87)等。根据这些标准，论文在结构上可以分成前置、主体、附录和结尾四部分，其中前置部分、主体部分是必须具备的，附录部分和结尾部分只是主体部分的补充项目，必要时才需要。

一、论文的层次与结构

一般来说，论文的组成部分和排列次序为题名、作者及工作单位、摘要、关键词、引言、正文、结果或结论（和建议）、致谢、参考文献和附录等。

根据国家标准《科学技术报告、学位论文和学术论文的编写格式》(GB7713—87)的规定，以及国外学术期刊的常规要求，一般格式如下：

前置部分 { 题名 / 署名及工作单位 / 摘要 / 关键词

主体部分 { 前言　实验部分 / 正文　结果 / 结论　讨论 / 致谢 / 参考文献 / 英文摘要

除了期刊论文和报告的格式外,还有单行本格式。学位论文大多采用这种形式。单行本的格式如下:

前置部分 { 封面、封二 / 题名页 / 序或序言(可节略) / 摘要 / 关键词 / 目次页(可节略) / 插图和附表清单 / 符号、标志、缩略词、首字母缩写、单位、术语、名词等注释表

主体部分 { 引言或前言 / 正文 / 结论 / 致谢 / 参考文献 / 英文摘要

附录部分

结尾部分 { 可供参考的文献目录 / 索引 / 封三、封底

二、论文的基本要求

下面对论文的组成部分和各部分的写作要求逐一进行讨论。

（一）题名

题名,又叫文题、题目、标题(或成"总标题",以区别于"层次标题"),是论文的总纲,是能反映论文重要的特定内容的最恰当、最简明的词语的逻辑组合。题名的一般

要求:准确得体,题名应能准确地表达论文的中心内容,恰如其分地反映研究的范围和达到的深度,不能使用笼统的、泛指性很强的词语和华而不实的辞藻;简短精练,题名应简明,使读者印象鲜明,便于记忆和引用。GB7713—87 规定,题名"一般不宜超过 20 字"。我们应把这"20 字"视为上限,在保证能准确反映"最主要的特定内容"的前提下,题名字数越少越好;便于检索,题名所用词语必须有助于选定关键词和编制题录、索引等二次文献,以便为检索提供特定的实用信息;容易认读,题名中应当避免使用非共知共用的缩略词、首字母缩写字、字符、代号等。

(二) 署名

个人的研究成果,个人署名;集体的研究成果,集体署名(一般应署作者姓名,不宜只署课题组名称)。集体署名时,按对研究工作贡献的大小排列名次。

(三) 摘要

摘要是对"论文的内容不加注释和评论的简短陈述"。根据有关规定,可以把摘要的写作要求归纳成如下几点:(1)用第三人称。作为一种可供阅读和检索的独立使用的文体,摘要只能用第三人称而不用其他人称来写;(2)简短精练,明确具体。简短,指篇幅短,一般要求 50—300 字〔依摘要类型而定〕;(3)精练,指摘录出原文的精华,无多余的话;(4)明确具体,指表意明白,不含糊,无空泛、笼统的词语,应有较多而有用的定性和定量的信息;(5)格式要规范。尽可能用规范术语,不用非共知共用的符号和术语。不得简单地重复题名中已有的信息,并切忌罗列标题来代替摘要。除了实在无变通办法可用以外,一般不出现插图、表格,以及参考文献序号,一般不用数学公式和化学结构式。不分段。摘要段一般置于作者及其工作单位之后,关键词之前;文字表达上应符合"语言通顺,结构严谨,标点符号准确"的要求。摘要中的语言应当符合现代汉语的语法规则、修辞规则和逻辑规则,不能出现语病。

(四) 关键词

关键词是为了满足文献标引或检索工作的需要而从论文中选取出的词或词组。关键词包括主题词和自由词两个部分:主题词是专门为文献的标引或检索而从自然语言的主要词汇中挑选出来并加以规范了的词或词组;自由词则是未规范化的,即还未收入主题词表中的词或词组。每篇论文中应专门列出 3—8 个关键词,它们应能反映论文的主题内容。

(五) 引言

论文的引言又叫绪论。写引言的目的是向读者交代本研究的来龙去脉,其作用在于唤起读者的注意,使读者对论文先有一个总体的了解。引言的写作要求:言简意赅,突出重点。引言中要求写的内容较多,而篇幅有限,这就需要根据研究课题的具体情况确定阐述重点。共知的、前人文献中已有的不必细写。主要写好研究的理由、目的、方法和预期结果,意思要明确,语言要简练;开门见山,不绕圈子。注意一起笔就切题,不能铺垫太远;尊重科学,不落俗套。

(六)正文

正文即论证部分,是论文的核心部分。论文的论点、论据和论证都在这里阐述,因此它要占主要篇幅。对正文部分写作的总的要求是:明晰,准确,完备,简洁。具体要求有如下几点:论点明确,论据充分,论证合理;事实准确,数据准确,计算准确,语言准确;内容丰富,文字简练,避免重复、繁琐;条理清楚,逻辑性强,表达形式与内容相适应;不泄密,对需保留的资料应作技术处理。

正文写作时主要注意下述两点:一是抓住基本观点,二是注重准确性,即科学性。

(七)结论和建议

结论又称结束语、结语。它是在理论分析和实验验证的基础上,通过严密的逻辑推理而得出的富有创造性、指导性、经验性的结果描述。它又以自身的条理性、明确性、客观性反映了论文或研究成果的价值。结论与引言相呼应,同摘要一样,其作用是便于读者阅读和为二次文献作者提供依据。

撰写的结论应达到如下要求:概括准确,措辞严谨;明确具体,简短精练;不作自我评价。

"建议"部分可以单独用一个标题,也可以包括在结论段,如作为结论的最末一条。如果没有建议,也不要勉强杜撰。

(八)致谢

现代科学技术研究往往不是一个人能单独完成的,而需要他人的合作与帮助,因此,当研究成果以论文形式发表时,作者应当对他人的劳动给予充分肯定并对他们表示感谢。致谢的对象是,对本研究直接提供过资金、设备、人力,以及文献资料等支持和帮助的团体和个人。

(九)参考文献

所谓"参考文献",即"文后参考文献",是指为撰写或编辑论著而引用的有关图书资料。参考文献著录的原则:只著录最必要、最新的文献;只著录公开发表的文献;采用标准化的著录格式。

(十)附录

附录是论文主体的补充项目,对于每一篇科技论文并不是必需的。为了体现整篇论文材料上的完整性,但写入正文又可能有损于行文的条理性、逻辑性和精练性,这类材料可以写入附录段。附录段大致包括如下一些材料:比正文更为详尽的理论根据、研究方法和技术要点,更深入的叙述,建议可以阅读的参考文献题录,对了解正文内容有用的补充信息等;由于篇幅过长或取材于复制品而不宜写入正文的资料;不便于写入正文的罕见珍贵资料;一般读者并非必要阅读,但对本专业同行很有参考价值的资料;某些重要的原始数据、数学推导、计算程序、框图、结构图、统计表、计算机打印输出件等。

(十一) 注释

解释题名项、作者及论文中的某些内容,均可使用注释。能在行文时用括号直接注释的,尽量不单独列出。

第二节　论文写作前的准备与构思

论文写作前的准备与构思,主要包括论文选题、材料准备、提纲拟制等三个主要方面。这三个方面不是线形关系,对上述三个方面问题的每一次思考都可能明晰对论题的认识,向顺畅写作迈进扎实的一步。为了叙述方便,本节从三个方面进行分述。

一、论文的选题

(一) 选题与课题、文题的关系

选题,就是指在对已获取的大量材料进行分析研究的基础上,提出问题,确定科学研究和论文写作的方向和目标。选题既包括科学研究的课题选择和确定,也包括学术论文的题目选择和确定。

课题,即本项科学研究的目的和对象,是在各学科领域中需要研究、探讨的尚未认识和尚未解决的特定问题,是研究者力求获得研究结果的具体研究项目。

文题,是研究者根据课题研究过程,通过具体材料提炼出观点和见解后,写成学术论文的标题。它直接或间接、具体或抽象、明显或隐蔽地体现学术论文的中心论点和主要内容。

课题和文题,两者既有明显的区别,又有密切的联系。课题研究是论文写作的前提和关键,论文写作是课题研究成果的总结,是表达课题研究成果的语言形式,学术论文写作通常是在课题研究完成之后进行的。没有一个恰当的科学研究课题,就没有一个恰当的学术论文题目;没有创造性的研究成果,也就没有创造性的学术论文。一个研究课题可以写成一篇或多篇学术论文,也可能写不出论文。文题并不一定就是课题的题目,因为一篇论文反映的不一定是课题研究的全部成果,只是其中最精彩的部分,或是某个侧面,或是某个专题,但文题只能在课题的内涵和外延之中,从研究范围来说,课题比文题要大得多。

简而言之,课题是研究方向和范围;文题是论文的命名;选题是确定研究方向的重要突破口,标志着具体的科学研究过程的开始。

(二) 选题的原则

在进行科学研究和学术论文写作中,要能够正确和恰当地选题,首先就应明了选题的标准和根据,也就是要明了选题的原则。选题原则要符合三个要求:一是问题提得正确,确实是理论和实践中需要研究的问题;二是问题提得深刻,解决这个问题对生产和科学有一定的推动作用;三是问题提得恰当,难易适中,有利于研究者充分发挥主观能动性,有完成的可能。具体说来,选题应遵循以下四条原则:需要性原则——目的原则;可行性原则——条件原则;合理性原则——科学原则;创新性原则——价值原则。

1. 需要性原则——目的原则

需要性原则是指选题要面向实际,着眼于社会的需要,讲求社会效益,这是选题的首要和基本原则,体现了科学研究的目的性,即目的原则。所谓需要,包括两个方面:一是根据社会实践需要,尤其是工农业生产的需要,这是它的社会意义;二是根据科学本身发展的需要,这是它的学术意义。或者两者兼有。

社会需要是科学发展的巨大动力,科学的发展又推动社会的进步。因此,选题一定要与国家建设和发展总目标相一致,否则,必将从根本上失去社会意义。此外,科学的发展有自身的逻辑,有自身的传统,有自身的特点和规律,有些课题并不完全都直接来自社会实践,不少是由科学发展的内部矛盾中提出来的。需要性原则的另一个方面,就是学科本身的发展需要。在选题时,要从整个科学发展的全局出发,认真考虑课题在科学体系中的地位,考虑它对科学发展的作用,以便找到一个具有重要学术意义的课题。这不仅是科学本身发展的需要,而且从一定程度上反映了人类知识和认识水平的不断丰富和提高。

当代科学的迅猛发展,已经渗透到社会生活的各个领域,越来越深刻地影响着社会的发展进程,一系列新兴科学技术出现重大突破,并逐步为人们所认识、所掌握,变成推动社会发展的巨大力量,所以社会需要与科学发展需要是相辅相成的。

遵循这一原则,在选题时必须注意:要选社会现实需要的课题;要选有应用价值的课题;要选亟待解决的课题;要选总结实践经验的课题。

2. 可行性原则——条件原则

可行性原则,是指在选题时要考虑现实可能性。可行性原则体现了科学研究的"条件原则"。一个课题的选择,必须从研究者的主、客观条件出发,选择有利于展开的题目。如果一个课题不具备必要的条件,无论社会如何需要,如何先进,如何科学,没有实现的可能,课题就是徒劳,选题等于零。

一切事物都是有条件的。所谓主观条件,是指研究者的知识结构、学术水平、研究能力、兴趣爱好、对课题的理解程度,以及献身精神等;所谓客观条件,包括经费来源、文献资料、实验场所、仪器设备、试验用原料、时间期限,以及相关学科发展水平等。

遵循这一原则,在选题时必须注意:量题而为、量料而为、量力而为;就熟弃生、扬长避短、以长克短、化短为长；宜实不宜空、宜专不宜泛、宜活不宜死。

3. 合理性原则——科学原则

合理性原则，是指选题不但要考虑是否满足社会和科学发展的需要，具有实用价值；考虑是否适应主、客观条件，比较切实可行；而且还要看课题本身是否合理。所谓合理性原则，也称科学原则，就是要求选题必须符合最基本的科学原理和客观实际，要有理论根据和事实根据。任何创造和发明、设想和预见，只有建立在过去业经证明的科学理论和成功的基础上，才有希望取得进展。诸如"永动机"、"水变油"等，这些永远实现不了的研究内容，就属于不合理、不科学的范畴。因此，凡属不合理、不科学的课题，即使其他条件具备，也不能列为课题。某些具体选题是否合理、是否科学的界限一时难以分清，要十分慎重，不要轻易下结论，要进行充分的论证后，才能最后确定。

遵循这一原则，在选题时必须注意：选纠正通说的课题；选破除迷信的课题；选澄清谬说的课题。

4. 创新性原则——价值原则

创新性原则，就是指选题要有新颖性、先进性，有所发明、有所发现，其学术水平应有所提高，以推动某一学科向前发展。

科学研究是一种创造性劳动，不断创新是科学劳动的生命，其显著特点是一个"新"字，新观点、新见解、新思想；用新方法解决新问题；用老方法解决新问题；用新方法解决老问题。这些"新意"，体现着人类对客观世界的不断开拓、不断认识和不断改造，符合时代发展潮流，具有时代精神。

创新性原则，体现了科学研究的"价值原则"。课题具有创新性的大小，是衡量科研成果和学术论文价值的重要标准。一个没有创新性的课题是没有什么价值的。

遵循这一原则，选题时必须注意：选居于学科前沿的课题；选填补空白的课题；选补充前说的课题；选突破禁区的课题；选借他山之石的课题。

（三）选题的途径和方法

选题的途径、方法和选题的原则是相互联系的。把握好选题原则，事实上大体领略了选题途径和方法。选题的途径和方法因地制宜、因人而异，各显其能，没有普遍灵验的妙法。从前人科学研究和论文写作实践的道路和经验中，也可探寻到某些选题的途径轨迹和基本方法。

1. 选题的途径

常用的较好的选题主要有三条：到社会实践中去寻找；到文献资料中去挖掘；到自己头脑中去开发。

（1）到社会实践中去寻找。就是要走向社会、走向现实，到社会实践中去寻找课题，这是选题的一条根本途径。当前，现代化建设的伟大实践中，出现了许多新情况、新问题,为我们开辟了科学研究和论文写作的广阔天地。在社会实践活动中,要注意搜集那些为社会所关心的共同问题。特别要注意在自己所学习、所从事的专业中,从容易被人忽略的地方去深入、去探寻,得到自己所需要的研究课题。

(2)到文献资料中去挖掘。就是要充分利用文献资料,去挖掘课题,这是选题的一条重要途径。文献是保存、传播科学研究成果的主要载体,通过文献资料的查阅,最容易了解本学科研究的历史和现状,特别是已确定了研究范围部分的研究历史和现状。

了解本学科的研究历史,能知道本学科中过去已进行了哪些研究,有些什么成果;了解本学科的研究现状,能知道现阶段的研究达到了什么程度,以及哪些问题尚未得到解决,本学科发展的新动向、新问题是什么。这两方面的资料挖掘得深、占有得多,情况就清楚,选题就不会盲目,就有进行创造想象的基础,就可能产生出新颖、独创的题目。否则,选题时心里一片空白,眼前一片茫然,什么样的途径、方法也无济于事。

要大量地查阅文献资料,储存丰富的科学知识,并对所储存的知识加以积极思考。一方面从前人思想与研究成果中获得启迪,从中发现问题,寻找题目;另一方面在深刻理解和掌握前人的知识与研究成果的基础上,去选取那些"更高层次"的课题。

(3)到自己头脑中去开发。就是要积极地运用思维能力和想象力,充分发挥自己大脑功能去开发选题,这是选题的一条特殊途径。选题是一个创造性的思维过程,这个过程不是只指一时一事,而是贯穿于选题的各个环节。严格地说,"到自己头脑中去开发"本身不是单独一条选题途径,它应是融合在各条选题途径之中。一个人良好的想象力品质表现为想象的现实性、独创性、生动性和丰富性。想象的现实性就是想象与客观事实相关的程度;想象的独创性就是想象标新立异的程度;想象的生动性就是想象表现的鲜明程度;想象的丰富性就是想象内容的充实程度。

2. 选题的方法

在科学研究和论文写作中,选题的方法多种多样,差不多每个人有每个人不同的选题方法。这里主要介绍常用的四种选题方法:抓住矛盾处、寻觅结合部、捕捉偶发事、开拓最前沿。

(1)抓住矛盾处。就是从有争论、有疑问、有较大难度的一些"矛盾处",去抓住和发现选题。

(2)寻觅结合部。就是从某些交叉学科的结合部,去寻觅和发现选题。

(3)捕捉偶发事。就是从偶然发生的事件中,去捕捉和发现选题。

(4)开拓最前沿。就是从别人未曾涉足或刚刚开始涉足的科学最前沿,去开拓和发现选题。

二、材料准备

材料准备包括搜集材料、梳理材料、鉴别材料、阅读材料、记录材料、选择材料、使用材料等环节。

（一）材料的梳理

梳理材料，就是把搜集得来的材料，按照选题的要求和材料的性质，通过分析、汇总和加工，把分散、凌乱、错综复杂的材料变成比较系统的、条理分明的材料。实际上，它是对材料的初选和粗选。梳理材料，重在一个"梳"字，要梳剪疏浚，通畅顺达。

（1）材料的分类。为选题所搜集的材料，范围不会太大，所以，一般不宜、也不必套用图书馆的分类法，而应根据实际需要，从有利于使用出发来分类。一般可采用观点分类法或项目分类法。

观点分类法，又称主题分类法或观点统领法，就是围绕观点来加工梳理材料。即以一个观点为统领，把与这个观点有牵连的论点、论据、论证方法与手段等材料汇总，组成一个材料系列。

项目分类法，就是按照材料内容的属性分项归类。梳理材料时一般可用纵横两种系列。纵系列，即按选题研究进程分成几个项目梳理；横系列，即按材料的种类分成几个项目梳理。

这种项目分类法，若项目分得细，可便于论文写作时参考引用。撰写实践型论文宜用此法。其中纵向法，为此类论文的写作勾勒了粗略的蓝图。

（2）材料的取舍。这个阶段材料的取舍，是与归纳分类同时进行的，主要目的是从总体上了解材料搜集的范围、数量和质量，把明显无用的材料淘汰掉，欠缺的抓紧补充。

（3）编制目录。经过梳理取舍的材料要编制目录，妥为存放，以备选用。

（二）材料的鉴别

鉴别材料，就是要解决对材料的"认识"问题，要认清材料的性质、判明材料的真伪、评估材料的价值、掂量材料的作用。简言之，就是要对材料进行质量上的评价和核实。鉴别材料，重在一个"严"字，要严格严密，真实可靠。

鉴别材料的过程，是对材料深入认识的过程。鉴别材料要抓住两个重点：一是鉴别真伪。材料的真实与否直接关系到研究和论文的成败。二是鉴别程度。同是真实的材料，还有个深浅程度的差别，这个差别在有些材料中表现得很细致，难以一眼看透，但往往在这细微中才能显示出高低上下，因此需要认真鉴别。程度的鉴别是"量"的控制，"量"的任何差异都不可避免地影响研究和论文的"质"。因此，要对材料"质"和"量"两个方面都进行精密的鉴别。

三、提纲拟制

提纲是论文的蓝图、雏形;拟制提纲,就是作者根据其确立的论点,选取相应的材料,把观点和材料排排队,综合成一个先后有序,前后思路清晰,能够说明问题的论文的轮廓。

篇幅短小的文章,一般不需要文字提纲,动笔前先打个"腹稿"就可以了。学术论文的篇幅较长,内容比较复杂,动笔写作前必须先拟制一个文字提纲。

(一)提纲的两种类型

1. 简要提纲。也称粗纲。它要概括地提示论文项目要点,把所要论述的问题大体排一排顺序,列出若干小项目,粗线条地把论文总体轮廓大致描绘出来,有点像工程中的"草图"。

2. 详细提纲。也称细纲。拟制细纲要求对各级论点、主要论据、论证方法等结构项目较为详细开列,显现出论文的主要骨架和梗概的基本面貌。

拟制提纲,无论粗纲或细纲,都应描绘论文的主要内容和基本结构。粗纲和细纲的采用,与论文所涉及的范围、复杂程度、篇幅大小,也与写作者的爱好、习惯有关。

(二)提纲的三种写法

1. 标题式。以标题形式把该部分的主要内容概括出来,每一部分都是一个标题式的短句或词语。此种写法的长处是:简洁、扼要、易记、一目了然,写作便捷,有效率;短处是:内容过于简单,只能自己明白,别人不易看懂、不易了解,时间长了,自己也会模糊不清。

2. 句子式。以一个能表达完整意思的句子把该部分的内容概括出来,每一部分都是一个完整的句子。此种写法的长处是:具体、明确,为论文提供了各段落层次的主题句,便于起草成文;短处是:不能一目了然,不便于思考,文字多,写起来较费力,效率低。

3. 段落式。用一段话把该部分的内容概括起来,每一部分都是一个段落的内容提要,是句子的扩充。此法精细、周详,为起段成文提供了坚实的基础。

第三节 论文的起草、修改与定稿

一、论文的起草

论文的起草,也称撰写初稿,或打草稿。就是按照拟制好的写作提纲的思路,运用语言文字,写作者把自己研究的初步成果和逐步形成的思想、观点完整地、准确地表达出来。初稿的写作是脑力劳动最艰辛的阶段,它既是作者思想认识不断深化,对论文从内容到形式的基本成型的过程,也是对提纲再次检验、复查的过程。初稿的好坏,和论文质量的高低紧密相连。

(一) 撰写初稿必备的条件

撰写初稿,是整个写作过程中的核心环节。在起草前所做的各项准备工作,都是为这一阶段服务的;同时,各项准备工作的完成状况,也会在此阶段完全体现出来。因此,对起草前的准备工作,不能掉以轻心,要积极努力,把下列几项必备条件尽量准备好后,才动笔行文。

1. "软件"已齐备。这里说的"软件",是指的写作论文的思路、观念等。它包括基本观点已经明确,并起草了一定的文字;已想好了论文的大体内容或内容的某一部分;对论文的全局及各个局部的内容已了然于心。

2. 材料已搜全。要引用的或参考的主要材料已基本搜集全,在文中的位置安排经过了细心的考虑,写作者手头还有一定的备用材料。

3. 提纲已敲定。拟制的提纲,已将写作者对有关课题研究考虑的全部思想包括了进去。根据不同情况,有的提纲写作者自己已经确定,有的提纲已向有关组织、领导或导师作了汇报,并已审阅、认可,这个经过周密考虑而拟制的提纲,是起草行文的基本依据。

4. 安排已妥当。已经安排好一定的必要时间和必须的应用物品,有了较好的工作条件。

(二) 初稿的执笔顺序

1. 从绪论起笔

按写作提纲排列的自然顺序进行,从开头写起,依次写到结尾,先提出问题,明确全文的基本论点,再展开充分论述和论证,最后归纳总结,作出结论。这种写法的好处是抓住了纲,也与研究的逻辑思维相一致;论文的格调、风格前后易保持统一,首尾衔接紧凑,自然流畅,写起来较顺手、习惯,易于把握。

2. 从本论入手

从本论入手,先写好本论、结论部分,回过头来再写绪论。这种写法的好处有两点:(1)本论所涉及的内容,是作者研究中思考、耗神较多的问题,是作者研究成果的集中反映,从这里入手容易起笔、好写;(2)如果从绪论动笔,往往难以开篇,从本论入手,是先易后难的有效措施,当写好了本论、结论时,大局已在握,心里踏实了,就可悉心写绪论和完成全文。

(三) 初稿的撰写方法

1. 一气呵成法

无论从绪论起笔,还是从本论入手,均应按拟制好的提纲,顺着思路来写,"起笔入题","开门见山",不要中途停顿,不使思路中断,要尽可能快地把头脑中涌现出来的句子用文字表达出来。不要为斟酌一句话或为挑选一个词而搁笔。初稿完成后，再细致推敲、加工修改。

2. 分段完成法

按照拟制好的提纲顺序，把全篇分成若干部分，分段撰写，哪一部分考虑成熟，就写哪一部分，不分先后，各个击破。每个部分以写一个分论点或几个小论点为单元，并注意保持各章节内容的相对完整性。每写完一段，稍事整理，再转入其他各段。待几部分都写好后，连接起来就成为一篇完整的论文了。

二、论文修改与定稿

修改、定稿，是指写出初稿直到成稿的一个加工过程，是学术论文写作的最后一道工序，是写好论文的必不可少的重要步骤。

（一）修改的第一步骤

修改学术论文的第一个步骤就是要通读全文，系统、细致地检查初稿，进行"核实查漏"。通过检查，如没有发现重大问题，确认论文不必推翻重写，就可以动笔修改了。关于检查的要点，将在下面"修改的内容"各条目中列出。这一步骤的重点是，"核实查漏"。所谓"核实查漏"，就是通读全文时，不必花精力去考虑观点、结构、语言方面的问题，只查核材料本身是否真实、可信、准确。包括对初稿中引用的公式、定理、定律、论断、数据、参考文献等与原出处的核对，把一切失误、失实、疏漏的地方逐条核实，使材料经得住历史的检验。

（二）修改的内容

修改学术论文，不外乎从思想内容和表现形式两大方面考虑，思想内容包括论点和材料，表现形式包括结构和语言。对思想内容方面的检查修改是首要的，对表现形式的检查修改也不容忽视。通过修改，提高学术论文的科学性和艺术性，尽可能使正确的思想内容和表现形式相统一。

一般来说，学术论文要修改多次，总的精神是发现初稿中有什么问题就修改什么问题。具体地说，修改的内容包括以下七个方面。

1. 控制篇幅

篇幅是一种空间的限定，以简短为好，不宜过长。简短，是一种很高也很难达到的风格，它与作者的科研素养和写作水平有关；一篇呕心沥血、具有独创性的简短论文，比随便涂抹或拼凑而成的长篇大论更有价值。一般来说，初稿的篇幅，很少会是恰如其分的，通常都比规定的内容多、语句繁，当然，这些不能算是什么大的毛病，但必须修改、控制。把长稿缩短，虽有一定的困难，但删去多余的内容，总比材料不足而一补再补要较为容易。修改时，要有勇气，大刀阔斧地把篇幅削减，控制到符合学术论文的性质和期刊的要求之内。

2. 订正论点

论点是全篇论文的精髓,决定着论文的水平和价值。修改的关键是论点的订正,要综观全局,立足全篇,看论点是否成立,是否集中深刻,表达是否准确;论点的排列是否科学,论点间的关系是否合乎事理、合乎逻辑等。对中心论点、分论点、小论点,都要全面检查。修改时,要把论点中偏颇的改中肯;含糊的改鲜明;片面的改全面;肤浅的改深刻;散漫的改集中;陈旧的改新颖;失当的改恰当;立意低的加以升华。

3. 调整结构

结构是论文表现形式的重要因素,是论文内容的组织安排。调整结构,主要是从整体上把握论文表达效果,以求严谨、完整、自然、生动。检查时,要看全文结构是否完整、严密;问题之间的联系是否紧密,层次开展是否清楚,层次间的转换是否自然;段落划分是否合理,有无游离于论文结构之外,或过于冗长、杂乱、零散的段落等。修改时,要把杂乱的层次梳理顺畅;臃肿的段落紧缩合并;上下文不衔接的串通连贯;开头、结尾不得当的斟酌周全;首尾缺乏照应的调理圆合。

4. 更动材料

材料是论文赖以存在的依据,写作学术论文如何选择和运用材料至关重要。起草初稿时,选用材料往往有局限,通常容易产生下列一些毛病,一是生硬的材料"堆砌",有多少材料用多少材料;二是写起来材料不足,写进论文的材料很可能是滥竽充数;三是对材料理解片面,用得不够贴切和恰当。

5. 锤炼语言

对论文语言文字的加工锤炼是修改的一个重要内容。语言文字修改主要是在准确性和可读性上下工夫,使论文的思想得以准确、鲜明、简练、生动的表达。检查时,看用词是否准确;句子是否通畅;诵读是否顺口;通篇有无漏笔;想写的话是否都表达出来了等等。然后着力改去毛病,要剪去闲文,使语言精练;修改病句,使文字通顺;删削冗笔,使论文严谨。对那些陈词滥调、空话、套话、大话,毫不留情地删掉。

6. 推敲标题

标题是论文的眼睛,修改好不容易,要反复推敲,这项工作应包括对总标题和节标题的修改。对节标题要检查层次、数量是否清楚;格式是否混乱,同一层次的标题的表达是否一致。总标题要有高度的概括性,要简短、易读、易懂、易记;总标题一般在写作前已拟好,这对论文的写作有重要指导作用,但初稿完成后,还应进行斟酌和推敲,看题是否配文、文是否切题。如题与文不贴切、不相符,或过长,或太笼统,都必须修改。

7. 规划文面

文面是论文的卷面,由文字书写、标点符号和行款格式组成。它是一篇论文在人们视觉印象上所显示的总体面貌。起草初稿时,书写可以较随意,但修改定稿后,在誊清时就应当符合学术论文的文面要求。

（三）修改完稿后的全面审核

为了确保学术论文的质量，在修改完稿后，要对文稿进行一次全面审核。使用电脑写作者全面审核的方法是：直接用"文档结构图"查看一级、二级、三级标题。只看这些小题目，就能大致了解论文的结构，从而不难判断出论文结构是否合理，章节顺序是否有不当之处。若有必要，还可以用"文档结构图"查看，以便作更为详细的审核。这次审核，除了检查疏漏的文字和标点符号外，还要特别注意审核以下几点：

1. 前言是否精当，是否与结论、引言相区别；后记是否说明了问题，与上几个部分有否雷同；附录是否编好了目次；参考文献是否按规范列出等。

2. 论文的长短、顺序是否得当，有无重复；段落间是否加进了适当的接续词；对数据是否做了定量的描述等。

3. 图表、公式与正文的内容是否相符；图表运用是否灵活；图表、公式与正文的字符体例是否统一等。

4. 自己想传达的信息是否都写进了论文；有没有写进不必要的内容；是否强调了重要之点；此篇论文本专业以外的人能否读懂，有没有错误和含混之处。

5. 论文有否泄露秘密的内容。

经过仔细认真的审核，如发现问题，要进行补充、调查和修改。

 实践练习

1. 试述论文的层次及其结构。
2. 论文选题、课题、文题之间有怎样的关系？
3. 论文选题的基本原则是什么？
4. 论文选题的主要途径是什么？
5. 论文选题的主要方法有哪些？
6. 材料分类有哪些方法？
7. 鉴别材料要抓住的重点是什么？
8. 材料选择的原则是什么？
9. 材料选择的方法有哪些？
10. 材料阅读有哪些方式，试简述之。
11. 如何理解材料的记录？
12. 提纲有哪些类型？
13. 论文修改包括哪些方面的内容？

主要参考书目

1. 王继忠主编.商务应用文格式及经典范例.光明日报出版社.2006年
2. 刘建强、朱琳主编.新编大学应用写作教程.首都经济贸易大学出版社.2006年
3. 盛明华主编.常用经济应用文写作教程.立信会计出版社.2000年
4. 杨文丰主编.现代经济文书写作.中国人民大学出版社.2002年
5. 杨元华、孟金蓉编著.秘书写作.复旦大学出版社.2004年
6. 乔刚、谢海泉主编.现代应用文写作.立信会计出版社.2005年
7. 王凯符主编.财经应用写作.中国和平出版社.1997年
8. 编写组著.成功商务写作例文评析.中国商业出版社2001年
9. 娄永毅、杨宏敏主编.经济应用文写作教程同步练习.立信会计出版社.2004年
10. 周小其主编.经济应用文写作.西南财经大学出版社.2006年
11. 翁敏华、高小梅主编.商务应用文写作.东北财经大学出版社.2003年
12. 周荣肖主编.财会应用文写作技巧及范例.企业管理出版社.2007年
13. 张浩主编.商务文书写作格式与范本.蓝天出版社.2005年
14. 张元忠等主编.应用文写作与评析.华中科技大学出版社.2007年
15. 霍唤民主编.经济论文写作.首都经济贸易大学出版社.2002年
16. 张耀辉主编.应用文写作简明教程.高等教育出版社.2006年
17. 方有林主编.商务应用文写作.同济大学出版社2007年
18. 熊先觉著.司法文书研究.人民法院出版社.2003年
19. 王培英主编.新编司法文书范本.法律出版社.2006年
20. 周道鸾主编.法律文书教程.法律出版社.2003年
21. 罗书平主编.中国司法文书指南.中国民主法制出版社.2001年
22. 徐寒主编.现代法律文书写作.广州出版社.2004年
23. 梅媛、赵喜文主编.经济应用文写作.科学出版社.2004年
24. 成汝信等编著.应用写作.广东高等教育出版社.2001年
25. 余苋等编著.文秘写作.杭州大学出版社.1995年
26. 刘康乐主编.财经应用文写作.中国财政经济出版社.2002年
27. 王严根主编.新编应用写作.中国商业出版社.2001年
28. 欧阳周主编.实用文秘写作教程.中南工业大学出版社.1994年
29. 申明清主编.语文·第三册应用文.上海科学技术文献出版社.1994年
30. 欧阳周等.实用学术论文写作.中国水利水电出版社.1998年

后　　记

在参与策划和落实"复旦·商洋"书系之初,就有编辑一本《经济应用文写作》的计划和设想。但是,迟迟没有启动。其中,一个重要的原因是,应用文写作类的书,在市面上已不鲜见,如何才能编辑出一本拿得出手的东西,一直在琢磨,所以也就迟迟没有出手。在复旦大学出版社编辑的督促下,终于脱稿了。

上海师范大学李杏保教授,近年来在高等教育出版社上海分社担任编审。他听说我在着手编辑一本经济应用文方面的教材,十分关心,给了我不少点拨。尤其是在我拟制提纲和编写体例的过程中,他提出了很多建设性的意见。在全书定稿时,他又不辞辛劳,审读了全部书稿。他的智慧和创造性劳动,使本书增色不少。

我们审慎地在诸多有参编意向者中确定了对象,并明晰了分工:忻葆(绪论);王玉琴(第一章);娄永毅(第二章、第四章、第五章、第六章、第九章);方有林(第三章、第十四章);周文毅(第七章、第八章);肖晓明(第十章);朱枝娥(第十一章);潘端伟(第十二章);邵小平(第十三章)。编写本书过程中,编写者参阅了前辈时贤的丰富著述,融会了自己在教学中的实践和心得,形成了前述的文本。

在此,向对本书编写、出版给予关心、支持的相关机构的领导、参编者的单位领导深表谢忱。对上海商学院院长方名山研究员为"复旦·商洋"书系作总序深表谢意。

由于时间和编写者视野的局限,本书不可避免地存在不少值得完善之处,期待广大教师、读者和专家的批评和指正。

主编　方有林

戊子岁末于上海商学院

图书在版编目(CIP)数据

经济应用文写作/方有林,娄永毅主编. —上海:复旦大学出版社,2009.2(2019.2 重印)
(商洋系列)
ISBN 978-7-309-06333-2

Ⅰ. 经… Ⅱ. ①方…②娄… Ⅲ. 经济-应用文-写作 Ⅳ. H152.3

中国版本图书馆 CIP 数据核字(2008)第 162012 号

经济应用文写作
方有林　娄永毅　主编
责任编辑/鲍雯妍

复旦大学出版社有限公司出版发行
上海市国权路 579 号　邮编:200433
网址:fupnet@fudanpress.com　http://www.fudanpress.com
门市零售:86-21-65642857　团体订购:86-21-65118853
外埠邮购:86-21-65109143
上海市崇明县裕安印刷厂

开本 787×960　1/16　印张 23.25　字数 455 千
2019 年 2 月第 1 版第 7 次印刷
印数 19 501—21 600

ISBN 978-7-309-06333-2/H·1254
定价:38.00 元

如有印装质量问题,请向复旦大学出版社有限公司发行部调换。
版权所有　　侵权必究